NCS | 직업기초능력평가

고시넷 공기업

베스트셀러

매일경제 NCS 출제유형모의고사

동영상강의
www.gosinet.co.kr

㈜매일경제신문사
피듈형/PSAT형

공기업 출제사별
유형학습

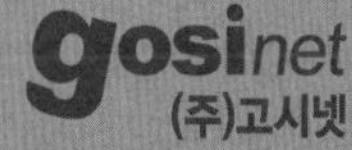

(주)고시넷

PREFACE

정오표 및 학습 질의 안내

정오표 확인 방법

고시넷은 오류 없는 책을 만들기 위해 최선을 다합니다. 그러나 편집 과정에서 미처 잡지 못한 실수가 뒤늦게 나오는 경우가 있습니다. 고시넷은 이런 잘못을 바로잡기 위해 정오표를 실시간으로 제공합니다. 감사하는 마음으로 끝까지 책임을 다하겠습니다.

고시넷 홈페이지 접속 > 고시넷 출판-커뮤니티 > 정오표

www.gosinet.co.kr

모바일폰에서 QR코드로 실시간 정오표를 확인할 수 있습니다.

학습 질의 안내

학습과 교재선택 관련 문의를 받습니다. 적절한 교재선택에 관한 조언이나 고시넷 교재 학습 중 의문 사항은 아래 주소로 메일을 주시면 성실히 답변드리겠습니다.

이메일주소 **qna@gosinet.co.kr**

contents 차례

NCS 직업기초능력평가 정복

매일경제 NCS 출제유형모의고사

책 속의 책 정답과 해설

EXAMINATION GUIDE

구성과 활용

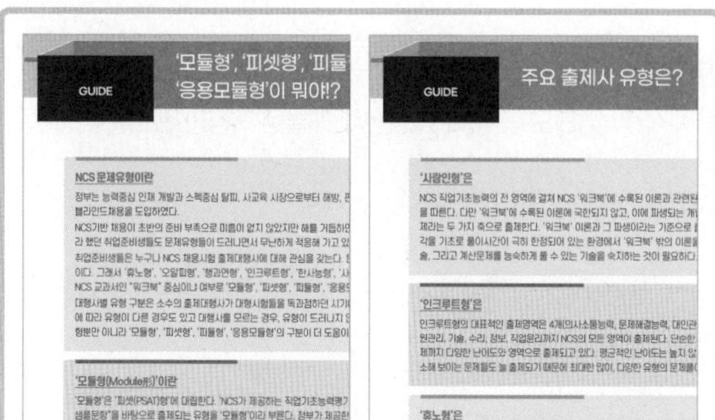

1

'모듈형', '피셋형', '피듈형', '휴노형', '사람인형', '매일경제형'이 뭐야!?

NCS 정통인 '모듈형'을 비롯한 '피셋형', '피듈형', '휴노형', '사람인형', '매일경제형' 그리고 그 외 유형의 특징을 설명하고 그에 따른 효율적인 학습방향을 제시하였습니다.

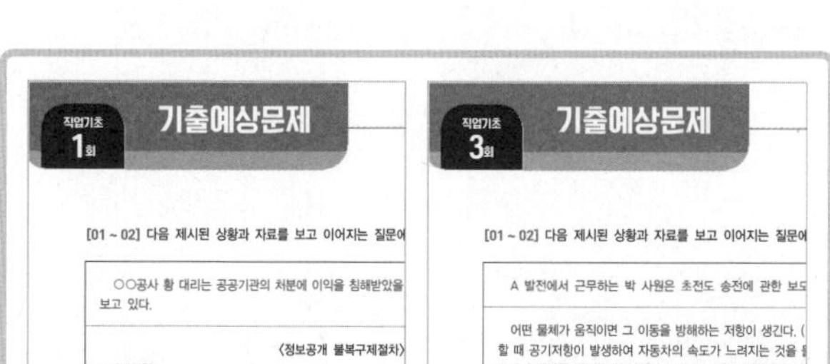

2

매일경제형 모의고사 6회분

매일경제형 문제들로 구성된 모의고사 6회분으로 효율적인 대비가 가능하도록 하였습니다.

모의고사 1~6회	의사소통, 수리, 문제해결, 자원관리, 기술, 정보, 조직이해 ⇨ 각 회별 30~60문항

3

상세한 해설과 오답풀이가 수록된 정답과 해설

기출예상문제의 상세한 해설을 수록하였고 오답풀이 및 보충 사항을 수록하여 문제풀이 과정에서의 학습효과가 극대화될 수 있도록 구성하였습니다.

NCS '블라인드채용' 알아보기

NCS(국가직무능력표준 ; National Competency Standards)란?

국가가 체계화한 산업현장에서의 직무를 수행하기 위해 요구되는 지식·기술·태도 등 능력 있는 인재 개발로 핵심인프라를 구축하고 나아가 국가경쟁력 향상을 위해서 필요함.

직무능력(직업기초능력+직무수행능력)이란?

⊕ 직업기초능력 : 직업인으로서 기본적으로 갖추어야 할 공통 능력

⊕ 직무수행능력 : 해당 직무를 수행하는 데 필요한 역량(지식, 기술, 태도)

NCS기반 블라인드채용이란?

⊕ 의의 : 채용과정에서 차별적인 평가요소(지연, 혈연, 학연, 외모)를 제거하고, 지원자의 실력(직무능력)을 중심으로 평가하는 인재채용

⊕ 특징 : 직무능력중심 평가(차별요소 제외), 직무수행에 필요한 직무능력이 평가기준

⊕ 평가요소

- 직무에 필요한 직무능력을 토대로 차별적 요소를 제외한 평가요소 도출·정의
- NCS에 제시된 직무별 능력단위 세부내용, 능력단위 요소의 K·S·A를 기반으로 평가요소 도출
- 기업의 인재상·채용직무에 대한 내부자료(직무기술서, 직무명세서로 응시자에게 사전 안내)

NCS기반 블라인드채용 과정은?

⊕ 모집공고 : 채용직무의 직무내용 및 직무능력 구체화 후 사전 공개

⊕ 서류전형 : 편견·차별적 인적사항 요구 금지, 지원서는 직무관련 교육·훈련, 자격 경험(경력) 중심 항목 구성

⊕ 필기전형 : 직무수행에 반드시 필요한 지식·기술·능력·인성 등, 필기평가 과목 공개(공정성 확보)

⊕ 면접전형 : 면접에 지원자 인적사항 제공 금지, 체계화된 면접으로 공정하게 평가 실시

GUIDE

'모듈형', '피셋형', '피듈형', '응용모듈형'이 뭐야!?

NCS 문제유형이란

정부는 능력중심 인재 개발과 스펙중심 탈피, 사교육 시장으로부터 해방, 편견과 차별에서 벗어난 인재 채용을 목적으로 NCS 블라인드채용을 도입하였다.

NCS기반 채용이 초반의 준비 부족으로 미흡이 없지 않았지만 해를 거듭하면서 안정을 찾아가고, 필기시험을 어찌 대비할지 몰라 했던 취업준비생들도 문제유형들이 드러나면서 무난하게 적응해 가고 있다.

취업준비생들은 누구나 NCS 채용시험 출제대행사에 대해 관심을 갖는다. 문제 유형과 내용이 출제대행사에 따라 다르기 때문이다. 그래서 '휴노형', '오알피형', '행과연형', '인크루트형', '한사능형', '사람인형' 등 대행사 이름을 붙인 유형명이 등장하고 NCS 교과서인 "워크북" 중심이냐 여부로 '모듈형', '피셋형', '피듈형', '응용모듈형'이란 유형명이 나타나기도 했다.

대행사별 유형 구분은 소수의 출제대행사가 대형시험들을 독과점하던 시기에는 큰 도움이 되었으나 대행사가 같아도 채용기업에 따라 유형이 다른 경우도 있고 대행사를 모르는 경우, 유형이 드러나지 않은 대행사들도 다수 등장하게 되면서 대행사별 유형분만 아니라 '모듈형', '피셋형', '피듈형', '응용모듈형'의 구분이 더 도움이 되고 있다.

'모듈형(Module形)'이란

'모듈형'은 '피셋(PSAT)형'에 대립한다. 'NCS가 제공하는 직업기초능력평가의 학습모듈' 교과서인 "워크북"과 "NCS 필기평가 샘플문항"을 바탕으로 출제되는 유형을 '모듈형'이라 부른다. 정부가 제공한 학습자료와 샘플문항을 통해 직업기초능력을 기르고 이를 평가하는 문제유형이므로 NCS 취지에 가장 적합한 정통 유형이다.

직무능력 학습에 필요한 이론과 동영상 강의, 그리고 직무별, 영역별 예시문제들은 NCS 국가직무능력표준 홈페이지(www.ncs.go.kr)에서 제공하고 있다.

'피셋형(PSAT形)'이란

NCS '피셋형'이란 5급 공무원(행정고시, 외무고시, 민간경력자 특채)과 7급 공무원(2021년 도입) 시험과목인 'PSAT(Public Service Aptitude Test)'에서 따온 말이다. PSAT는 정부 내 관리자로서 필요한 기본적 지식, 소양, 자질 등 공직자로서의 적격성을 종합적으로 평가한다.

PSAT는 1) 언어논리, 2) 자료해석, 3) 상황판단의 3가지 평가영역으로 구성되어 있는데 NCS의 의사소통능력, 수리능력, 문제해결능력 평가의 문제유형과 일부 유사하다. 그래서 NCS 문제집이 없었던 초기에는 PSAT 문제집으로 공부하는 이들이 많았다. PSAT 출제영역·내용과 난이도 차이를 감안하여 기출문제를 다루면 도움이 되지만 NCS는 문항당 주어지는 풀이시간이 1분 내외로 짧고, 채용기관이나 직급에 따라 난이도가 상이하며, 채용기관의 사규나 보도자료, 사업을 위주로 한 문제들이 나오기 때문에 이를 무시하면 고생을 많이 하게 된다. 뒤에 싣는 PSAT 안내를 참고해 주기 바란다.

'피듈형(Pdule形)', '응용모듈형'이란?

'피듈형'은 NCS의 학습모듈을 잘못 이해한 데서 나온 말이다. 일부에서 NCS '워크북'의 이론을 묻는 문제 유형만 '모듈형'이라 하고 이론문제가 아니면 '피셋형'이라고 부르는 분위기가 있다. 「이론형」과 「비(非)이론형」이 섞여 나오면 '피듈형'이라 부르고 있으니 부적절한 조어이다. 실례를 들면, '한국수자원공사'는 시험에서 기초인지능력모듈과 응용업무능력모듈을 구분하고 산인공 학습모듈 샘플문항과 동일 혹은 유사한 문제를 출제해왔고, '국민건강보험공단'은 채용공고문의 필기시험(직업기초능력평가)을 "응용모듈 출제"라고 명시하여 공고하였는데도 수험커뮤니티에 "피셋형"으로 나왔다고 하는 응시자들이 적지 않다.

GUIDE

'모듈형', '피셋형', '피듈형', '응용모듈형'이 뭐야!?

NCS 직업기초능력 학습모듈은 기본이론 및 제반모듈로 구성되고 이를 실제에 응용하는 응용모듈로 발전시켜 직무상황과 연계되는 학습을 요구하는 것이다. NCS 필기평가 샘플문항도 직무별, 기업별 응용업무능력을 평가하는 문제이므로 이론이 아닌 문제유형도 '모듈형'이라고 하는 것이 옳다.

이론문제가 아니면 모두 'PSAT형'이라고 한다면 어휘, 맞춤법, 한자, 어법 등의 유형, 기초연산, 수열, 거리·속도·시간, 약·배수, 함수, 방정식, 도형넓이 구하기 등 응용수리 유형, 명제, 논증, 논리오류, 참·거짓 유형, 엑셀, 컴퓨터 언어, 컴퓨터 범죄 등 PSAT 시험에는 나오지도 않는 유형이 PSAT형이 되는 것이니 혼란스럽다.

모순이 있는 유형 구분에서 탈피하고 NCS 필기유형을 정확하게 파악하는 것이 시험 준비에 있어서 절대적으로 필요하다.

어떻게 준비할 것인가!!

⇨ 행간을 채워라

위에서 말한 바처럼 '모듈형'과 '피셋형', '피듈형', '응용모듈형'으로 NCS 유형을 나누면 출제(학습)범위에서 놓치는 부분이 다수 나온다. 'PSAT형'은 '의사소통능력, 수리능력, 문제해결능력' 중심의 시험에서 의사소통능력은 어휘, 한자, 맞춤법 등과 NCS 이론을 제외한 독해문제가 유사하고, 수리능력의 응용수리 문제를 제외한 자료해석이 유사하고, 문제해결은 'PSAT' 상황판단 영역 중 문제해결 유형이 비슷하다.

대개 의사소통능력, 수리능력, 문제해결능력이 주요영역인 시험에서는 모듈이론이 나오는 경우는 없다. 자원관리, 조직이해, 정보, 기술, 자기개발, 대인관계, 직업윤리 영역을 내는 시험에서는 모듈이론, 사례 등과 응용모듈 문제가 나올 수밖에 없다. PSAT에는 없는 유형이고 NCS에만 있는 특유한 영역이다.

'모듈형'도 한국산업인력공단 학습모듈 워크북과 필기평가 예시유형에서만 나오지 않는다. 워크북 이론에 바탕을 두면서도 경영학, 행정학, 교육학, 심리학 등의 전공 관련 이론들이 나오고 있는 추세이다(교과서밖 출제). 또 4차 산업혁명의 이해 및 핵심기술, 컴퓨터 프로그래밍(코딩) 등도 자주 나온다. 그뿐 아니라, 어휘관계, 한글 맞춤법, 외래어 표기법, 유의어, 다의어, 동음이의어 등 어휘, 방정식, 집합, 수열, 함수, 거·속·시, 도형넓이 구하기 등 응용수리, 명제, 논증, 참·거짓, 추론, 논리오류 찾기 등은 워크북에서 다루지 않은 유형들이 나온다.

⇨ 교과서 밖에서 나오는 문제에 대비하라

최근 공기업 채용대행 용역을 가장 많이 수주하는 업체가 '사람인HR'과 '인크루트'로 나타나고 있다. 이 업체들을 비롯해서 다수 대행사들이 한국산업인력공단의 NCS모듈형 학습자료(교과서)에 없는 이론과 자료를 항상 출제하고 있다. 즉, 명실상부한 응용모듈형의 문제를 출제하고 있는 것이다.

고시넷 초록이 모듈형 교재에는 NCS직업기초능력평가 시험 도입 이래 실제 시험에 출제된 교과서 밖 이론과 자료, 문제를 함께 정리하여 수록하고 있다. 단순히 한국산업인력공단의 워크북을 요약한 다른 교재들에서는 볼 수 없는 이론과 문제유형을 통해 교과서 밖 학습사항과 방향을 제시하고 있다.

⇨ NCS워크북, 지침서, 교수자용 개정 전, 후 모두 학습하라

최근 한국산업인력공단 NCS 학습자료(워크북, 지침서, 교수자용, 학습자용 등)가 개정되었다. 허나 개정 후 시행된 필기시험에는 개정 전 모듈이론과 학습자료, 예제문제가 여전히 출제되고 있다.

이에 대비하여 개정 전·후를 비교하여 정리하여야 빠뜨리지 않는 완벽한 NCS 학습이 된다.

고시넷 초록이 모듈형[1] 통합기본서는 개정 전·후 자료를 모두 싣고 있으며 개정 전 자료는 '구 워크북'으로 표기를 하여 참고하면서 학습할 수 있도록 하였고, 고시넷 초록이 모듈형[2] 통합문제집에는 'NCS 학습모듈' 10개 영역 학습내용에서 출제하는 문제유형만을 연습할 수 있도록 구성하였다.

GUIDE

주요 출제사 유형은?

'사람인형'은

NCS 직업기초능력의 전 영역에 걸쳐 NCS '워크북'에 수록된 이론과 관련된 자료를 제시하고 이를 해석하는 '응용모듈'의 방식을 따른다. 다만 '워크북'에 수록된 이론에 국한되지 않고, 이에 파생되는 개념과 이론들을 적극적으로 질문하는 문제와 계산 문제라는 두 가지 축으로 출제한다. '워크북' 이론과 그 파생이라는 기준으로 출제된 다수의 문제를 풀면서 형성될 출제영역의 감각을 기초로 풀이시간이 극히 한정되어 있는 환경에서 '워크북' 밖의 이론을 제시하는 다양한 자료를 해석하는 문제풀이의 기술, 그리고 계산문제를 능숙하게 풀 수 있는 기술을 숙지하는 것이 필요하다.

'인크루트형'은

인크루트형의 대표적인 출제영역은 4개(의사소통능력, 문제해결능력, 대인관계능력, 조직이해능력)이지만 이 4개 영역 외에도 자원관리, 기술, 수리, 정보, 직업윤리까지 NCS의 모든 영역이 출제된다. 단순한 기본 개념을 묻는 문제와 더불어 개념에 대한 응용문제까지 다양한 난이도와 영역으로 출제되고 있다. 평균적인 난이도는 높지 않고 전반적인 내용 이해를 묻는 문제가 대부분이나 생소해 보이는 문제들도 늘 출제되기 때문에 최대한 많이, 다양한 유형의 문제풀이를 통해 실전감각을 평소 익혀 두는 것이 유리하다.

'휴노형'은

휴노가 대행하는 필기시험의 대부분이 의사소통능력, 수리능력, 문제해결능력 3개 영역에서 출제되고 있는 만큼 심도 있는 학습을 필요로 한다. 세 영역의 문제들은 비교적 쉽게 해결할 수 있는 문제부터 긴 자료를 읽고 해결하는 묶음 문제까지 다양하게 출제된다. 의사소통능력에서는 주로 내용 일치, 중심 내용 파악, 정보 이해 등의 독해 문제가 출제되며 이외에도 유의어, 반의어, 어휘 관계, 맞춤법을 묻는 어휘·어법 문제가 출제된다. 수리능력에서는 자료해석이 가장 높은 비중으로 출제되며 방정식, 통계(평균, 경우의 수, 확률), 거리·속력·시간 등의 기초연산 문제도 출제된다. 특히 문제해결능력은 의사소통, 수리, 자원관리, 조직이해 등과 섞인 복합 문제도 나온다. 문제 유형이 대체로 비슷하기 때문에 반복학습을 통해 시간 단축 및 고득점이 가능하다.

'행과연형'은

행과연형 출제 영역은 3개(의사소통, 수리, 문제해결), 또는 6개(+자원관리, 조직이해, 기술 등)로 모듈형, 지식형, 응용수리, 어휘, 문법, 명제 등 간단한 유형은 출제되지 않고 있다. 명확한 답을 고르기 어려운 고난도 추론, 단순계산보다는 자료 파악 및 추론을 묻거나 지문, 표, 그래프 등 문제 상황들에 대한 적절한 대처능력을 평가하는 문제가 출제되고 있다. 여러 영역이 복합된 융합 유형의 특징을 갖고 있고 직무와 관련된 업무 상황에서 과제가 주어졌을 때 어떻게 해결하는지를 묻는 영역 연계형이 행과연의 대표적 출제 유형이다. 시험에 출제되는 유형이 난도가 높은 편이므로 쉬운 문제보다는 어려운 문제를 풀어 보는 것이 고득점에 유리하다.

'매일경제형'은

매일경제형 필기시험 출제영역은 대부분 의사소통능력, 수리능력, 문제해결능력, 자원관리능력 4개 영역에서 출제되지만 이외에도 조직이해능력이나 정보능력, 기술능력 등에서도 출제되기도 한다. 단순한 기본 개념을 묻는 문제보다는 산업현장에서 일어나는 상황을 제시하며 직무와 관련된 업무 상황에서 어떻게 해결하는지를 묻는 실무 적용능력과 업무 해결능력을 평가하는 응용 업무능력 문제가 출제되고 있다. 7개 영역에서 나오는 문제들이 난도가 높은 편이지만 여러 유형을 익혀 둔다면 보다 쉽게 필요한 득점이 가능하다.

PSAT 알아보기

PSAT를 NCS 직업기초능력평가 준비에 활용하기 위해 필요한 정확한 이해를 돕기 위한 안내입니다. PSAT의 평가영역은 언어논리, 자료해석, 상황판단의 3개 영역으로 구성되어 있습니다. NCS와 유사한 부분을 정확히 알고 공부하는 것이 효율적이겠습니다.

- 정부 발간 "공직적격성테스트(PSAT) 예제집"을 인용하여 재정리하였습니다.

PSAT(Public Service Aptitude Test)란

정부 내 관리자로서 필요한 기본적 지식, 소양, 자질 등 공직자로서의 적격성을 종합적으로 평가하는 제도이다.

[1] 언어논리영역

언어논리 영역에서는 일반적인 학습능력의 하나인 언어능력을 측정한다. 언어논리능력은 모든 직무 영역에 공통적으로 요구되는 능력으로 대인관계, 보고서 작성 등의 직무수행에 필수적인 능력이다. 언어논리 영역은 대부분의 적성검사와 학업 수행능력을 평가하는 시험에서 사용되고 있는 영역으로 의사소통능력(타 영역 사업에 대한 이해와 자기의 사업에 대한 설명력)과 자신이 알고 있는 지식을 종합·통합할 수 있는 능력을 요구한다. 특히 PSAT의 언어논리 영역에서는 어휘력이나 문법적 지식과 같은 문장 수준의 처리능력보다는 텍스트의 처리와 관련된 능력을 측정하고자 한다.

[출제 영역]

■ 인문과학 : 고전문학, 인류학, 현대문학 등
■ 사회과학 : 경제, 국제, 통일, 사회, 정치 등
■ 자연과학 : 공학, 과학, 환경 등
■ 문화 : 예술, 스포츠 등
■ 기타 : 교육, 국사, 서양사 등

[문제유형]

■ 이해 : 추론이나 요약, 또는 새로운 글의 생성 등이 요구되지 않고, 단순히 주어진 지문에 대한 이해만으로 해결할 수 있는 문제이다. 세부유형은 글의 이해, 관련 단락, 비관련 단락 등이 있다.
■ 추론 : 주어진 지문을 충분히 이해하고, 이를 바탕으로 논리적 추론을 해야만 해결할 수 있는 문제이다. 세부유형은 반론, 비판, 전제 추론, 추론되는 내용 등이 있다.
■ 주제 찾기 : 주어진 지문을 충분히 이해하고 지문이 어떤 주장이나 논지를 전하고자 하는지를 파악할 수 있어야만 해결할 수 있는 문제이다. 세부유형은 제목 찾기, 주제 찾기 등이 있다.
■ 문장 구성 : 주어진 지문에 대한 단순한 이해를 넘어서, 언어를 산출하는 능력, 즉 텍스트를 구성하는 능력을 묻는 문제이다. 세부유형은 다음 주제, 문단 구조 파악, 문단 배열, 앞 문단 누락, 중간단락 누락, 후속 등이 있다.

[2] 자료해석영역

자료해석 영역은 숫자로 된 자료를 정리할 수 있는 기초 통계 능력, 수 처리 능력, 응용 계산 능력, 수학적 추리력 등을 측정하는 영역이며 측정하는 능력들은 특히 수치 자료의 정리 및 분석 등의 업무수행에 필수적인 능력이다. 자료해석력은 논리, 수학적 능력과 관련되는 영역으로서 언어 능력과 더불어 일반적성의 주요 영역으로 대부분의 학업적성검사와 직무적성검사에 포함되고 있다. 특히 PSAT의 자료해석 영역은 통계 등 수치정보에서 추출하는 자료 및 정보분석 능력, 그리고 수많이 제시되는 자료 중 필요한 자료를 추출하는 능력 등을 측정한다.

[출제 영역]

■ 일반 행정 ■ 법률/사건 ■ 재무/경제 ■ 국제통상 ■ 정치/외교 ■ 보건/사회복지 ■ 노동/문화 ■ 기술/과학 ■ 환경/농림수산 ■ 기타

[문제유형]

■ 자료 읽기 : 계산과 추론 등이 요구되지 않은 단순한 자료 읽기 문제이다. 문제에 대한 이해를 토대로 계산이 필요 없이 자료로부터 정답을 도출한다.

■ 단순 계산 : 문제의 요구에 따라 주어진 자료를 단순한 계산을 통해 정답을 도출하는 문제이다. 문제에서 요구하는 계산을 통해 정답을 도출한다.

■ 응용 계산 : 문제의 요구에 따라 주어진 자료를 응용 계산함으로써 정답을 도출하는 문제이다. 문제에 대한 이해를 토대로 필요한 계산공식과 과정을 도출하여 정답을 계산한다.

■ 자료 이해 : 문제의 요구에 따라 주어진 자료를 단순 또는 응용계산하고, 그 결과를 해석함으로써 정답을 도출하는 문제이다. 문제에서 요구하는 계산이나 또는 필요한 계산 공식과 과정을 스스로 도출하여 계산결과를 해석해야만 정답이 도출된다.

■자료 추리 : 문제의 요구에 따라 주어진 자료를 단순 또는 응용계산하고, 그 결과를 토대로 새로운 사실이나 미래의 상황을 추론함으로써 정답을 도출하는 문제이다. 문제에서 요구하는 계산공식/과정을 스스로 도출하여 도출된 결과를 토대로 관련 사실이나 미래에 대한 추론을 통해 정답을 도출한다.

[3] 상황판단영역

상황판단력은 제시된 자료에서 원리를 추리하고 자료와 정보를 올바르게 확장, 해석하는 능력과 논리적 추론을 하는 능력으로 기획, 분석, 평가 등의 업무수행에 필수적인 능력이다. 이 영역은 연역추리력, 문제해결, 판단 및 의사결정 능력을 측정한다. 문제해결의 경우 먼저 가능한 모든 방안을 머리 속에서 나열하고 각각의 방안에 대하여 문제해결에 도움이 되는지를 평가하고 최종적으로 문제해결책을 찾아내는 과정으로 구성되어 있다. 연역추리력과 판단 및 의사결정 과정도 여러 단계의 인지조작을 거쳐야만 문제를 해결할 수 있다. 모든 업무가 문제해결이나 판단·의사결정 등으로 구성되어 있으므로 이는 실제 과제를 수행하는 데 기본적인 능력이 있는지를 측정하는 영역이다. 자료해석력이 주로 귀납적 추리력을 측정하는 데 반해 이 영역은 연역추리와 종합추리 능력을 측정한다.

[출제 영역]

■ 문제 출제를 위한 특정 영역이 존재하지는 않으나, 가능한 현실적인 상황을 가지고 문항을 구성한다.

[문제유형]

■연역추리 : 주어진 사실(전제)들에서 논리적으로 정당한 결론을 도출해 낼 수 있는 능력을 측정하는 문제이다. 세부유형으로 결론유도, 논리구조, 논리적 인과, 논리적 타당성, 논증, 해석 등이 있다.

■문제해결 : 문제에 대한 적절한 표상을 형성하고, 목표달성에 도달하게 하는 적절한 조작자를 찾아내는 능력을 측정하는 문제이다. 세부유형으로 기획력, 여러 가능성 중 합리적 가능성을 묻는 문제, 문제에 대한 올바른 표상을 묻는 문제, 가능한 많은 문제해결 방식의 생성을 묻는 문제 등이 있다.

■판단 및 의사결정 : 주어진 정보와, 이 정보에서 유도된 정보들을 정확하게 판단하고, 그 판단에 근거하여 가장 합리적인 의사결정을 하는 능력을 측정하는 문제이다. 세부유형으로 판단과정에서 논리적 구조의 이해, 게임 이론, 판단오류, 합리적 선택과정 등이 있다.

INFORMATION

NCS 10개 영역 소개

주요 5개 영역

인지적 능력

의사소통능력	상대방과 의견을 교환할 때 의미를 정확하게 전달하는 능력
수리능력	복잡한 연산 및 도표 분석으로 정보를 이해하고 처리하는 능력
문제해결능력	논리적 · 창의적인 사고로 문제를 바르게 인식하고 해결하는 능력
자원관리능력	주어진 자원을 효율적으로 활용하고 관리하는 능력
조직이해능력	조직의 체제와 경영, 국제 감각을 이해하는 능력

주요 영역 출제 키워드

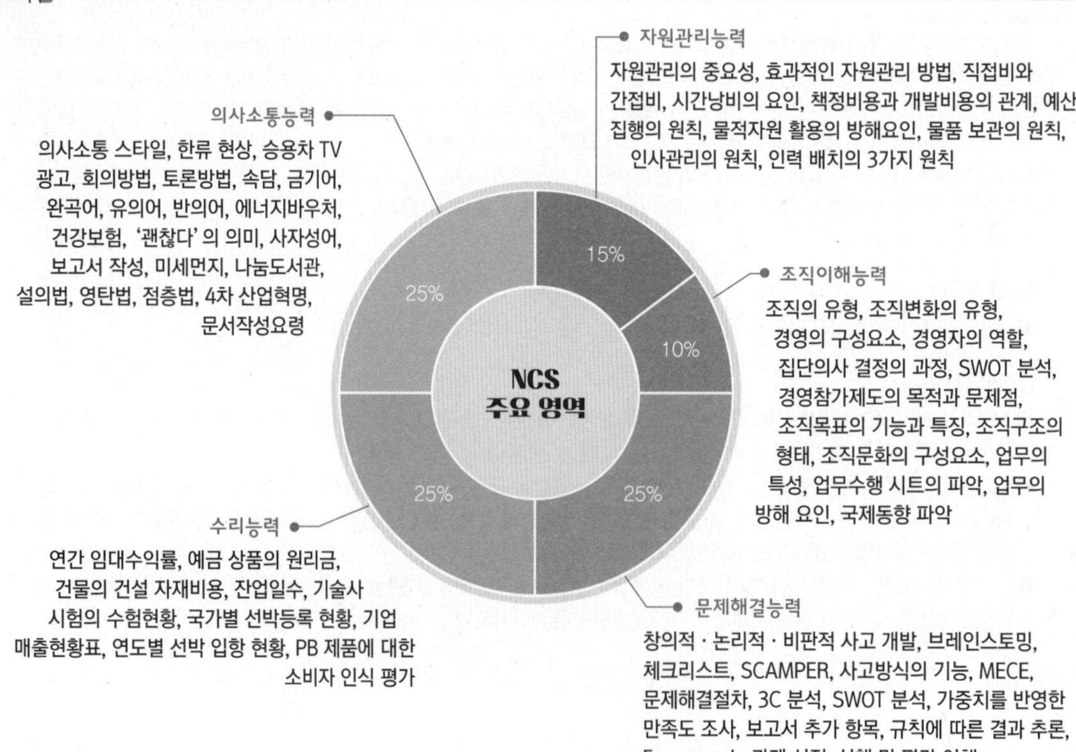

하위 5개 영역

인지적 능력

정보능력	컴퓨터를 활용하여 필요한 정보를 수집 · 분석 · 활용하는 능력
기술능력	직장 생활에 필요한 기술을 이해하고 선택하며 적용하는 능력

인성적 능력

대인관계능력	좋은 인간관계를 유지하고 갈등을 원만하게 해결하는 능력
자기개발능력	자신의 능력과 적성을 이해하여 목표를 수립하고 관리를 통해 성취해 나가는 능력
직업윤리	직업을 가진 사람이라면 반드시 지켜야 할 윤리 규범

하위 영역 출제 키워드

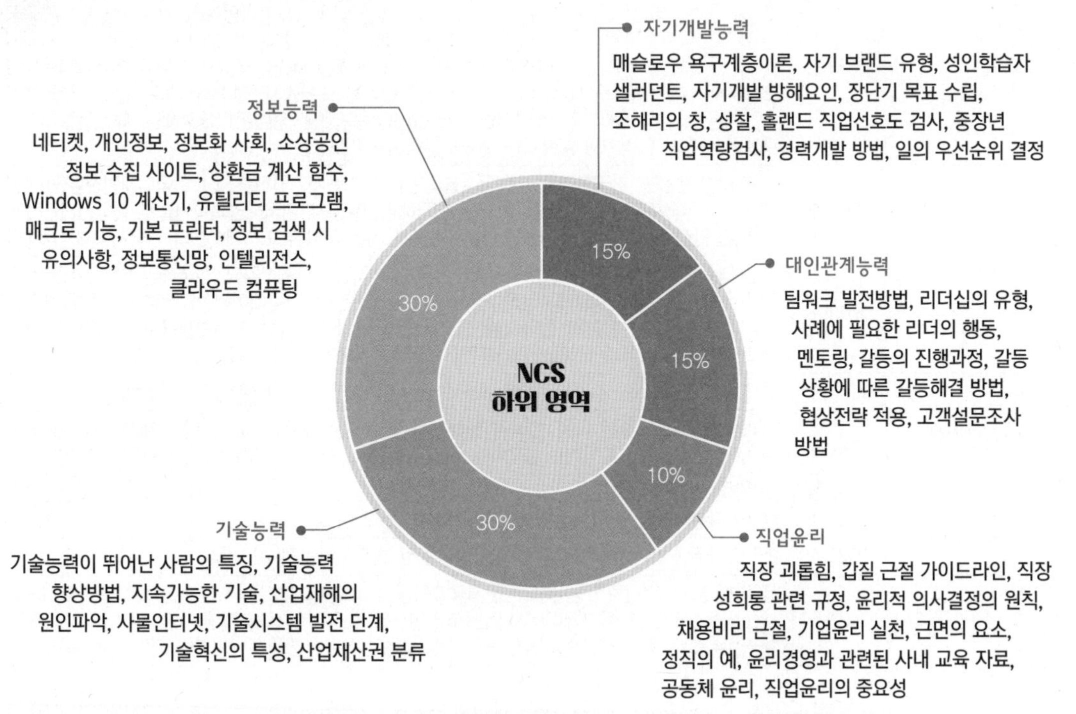

GUIDE

대행사 수주현황

출제대행사별 수주 채용기업

출제대행사	채용기업	
(주)사람인	2024년	한국가스공사, 한국가스기술공사, 한국남동발전, 한국중부발전('22~'24), 한국동서발전('23~'25), 한국남부발전, 국민연금공단, 한국자산관리공사, 신용보증기금, 도로교통공단, 경기도 공공기관 통합채용, 광주광역시도시공사, 전라남도 공공기관 통합채용(출제), 대한무역투자진흥공사, 예금보험공사, 한국예탁결제원, 화성시문화재단, 부천시 협력기관 통합채용, 대구공공시설관리공단, 서울주택도시공사, 안산시 공공기관 통합채용, 광주광역시 공공기관 통합채용, 국립부산과학관, 경상북도 공공기관 통합채용, 울산문화관광재단, 한국광해광업공단, 경기환경에너지진흥원
	2023년	국민연금공단, 한국가스공사, 한국전력거래소, 한국중부발전('22~'24), 한국동서발전('23~'25), 한국환경공단, 서울주택도시공사, 주택도시보증공사, 한국주택금융공사, 한국예탁결제원, 한전원자력연료, 한국가스기술공사, 한전KPS, 도로교통공단, 코스콤, 한국방송광고진흥공사, 한국산업단지공단, 경기도 공공기관 통합채용, 부산광역시 공공기관 통합채용, 대전광역시 공공기관 통합채용, 전라남도 공공기관 통합채용, 광주광역시 공공기관 통합채용, 경상북도 공공기관 통합채용, 평택도시공사, 인천신용보증재단, 전라북도콘텐츠융합진흥원, 평창군시설관리공단, 대구공공시설관리공단, 과천도시공사, 서울시 종로구시설관리공단, 인천시설공단
인크루트(주)	2024년	국민건강보험공단, 한국산업은행, 항만공사(인천 · 부산 · 울산 · 여수광양 / '23~'25), 파주도시관광공사, 시흥도시공사, 대한적십자사, 한국부동산원, 한국무역보험공사, 경기도사회서비스원, 용인시산업진흥원, 인천중구문화재단, 용인도시공사, 독립기념관, 유네스코아태무형유산센터, 인천문화재단, 우체국금융개발원, 경남테크노파크, 서울시자원봉사센터, 서울시 강서구시설관리공단, 금융감독원, 기술보증기금, 대전도시공사, 항공안전기술원, 축산환경관리원
	2023년	한국철도공사, 국민건강보험공단, 근로복지공단, 한국관광공사, 기술보증기금, 한국수출입은행, 항만공사(인천 · 부산 · 울산 · 여수광양 / '23~'25), 한국과학기술기획평가원, 대한적십자사, 한국국학진흥원, 한국보훈복지의료공단보훈교육연구원, 과천도시공사, 용인도시공사, 세종특별자치시시설관리공단, 대전광역시사회서비스원, 서울시 금천구시설관리공단, 서울시 강서구시설관리공단, 포천도시공사, 남양주도시공사, 안산도시공사, 광주광역시 도시공사, 전주시시설관리공단, 한국항공우주연구원, 화성시여성가족청소년재단, 정선아리랑문화재단, 충남문화관광재단, 대한건설기계안전관리원, 부천시 협력기관 통합채용, 한국도로공사서비스(주)
(주)트리피	2024년	한국가스안전공사, 한국환경공단, 한국수출입은행, 중소벤처기업진흥공단, 한국디자인진흥원, 국방과학연구소, 한국재정정보원, 서울문화재단, 한국해양진흥공사, 한국해양과학기술원, 한국전기안전공사, 한국산업안전보건공단, 코레일테크, 인천관광공사, 제주국제자유도시개발센터, 한국지방재정공제회
	2023년	한전KDN, 한국가스안전공사, 한국전기안전공사, 한국승강기안전공단, 한국해양과학기술원, 한국산업안전보건공단, 한국해양교통안전공단, 한국디자인진흥원, 한국데이터산업진흥원, 새만금개발공사, 한국보건의료인국가시험원, 한국기상산업기술원, 국립해양박물관, 인천관광공사, 한국인터넷진흥원, 학교법인한국폴리텍, 한국예술인복지재단, 한국과학기술원, 한국고용정보원
(주)엑스퍼트컨설팅	2024년	코레일로지스, 수원시 공공기관 통합채용, 한국승강기안전공단, 한국환경산업기술원
	2023년	한국농어촌공사, 금융감독원, 한국공항공사, 대한적십자사 혈액관리본부, 한국재정정보원, 한국환경산업기술원, 용인시 공공기관 통합채용, 서울교통공사 9호선운영부문(2차), 한국원자력환경공단, 용인도시공사, 서울문화재단
(주)매일경제신문사	2024년	한국토지주택공사, 한국수력원자력, 한국서부발전('22~'24)
	2023년	한국토지주택공사, 한국도로공사, 한국남동발전, 한국서부발전('22~'24)
(주)휴스테이션	2024년	서울교통공사, 건강보험심사평가원, 서울교통공사 9호선운영부문, 서울시설공단, 한국주택금융공사, 한국교통안전공단, 한국에너지공단, 코레일유통, 한국과학기술기획평가원, 농업정책보험금융원, 한국석유공사, 국방신속획득기술연구원, 서울신용보증재단, 한국생산기술연구원, 한국체육산업개발
	2023년	서울교통공사, 건강보험심사평가원, 서울시설공단, 서울신용보증재단, 한국교통안전공단, 한국석유공사, 한국항공우주연구원, 한국장애인개발원, 중소기업유통센터, 북한이탈주민지원재단, 대한무역투자진흥공사, 한국에너지공단

출제대행사별 수주 채용기업

출제대행사	채용기업	
(주)한국사회능력 개발원	2024년	한국철도공사, 에스알(SR), 국가철도공단, 한전KDN, 대구도시개발공사, 화성산업진흥원, 공무원연금공단, 국립공원공단, 부산광역시 공무직
	2023년	국가철도공단, 공무원연금공단, 한국국토정보공사, 대구교통공사, 국립공원공단, 국민체육진흥공단, 경기도 의정부시시설관리공단, 대구도시개발공사, 북한이탈주민지원재단
인트로맨(주)	2024년	한국수자원조사기술원, 한국교육학술정보원, 대한적십자사(필기전형), 한국문화재재단, 중소기업유통센터, 대전시사회서비스원, 코레일네트웍스, 인천도시공사, 경기문화재단, 농림수산식품교육문화정보원, 대한장애인체육회, 남양주도시공사
	2023년	서울교통공사 9호선운영부문, 한국문화재재단, 대한적십자사, 서울특별시 여성가족재단, 한국수자원조사기술원, 한국식품산업클러스터진흥원, 대전광역시사회서비스원, 농림수산식품교육문화정보원, 세종특별자치시사회서비스원, 국립농업박물관, 인천도시공사, 국가평생교육진흥원
(주)스카우트	2024년	한국전력기술('24~'25), 시흥도시공사, 서민금융진흥원, 한국산림복지진흥원, 국립인천해양박물관, 대구농수산물유통관리공사, 한국원자력환경공단, 우체국시설관리단, 한국장학재단, 가덕도신공항건설공단, 인천교통공사
	2023년	인천국제공항공사, 인천교통공사, 중소벤처기업진흥공단, 한국과학기술원, 한국장학재단, 인천공항시설관리, 한국수산자원공단, 한국부동산원, 한국보훈복지의료공단, 한국원자력안전기술원
(주)휴노	2024년	한국전력공사, 한국지역난방공사, 한국농어촌공사, 한국공항공사('24~'25), 한국조폐공사, 한전KPS, 한국수자원공사('24~'25)
	2023년	한국지역난방공사, 한국수자원공사, 한국수력원자력, 한국조폐공사, 코레일테크
(사)한국행동과학 연구소	2024년	인천국제공항공사
	2023년	농협중앙회, 농협은행
(주)ORP연구소	2022년	한국승강기안전공단, 한국고용정보원, 항공안전기술원, 코레일유통, 국방기술품질원, 국방기술진흥연구소
	2021년	한국남동발전, 한국수목원관리원, 한국원자력환경공단, 금융감독원, 강원대학교병원, 국방기술품질원, 안양도시공사, 아동권리보장원, 한국국방연구원, 한국잡월드
(주)태드솔루션(TAD Solutions Co., Ltd.)	2024년	한전엠씨에스주식회사, 한국산업기술기획평가원, 서울시50플러스재단, (재)한국보건의료정보원, 한국사회보장정보원, 한국인터넷진흥원, 서울경제진흥원, 성남시청소년재단, 용인시 공공기관 통합채용, 화성시 공공기관 통합채용, 성남시 공공기관 통합채용, 한국발명진흥회
	2023년	한전엠씨에스주식회사, 충남테크노파크, 국립낙동강생물자원관, 한국보건산업진흥원, 성남시 공공기관 통합채용, 화성시 공공기관 통합채용, 방송통신심의위원회, 한국교육시설안전원, 한국지방재정공제회, 국립호남권생물자원관, 정보통신산업진흥원, 한국물기술인증원, 서울물재생시설공단
(주)나인스텝컨설팅	2024년	한국해양조사협회, 한국에너지기술평가원, 광주도시관리공사
	2023년	인천교통공사(업무직), 한국해양조사협회, 한국임업진흥원
(주)비에스씨	2024년	인천서구복지재단
	2023년	의왕도시공사
(유)잡코리아	2024년	국립대구과학관, 인천신용보증재단, 가축위생방역지원본부
	2023년	인천신용보증재단, 킨텍스, 경상남도 관광재단, (재)춘천시주민자치지원센터
(주)잡플러스	2024년	제주특별자치도 공공기관 통합채용, 남부공항서비스, 서울의료원
	2023년	축산물품질평가원, 한국연구재단
(주)커리어넷	2024년	대구교통공사, 서울특별시농수산식품공사('23~'24), 한국건강가정진흥원, 신용회복위원회, 우체국물류지원단, 한국보훈복지의료공단 중앙보훈병원, 하남도시공사, 한국교육시설안전원, 소상공인시장진흥공단, 한국수산자원공단, 한국산업기술시험원
	2023년	서울특별시농수산식품공사('23~'24), 주택도시보증공사, 국립부산과학관, (재)한국보건의료정보원

GUIDE

대행사 수주현황

출제대행사별 수주 채용기업

출제대행사	채용기업	
(주)한국취업역량센터	2024년	원주시시설관리공단, 함안지방공사
	2023년	아산시시설관리공단, 사천시시설관리공단, (재)전라북도 사회서비스원, 함안지방공사
(사)한국능률협회	2024년	보령시시설관리공단, 한국수목원정원관리원
	2023년	한국소비자원, 한국법무보호복지공단, 한국산림복지진흥원, 지방공기업평가원, 국립항공박물관
(주)한국인재개발진흥원	2024년	경상북도 공공기관 통합채용, 세종도시교통공사, 경남개발공사, 울산시설공단, 화성시복지재단, 오산시시설관리공단, 여수시도시관리공단, 인천광역시연수구시설안전관리공단
	2023년	세종시문화재단, 오산시시설관리공단, 한국국제보건의료재단, 평창유산재단, 화성시사회복지재단, 김포도시관리공사, 국가과학기술연구회, 인천광역시 연수구시설안전관리공단
(주)엔잡얼라이언스	2024년	화성시인재육성재단
	2022년	국립해양박물관
(주)한경디스코	2022년	(재)우체국시설관리단, 화성산업진흥원, 서울특별시미디어재단티비에스
	2021년	한국산업은행, 충주시시설관리공단
(주)굿파트너스코리아	2024년	한국물기술인증원
	2023년	한국항만연수원 부산연수원, (재)평창유산재단
(주)더좋은생각	2024년	전북특별자치도 공공기관 통합채용, 광주광역시북구시설관리공단, 정보통신기획평가원, 완주군시설관리공단
	2023년	코레일네트웍스, 광주도시관리공사, 광주과학기술원, 우체국물류지원단, 연구개발특구진흥재단, 인천환경공단
(주)스카우트에이치알	2022년	한국장애인고용공단(필기전형), 국립항공박물관
	2021년	농림식품기술기획평가원
(주)시너지인사이트	2022년	구미시설공단
	2021년	한국소비자원, 창원시설공단, 한국산림복지진흥원
(주)엔에이치알커뮤니케이션즈	2023년	제주특별자치도 공공기관 통합채용, 서울물재생시설공단, 서울시복지재단
	2022년	제주특별자치도 공공기관 통합채용, (재)서울시복지재단, 국가과학기술연구회, 창원레포츠파크, 정보통신산업진흥원, 한국소방산업기술원
(주)인사바른	2024년	한국농수산식품유통공사, 국립해양박물관, 세종학당재단, 국방기술품질원, 건설근로자공제회, 한국데이터산업진흥원, 한국마사회, 경상북도 공공기관 통합채용, 예술의전당, 국립인천해양박물관('24 하반기)
	2023년	한국마사회, 한국농수산식품유통공사, 한국어촌어항공단, 한국해양수산연수원, 건설근로자공제회, 예술의전당, 국방기술진흥연구소, 한국산업기술시험원, 충북개발공사, 한국건강증진개발원
(주)잡앤피플연구소	2024년	인천광역시 미추홀구시설관리공단, 한국보육진흥원, 기장군도시관리공단, (재)한국특허기술진흥원, 서대문구도시관리공단, 국토안전관리원, 창원복지재단, 강원도사회서비스원, 세종시시설관리공단, 한국석유관리원, 원주미래산업진흥원, 서울시강동구도시관리공단, 천안도시공사, 인천시 부평구 시설관리공단, 방송통신심의위원회, 전주시시설관리공단, 광명도시공사
	2023년	한국에너지공과대학교, 한국석유관리원, 천안시시설관리공단, 부여군시설관리공단, 춘천문화재단, 충주시시설관리공단, 인천시 부평구 시설관리공단, 여수시도시관리공단, 한국보육진흥원, 대구문화예술진흥원, 김천시시설관리공단, 세종시시설관리공단, (재)원주문화재단, 안양도시공사, 국토안전관리원, 한국수목원정원관리원, (재)대전문화재단, 천안도시공사

출제대행사별 수주 채용기업

출제대행사	채용기업	
(주)잡에이전트	2024년	강릉과학산업진흥원
	2023년	(재)강릉과학산업진흥원
(주)휴먼메트릭스	2024년	한국고용정보원, 서울시여성가족재단
	2022년	중소기업은행, 한국장애인고용공단(필기전형)
(주)한국고용연구원	2023년	한국해양수산연구원
	2022년	우체국물류지원단
갓피플(주)	2024년	해양환경공단
	2023년	전라북도 공공기관 통합채용, 경상남도 김해시 공공기관 통합채용
(주)미래융합연구원	2022년	(재)서울문화재단
	2021년	한국승강기안전공단, 서울에너지공사
(주)시너지컨설팅	2023년	한국생산기술연구원
	2022년	코레일테크, 방송통신심의위원회, 국방과학연구소, 평창군시설관리공단
(주)커리어케어	2021년	국가철도공단, 에스알(SR), 코레일유통, 한전KDN, 한국지역난방공사, 한국환경공단, 국립공원공단, 한국수산자원공단, 한전원자력연료, 한국에너지공단, 한국양성평등교육진흥원 등
	2020년	국립공원공단, 서울시설공단, 인천관광공사, 인천시설공단, 한국철도시설공단, 한전KPS, 한전원자력연료, 한전KDN, 한국보건산업진흥원, 중소기업기술정보진흥원, 주택도시보증공사, 한국에너지공단, 방송통신심의위원회 등
(주)한국직무능력평가연구소	2024년	국립광주과학관, 여주세종문화관광재단, 천안시청소년재단, 안양도시공사
	2023년	(재)장애인기업종합지원센터
(주)에이치알제이솔루션	2023년	(재)대구문화예술진흥원
(주)제이비에이	2023년	한국잡월드
(주)비엠더코리아인	2024년	구미도시공사
	2023년	국립해양과학관
(주)에이치알딥마인드	2024년	한국원자력안전재단, 한국장애인개발원, 인천환경공단, 진주시 시설관리공단, 한국기상산업기술원, 이천시시설관리공단, 대구경북첨단의료산업진흥재단, 화성산업진흥원, 군포도시공사, 국립항공박물관
	2023년	국립중앙의료원, 군포도시공사, 한국항로표지기술원
(주)엔에이치알	2024년	학교법인한국폴리텍, 대한무역투자진흥공사
	2023년	(재)대전광역시사회서비스원
(주)디자인오아시스	2023년	구미문화재단
피앤제이에이치알(주)	2024년	김해시 공공기관 통합채용, 부산시설공단, 사천시 공공기관 통합채용, 한국해양수산연구원
	2023년	부산시설공단, 함안지방공사

취업준비생의 관심이 높은 채용기업을 중심으로 나라장터와 시험 후기를 취합하여 정리한 자료입니다. 개찰 결과가 공개되지 않는 경우 등 정보의 접근과 검증의 한계로 일부 부정확한 내용이 있을 수 있습니다. 이외의 출제대행사가 많다는 점도 참고하시기 바랍니다.

고시넷 매일경제 NCS

영역별 출제비중

- ▶ 자료를 분석하는 문제
- ▶ 세부 내용을 이해하는 문제
- ▶ 규칙에 따라 번호를 변환하는 문제
- ▶ 성과급을 계산하는 문제
- ▶ 일정을 계획하는 문제
- ▶ 적절한 경영전략을 세우는 문제

매일경제형 문제해결능력에서는 자료를 분석하는 문제, 자료를 바탕으로 숙소를 구하는 문제, 노선번호를 추론하는 문제 등이 출제되었다. 의사소통능력에서는 세부 내용을 이해하는 문제, 문의에 대한 답변을 작성하는 문제, 글의 내용과 관련이 없는 문장을 삭제하는 문제 등이 출제되었다. 정보능력에서는 알고리즘을 통해 출력값을 구하는 문제, 프로그램 조작법을 이해하는 문제 등이 출제되었다. 자원관리능력에서는 손익계산서를 비교하는 문제, 조건에 따라 후보를 선정하는 문제, 순수익을 파악하는 문제 등이 출제되었다. 조직이해능력에서는 주문서를 작성하는 문제, 매뉴얼에 따라 업무를 처리하는 문제 등이 출제되었다.

매일경제

1회 출제유형모의고사

영역	총 문항 수
문제해결능력	60문항
의사소통능력	
정보능력	
자원관리능력	
조직이해능력	

NCS란? 산업 현장에서 직무를 수행하기 위해 요구되는 각종 지식, 기술, 태도 등의 내용을 국가가 체계화한 것을 의미한다.

직업기초 1회

기출예상문제

문항수 | 60문항

▸정답과 해설 2쪽

[01 ~ 02] 다음 제시된 상황과 자료를 보고 이어지는 질문에 답하시오.

○○공사 황 대리는 공공기관의 처분에 이익을 침해받았을 경우 구제받을 수 있는 정보를 살펴보고 있다.

〈정보공개 불복구제절차〉

• 이의신청

구분	내용
신청권자	• 공공기관의 비공개처분 또는 무작위로 법률상 이익을 침해받은 청구인 • 공공기관이 제3자의 의사에 반하여 정보를 공개한 경우의 제3자
신청기간	• 공개여부 결정통지를 받은 날 또는 비공개의 결정이 있는 것으로 보는 날부터 30일 이내 • 제3자의 경우 공개통지를 받은 날부터 7일 이내
신청방법	정보공개(비공개)결정 이의신청서를 작성하여 당해 처분기관에 신청
결정 및 통지	접수일부터 7일 이내(7일 연장가능)에 수용여부 결정 후 서면으로 통지

• 행정심판청구

구분	내용
청구권자	공공기관의 처분 또는 무작위로 법률상 이익을 침해받은 청구인
청구기간 및 방법	• 처분이 있음을 안 날부터 90일, 처분이 있는 날로부터 180일 이내 제기 • 심판청구서를 재결청 또는 피청구인인 행정청에 제출
재결기간 및 통보	심판 청구를 받은 날부터 60일 이내(30일 연장가능)에 재결하여 「재결서」 통지

• 행정소송

구분	내용
재소권자	공공기관의 처분 또는 무작위로 법률상 이익을 침해 받은 청구인
재소기간	처분이 있음을 안 날로부터 90일, 처분이 있는 날로부터 1년 이내

※ 이의신청, 행정심판, 행정소송은 청구인이 선택 가능

01. 다음 중 위 자료를 이해한 내용으로 적절하지 않은 것은?

① 이의신청 시 수용여부 결정 후 통지는 접수일로부터 최장 2주까지 소요될 수 있다.

② 불복구제절차의 종류에 따라 청구인을 지칭하는 명칭이 다르다.

③ 청구권자가 심판청구서를 제출하는 기관은 재결청 또는 행정청이다.

④ 청구인이 신청해야 하는 불복구제절차의 종류는 처분기관이 정하여 통보한다.

02. 다음 〈보기〉는 황 대리가 제시된 자료를 통해 작성한 특정 불복구제절차의 신청기간이다. 황 대리가 작성한 도식의 불복구제절차로 가장 적절한 것은?

보기

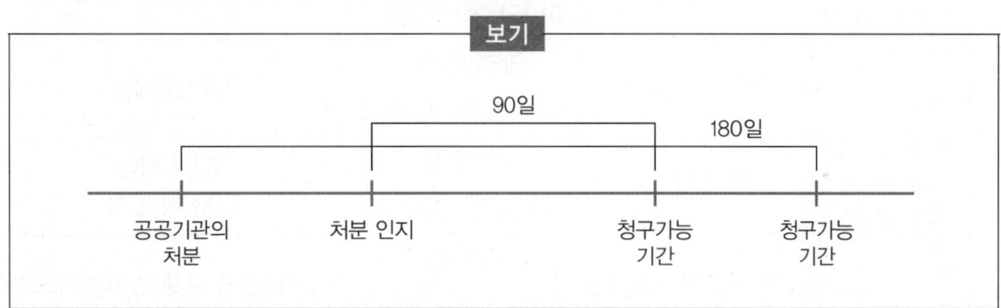

① 해당 없음.　　② 행정심판청구

③ 행정소송　　④ 이의신청

[03 ~ 05] 다음 제시 상황과 자료를 보고 이어지는 질문에 답하시오.

□□공단 인재경영실에서 근무하는 김영웅 대리는 신입사원 교육일정을 계획 중이다.

〈신입사원 교육일정 및 과정〉

1. 교육 기간 : 201X. 04. 27.(월) ~ 28.(화)
2. 교육 대상 : 신입사원 50명(2일 모두 참여)
3. 교육 장소 : 지사 ○○홀, ◆◆시청 대회의실
4. 세부 내용

교육일(장소)	교육과정	교육담당	주요 교육내용
201X. 04. 27. (지사 ○○홀)	공단에서의 첫걸음	인재경영실 내선번호 : 5432	교육과정안내 신입사원 명함 배부
	주요사업 현황	기획조정실 내선번호 : 5055	주요사업 현황 및 실적 소개
	공단의 기본규정 교육	직무전문가 갑(사내) 010 - 6789 - 6789	기본규정 및 업무절차 규정 교육
201X. 04. 28. (◆◆시청 대회의실)	비즈니스 매너	외부전문가 010 - 5678 - 5678	기초직장예절
	전자결재 교육	정보화본부 내선번호 : 2022	기안문 작성 근태현황 조회
	회계 지출의 기초과정	직무전문가 을(사내) 010 - 7942 - 7942	계약, 지출결의 등 공단 회계 기초교육

※ 교육내용에 관한 자료는 각 교육과정별 담당부서 혹은 담당자 소관이다.

※ 신입사원 교육 준비 일정과 관련하여 인재경영실에서 진행해야 하는 일은 김영웅 대리 담당이다.

〈신입사원 교육 준비 일정〉

업무	기한 및 구체적 내용
교육자료 제작	인재경영실 담당 교육자료 4월 17일까지 제작
교육자료 취합	세부 내용 참고하여 교육 준비 및 진행을 위해 각 교육 담당부서(담당자)와 업무 협조 • 4월 15일 각 교육 담당부서(담당자)에게 업무 협조 요청 • 교육 시작일(4월 27일) 최소 3일 전까지 모든 교육자료 취합 및 정리

장소 대관	장소 대관은 총무지원실에서 진행하므로 총무지원실에 장소 대관 일정 통보 • 지사 ○○홀 : 사용일 5일 전까지 예약 • ◆◆시청 대회의실 : 사용일 7일 전까지 예약
버스 대절	• 집결지에서 교육 장소까지 2일간 이동할 버스 전세 • 교육 시작일 5일 전까지 예약
도시락 예약	• 교육 양일에 필요한 신입사원 점심 도시락 사전 주문 • 4월 20일 도시락 사전 주문하기

03. 다음 중 김영웅 대리가 신입사원 교육을 준비하기 위해 해야 할 일이 아닌 것은?

① 010-6789-6789에 연락하여 업무 협조를 부탁한다.

② 신입사원의 명단을 확보하여 명함을 준비한다.

③ ◆◆시청에 연락하여 교육일정을 위해 대회의실을 대관한다.

④ 도시락 업체에 연락하여 교육기간 중 신입사원들의 점심을 주문한다.

04. 김영웅 대리는 각 교육 담당부서 혹은 전문가로부터 필요한 자료를 받아볼 수 있는 날짜를 다음과 같이 정리하였다. 일정을 참고하여 신입사원 교육 준비를 최대한 빨리 진행할 때, 〈신입사원 교육 준비 일정〉은 언제 마무리될 수 있는가? (단, 교육 준비 업무는 하루에 한 가지만 처리할 수 있으며, 주말에는 일을 하지 않는다)

오늘 날짜 : 201X. 04. 15.
※ 교육자료는 한꺼번에 인계받아서 취합할 것

기획조정실	16일 교육자료 편성 예정. 편성 다음 주 수요일에 완성 예정
외부전문가	업무 협조를 요청한 당일 교육자료 완성 예정
직무전문가 갑	17일 밤에 출장에서 돌아와서 다음 출근일에 교육자료 완성 예정
정보화본부	교육 시작일로부터 일주일 전에 자료 완성 예정
직무전문가 을	교육 시작일로부터 일주일 전에 자료 완성 예정

① 4/17　　② 4/20

③ 4/23　　④ 4/26

05. 김영웅 대리는 상사로부터 신입사원 교육일정에 필요한 예산안을 작성해 달라는 요구를 받았다. 다음의 자료를 참고하였을 때, 신입사원 교육일정을 위해 필요한 예산은 총 얼마인가? (단, 다음 자료에 제시된 것 이외의 비용은 고려하지 않는다)

구분		금액		비고
강사료 (1일 기준)	직무전문가(사내)	1인당	70,000원	-
	외부전문가		300,000원	-
	기타 사내강사		40,000원	교육을 담당하는 부서에서 한 명씩 파견
교통비 (1일 기준)	버스 대절	50인승 1대당 300,000원		교육일 양일 모두 대절
기타 경비	점심 식대	• (지사) 1인당 3,000원 • (시청) 1인당 3,500원		신입사원 인원에 맞게 주문
	장소 대관	• (지사) 무료 • (시청) 150,000원		-

① 1,515,000원
② 1,595,000원
③ 1,635,000원
④ 1,675,000원

[06 ~ 07] 다음 제시 상황과 자료를 보고 이어지는 질문에 답하시오.

●●공사의 직원 H는 통합공급자관리와 관련된 설명자료를 열람하고 있다.

〈통합공급자관리〉

• 개요

품질 및 신뢰성이 요구되는 발전설비 업체의 제조능력 및 정비기술 능력을 사전 심사하여 일반 경쟁입찰에 참가할 수 있는 자격을 부여하는 관리체계

• 유자격업체 등록 신청 절차

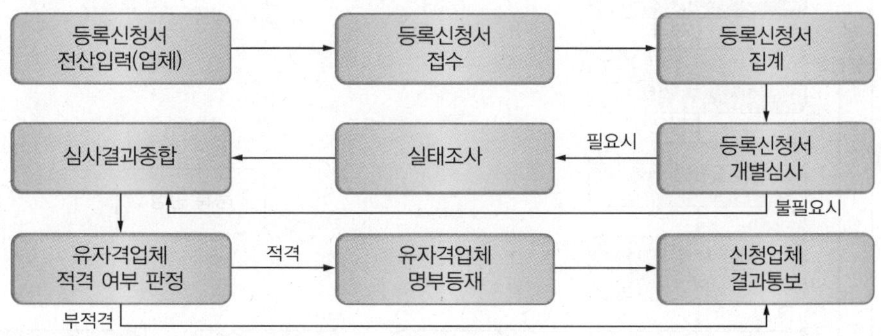

※ 참고

- 신청서 접수 및 집계, 결과통보 : ●●공사 계약자재팀
- 등록신청서 심사 및 결과종합 : 심사담당사업소 품질담당부서
- 실태조사 : 사업소 담당부서

• 정비적격업체 등록 신청 절차 : 발전소의 신뢰성 품목 중 정비가 필요한 품목에 한함.

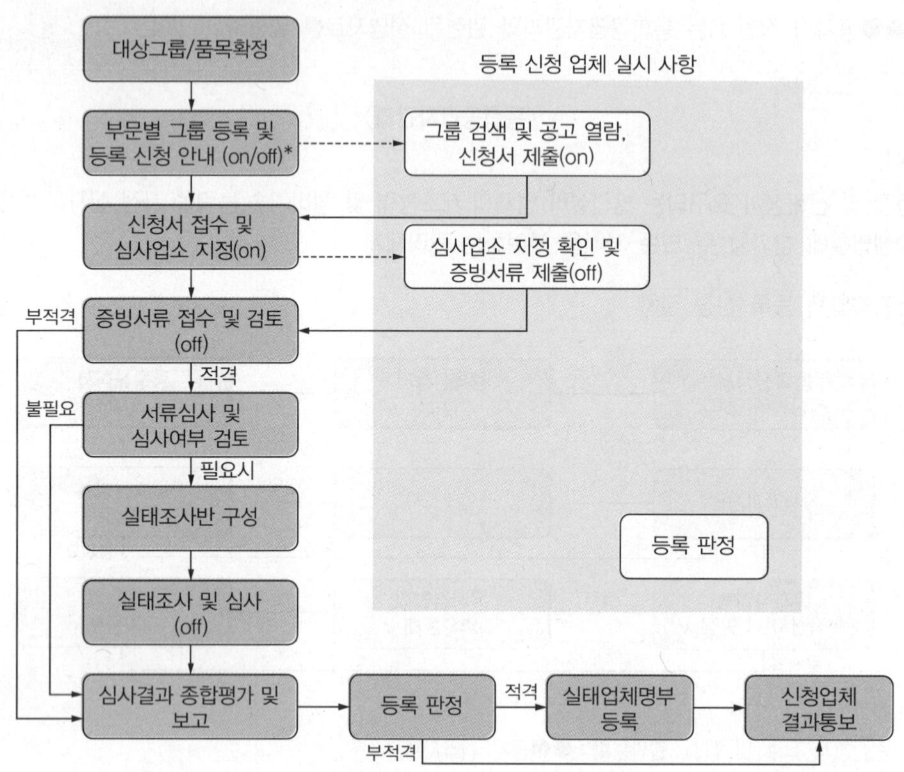

* (off)는 오프라인 및 현장에서, (on)은 온라인으로 진행을 의미

※ 참고

– 신청서 납부 및 접수(온라인), 정비적격업체 등록 신청 : ●●공사 계약자재팀

– 증빙서류 접수 및 검토 : 심사담당사업소 품질담당부서

– 실태조사 및 심사 : 사업소 담당부서

06. 다음 중 정비적격업체 등록 신청 절차에 관한 설명으로 적절하지 않은 것은?

① 정비적격업체 등록 신청 안내는 온라인으로도 받을 수 있다.

② 심사담당사업소 품질담당부서는 증빙서류를 접수하고 검토하는 업무를 수행한다.

③ 심사담당사업소 품질담당부서는 정비적격업체 등록신청서를 심사하고 그 결과를 종합하는 업무를 수행한다.

④ 사업소 담당부서는 등록 신청에 관한 내용의 실태조사 및 심사 업무를 수행한다.

07. 다음 중 제시된 자료를 이해한 내용으로 적절하지 않은 것은?

① 발전설비 업체가 유자격업체 등록을 하기 위해서는 전산으로 신청서를 입력해야 한다.

② 유자격업체 신청업체의 등록신청서를 개별심사한 후 필요시 업체의 실태조사를 실시한다.

③ 유자격업체 적격 여부 판정 후 신청업체는 적격 여부와 상관 없이 해당 결과를 통보해야 한다.

④ 모든 발전설비 업체는 반드시 정비적격업체로 등록을 신청해야 한다.

[08 ~ 09] 다음 제시 상황과 자료를 보고 이어지는 질문에 답하시오.

직원 S는 다음 주에 예정된 5박 6일의 출장을 위해 숙박시설 정보를 확인하고 있다.

〈숙박시설 정보〉

시설명	근무지까지 이동시간 (이동수단)	1박당 숙박요금	청결도	내부 시설 상태	방 크기	비고
시설 A	40분 (도보)	5만 원	보통	미흡	보통	2박 결제 시 마다 1박 무료 추가
시설 B	30분 (도보)	3만 원	매우 깨끗함	보통	넓음	–
시설 C	10분 (자가용)	4만 원	더러움	우수	넓음	–
시설 D	25분 (대중교통)	7만 원	매우 더러움	매우 우수	매우 넓음	5박 이상 숙박 시 최종 금액의 50% 할인

〈순위－점수 환산표〉

순위	1위	2위	3위	4위
점수	4점	3점	2점	1점

- 5개의 선정 기준(근무지까지 이동시간, 1박당 숙박요금, 청결도, 내부 시설 상태, 방 크기)에 따라 4개 시설을 비교하여 순위를 매긴 후 〈순위－점수 환산표〉에 따라 점수를 부여한다.
- 근무지까지 이동시간이 짧을수록, 1박당 숙박요금이 저렴할수록, 청결도가 깨끗할수록, 내부 시설 상태가 우수할수록, 방 크기가 넓을수록 높은 순위를 부여한다.
- 1위부터 순서대로 부여하며, 2개 이상의 시설의 순위가 동일할 경우, 그다음 순위의 시설은 순위가 동일한 시설 수만큼 밀려난다(예 A, B, C가 모두 1위일 경우 그다음 순위 D는 4위).
- 직원 S는 각 기준에 따른 점수의 합이 가장 높은 시설을 최종적으로 선정하며, 점수의 합이 동일한 시설이 2개 이상일 경우에는 근무지까지 이동시간이 더 짧은 시설로 선정한다.

08. 제시된 기준에 따라 점수를 환산하였을 때, 다음 중 직원 S가 선택할 시설은?

① 시설 A ② 시설 B
③ 시설 C ④ 시설 D

09. 직원 S는 이동시간에 따라 점수를 부여하는 방식에 이동수단까지 고려하는 방식으로 변경하고자 하고자 한다. 다음 〈보기〉의 방식을 참고할 때, 직원 S가 최종 선택할 시설은?

보기

- 근무지까지 이동시간의 경우, 〈순위 – 점수 환산표〉가 아니라 아래 제시된 식에 따라 환산점수를 부여한다.
- 그 외 기준은 동일하게 적용하며, 변경된 점수를 반영했을 때 점수의 합이 가장 높은 시설을 선택한다.

이동수단	환산 점수(점)
도보	(60분 – 도보시간(분))×0.25
대중교통	(30분-대중교통 이용 시간(분))×2
자가용	(15분-자가용 이용 시간(분))×3

① 시설 A ② 시설 B
③ 시설 C ④ 시설 D

[10 ~ 12] 다음 제시된 자료를 보고 이어지는 질문에 답하시오.

〈노선번호 지정체계〉

• 기본 규칙

1. 노선 방향(남북방향 혹은 서동방향)에 따라 노선번호 부여 방식이 다름.
   – 서동방향 : 짝수번호 부여 / – 남북방향 : 홀수번호 부여
2. 노선의 시작지점을 기준으로 하여 오름차순으로 번호 부여
   ㉮ 서동방향 : 서동방향인 경우 시작지점이 아래쪽에 위치할수록 더 낮은 번호를 부여
   ㉮ 남북방향 : 남북방향인 경우 시작지점이 왼쪽에 위치할수록 더 낮은 번호를 부여

• 노선 유형에 따른 규칙

1) 간선노선 : 두 자릿수로 구성하며 일의 자리는 노선 방향에 따라 0 또는 5를 부여

남북방향	일의 자리 '5' 부여(예 : 15, 25, … 65)
서동방향	일의 자리 '0' 부여(예 : 10, 20, … 60)

2) 보조노선 : 두 자릿수로 구성하며 노선 방향과 간선노선을 기준으로 번호를 부여

서동방향 보조노선	보조노선의 시작지점을 기준으로 하여 남쪽 간선노선보다 크고 북쪽 간선노선보다 작은 숫자를 부여한다.
남북방향 보조노선	보조노선의 시작지점을 기준으로 하여 서쪽 간선노선보다 크고 동쪽 간선노선보다 작은 숫자를 부여한다.

3) 순환노선 : 세 자릿수로 구성하며 해당 지역별로 다음 표와 같이 백의 자리 숫자를 부여하고 뒤에 '00'번 부여

지역	서울	대전	경기도 (수도권)	광주	부산	대구
번호	1	3	4	5	6	7

• 예시

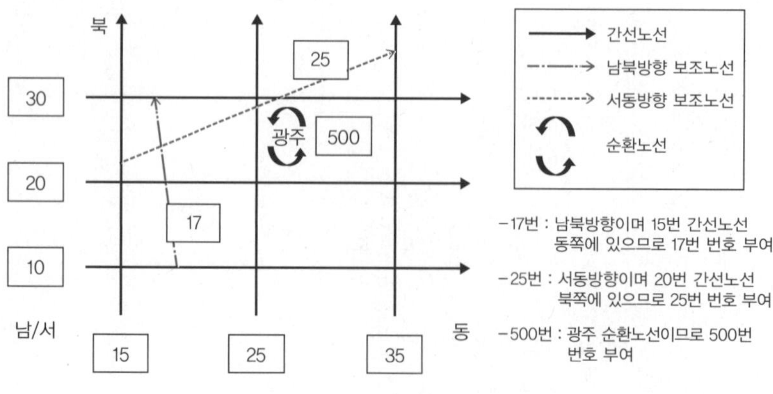

10. 위의 자료를 이해한 내용으로 적절하지 않은 것은?

① 끝자리가 0으로 끝나는 간선노선은 남북방향 노선이다.
② 남북방향 노선과 서동방향 노선은 번호 지정방식이 다르다.
③ 순환노선은 1 ~ 7의 숫자로 노선이 시작되지만 2로 시작하는 노선은 없다.
④ 순환노선 번호를 통해 해당 노선이 어느 지역에서 운행하는지 알 수 있다.

11. 다음 중 권 사원이 기재한 노선번호로 적절하지 않은 것은?

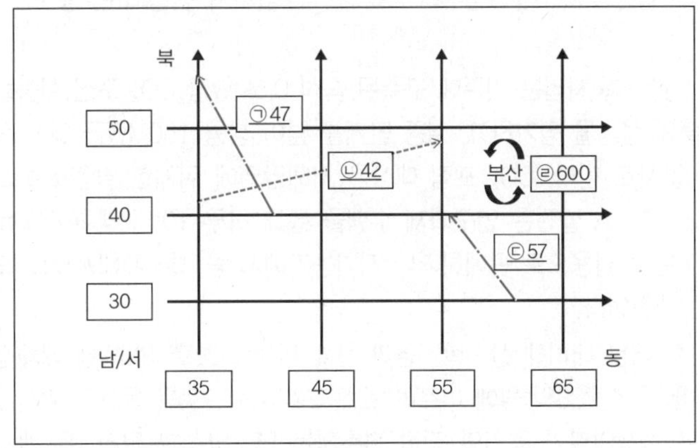

① ㉠ ② ㉡
③ ㉢ ④ ㉣

12. 다음 중 32번 노선의 위치로 적절한 것은?

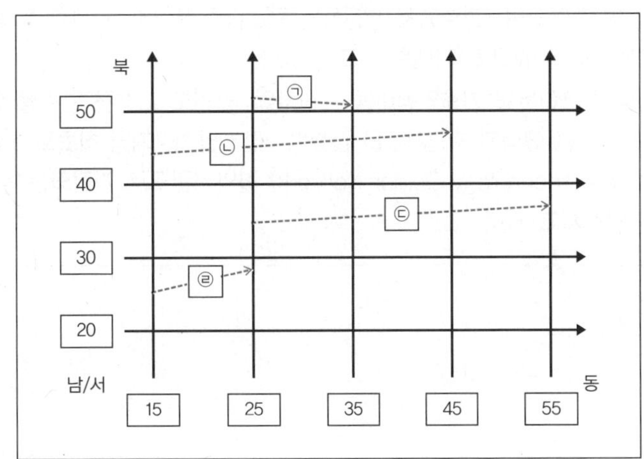

① ㉠ ② ㉡
③ ㉢ ④ ㉣

[13 ~ 15] 다음 제시된 상황과 자료를 보고 이어지는 질문에 답하시오.

A 발전에서 일하는 김 대리는 온실가스 감축 관련 기술개발에 관한 보도자료를 열람하고 있다.

A 발전은 '2X50 탄소중립' 정부정책을 실현하고자 온실가스 감축과 관련된 연소 · 포집 · 저장 · 활용 등 4개 분야 기술개발에 나선다. 가장 먼저 온실가스 연소와 포집 관련 기술에 대한 연구개발을 진행하고 있다.

지난해 A 발전은 태안발전본부 5호기에 0.5MW급 CO_2(이산화탄소) 포집 실증플랜트를 구축하고, 세계 최고 수준의 CO_2 습식포집 흡수제(MAB ; Modulated Amine Blend) 실증 기술을 개발하였다. 이러한 정책 성과를 기반으로 ○○부는 A 발전과 함께 올해 '대규모 CCUS 실증 및 상용화 기반구축 사업'에 착수한다. 해당 사업은 2X21년 3월부터 2X23년 12월까지 진행되며, 총 62억 원이 투입될 예정이다.

대규모 CCUS 실증 및 상용화 기반구축 사업은 기존에 구축된 습식 0.5MW급 CO_2 포집 실증플랜트를 활용해 국내 습식포집 기술의 성능을 평가하고, 실증 단계를 넘어 상용 150MW급 CO_2 포집 플랜트를 설계하는 것을 기본 골자로 한다. CO_2 포집 대상은 서해안권에 위치한 발전소들로, 실증을 통해 포집원을 선정하고자 한다. A 발전은 연구과제 수행을 통해 하루 10t의 액화 CO_2를 생산할 계획이며, 생산된 액화 CO_2는 산업용으로 판매하거나 지역농가에서 농작물 재배용으로 활용할 수 있도록 무상으로 공급할 예정이다.

(㉠) A 발전은 가스발전시대를 대비해 산 · 학 · 연과 함께 세계 최초로 '3MW급 매체순환연소 실증기술'을 개발한다. 투자비용만 238억 원에 이르며, 오는 2X25년 완료를 목표로 기술개발에 나선다. 매체순환연소 기술은 화석연료가 공기와 직접 접촉하는 연소방식과 달리, 두 개의 반응기 내에서 니켈계 금속물인 산소전달입자가 순환하면서 연료를 연소하는 차세대 친환경 발전기술이다. 미세먼지 유발물질인 질소산화물(NOx) 배출을 사실상 제로화하고, 별도의 포집장치 없이도 CO_2를 쉽게 분리할 수 있는 장점을 지닌다.

이번 과제를 통해 세계 최초로 3MW급 매체순환연소 기술을 상용화하고, 향후 40 ~ 50MW급 분산전원용 소규모 LNG발전에 적용할 계획이다. A 발전 관계자는 "앞으로도 온실가스 감축을 위해 적극적으로 기술개발에 투자할 예정"이라며 "정부에서 추진하는 탄소중립 및 에너지전환 정책과 분산전원 확대 정책 등에 크게 기여할 것으로 기대된다"고 말했다.

한편 A 발전은 국내 최초로 충남형 그린뉴딜 기후안심마을 조성사업, 강원도 고성군 탄소상쇄숲 조성사업 등 기후변화 취약계층을 위한 에너지 지원사업을 펼쳤고, 국내 발전공기업 최초로 UN 기후기술센터네트워크(CTCN ; Climate Technology Center Network) 협약기관으로 지정되는 등 탄소중립실현과 그린뉴딜 정책에 앞장서고 있다.

13. 다음 중 김 대리가 보도자료를 읽고 이해한 내용으로 적절하지 않은 것은?

① A 발전은 2X25년까지 세계 최초 3MW급 매체순환연소 실증기술을 개발할 계획이다.
② ○○부는 올해 대규모 CCUS 실증 및 상용화 기반구축 사업에 착수한다.
③ 대규모 CCUS 실증 및 상용화 기반구축 사업은 기존에 구축된 습식 0.5MW급 CO_2 포집 실증플랜트가 아닌 새로운 플랜트를 개발해 국내 습식포집 기술의 성능을 평가한다.
④ A 발전은 국내 발전공기업 최초로 UN 기후기술센터네트워크(CTCN ; Climate Technology Center Network) 협약기관으로 지정되었다.

14. 다음 중 위 보도자료의 ㉠에 들어갈 접속어로 적절한 것은?

① 또한
② 그러나
③ 따라서
④ 반면에

15. 다음 중 위 보도자료에 추가할 내용으로 적절하지 않은 것은?

① 2X50 탄소중립 정부정책에 포함되어 있는 내용들을 구체적으로 정리해야 한다.
② 한국의 CO_2 습식포집 흡수체 실증 기술이 다른 나라와 비교했을 때 어떤 부분에서 우수한지 제시해야 한다.
③ A 발전이 지역농가에 제공할 액화 CO_2의 활용법에 대해 보다 구체적으로 제시해야 한다.
④ 매체순환연소 기술에서 화석연료가 공기와 직접 접촉하는 과정을 보다 구체적으로 설명해야 한다.

[16 ~ 17] 다음 제시된 상황과 자료를 보고 이어지는 질문에 답하시오.

○○업체에 근무하는 B 사원은 다음 제시된 정보를 토대로 △△음료와 관련된 고객 응대 업무를 담당하고 있다.

〈기본 정보〉

- 식품명 : △△음료
- 식품의 유형 : 혼합음료
- 원재료명 : 정제수, 프락토올리고당, 트로피칼 후르츠 믹스 농축액(이탈리아), 허브 농축액, 표고버섯 분말, 칡농축액기스
- 섭취량 및 섭취 방법 : 100m/1일 1 ~ 2회, 음주 후 혹은 다음 날 숙취 해소를 위해 1포씩 섭취
- 보관방법 : 직사광선을 피하고 서늘한 곳에 보관
- 포장재질 : 용기 폴리에틸렌

〈영양 성분〉

- 1회 제공량 : 1포(100ml)
- ( ) 안의 수치는 1일 영양소 기준치에 대한 비율
- 1회 제공량당 함량 열량 55kcal, 탄수화물 13g(4%), 당류 8g, 단백질 1g 미만(1%), 지방 0g(0%), 포화지방 0mg(0%), 트랜스지방 0g, 콜레스테롤 0g, 나트륨 75mg(4%)

〈주의사항〉

- 음용 후 개인에 따라 이상 반응이 나타날 수 있으며 이상 반응이 나타날 즉시 의사와 상담하십시오. 기존 질환이 있는 분은 본사 고객 상담실과 상의 후 음용하십시오.
- 영유아, 어린이, 수유부, 임산부, 노약자는 섭취를 권하지 않습니다.
- 전자레인지를 이용하실 때는 반드시 전용 용기에 옮긴 후 데워 주십시오.
- 개봉 후 분리된 컵을 삼키지 않도록 주의하시길 바랍니다.
- 개봉 시 내용물이 튀어나올 수 있으니 주의하시길 바랍니다.
- 제품 보관 시 음료 고유성분에 의해 침전물이 생길 수 있으나 제품에는 이상이 없으니 안심하고 잘 흔들어 드시길 바랍니다.

※ 이 제품은 계란, 메밀, 땅콩, 밀가루, 돼지고기를 첨가한 제품과 같은 제조시설에서 제조되었습니다. 본 제품은 공정거래위원회 고시 소비분쟁해결에서 교환 또는 보상받을 수 있습니다.

※ 부정, 불량식품 신고는 국번 없이 1399

16. B 사원은 C 팀장으로부터 △△음료와 관련된 정보를 간략하게 정리해 달라는 요청을 받았다. 다음 중 B 사원이 정리한 내용으로 알맞지 않은 것은?

① 숙취 해소를 위한 음료이며 당분과 칡 성분을 포함한다.
② 전자레인지에 제품을 넣어 바로 가열하면 안 된다.
③ 돼지고기 성분이 들어 있는 제품과 같은 시설에서 제조된다.
④ 제품 보관 시 생기는 침전물에는 대부분의 영양 성분이 응축되어 있다.

17. B 사원은 △△음료와 관련하여 다음과 같은 문의 메일을 받았다. 문의 내용에 대한 답변으로 알맞지 않은 것은?

> 받는 사람 : △△음료 고객 응대 담당자(aaj1234@mail.com)
> 제목 : △△음료 관련하여 문의 드립니다.
>
> ---
>
> 안녕하세요, 저는 평소 △△음료를 즐겨 마시는 회사원입니다. 직장 생활을 하다 보면 회식이 잦아 술을 많이 마시는데, 다음 날 △△음료를 마시면 숙취 해소에 효과가 좋아 자주 찾아 마시고 있습니다. 그런데 한 가지 걱정되는 게 있습니다. 제가 지금 다이어트를 하고 있는데요, 음료가 많이 달아서 다이어트에 나쁜 영향을 미칠까 걱정이 됩니다. 혹시 음료의 성분이 다이어트에 미치는 영향과 관련된 내용을 추가적으로 더 자세히 알려 주실 수 있을까요?

① 10포를 전부 마신다고 하더라도 하루 탄수화물 기준치의 절반을 넘지 않습니다.
② 나트륨과 단백질의 경우 각각 1포에 1일 영양소 기준치의 5% 미만이 첨가되어 있습니다.
③ 저희 제품은 트로피칼후르츠믹스농축액을 사용하며 당이 첨가되어 있지 않습니다.
④ 포화지방, 트랜스지방 등 지방 성분이 전혀 들어 있지 않습니다.

[18 ~ 19] 다음 제시 상황과 자료를 보고 이어지는 질문에 답하시오.

○○공사에서 근무하는 정아름 사원은 안전운전 실천을 위한 포상금 제도에 대한 홍보 업무를 맡았다.

〈화물차 모범운전자 포상금 제도〉

- 시행 목적 : 교통사고 위험성이 높은 화물 운전자의 안전운행 실천 유도 및 사고 예방
- 응모 대상 : 1톤 초과 사업용 화물차 운전자
- 신청 방법 및 기간
  1. 방문신청 : 고속도로휴게소 종합안내소, 교통안전공단 자동차검사소, 운전적성정밀검사장
  2. 인터넷신청(모바일 포함) : ○○공사 홈페이지

  ※ 202X년 2월 17일 ~ 5월 31일(인터넷신청 시스템 오픈 : 202X년 2월 21일부터)
- 안전운전 실천기간 : 202X년 3 ~ 8월(신청일 다음 달 1일부터 8월 31일까지)
- 선발 기준
  1. 교통사고 유발 및 법규위반이 없으며 준법 운행을 한 자
  2. 안전위험 운전 점수가 70점 이상인 자 중 상위 30%

구분	배점(점)	평가산식
안전위험 운전 점수	100	화물차 평균치 대비 준수율 =[100×{1-(위험운전*횟수/화물차 평균 횟수)}×가중치] ※ 가중치(최댓값 1) : 0.5+0.5×(고속도로 주행거리/40만 km)

* 위험운전 : 급감속, 급차로변경, 과속

- 포상 : 선발 기준을 모두 충족한 운전자에게 다음과 같이 포상

구분	대상 인원	구분	대상 인원	구분	대상 인원
500만 원	1%	250만 원	7%	80만 원	20%
350만 원	7%	120만 원	15%	50만 원	50%

※ 선발 기준에 해당되시는 모든 분들께 도로 안전 지킴이 상을 수여

※ 재학 자녀 유무에 따라 자녀장학금 또는 포상금을 수여

- 운행기록 제출 방법
  1. 제출기준 : 안전운전 실천기간 내, 실운행일 50일 이상 기록 필수 제출
  2. 제출방법 : 홈페이지 업로드, 도로공사 지역본부 방문 제출

18. 정아름 사원은 위 내용을 게시한 후 질문 게시판의 문의내용을 보고 수정할 사항을 메모하였다. 다음 메모 중 적절하지 않은 것은?

질문 게시판	메모
교통안전공단 자동차검사소의 위치는 어디인가요?	① '신청 방법 및 기간' 하단에 자동차검사소 위치를 표시한 지도를 첨부한다.
저는 작년에 화물차 안전운전 포상금을 받았는데, 올해에도 재신청이 가능한가요?	② '포상' 하단에 작년 모범운전자 포상금 수여자의 재신청 시 포상 금액 제한에 대한 내용을 추가한다.
화물차의 교통사고 유발의 예시에는 어떤 것들이 있나요?	③ '선발 기준 1.'에 화물차의 과적, 적재불량으로 인한 교통사고 사례를 추가한다.
안전위험 운전점수를 구하려고 합니다. 기준이 되는 화물차 평균 위험운전횟수가 몇인가요?	④ 모범운전자 포상금 제도를 실시한 3년간 화물차의 평균 위험운전횟수 감소율을 추가한다.

19. 다음 운전자의 정보를 바탕으로 추론한 내용이 적절하지 않은 것은?

이름	김△△	고속도로 주행거리	36만 km
신청 날짜	202X년 2월 19일		
포상 결과	도로 안전 지킴이 표창장 수여		
위험운전	김△△(100km당)	화물차 평균(100km당)	
급감속(회)	2	9	
급차로변경(회)	2	12	
과속(회)	5	15	

① 김△△은 고속도로 주행거리가 36만 km이므로 0.95점의 가중치가 부여된다.

② 김△△은 안전위험 운전 점수가 70점 이상인 운전자 중 상위 30%에 해당하지 않는다.

③ 김△△은 3월 1일 ~ 8월 31일에 1톤 초과 사업용 화물차를 50일 이상 운행하였다.

④ 김△△은 고속도로휴게소 종합안내소, 교통안전공단 자동차검사소, 운전적성정밀검사장 중 한 곳에서 모범 운전자 포상금 제도를 신청하였다.

[20 ~ 22] 다음의 제시 상황과 자료를 보고 이어지는 질문에 답하시오.

○○공사에서 일하는 직원 K는 화물차 사고관련 세미나에 관한 보도자료를 검토하고 있다.

○○공사는 "고속도로 사망사고의 주요 원인인 화물차 사고를 줄이기 위해 정부 및 유관기관 전문가들이 참석한 가운데 교통안전 세미나를 개최했다"고 6일 밝혔다. 이번 세미나는 화물차 사고 원인의 다각적 분석을 통해 실효성 있는 예방대책과 기관간 협력방안을 도출하기 위해 마련됐으며, 화물차 공제조합 등 현장의 목소리를 듣는 기회도 가졌다.

○○공사에 따르면 최근 5년간 고속도로의 화물차 교통량은 전체 교통량 대비 27%에 불과했으나, 화물차 사고로 인한 사망자는 523명으로 전체 고속도로 사망자 1,079명의 48.5%를 차지했으며 그 비중은 매년 증가하는 추세라고 하였다. ㉠ 특히 화물차 사고는 대형사고로 이어질 가능성이 높아 이에 대한 특별 대책과 지속적인 노력이 필요하다고 밝혔다.

이날 세미나에서는 관련기관 전문가들이 안전장비, 규제 및 단속, 도로 및 시설, 교육 및 홍보 등 각각의 측면에서 대책을 발표하고 협력방안을 논의했다.

규제 및 단속 분야는 차량안전장치 해제차량, 적재불량 화물차 등에 대한 단속을 강화하고, 상습 법규위반차량에 대해서는 심야 통행료 할인 제한 등 규제를 강화하는 방안을 제시했다. ㉡ 또한, 화물차 DTG와 연계해 운전자 휴게제도를 개선하고, 운행기록 제출을 의무화해 수집된 운행기록을 교통시설 개선 및 운전자 맞춤형 안전교육 등에 활용하는 방안도 제시했다.

도로 및 시설 측면에서는 졸음운전 방지를 위한 휴식 공간의 확대 및 사고 위험지역에 대한 가변형 속도제한장치나 시인성이 높은 LED 표지판 등의 확대 설치를 추진하기로 했다. ㉢ 또한, 고속도로 쓰레기를 줄이기 위해 쓰레기 무단투척 신고제도를 운영하고 단속을 방안에 대한 강화하는 논의가 이어졌다.

㉣ 교육 및 홍보 부문은 운전자 안전의식 제고를 위한 관계기관 합동 캠페인 및 홍보를 확대하고, 적재불량으로 인한 사고예방을 위해 안전한 적재 지침과 운전자 교육 방안을 마련하기로 했다. 또한, 현재 운영 중인 모범화물운전자 포상제도를 확대하는 방안도 검토 중이다.

20. 다음 중 위 보도자료를 통해 알 수 있는 정보로 적절하지 않은 것은?

① 최근 5년간 발생한 전체 고속도로 사망자 수
② 교통안전 세미나가 개최된 목적과 주요 논의 내용
③ 화물차 교통사고 감소를 위한 도로 및 시설 측면의 대책
④ 최근 5년간 화물차 사고가 전체 교통사고에서 차지하는 비율

21. 다음 중 위 보도자료에 대해 이해한 내용으로 적절한 것은?

① 도로 및 시설 측면에서는 현재 운영 중인 모범화물운전자 포상제도의 확대에 대한 구체적인 계획을 실행하기로 결정하였다.
② 교통안전 세미나는 고속도로 사망사고의 주요 원인을 해결하기 위해 개최되었으며, 세미나에서 3가지 측면의 대책 발표가 진행되었다.
③ 규제 및 단속 측면에서는 안전기준을 위반한 화물차 단속을 강화하고 상습적으로 법규를 위반한 화물 차량의 심야 통행료 할인을 제한하는 방안이 제시되었다.
④ 이번 교통안전 세미나에서는 화물차 사고 원인의 다각적 분석을 통해 실효성 있는 예방대책을 도출하기 위한 것으로 현장의 의견이 배제된 채 진행되었다.

22. 다음 밑줄 친 ㉠～㉣ 중 글의 흐름상 삭제해야 하는 문장으로 가장 적절한 것은?

① ㉠　　② ㉡
③ ㉢　　④ ㉣

[23 ~ 24] 다음의 제시 상황과 자료를 보고 이어지는 질문에 답하시오.

차량등록 사업소를 운영하고 있는 H는 자사 홈페이지에 신규 자동차 번호판에 대한 세부사항 및 문의사항과 관련한 공지를 아래와 같이 게시하였다.

〈8자리 자동차 번호판 관련 세부사항〉

• 8자리 페인트식 번호판

8자리 페인트식 번호판은 2019년 9월부터 발급된 자동차 번호판으로, 이전의 숫자+한글 7자리에서 8자리로 늘어난 새로운 번호체계를 따른 것입니다. 이전의 자동차 번호 체계는 '2자리 숫자+한글+4자리 숫자'로 구성되어 있었으며 총 2,200만 대의 자동차를 표시할 수 있었습니다. 그러나 머지않아 남은 자동차 등록번호가 소진될 것이 예상됨에 따라 국토교통부는 앞에 숫자 한 자리를 추가하여 '3자리 숫자+한글+4자리 숫자' 형태의 번호 체계를 도입하여 2억 개 이상의 등록번호를 추가로 확보하고자 하였습니다. 번호판 디자인은 기존과 동일합니다.

• 8자리 반사필름식 번호판

번호판 자리수 변화와 함께 번호판 디자인에도 약간의 변화가 있었습니다. 번호판의 바탕색은 기존의 흰색을 사용하되 태극문양과 대한민국 축약영문인 'KOR'이 들어간 청색 홀로그램이 왼쪽에 추가되었습니다. 홀로그램은 특정 각도로 보거나 빛을 비출 때 식별이 되는데 이는 미등록 불법 차량과 번호판 위변조 방지를 위한 조치입니다. 2020년 7월 1일부터 새로운 번호판 디자인, 즉 태극문양, KOR, 위변조방지 홀로그램이 추가된 8자리 자동차 번호판에 반사필름이 더해진 8자리 반사필름식 번호판이 도입되었습니다. 이 반사필름식 번호판은 재귀반사의 원리를 이용한 것으로 야간 시인성 확보에 유리하여 교통사고를 줄이는 데 효과가 있습니다. 따라서 대부분의 OECD 국가들이 채택하고 있는 방식의 번호판입니다.

〈자주 묻는 문의사항〉

Q. 기존의 7자리 등록번호를 사용하는 차량도 새로운 번호판으로 교체 가능한가요?

A. 그렇습니다. 차량등록 사업소에 방문하시면 교체하실 수 있습니다.

Q. 새로 교체한다면 반드시 반사필름식 번호판으로 교체해야 하나요?

A. 아닙니다. 페인트식과 반사필름식 중에 선택하실 수 있습니다.

Q. 차량번호 인식 카메라가 새로운 번호판을 인식하지 못하지는 않을까요?

A. 아닙니다. 한국도로공사에 따르면 차량번호 인식 카메라를 운영 중인 시설은 전국에 총 23,714개소로 5월 말 기준 98.3% 업데이트가 완료된 상태입니다. 따라서 인식이 잘 되지 않는 경우는 거의 없을 것으로 예상됩니다.

Q. 개인택시를 운영할 예정에 있는 사업자인데, 의무적으로 새로운 번호판으로 등록해야 하나요?

A. (㉠   )

23. 다음은 고객 L이 H의 차량등록 사업소 홈페이지에 방문하여 신규 자동차 번호판에 대한 내용을 읽고 이해한 내용이다. L이 이해한 내용 중 적절하지 않은 것은?

① 기존 번호판 숫자 맨 앞에 숫자 하나가 추가되어 총 8자리 번호판이 되는 것이군.

② 기존의 번호판 체계로는 총 2,200만 대의 차량을 등록할 수 있었군.

③ 기존 7자리 번호판을 사용하던 차주가 신규 번호판으로 교체하려면 반드시 반사필름식 번호판으로 교체해야 하는군.

④ 홀로그램을 도입한 이유는 차량 번호판의 위변조 방지를 할 수 있기 때문이군.

24. 다음은 H가 검색을 통해 신규 번호판과 관련하여 추가적으로 알아낸 자료이다. 이를 바탕으로 할 때, 〈자주 묻는 문의사항〉의 빈칸 ㉠에 들어갈 대답으로 가장 적절한 것은?

> 신규 번호판을 모든 자동차가 의무적으로 장착해야 하는 것은 아니다. 우선적으로 비사업용 및 렌터카 차량에만 신규 번호판이 적용되고 수소 · 전기차는 파란색 바탕의 친환경 자동차 전용 번호판을 사용하며 기존의 7자리 번호판을 사용한다. 한편, 2006년 이전 생산된 차량이나 짧은 번호판을 사용하는 국가에서 수입된 차량 역시 기존의 7자리 번호판을 그대로 사용한다.

① 비사업용 및 렌터카 차량에만 우선적으로 신규 번호판 적용이 장려되지만 사업 규모가 작은 개인택시 사업자 차량은 비사업용 차량으로 구분되므로 신규 번호판으로 등록해야 합니다.

② 비사업용 및 렌터카 차량에만 우선적으로 신규 번호판 적용이 장려되므로 개인택시 사업자는 신규 번호판 적용의 의무 대상이 아닙니다.

③ 친환경 자동차를 개인택시 차량으로 이용하신다고 하셨으므로, 신규 번호판 적용의 의무 대상이 아닙니다.

④ 이미 택시를 운영하고 계신 사업자이시니, 의무적으로 번호판을 교체하실 필요는 없습니다.

[25 ~ 28] 다음의 제시 상황과 자료를 보고 이어지는 질문에 답하시오.

○○사는 보안을 위해 직원들의 회사 계정 비밀번호를 다음과 같이 변환하여 관리하고 있다.

문자	변환문자	문자	변환문자	문자	변환문자	문자	변환문자
A	1a	J	3y	S	1g	1	96
B	4w	K	2c	T	9n	2	23
C	8h	L	5q	U	3o	3	37
D	3r	M	9L	V	4p	4	12
E	7b	N	5i	W	6e	5	85
F	6s	O	4u	X	3x	6	41
G	8i	P	7d	Y	2w	7	54
H	7i	Q	9m	Z	8f	8	69
I	2k	R	1v	!	9z	9	78

• 비밀번호 변환하는 4가지 방식

비밀번호를 입력하세요("SECRET1") ○ 방식으로 변환 중 ⋯.. 변환완료! 변환 값 출력 변환 값 : 1g7b8h1v7b9n96	비밀번호를 입력하세요("OCARINA") ◎ 방식으로 변환 중 ⋯.. 변환완료! 변환 값 출력 변환 값 : 2k5i1a1v4u8h1a
비밀번호를 입력하세요("ELECTRO") ◇ 방식으로 변환 중 ⋯.. 변환완료! 변환 값 출력 변환 값 : 6s9L6s3r3o1g7d	비밀번호를 입력하세요("SUPERB7") □ 방식으로 변환 중 ⋯.. 변환완료! 변환 값 출력 변환 값 : 544w1v7b7d3o1g

25. 다음 비밀번호를 □ 방식으로 변환한 값은?

비밀번호	IYFR97!

① 9m54781v6s2w2k ② 9z54781v6s2w2k
③ 9m54411v6e2w2k ④ 9z54691v6e2w2k

26. 다음 비밀번호를 ◇ 방식으로 변환한 값은?

비밀번호	OB37HAB

① 7d8h12692k4w8h ② 7d8h12852k4u8f
③ 7d8n12782k4u8f ④ 7d8n37542k4w8h

27. 다음 비밀번호를 ◎ 방식으로 변환한 값은?

비밀번호	49JYSBP

① 1g4w7d2w41782y ② 1q4w7d2w41783y
③ 1g4w7d2w12783y ④ 1g4w7d2v12783y

28. J 차장이 비밀번호를 분실하여 보안팀을 찾아 왔다. J 차장이 분실한 7자리 비밀번호의 변환 값이 다음과 같을 때, J 차장의 비밀번호는? (단, 해당 비밀번호는 ○ 방식으로 변환되었다)

변환 값	4u9m41699n6e3x

① OQ68SWX ② OQ68TWX
③ OQ68SVX ④ OQ68TVX

[29 ~ 31] 다음의 제시 상황과 자료를 보고 이어지는 질문에 답하시오.

○○사의 정 대리는 사내 데이터 관리를 위한 명령체계에 대한 자료를 보고 있다.

〈명령체계〉

명령	의미	True	False
	초기 데이터 묶음 항상 True를 출력	모든 값을 다음 명령으로 전달	–
	조건을 만족하는 값이 하나라도 있으면 True, 하나도 없으면 False	전달받은 값 중 앞쪽 3개의 값을 다음 명령으로 전달	전달받은 값 중 뒤쪽 3개의 값을 다음 명령으로 전달
	조건을 만족하는 값의 개수가 짝수면 True, 홀수면 False	명령을 하나 건너뛰고 그다음 명령으로 모든 값 전달	조건을 만족하는 값을 다음 명령으로 전달
	모든 값이 조건을 만족하면 True, 그렇지 않으면 False	모든 값을 다음 명령으로 전달	조건을 만족하는 값만 다음 명령으로 전달
	앞 명령어가 True였다면 False, False였다면 True	조건을 만족하는 값만 다음 명령으로 전달	조건을 만족하지 않는 값만 다음 명령으로 전달

※ 데이터는 제시된 순서대로 전달되며, 다음 명령으로 전달해도 순서는 변하지 않음.

※ 마지막 명령까지 통과한 값들을 모두 출력함.

㉥

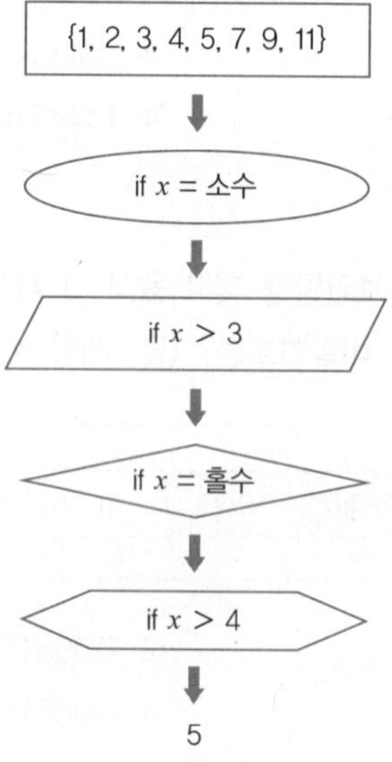

29. 다음 명령체계에서 출력되는 값은?

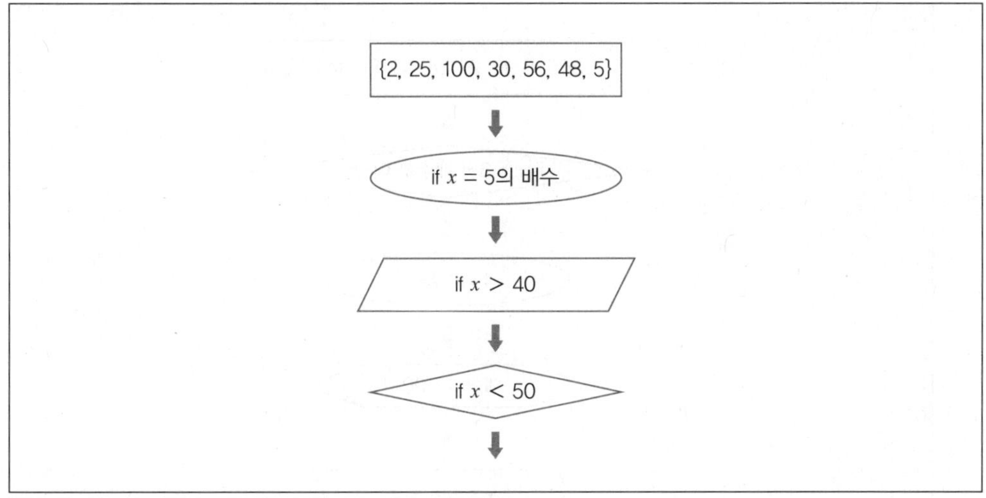

① 25, 30
② 5, 25, 30
③ 2, 25, 30, 48
④ 2, 25, 30, 48, 5

30. 다음 명령체계를 통해 출력된 값이 다음과 같을 때, (가)에 들어가야 할 조건은?

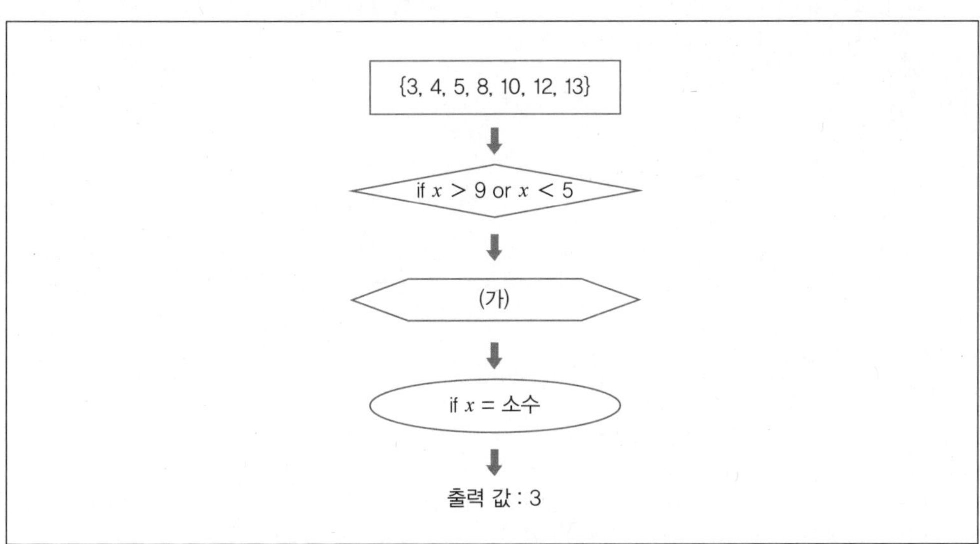

① if x =홀수
② if x>10
③ if x^2<100
④ if x+5>10

31. 다음 명령체계에서 출력되는 값은?

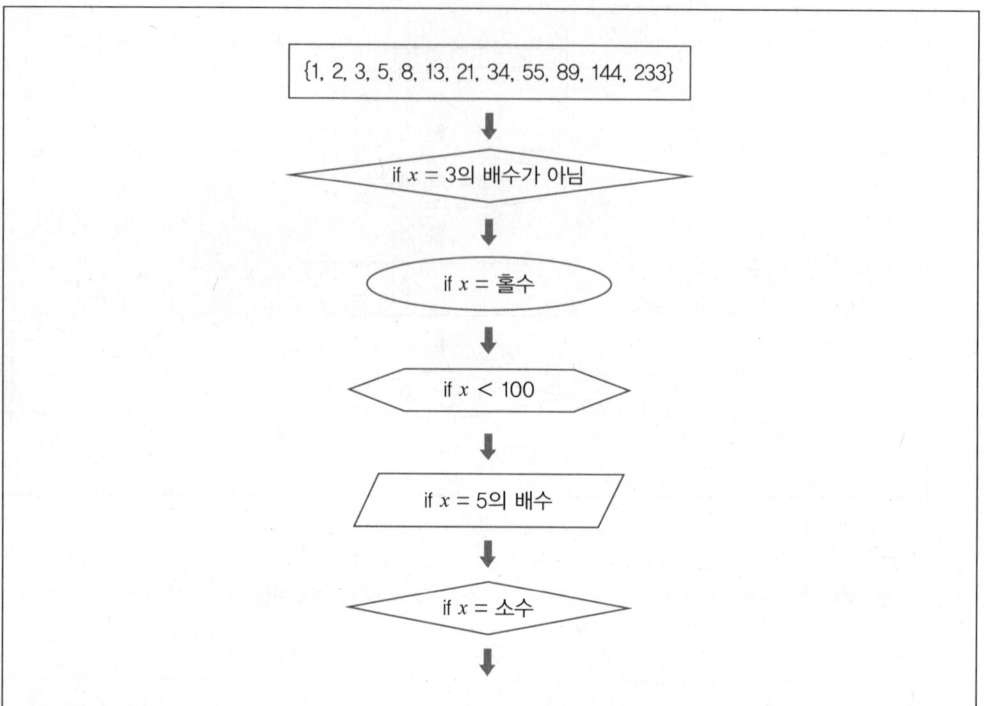

① 2, 5
② 2, 5, 13
③ 1, 2, 13
④ 5, 13, 55

[32 ~ 36] 다음의 제시 상황과 자료를 보고 이어지는 질문에 답하시오.

직원 K가 담당하던 진단 프로그램이 업데이트되었다.

• Condition Check (초기 진단)

구분	설명	종류	
Device Type	장치 종류	Control(C)	제어장치
		Logic(L)	연산/논리 장치
		Memory(M)	기억장치
		Input-Output (I/O)	입/출력 장치
System Type	탐지된 에러 요인의 값 조정	Picasso	각 Error Factor에 +1
		Renoir	Error Factor에 변화 없음
		Cezanne	각 Error Factor에 -1
Detecting Error Code	탐지된 에러의 상세 분석 3종류의 Error Factor로 구성 복수의 Error Code 발생 시 동일 Factor별 합산값 사용	Hazard Value(HV)	에러의 위험도
		Complexity Value(CV)	에러의 복잡도
		Influence Value(IV)	에러의 확산성

• Action Code Function(조치 코드 기능)

조치 코드는 A ~ N의 알파벳으로 구성되어 각 코드는 사용 가능한 Device와 Error Factor에 대한 조치 능력이 상이함. 탐지된 에러에 대하여 모든 Error Factor와 동일한 조치 능력을 지니도록 3종의 조치 코드를 조합하여 입력해야 함.

조치 코드	적용 Device	조치 능력		
		Hazard	Complexity	Influence
A	C	1	1	0
B	C	2	0	0
C	L	0	1	1
D	L	0	2	0
E	M	1	0	1

E	M	1	0	1
F	M	0	0	2
G	C, L, M	1	1	1
H	C, L, M	2	2	2
I	C, L, M, I/O	3	0	0
J	C, L, M, I/O	0	3	0
K	C, L, M, I/O	0	0	3
L	I/O	2	1	0
M	I/O	0	2	1
N	I/O	1	0	2

- 복수의 조치 코드의 조직 능력 계산 시 동일 Factor에 대한 처리능력은 합연산으로 적용
- 조치 코드는 항상 알파벳 순서대로 기입
- 조치 코드 간에는 +를 사용해서 연결
- 조치 코드는 중복해서 사용 불가능
- Error Factor의 값 조정으로 필요한 조치 능력이 음수가 된 경우에는 이를 0으로 봄

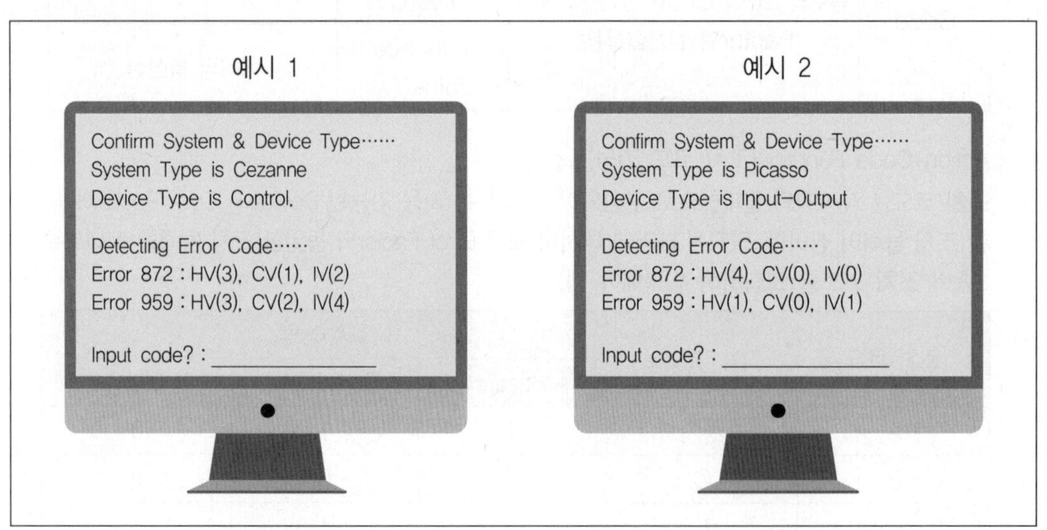

System Type은 Cezanne, Device Type은 Control, 각 Error Factor의 합산값은 HV : 3+3=6, CV : 1+2=3, Ⅳ : 2+4=6 이다. 여기에 System Type이 Cezanne이므로 각각의 Error Factor의 합산값에 −1를 하면 HV : 6−1=5, CV : 3−1=2, Ⅳ : 6−1=5이다. Control Device에 사용 가능한 조치 코드 중 Influence에 대해 5의 조치능력을 지니려면 H, K 조치 코드를 반드시 사용해야 한다. H+K의 조치 능력은 HV(2), CV(2), Ⅳ(5)이므로 HV(3)의 조치 능력이 더 필요하다. 이를 충족시키는 조치 코드는 I이다. 따라서 조치 코드는 H+I+K	System Type은 Picasso, Device Type은 Input−Output, 각 Error Factor의 합산값은 HV : 4+1=5, CV : 0+0=0, Ⅳ : 0+1=1 이다. 여기에 System Type이 Picasso이므로 각각의 Error Factor의 합산값에 +1을 하면 HV : 5+1=6, CV : 0+1=1, Ⅳ : 1+1=2이다. Input−Output Device에 사용 가능한 조치 코드 중 Hazard에 대해 6의 조치 능력을 가지기 위해 필요한 조치 코드는 I+L+N

32. 다음 중 제시된 프로그램에 대한 설명으로 적절하지 않은 것은?

① 적용 가능한 조치 코드의 수는 장치마다 모두 다르다.

② 단일 장치 전용 조치 코드를 고려할 때, 개별 코드의 조치 능력의 합이 가장 큰 장치는 입/출력 장치이다.

③ Picasso 시스템에서 처리할 수 있는 최대 Error Factor 값은 8이다.

④ Renoir 시스템에서 제어장치의 경우 에러의 복잡도 요인에 대한 최대 조치 능력은 6이다.

33. 다음 중 아래의 모니터에 나타난 정보를 바탕으로 입력할 조치 코드로 가장 적절한 것은?

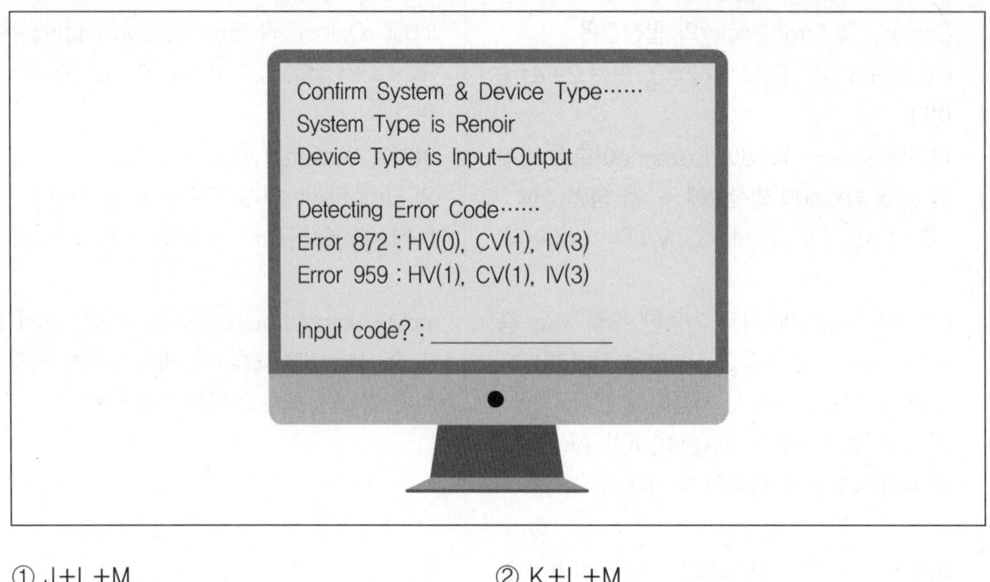

① J+L+M
② K+L+M
③ K+L+N
④ K+M+N

34. 다음 중 아래의 모니터에 나타난 정보를 바탕으로 입력할 조치 코드로 가장 적절한 것은?

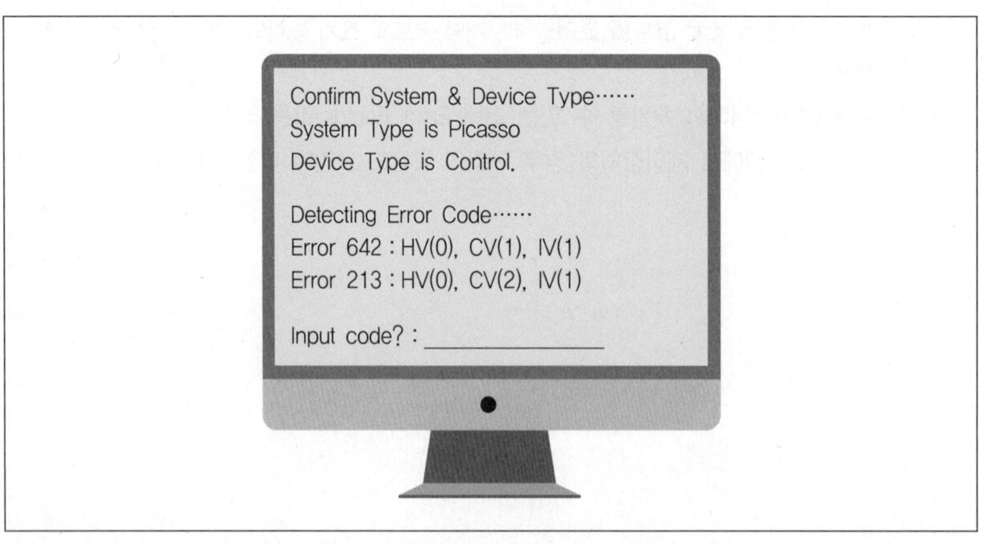

① A+G+K
② A+J+K
③ B+G+J
④ B+I+K

35. 다음 중 아래의 모니터에 나타난 정보를 바탕으로 입력할 조치 코드로 가장 적절한 것은?

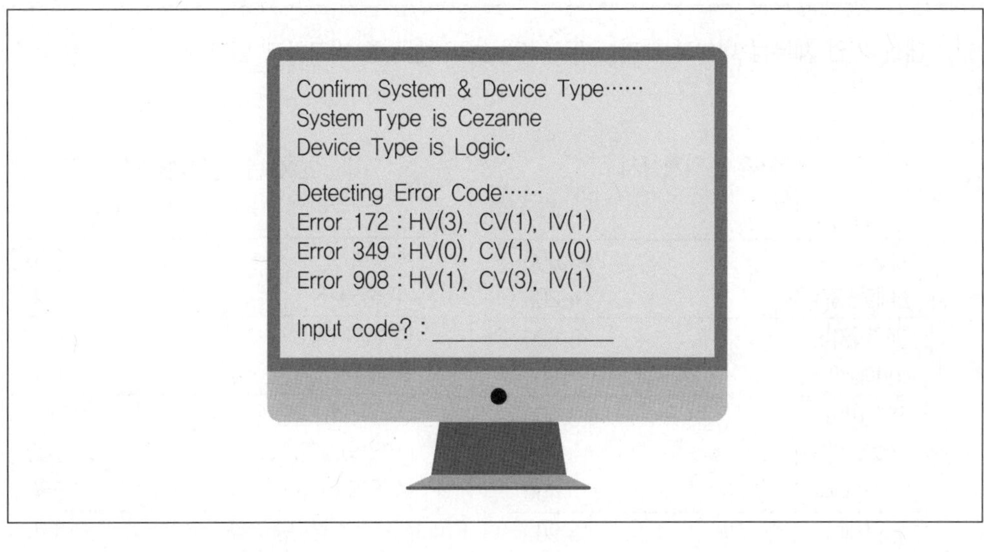

① C+I+J ② C+J+K
③ D+G+J ④ I+J+K

36. 다음 중 아래의 모니터에 나타난 정보를 바탕으로 입력할 조치 코드로 가장 적절한 것은?

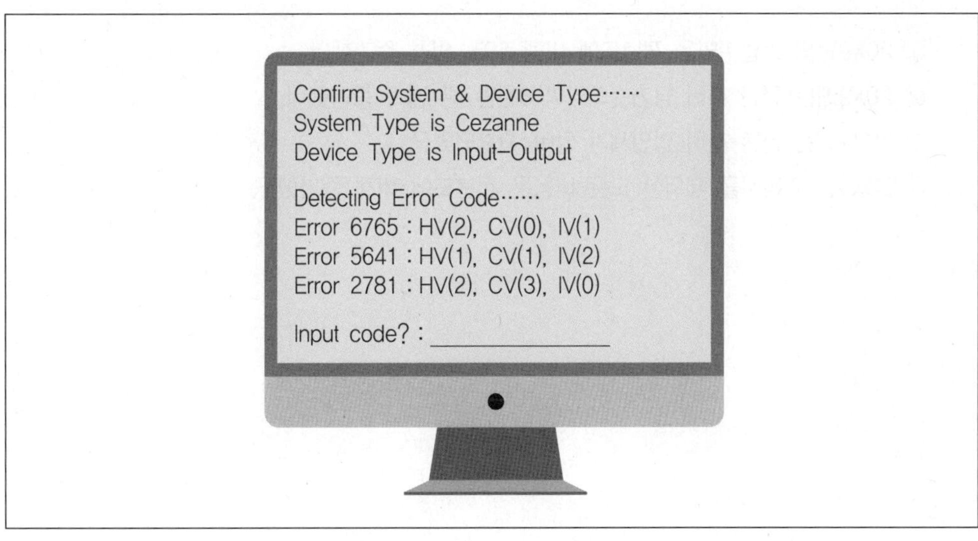

① I+J+N ② I+K+M
③ I+L+N ④ K+L+N

[37 ~ 39] 다음의 제시 상황과 자료를 보고 이어지는 질문에 답하시오.

대한 기업 재무팀 나미리 대리는 두 해의 손익계산서를 비교하고 있다.

20X8년 손익계산서

(단위 : 만 원)

항목	금액
매출액	20,000
매출원가	4,200
매출총이익	15,800
판매비(－)	2,300
영업이익	13,500
영업외수익	800
영업외비용(－)	400
법인세차감전순이익	13,900
법인세(－)	1,040
당기순이익	12,860

20X9년 손익계산서

(단위 : 만 원)

항목	금액
매출액	30,000
매출원가	6,000
매출총이익	24,000
판매비(－)	3,000
영업이익	21,000
영업외수익	700
영업외비용(－)	590
법인세차감전순이익	21,110
법인세(－)	1,960
당기순이익	19,150

37. 나미리 대리가 위의 손익계산서를 이해한 내용으로 옳지 않은 것은?

① 20X9년의 영업이익은 전년도에 비해 50% 이상 증가했어.

② 20X9에는 전년 대비 당기순이익이 6천만 원 넘게 증가했네.

③ 20X9에는 전년 대비 법인세가 많이 지출되었군.

④ 20X9년 관리비를 제외한 모든 비용은 전년도에 비해 증가했군.

38. 나미리 대리가 위의 손익계산서를 통해 파악한 내용으로 적절한 것은?

① 매출액 대비 당기순이익은 20X8년보다 20X9년에 더 높다.

② 영업외수익 대비 영업외비용은 20X9년에 더 낮다.

③ 20X9년 매출액은 20X8년과 같으나 매출액 대비 매출원가는 20X9년에 더 높아서 경영 상태가 좋아졌다고 볼 수 없다.

④ 매출액 대비 영업이익으로 봤을 때, 경영 상태는 20X8년보다 20X9년에 더 악화되었다고 볼 수 없다.

39. 〈보기〉의 내용에 따라 20X9년의 손익계산서가 수정되었다. 다음 중 나미리 대리가 수정된 내용을 이해한 설명으로 가장 적절한 것은?

보기

- 신규 거래처와의 계약 건이 누락된 것이 확인되어 매출액이 2,000만 원 증가하였다.
- 투자한 자산에서 손실이 있어 영업외비용이 1,000만 원 증가하였다.
- 직원 복리후생비의 인상이 있어 판매비가 400만 원 증가하였다.

① 당기순이익에는 변화가 없네.

② 영업이익이 2,500만 원 이상 증가했어.

③ 영업외수익보다 영업외비용이 더 크구나.

④ 매출원가에 변동이 생겨 전반적으로 타격이 크군.

[40 ~ 41] 다음 제시 상황과 자료를 보고 이어지는 질문에 답하시오.

○○기관에서 근무하는 이우주 씨는 기금운용본부와 거래할 국내주식 위탁운용사를 선정하려고 한다.

〈국내주식 위탁운용사 선정기준〉

- 지원 자격 : 펀드의 60% 이상이 주식으로 운용되면서 펀드들의 수탁고*가 총 2,000억 원 이상
  - * 수탁고 : 투자신탁회사들이 수익증권을 매각한 후 판매되지 않고 남아 있는 순자산 가치
  - ※ 다음에 해당하는 운용사는 지원을 제한
    - 최근 2년 이내, 계약사항 위반 등에 의해 국내 주식위탁 계약이 해지된 운용사
- 평가 항목 및 배점 : 전체 점수 100점 만점으로 가장 높은 점수를 받은 위탁운용사 1곳을 최종 선정함.
  1. 경영안정성(5점) : 상대평가
  2. 운용조직 및 인력(25점) : 절대평가=매니저의 전문성(15점)+조직의 전문성(10점)
  3. 운용성과(20점) : 상대평가
  4. 운용전략 및 프로세스(40점) : 절대평가=의사결정체계(20점)+리서치 체계(20점)
  5. 위험관리(10점) : 상대평가

  ※ 괄호 안의 점수는 해당 평가 항목의 배점
- 신청 방법 및 지원한 운용사 리스트

구분		A 자산운용사	B 자산운용사	C 투자자문사	D 투자자문사
(1)	경영안정성	★★★☆	★★★★	★★★★☆	★★★★
(2)	매니저의 전문성	13점	11점	12점	10점
	조직의 전문성	8점	9점	8점	9점
(3)	운용성과	★★★★☆	★★★★	★★★☆	★★★
(4)	의사결정 체계	17점	19점	17점	20점
	리서치 체계	18점	16점	16점	18점
(5)	위험관리	★★★☆	★★★☆	★★★★	★★★★

※ 절대평가 항목은 평가 점수 그대로를 전체 점수에 합산하면 된다.

※ 상대평가 항목은 ★ : 1점, ☆ : 0.5점으로 계산하여 점수가 높은 순서대로 순위를 매기고, 1순위부터 순위점수를 부여한다. 예를 들어, 후보가 5곳이면 1위 5점, 2위 4점, 3위 3점, 4위 2점, 5위 1점을 부여한다(단, 동점의 경우 같은 순위점수를 부여한다. 예를 들어, 경영안정성에서 순위점수는 A : 1점, B : 3점, C : 4점, D : 3점이다).

※ '항목 환산점수=(배점)×(순위점수)÷(후보 수)'로 환산하여 전체 점수에 합산한다(예를 들어 후보 수는 4이고, 경영안정성에서 배점이 5점이므로, 경영안정성 점수는 A : 1.25점, B : 3.75점, C : 5점, D : 3.75점이다).

40. 다음 이우주 씨가 동료에게 받은 메일을 읽고 내린 판단으로 적절한 것은?

> E 자산운용사에서 추가로 국내주식 위탁운용사에 지원하여 이우주 씨에게 E 자산운용사에 관한 정보를 보내드립니다. E 자산운용사의 수익증권을 매각한 후 판매되지 않고 남아 있는 순자산 가치는 약 3,200억 원이며, 현재 운용되고 있는 펀드 2,000억 원 중 약 1,250억 원이 주식으로 운용되고 있습니다. 그리고 이전까지 계약이 중도해지 된 적은 없습니다. E 자산운용사의 경영안정성 지표는 '★★★☆', 운용성과 지표는 '★★★★', 위험관리 지표는 '★★★★☆'입니다. 하지만 절대평가인 평가항목은 아직 결과가 나오기 전이므로 이점 참고해 주시길 바랍니다.

① E 자산운용사는 지원 자격을 만족하지 못하겠군.

② E 자산운용사는 경영안정성 지표에서 순위점수 3점을 받게 되겠군.

③ E 자산운용사는 운용성과 지표에서 순위점수 4점을 받게 되겠군.

④ E 자산운용사는 위험관리 지표에서 순위점수 1점을 받게 되겠군.

41. (40번 문항과 이어짐)다음은 이우주 씨가 동료에게 추가로 받은 메일이다. 이우주 씨가 팀장에게 보고할 자산운용사는?

> 다음은 E 자산운용사의 최종 평가표입니다. 총 5곳의 후보 중 전체 점수에서 가장 높은 점수를 받는 1곳을 선정하여 팀장에게 알려 주시면 됩니다.

구분		E 자산운용사
(1)	경영안정성	★★★☆
(2)	매니저의 전문성	11점
	조직의 전문성	8점
(3)	운용성과	★★★★
(4)	의사결정 체계	17점
	리서치 체계	17점
(5)	위험관리	★★★★☆

① A 자산운용사

② B 자산운용사

③ C 투자자문사

④ E 자산운용사

[42 ~ 43] 다음 제시 상황과 자료를 보고 이어지는 질문에 답하시오.

인사팀에서 근무하는 A는 하반기 경력사원 채용 업무 전반을 담당하고 있다.

〈20X0년 하반기 경력사원 채용 공고〉

○○공사에서 다음과 같이 20X0년 하반기 경력사원 채용을 실시하오니 관심 있는 분들의 많은 지원 부탁드립니다.

• 모집부문 및 응시자격

부문	부서	인원	응시자격
경영지원	재무회계	2명	• 회계 및 세무업무 경력 2년 이상인 자 • 항공업계 업무 경력자 우대
	IT	5명	SAP ERP 모듈 경험자 우대
	온라인마케팅	3명	웹서비스 기획 및 운영 경력 1년 이상
기술직	안전	2명	• 관련 경력 2년 이상인 자 • 정비사 자격 소지자 우대
	장비	3명	정비사 자격증 소지자 및 관련 경력 3년 이상인 자
서비스직	고객지원	10명	경력 3년 이상인 자
	안내데스크	5명	관련 경력 2년 이상인 자

• 모집과정

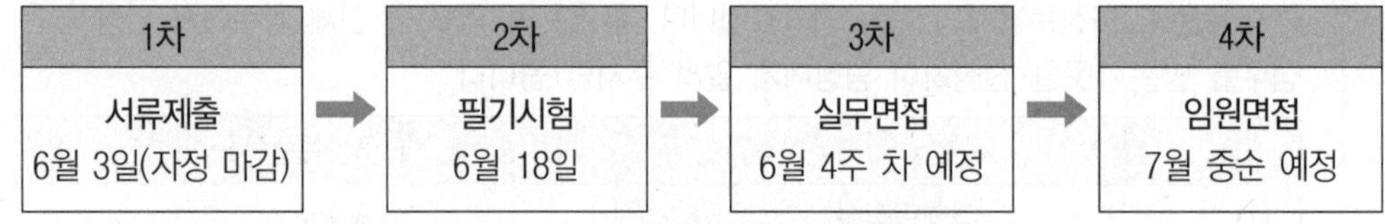

※ 세부 일정 및 장소는 합격자 대상 별도 공지 예정

※ 필기시험은 부문 일괄 하루 진행, 실무면접은 각 부문별로 하루씩 사흘간 진행

• 기타 문의

– 서류접수는 자사 채용사이트(http : //recruit.◈◈.com/)에서 온라인 접수

– 채용 전반에 대한 문의사항은 채용사이트 내 질문하기 코너를 이용해 주세요.

42. A는 부장으로부터 향후 사원 채용 일정에 대해 다음과 같은 지시를 받았다. 다음 중 A가 임원면접 대상자에게 면접 일정을 안내해야 하는 날짜는 언제인가?

> 필기시험 실시 후, 일주일 내에 필기시험 결과 발표를 진행하도록 하세요. 6월 마지막 날부터 3일간 실무면접을 진행하고, 마지막 실무면접일의 일주일 후, 즉 같은 요일에 임원면접을 하루 동안 진행할 예정입니다. 모든 채용과정에 대한 안내는 전형 3일 전 진행하시기 바랍니다.

① 7월 5일 ② 7월 6일
③ 7월 7일 ④ 7월 8일

43. (42와 이어짐)필기시험 내정인원은 실무면접 총 대상자의 3배수, 실무면접 대상인원은 각 부문별 최종 채용인원의 2배수로 진행한다고 할 때, 다음 중 A가 각 채용과정에 맞게 빌릴 콘퍼런스장끼리 바르게 짝지은 것은? (단, 각 채용과정별로 한 개의 서로 다른 콘퍼런스장을 사용해야 하며, 실무면접은 부문별로 하루씩 진행한다)

〈본사 콘퍼런스장 대관 안내〉

구분	수용인원	위치	예약현황
△△관	30명	A동 B1층	6/11 ~ 17
▲▲관	60명	A동 8층	6/17, 23 ~ 27
◎◎관	150명	B동 3층	6/7, 25 ~ 30
◇◇관	20명	B동 1층	6/15, 19, 20
◆◆관	200명	C동 B1층	7/5 ~ 8

※ 예약현황에 쓰인 날짜에는 대관 불가능하다.

	필기시험	실무면접
①	▲▲관	△△관
②	◎◎관	▲▲관
③	◆◆관	◎◎관
④	◆◆관	△△관

[44 ~ 46] 다음의 제시 상황과 자료를 보고 이어지는 질문에 답하시오.

○○기업 인사팀 안한수 부장은 성과급 지급을 위해 영업팀의 하반기 실적을 보고 있다.

• 직원별 실적

이름	강백호	송태섭	서태웅	정대만	채치수
직원	사원	대리	사원	팀장	과장
상반기 실적	80만 원	120만 원	90만 원	170만 원	150만 원
하반기 실적	100만 원	90만 원	130만 원	150만 원	170만 원

• 상반기 대비 하반기 실적 증가율에 따른 성장성과급

지급률 / 증가율	사원	대리 및 과장	팀장
감소 혹은 동일	0%	0%	0%
10% 이상	기본급×20%	기본급×20%	기본급×20%
20% 이상	기본급×40%	기본급×30%	기본급×30%
30% 이상	기본급×70%	기본급×60%	기본급×50%

• 직원별 임금 체계 및 일반성과급 지급 방식

직급	기본급	…	S 등급	A 등급	B 등급
사원	300만 원	실적기준	90만 원 이상	80만 원 이상	70만 원 이상
		지급률	기본급×40%	기본급×30%	–
대리 및 과장	400만 원	실적기준	150만 원 이상	130만 원 이상	100만 원 이상
		지급률	기본급×50%	기본급×40%	–
팀장	650만 원	실적기준	200만 원 이상	170만 원 이상	130만 원 이상
		지급률	기본급×70%	기본급×60%	–

※ B 등급 이하의 직원에게는 성과급을 지급하지 않는다.

※ 총 성과급은 일반성과급과 성장성과급을 합산한 금액이다.

44. 안한수 부장이 제시된 자료에 따라 성과급을 지급하려 할 때 서태웅 사원의 성장성과급은?

① 190만 원 ② 200만 원
③ 210만 원 ④ 220만 원

45. 일반성과급 지급 방식에 따라 영업팀 모두에게 지급할 하반기 일반성과급의 합계는?

① 430만 원 ② 440만 원
③ 450만 원 ④ 460만 원

46. ○○기업에서는 〈보기〉에 따라 직원들에게 점수를 부여한 후, 팀별 1위를 차지한 직원에게 상품을 전달한다. 다음 중 하반기에 영업팀에서 상품을 받을 직원은?

보기

• 일반성과급 등급별 점수

등급	S 등급	A 등급	B 등급
점수	6	4	2

• 상반기 대비 하반기 실적 증가율별 점수

등급	감소 혹은 동일	10% 이상	20% 이상	30% 이상
점수	1	2	3	4

※ 점수는 일반성과급 등급별 점수와 실적 증가율별 점수를 합산하여 계산한다.
※ 총 성과급이 가장 높은 직원이 1위를 차지한 경우, 상품은 2위에게 전달된다.

① 채치수 과장 ② 서태웅 사원
③ 정대만 팀장 ④ 강백호 사원

[47 ~ 48] 다음의 제시 상황과 자료를 보고 이어지는 질문에 답하시오.

재무팀 유가영 대리는 제품별 수익체계를 분석하고 있다.

〈제품 수익체계〉

구분	A 제품	B 제품	C 제품	D 제품
초기 시설 투자	1,000만 원	1,200만 원	1,500만 원	700만 원
제품 생산 비용	월 150만 원	월 310만 원	월 150만 원	월 240만 원
예상 매출	월 450만 원	월 760만 원	월 650만 원	월 590만 원

〈초기 시설건설 기간〉

A 제품	B 제품	C 제품	D 제품
2개월	3개월	4개월	1개월

※ 표에 나타난 매출 이외의 수익은 고려하지 않는다.
※ 순수익=(초기건설 이후 얻은 전체 수익)-(초기투자금을 포함한 전체 비용의 합)
※ 제품 생산 비용은 매달 제품을 생산하기 위해 사용되는 비용이다.
※ 초기 시설건설 기간에는 제품 생산 비용 및 예상 매출은 발생되지 않는다.

47. 같은 날 4가지 제품의 초기 시설건설을 시작할 때, 다음 중 건설 시작 후 1년 동안 순수익이 가장 작은 제품은?

① A 제품
② B 제품
③ C 제품
④ D 제품

48. 초기 시설건설부터 시작하여 2년간 C 제품의 순수익으로 가장 적절한 것은?

① 8,300만 원
② 8,400만 원
③ 8,500만 원
④ 8,600만 원

[49 ~ 50] 다음 자료를 읽고 이어지는 질문에 답하시오.

동기부여 강화이론은 특정한 자극의 반응을 반복하는 것으로, 개인의 행동을 증가 또는 소멸시킬 수 있는 행동 변화 방법을 설명한 이론이다. 바람직한 행동을 증가시키거나 바람직하지 못한 행동을 감소시키기 위하여 4가지 강화 전략을 통한 변화를 유도한다.

전략 1	바람직한 행동이 일어난 후 긍정적 자극을 주어 그 행동을 반복하게 함.
전략 2	바람직한 행동이 일어난 후 부정적 자극을 감소시켜 그 행동을 반복하게 함.
전략 3	바람직하지 않은 행동이 일어난 후 긍정적 자극을 감소시켜 그 행동을 감소시킴.
전략 4	바람직하지 않은 행동이 일어난 후 부정적 자극을 주어 그 행동을 감소시킴.

49. A/S센터의 센터장 K는 직원들을 효율적으로 관리하기 위해 위의 이론을 활용하여 전략을 수립하고자 한다. 수립한 전략으로 적절하지 않은 것은?

최종 관리목표	강화 전략의 목표
고객들의 서비스에 대한 불만 감소	• 사원들의 친절한 응대 • 표준화된 서비스 제공을 위한 사례집 집필

① 전략 1 : 서비스 제공 사례를 기록한 사원에게 복지 포인트 부여
② 전략 2 : '이달의 친절 접수원'으로 뽑힌 사원을 당직 근무로부터 제외
③ 전략 3 : 응대한 고객 수에 따라 임금이 결정되는 보상 시스템 도입
④ 전략 4 : 서비스 교육에 참여하지 않은 사원들에게 인사 고과상 불이익 부여

50. 화장품 제조기업인 K사의 CMO(Chief Marketing Officer ; 최고 마케팅 관리임원)가 마케팅 부서의 직원들을 효율적으로 관리하기 위해 위의 이론을 활용해 전략을 수립하고자 한다. 수립한 전략으로 적절하지 않은 것은?

최종 관리목표	강화 전략의 목표
혁신적 사고 함양	• 실패를 두려워하지 않는 도전 정신 함양 • 신선하고 창의적인 아이디어를 자유롭게 교환할 수 있는 분위기 형성

① 전략 1 : 부서 회의에서 적극적으로 창의적인 아이디어를 낸 직원에게 상품권 증정
② 전략 2 : 동료에게 생산적인 피드백을 제시한 직원에게 자기개발비 지원
③ 전략 3 : 6개월 이상 새로운 프로모션을 기획하지 못하는 팀은 회식비를 차감
④ 전략 4 : 팀 분위기를 저해하는 언행을 한 직원의 경우 상사와의 개인 면담 진행

[51 ~ 52] 다음의 제시 상황과 자료를 보고 이어지는 질문에 답하시오.

총무팀은 매월 말일경 팀별로 부족한 사무용품을 문구점에서 대량 주문한다.

보낸 메시지
송신자 : 총무팀
수신자 : 영업팀, 기획팀, 인사팀, 마케팅팀
시간 : 20XX. 10. 30. 16 : 41 : 26
총무팀입니다. 부서별로 부족한 사무용품을 주문하려고 합니다. 17시 15분까지 각 부서별로 주문이 필요한 사무용품 목록을 정리해서 총무팀 W 사원에게 메시지로 알려주시기 바랍니다.

받은 메시지	받은 메시지	받은 메시지
송신자 : 영업팀	송신자 : 기획팀	송신자 : 인사팀
수신자 : 총무팀 사원 W	수신자 : 총무팀 사원 W	수신자 : 총무팀 사원 W
시간 : 20XX. 10. 30. 16 : 50 : 22	시간 : 20XX. 10. 30. 16 : 53 : 02	시간 : 20XX. 10. 30. 16 : 53 : 30
영업팀입니다. 라벨지 4박스, 볼펜 5다스, 수정테이프 4개 부탁드리겠습니다.	기획팀입니다. A4용지 5묶음, 볼펜 2다스, 수정테이프 1개 필요합니다.	다른 사무용품은 충분하고 수정테이프만 15개 부탁드리겠습니다.

받은 메시지	받은 메시지	받은 메시지
송신자 : 영업팀	송신자 : 마케팅팀	송신자 : 인사팀
수신자 : 총무팀 사원 W	수신자 : 총무팀 사원 W	수신자 : 총무팀 사원 W
시간 : 20XX. 10. 30. 16 : 55 : 00	시간 : 20XX. 10. 30. 16 : 55 : 59	시간 : 20XX. 10. 30. 16 : 59 : 48
라벨지 1박스를 A4용지 1묶음으로 바꿔주세요.	라벨지 1박스, A4용지 3묶음, 볼펜 3다스, 수정테이프 2개 부탁드립니다.	A4용지 1묶음만 추가해 주세요.

51. 메시지의 내용을 바탕으로 W 사원이 작성한 주문서의 내용으로 옳지 않은 것은?

구분	라벨지(박스)	볼펜(다스)	수정테이프(개)	A4용지(묶음)
① 영업팀	4	5	4	1
② 기획팀	0	2	1	5
③ 인사팀	0	0	15	1
④ 마케팅팀	1	3	2	3

52. A4용지는 1박스에 4묶음, 수정테이프는 1박스에 12개가 들어 있다면, 사원 W는 A4용지와 수정테이프를 합해 총 몇 박스를 주문해야 하는가? (단, A4용지와 수정테이프는 낱개로 주문할 수 없다)

① 3박스　　② 4박스

③ 5박스　　④ 6박스

[53 ~ 54] 다음 제시 상황과 자료를 보고 이어지는 질문에 답하시오.

○○전자 전략기획팀에서 근무하는 박대한 대리는 스마트폰의 20X8년 신규 개발에 앞서 자사, 경쟁사 및 관련 사업에 대한 전반적인 환경 분석을 담당하고 있다.

신규 개발 기획서 초안

〈20X7년 기존 사업에 대한 분석〉

항목	경쟁사 △△전자와의 비교 분석
사업	• △△전자에 비해 높은 회사 브랜드 인지도를 가지고 있음. • 산업에 먼저 진입함에 따라 풍부한 경험과 노하우를 보유
조직	• △△전자의 우수한 조직관리능력에 뒤처짐.
서비스	• 자사의 사후 관리가 우수하여 고객만족도 점수가 △△전자보다 높음.
제품	• 20X7년도 스마트폰 제품에서 볼 수 있는 자사의 약점은 특별한 (핵심)기술이 없다는 점 • 국내 공장 가동이 중단되면서 생산성이 낮았던 것도 취약점

〈20X8년도 스마트폰 시장에 대한 외부적 동향〉

항목	변화된 환경에 대한 분석
산업 동향	관련 제품 시장에 대한 성장 가능성 확대
기술 동향	헬스케어 시장 확대에 따른 새로운 활용성 증가
시장 동향	스마트폰 사용 보편화에 따른 수요 다양화

53. **다음과 같이 팀장의 피드백을 받았다고 할 때, 박대한 대리가 제안할 수 있는 전략으로 적절한 것은?**

> 분석한 자료 잘 보았습니다. 신규 스마트폰은 20X7년도 기존 사업에 대해 경쟁사인 △△전자보다 유리한 강점을 기반으로 사업 환경에 기회가 될 만한 지점을 파악하여 신규 제품에 대한 전략을 세우려고 해요. 이에 적절한 전략에는 어떤 것이 있을지 한번 고려해 보면 좋을 것 같습니다.

① 고객 맞춤으로 A/S를 제공함으로써 고객층을 다각화하는 전략
② 조직관리 체계 개선으로 조직원 능력을 강화하는 전략
③ 제품의 생산성 향상을 위한 설비를 강화하는 전략
④ 자사만의 핵심기술을 개발하여 시장 내 제품의 점유율을 높이는 전략

54. **박대한 대리는 신규 스마트폰에 대한 전략을 수립하던 중 다음과 같은 기사를 읽게 되었다. 기사에 대응하여 보완할 전략으로 적절하지 않은 것은?**

> 〈스마트폰 산업의 성장, 과연 낙관적으로만 볼 수 있나〉
>
> ✓Check point
>
> • 스마트폰 제품에 대한 대중의 관심이 급증하면서 다수의 기업이 산업에 진입
> • 시대적 변화 따라 정부도 시장 개방에 박차
> • 선진국을 필두로 다양한 기술적 변화 가능성 시사

① 국내 시장 경쟁에서 우위를 차지하기 위해 차별화된 기술을 개발해야겠어.
② 신시장 창출을 위하여 선진국에 진출할 전략이 필요할 것 같아.
③ 국내외 시장의 기술적 동향을 파악해야 할 것 같아.
④ 선진 기술의 진입에 대비하여 제품 기술력을 높이는 방향에 초점을 맞춰야겠어.

[55 ~ 56] 다음의 제시 상황과 자료를 보고 이어지는 질문에 답하시오.

㈜○○의 생산팀은 아래 근무표에 따라 4조 3교대로 운영된다. 인사팀 직원 Z는 일주일간의 근무표에 생산팀 직원 A ~ H를 배치하기 위해 각 직원별 희망사항을 조사했다.

〈희망사항〉

직원	희망사항	직원	희망사항
A	없음.	E	C와 같은 조에서 근무를 희망함.
B	야간 근무가 많은 조를 희망함.	F	금요일 근무를 희망하지 않음.
C	수요일, 목요일, 금요일 근무를 희망함.	G	없음.
D	B와 같은 조에서 근무를 희망함.	H	월요일 근무를 희망하지 않음.

〈근무표〉

시간대 / 요일	오전	오후	야간
월	1조	2조	3조
화	2조	3조	4조
수	3조	4조	1조
목	4조	1조	2조
금	1조	2조	3조
토	(?)	근무 없음	근무 없음
일	근무 없음	근무 없음	근무 없음

※ 한 사람은 한 조에만 배치되고, 한 조에는 두 명씩 배치된다.
※ 오전, 오후, 야간에 근무하는 시간은 모두 동일하다.

55. 생산팀 직원들의 희망사항을 모두 충족하여 직원을 배치한다면, 다음 중 2조에 배치될 직원들을 짝지은 것은?

① 직원 A, G
② 직원 B, D
③ 직원 C, E
④ 직원 F, H

56. 생산팀 직원들의 희망사항을 모두 반영하여 직원을 배치를 했을 때 모든 조가 1주일간 근무하는 시간이 동일하다고 한다. 다음 중 토요일 오전에 근무하는 직원들은?

① 직원 A, G
② 직원 B, D
③ 직원 C, E
④ 직원 F, H

[57 ~ 58] 다음 제시된 상황과 자료를 보고 이어지는 질문에 답하시오.

△△전자제품 제조회사에서 새로 진행하는 프로젝트의 팀장을 맡게 된 김민국 씨는 프로젝트를 성공적으로 이끌기 위해 팀원들의 기본자세를 다지는 시간을 마련하기로 하였다.

기술	어떻게 발휘되고 어떠한 형태로 표출되는가?	
	개인적 측면	팀에 대한 측면
피드백 수용과 책임감	다른 구성원들의 기분과 관찰사항을 수용, 존중하여 주의 깊게 고려하여 나의 태도를 바꾼다.	팀 구성원들은 피드백을 들을 수 있고 이해할 수 있으며 그들이 배우고 성장할 수 있는 환경에서 그 피드백을 이용한다.
유용한 피드백	팀 구성원들의 공헌도에서 미흡한 점이나 팀워크를 해치는 행동에 대하여 충고할 때 존중하는 마음으로 재치 있게 한다.	팀 구성원들은 인정받을만한 행동에 대해 유용한 피드백을 제공한다.
의사소통	개인적으로나 공개적인 발표 자리에서 명확하고 효과적으로 의사소통을 한다.	개인 간의 의사소통은 효율적으로 하되 서로 잘못 이해하는 일이 없도록 유의한다.
지도력	다른 구성원들의 개성과 장점을 인정하여 그것들이 팀의 이익을 위하여 잘 발휘되도록 고무한다.	팀 구성원들은 자신들의 가치를 느끼며 팀을 위하여 최선을 다하게 된다.
능동적 의견 청취	먼저 남을 이해하고 내가 이해받으려 한다. 남의 의견에 주의를 기울이며 중간에 가로막지 않는다.	팀의 구성원은 이해를 받는다는 느낌을 갖게 되고 다른 관점을 이해한다.
참여도	회의에 적극적으로 기여하고 리더와 조직의 업무 부담을 나누어 가진다.	정해진 시간에 회의에 참석하고 또 공헌한다.
신뢰성	맡은 일은 끝까지 해낸다.	다른 팀원을 신뢰한다.
공동체 의식	팀 성공에 개인적으로 책임을 진다.	'무슨 대가를 치르든 우리는 하나다'라는 마음가짐을 갖는다.

57. 김민국 씨는 팀원들에게 다음의 사례를 소개하고자 한다. 이때 강조해야 하는 팀 기술은 어느 것인가?

> 야구나 축구, 농구와 같은 운동 경기에서 뛰어난 기량을 가진 선수들끼리 모여 만들어진 올스타 팀은 실력과 기술이 매우 뛰어나지만 가끔 단일팀에게 지는 경우를 볼 수 있다. 그러나 이는 역설적으로 자신에게 주어진 바를 성실히 수행하는 데에서 나오는 결과이다.

① 의사소통
② 지도력
③ 신뢰성
④ 공동체의식

58. 김민국 씨가 팀원 J에게 다음과 같은 질문을 들었을 때 J에게 특히 강조해야 할 팀 기술은 무엇인가?

> 팀장님, 저는 이번에 프로젝트를 진행할 때 자기 의견이 무조건 옳다고 주장하는 팀원 M과 함께 일했습니다. 다른 팀원이 잘못된 점에 대해 아무리 따끔하게 직언을 해도 M은 본인의 의견만 고집하더군요. 그런 팀원에게는 어떻게 대해야 합니까?

① 의사소통
② 유용한 피드백
③ 능동적 의견 청취
④ 피드백 수용과 책임감

[59 ~ 60] 다음 제시 상황과 자료를 보고 이어지는 질문에 답하시오.

국가연구개발사업을 주관하는 기관의 신입사원 정다운 씨는 다음 매뉴얼대로 업무들을 처리하고 있다.

〈국가연구개발사업 참여제한 기준〉

참여제한 사유		1회	2회	3회 이상
정당한 절차를 거치지 않고 연구개발 내용을 누설하거나 유출한 경우	국내로 누설 혹은 유출	2년	3년	4년
	해외로 누설 혹은 유출	5년	7.5년	10년
연구개발비를 사용용도 외의 용도로 사용한 경우	사용용도 외 사용 금액이 20% 이하인 경우	3년 이내	3 ~ 4.5년	4.5 ~ 6년
	사용용도 외 사용 금액이 20 ~ 30%인 경우	4년 이내	4 ~ 6년	6 ~ 8년
	사용용도 외 사용 금액이 30%를 초과하는 경우	5년 이내	5 ~ 7.5년	7.5 ~ 10년
거짓이나 그 밖에 부정한 방법을 통해 연구개발을 수행한 경우		3년 이내	3 ~ 4.5년	4.5 ~ 6년

※ 여러 사유가 한 번에 발생한 경우 가장 기간이 긴 것에 따른다.

59. 〈국가연구개발사업 참여제한 기준〉을 이해한 내용으로 적절하지 않은 것은?

① 부정한 방법으로 연구개발을 수행하면 최대 6년간 사업에 참여할 수 없구나.

② 연구개발비를 사용용도 외의 용도로 사용한 경우, 사용용도 외 사용한 금액의 비율에 따라 참여제한 기간이 다르구나.

③ 정당한 절차 없이 연구개발 내용을 해외로 유출하면 최소 4년간 참여할 수 없구나.

④ 같은 사유가 여러 번 발생하면 참여제한 기간이 가중되는구나.

60. 〈국가연구개발사업 참여제한 기준〉을 바탕으로 처리한 참여제한으로 옳지 않은 것은?

	사건	처리내용
①	해외 □□사에 연구개발 사업내용을 유출한 것이 3회째 적발됨.	10년
②	사용용도 외의 용도로 24%의 금액을 사용한 것이 2회째 적발됨.	5년 7개월
③	용도 외 목적으로 27%의 금액을 1회 사용하였고 해외로 사업내용을 유출한 것이 1회째 적발됨.	4년 6개월
④	징계기간 중이므로 참여할 수 없는 기관이 서류를 위조하여 참여한 것이 1회째 적발됨.	2년

고시넷 매일경제 NCS

영역별 출제비중

- ▶ 자료 분석하여 문제를 해결하는 문제
- ▶ 보도자료의 제목을 추론하는 문제
- ▶ 품목번호를 부여하는 문제
- ▶ 코드를 입력하는 문제
- ▶ 수치를 그래프로 변환하는 문제
- ▶ 벤치마킹을 이해하는 문제

매일경제형 문제해결능력에서는 자료를 분석하여 문의답변을 작성하는 문제, 자료를 도식화하는 문제 등이 출제되었다. 의사소통능력에서는 세부 내용을 이해하는 문제, 질문에 대한 적절한 답변을 하는 문제, 글의 서술방식을 파악하는 문제 등이 출제되었다. 정보능력에서는 코드를 입력하는 문제, 명령체계를 이해하는 문제 등이 출제되었다. 수리능력에서는 당첨 확률을 계산하는 문제, 자료를 바탕으로 수치를 계산하는 문제 등이 출제되었다. 기술능력에서는 매뉴얼을 이해하는 문제, 안전수칙을 확인하는 문제 등이 출제되었다.

매일경제

2회 출제유형모의고사

영역	총 문항 수
문제해결능력	60문항
의사소통능력	
정보능력	
수리능력	
기술능력	

NCS란? 산업 현장에서 직무를 수행하기 위해 요구되는 각종 지식, 기술, 태도 등의 내용을 국가가 체계화한 것을 의미한다.

기출예상문제

▸ 정답과 해설 14쪽

[01 ~ 02] 다음 제시된 상황과 자료를 보고 이어지는 질문에 답하시오.

○○발전 차 사원은 Nu-Star 창업경진대회 신청기간 연장으로 관련 공지사항을 재공고하기 위해 공고문을 작성 중이다.

〈Nu-Star 창업경진대회 참가자 모집 (재)공고〉

○○발전이 △△기술, □□공단, ☆☆창조경제혁신센터와 함께 원자력 산업계에 새로운 활력을 불어넣고, 일자리 창출에 대한 공감대를 확산하기 위해 아래와 같이 「Nu-Star 창업경진대회」를 개최합니다.

1. 참가신청
   - 신청기간 : 2X20. 7. 2. ~ 10. 22. 18 : 00까지, 기존 공고에 기재된 신청기간보다 연장됨.
   - 참가자격 : ◇◇도 내 대학생 및 대학원생, 예비창업자, ◇◇도 내 7년 이내 창업기업(신청일 기준)
   - 응모방법 : 참가신청서 등 작성 후 이메일 제출(접수처 : ABC@wxy.kr)

2. 모집분야 : 원자력 관련 전 분야 적용 가능한 산업 아이템

   기존 원자력 관련 산업과 융합하여 새로운 산업 가치를 창출할 수 있거나 사회적 문제 등을 해결할 수 있는 융합 제품 및 서비스 분야

   ※ ○○발전, △△기술, □□공단 고유 업(業) 특성이나 사회적 가치 실현 등을 고려한 전 사업영역과 연계한 창업

분야	창업 방향성 예시
응용 산업	원자력 설계, 건설, 운영, 관리, 해체 등 현장 접목 가능 기술 등
디지털 4차 산업	3D프린팅, 빅데이터, AI, 사물인터넷 활용 분야, 그린뉴딜 등
산업 안전	산업, 재난, 재해예방 관련 신기술을 접목한 제품 및 서비스 등
환경 서비스	기초 환경오염 예방, 재활용 · 업사이클링, 적정기술, 해양쓰레기 등

3. 선정절차 및 규모
   - 선정절차 : 서류평가 → 멘토링 교육 → 발표평가(최종)
   - 선정규모 : 3개 팀에 참여기관별 기관장 명의의 상장 및 상금 수여

구분	우수팀 선정		
	수량	상금	비고
○○발전 사장 상	1	500만 원	각 기관장 명의 상장 및 상금
□□공단 이사장 상	1	500만 원	
△△기술 사장 상	1	500만 원	
합계	3	1,500만 원	-

4. 문의
   - ☆☆창조경제혁신센터 허브운영팀 담당자(000-0000-0000)
   - ○○발전 상생협력처 담당자(012-3456-7890), support@wxy.kr

01. 다음 중 공고문에 대한 내용으로 적절한 것은?

① Nu-Star 창업경진대회는 ○○발전이 단독으로 주관하는 대회이다.

② Nu-Star 창업경진대회는 신청기간 변경 없이 다시 공지될 예정이다.

③ Nu-Star 창업경진대회에는 해당 참여기관의 고유 업(業)이나 사회적 가치 실현을 고려한 산업 아이템을 제출해야 한다.

④ Nu-Star 창업경진대회의 모집분야는 기존 원자력 관련 산업에 한한다.

02. 다음 중 차 사원이 수정한 공지사항을 바탕으로 답변할 수 있는 문의사항은?

① 각 참여기관에서 산업 아이템을 선정할 때 평가하는 항목은 어떤 것이 있나요?

② 한 개의 팀에서 여러 분야의 산업 아이템을 응모할 수 있나요?

③ 창업경진대회 관련 문의사항이 있으나 전화 연락이 되지 않는 경우, 다른 연락 방법이 있나요?

④ 서류평가 후 결과 발표는 어떤 식으로 진행되나요?

[03 ~ 05] 다음 제시된 상황과 자료를 보고 이어지는 질문에 답하시오.

□□공사 김꽃님 사원은 고속도로 운행 제한 규정에 대한 내용을 열람하고 있다.

〈운행 제한 규정〉

<table>
<tr><th rowspan="2">규정</th><th rowspan="2" colspan="2">제한항목</th><th rowspan="2">정의</th><th colspan="2">근거법규</th><th rowspan="2">벌칙</th></tr>
<tr><th>법</th><th>시행령</th></tr>
<tr><td rowspan="7">도로법</td><td colspan="2">과적</td><td>축 하중 10톤 초과, 총 중량 40톤 초과</td><td>77조 1항</td><td>79조 2항 1호</td><td rowspan="2">500만 원 이하 과태료</td></tr>
<tr><td colspan="2">제원초과</td><td>폭 2.5미터 초과, 높이 4.2미터 초과, 길이 16.7미터 초과</td><td>77조 1항</td><td>79조 2항 1호</td></tr>
<tr><td colspan="2">축 조작</td><td>장치 조작 등의 방법으로 적재량 측정을 방해하는 행위</td><td>78조 1항</td><td>80조</td><td rowspan="4">1년 이하 징역 또는 1천만 원 이하 벌금</td></tr>
<tr><td colspan="2">단속원 요구 불응</td><td>관계서류 제출 불응, 의심차량 재측정 불응, 기타 측정 요구 불응</td><td>77조 4항, 78조 2항</td><td>80조</td></tr>
<tr><td colspan="2">측정차로 위반</td><td>적재량 측정 장비 미설치 차로 진입</td><td rowspan="2">78조 3항</td><td rowspan="2">80조 2항</td></tr>
<tr><td colspan="2">측정속도 초과</td><td>측정차로 통행 속도 10km/h 초과</td></tr>
<tr><td colspan="2">3대 명령 불응</td><td>회차, 분리운송, 운행중지 명령 불응</td><td>80조</td><td>-</td><td>2년 이하 징역 또는 2천만 원 이하 벌금</td></tr>
<tr><td rowspan="6">도로교통법</td><td colspan="2">적재불량</td><td>화물이 떨어지지 않도록 덮개를 씌우거나 묶는 등의 조치 미흡</td><td>39조 4항</td><td>-</td><td rowspan="5">벌금 5만 원, 벌점 15점</td></tr>
<tr><td rowspan="3">적재 용량 초과</td><td>높이</td><td>지상고 4.2미터 초과</td><td rowspan="4">39조 1항</td><td rowspan="4">22조</td></tr>
<tr><td>길이</td><td>차량길이의 110% 초과</td></tr>
<tr><td>폭</td><td>후사경 후면 확인 불가</td></tr>
<tr><td colspan="2">적재 중량 초과</td><td>화물자동차 최대 적재량의 110% 초과</td></tr>
<tr><td colspan="2">자동차 전용도로 통행위반</td><td>자동차 이외의 차마(이륜차, 농기구 등)의 진입</td><td>63조</td><td>-</td><td>벌금 3만 원</td></tr>
</table>

※ 적재 용량 초과의 하위 제한 항목들 중 한 가지만 위반하여도 운행 제한 조치

03. 다음 중 김꽃님 사원이 위 자료를 이해한 내용으로 적절하지 않은 것은?

① 도로법에 해당하는 3대 명령으로는 재측정, 분리운송, 운행중지 명령이 있다.
② 과적 차량과 제원초과 차량은 법 조항이 동일하여 동일한 벌칙을 부과한다.
③ 적재불량 혹은 중량을 초과한 차량의 경우 벌금 5만 원과 벌점 15점의 벌칙을 받는다.
④ 장치 조작 등의 방법을 통해 적재량 측정을 방해하는 경우 1년 이하의 징역에 처해질 수 있다.

04. 다음 중 가장 많은 벌금이 부과되는 차량은?

①

구분	내용
차량 가	측정차로 통행 속도 15km/h 초과

②

구분	내용
차량 나	축 하중 8톤, 총 중량 35톤

③

구분	내용
차량 다	적재 용량 초과로 인해 후사경 후면 확인 불가

④

구분	내용
차량 라	폭 2.5미터, 높이 4.3미터, 길이 18.7미터

05. 김꽃님 사원이 운행 제한 규정에 따른 모든 제한항목에 대해 근거법을 기준으로 〈보기〉와 같이 정리하였을 때, 적절하지 않은 것은?

보기

근거법		제한항목	근거법		제한항목
조	항		조	항	
39	1	적재 용량 및 중량 초과	78	1	축 조작
	4	적재불량		2	단속원 요구 불응
63	-	자동차 전용도로 통행위반		3	측정차로 위반
77	1	과적, 제원초과	80	-	3대 명령 불응
	4	단속원 요구 불응			

① 제39조
② 제63조
③ 제77조
④ 제78조

[06 ~ 07] 다음 제시 상황과 자료를 보고 이어지는 질문에 답하시오.

○○공단 △△지역본부에 근무하는 H 대리는 다음 공고문을 확인하고 있다.

〈2022년 중소벤처기업부 소관 소상공인 정책자금 융자계획〉

1. 융자대상 : 「소상공인기본법」 제2조 및 같은 법 시행령 제3조의 소상공인
2. 융자한도 및 금리
   (1) 융자한도 : 개별 기업당 융자한도는 중소벤처기업부 소관 소상공인 정책자금의 융자잔액 기준으로 7천만 원까지 지원
   (2) 대출금리
   - 정책자금 기준금리(분기별 변동금리)에 사업별 가산금리를 적용하며, 일부자금의 경우 고정금리를 적용
   - 기존 대출기업도 정책자금 기준금리 변동에 따라 대출금리가 변동되며, 대출금리는 정부정책에 따라 변경 가능
   - 정책자금 기준금리 및 분기별 대출금리는 ○○공단 홈페이지에서 공지
   ※ 2022년 1분기 정책자금 기준금리 : 2.32%
3. 융자방식
   (1) 직접대출 : ○○공단이 융자 접수 → 평가 → 대출 실행까지 진행
   (2) 대리대출 : ○○공단에서 정책자금 지원대상 확인 후, 금융기관에서 보증서부, 신용 또는 담보부 대출 실행(보증서부 대출은 신용보증기관 경유)
4. 융자절차
   (1) 융자 신청 · 접수 : ○○공단 홈페이지에서 온라인 접수
   (2) 융자 결정 절차
   - 직접대출 : ○○공단에서 기술성, 성장잠재력, 경영능력, 사업계획 타당성 및 신용도 등을 종합 평가하여 융자 여부 및 금액 결정
   - 대리대출 : ○○공단은 융자 지원대상 여부를 확인하고, 금융기관(신용보증기관)에서 평가하여 융자 여부 및 금액 결정
   (3) 자금대출 : 융자대상으로 결정된 기업에 대하여 융자약정 체결 후 대출 실행
   (4) 사후관리
   - 대출 후 당초 정해진 용도에 부합하는 자금집행 여부의 점검을 위해 대출기업에 대한 관련자료 징구 등 실체조사 실시
   - 대출자금의 용도 외 사용 시 자금 조기회수 등의 제재조치 실행

5. 융자제한 소상공인
   (1) 세금을 체납 중인 소상공인. 단, 세금분납계획에 따라 성실하게 세금을 납부하고 있는 소상공인은 융자대상에 포함
   (2) 한국신용정보원의 "일반신용정보관리규약"에 따라 "신용도판단정보", "공공정보" 등에 등록되어 있는 소상공인
   (3) 기타 허위 또는 부정한 방법으로 융자를 신청하거나 대출자금을 융자목적이 아닌 용도로 사용한 소상공인
   (4) 임직원의 자금횡령 등 사회적 물의를 일으킨 소상공인
   (5) 휴 · 폐업중인 소상공인. 단, 재해를 직접 원인으로 휴업중인 소상공인은 가동 중인 소상공인으로 간주하여 융자대상에 포함
   (6) 다음 정책자금 융자제외업종을 영위하는 소상공인
      - 사행산업 및 국민 정서상 지원이 부적절한 업종 : 도박 · 사치 · 향락, 건강유해, 부동산 투기 등
      - 고소득 및 자금조달이 상대적으로 용이한 업종 : 법무 · 세무 등 전문서비스, 금융 및 보험업 등
6. 접수시기 : 매월 세부 자금공고 후 접수 개시하며, 월별 자금 배정한도 내에서 자금 신청 및 이용 가능

   ※ 단, 월별 예산 소진 시 조기 접수마감될 수 있으며, 세부 자금공고는 OO공단 홈페이지 별도 게시

06. 다음 중 H 대리가 이해한 내용으로 적절한 것은?

① 소상공인 정책자금 융자의 2022년 1분기 대출금리는 최대 2.32%이다.

② 소상공인 정책자금 융자는 온라인 혹은 직접방문을 통해 신청할 수 있다.

③ 대출 후 정해진 용도에 부합하지 않는 자금집행 사실이 적발될 경우 대출기업에 대해 자금회수 조치를 내릴 수 있다.

④ 세무법인도 소상공인 정책자금 융자 신청대상에 포함된다.

07. 다음은 소상공인 정책자금 융자절차를 도식화한 것이다. (가) ~ (라)의 실행주체가 바르게 연결된 것은?

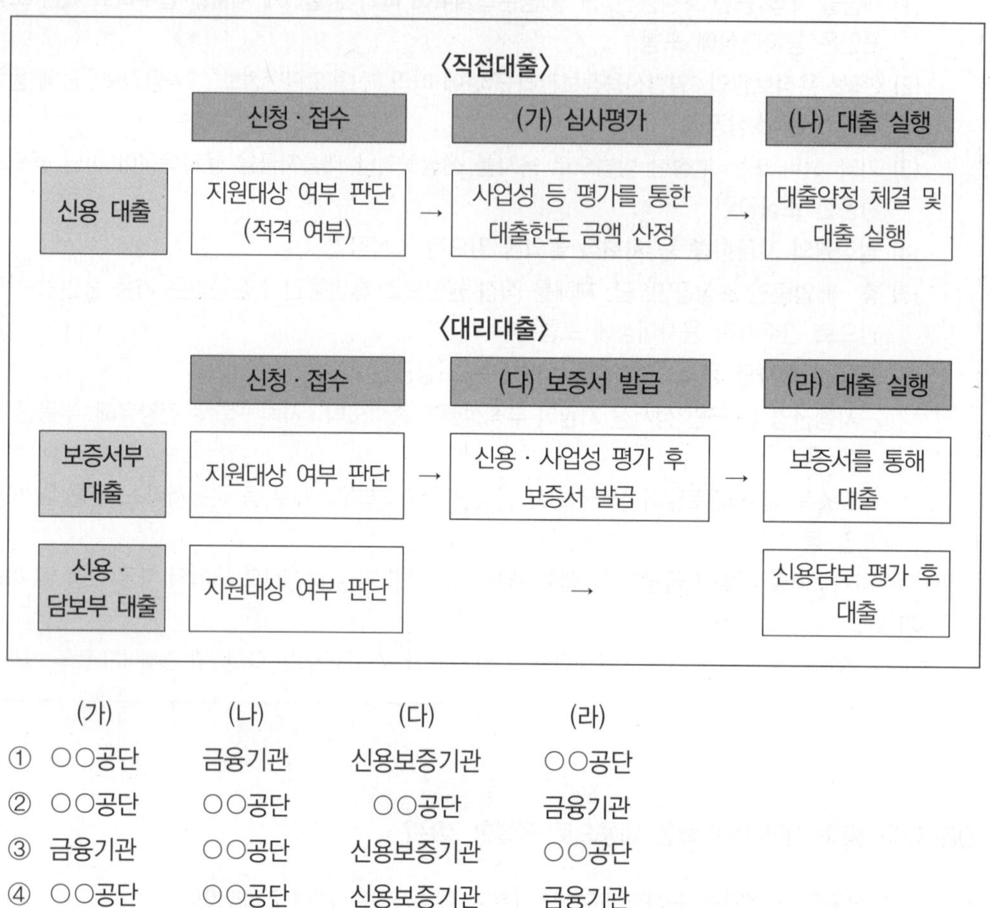

	(가)	(나)	(다)	(라)
①	○○공단	금융기관	신용보증기관	○○공단
②	○○공단	○○공단	○○공단	금융기관
③	금융기관	○○공단	신용보증기관	○○공단
④	○○공단	○○공단	신용보증기관	금융기관

08. 다음은 북미지역의 특허권 등록 건수에 대한 자료이다. 이에 대한 설명으로 옳은 것은?

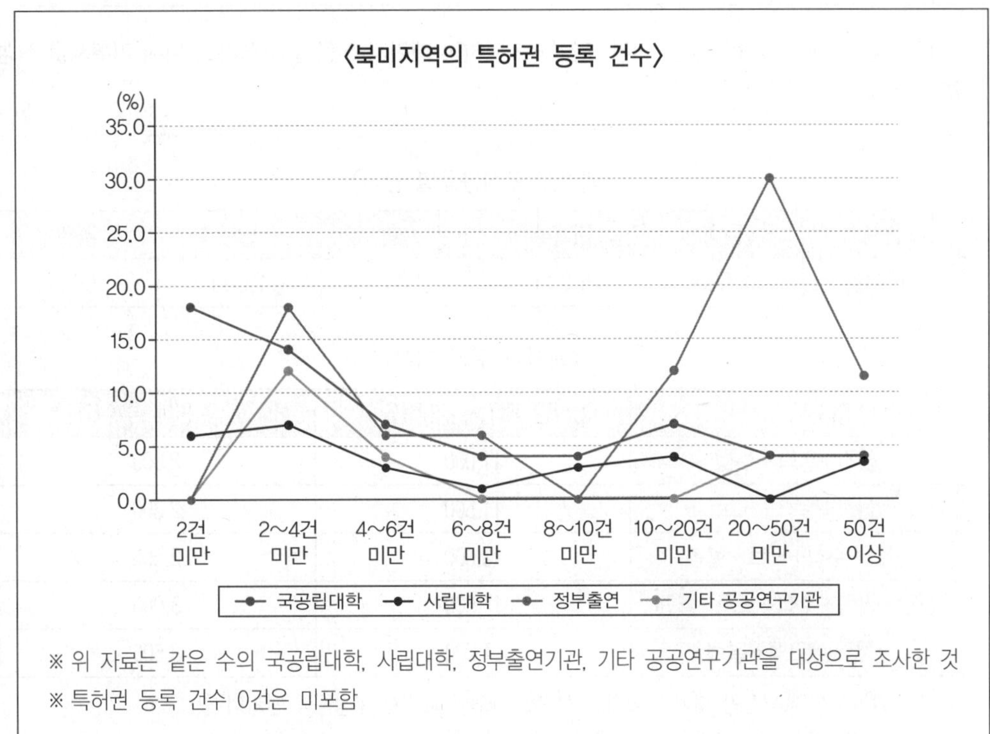

※ 위 자료는 같은 수의 국공립대학, 사립대학, 정부출연기관, 기타 공공연구기관을 대상으로 조사한 것
※ 특허권 등록 건수 0건은 미포함

① 국공립대학 중에서는 특허권을 2 ~ 4건 미만 등록한 대학의 비율이 가장 높다.
② 사립대학 중에서는 특허권을 10 ~ 20건 미만 등록한 대학의 비율이 가장 높다.
③ 정부출연기관 중에서는 특허권을 2 ~ 4건 미만 등록한 기관의 비율이 가장 높다.
④ 특허권을 10 ~ 20건 미만 등록한 기관 중 비율이 가장 높은 것은 정부출연기관이다.

[09 ~ 11] 다음의 제시 상황과 자료를 보고 이어지는 질문에 답하시오.

○○출판사에 근무하는 A는 신간 출간을 기념하여 패키지 상품을 구성하기 위해 기획서를 작성하고 있다.

〈패키지 구성용품별 단가〉

용품	달력	에코백	수첩	노트	볼펜
단가(원)	1,500	5,000	800	1,000	500

〈패키지 구성 기획〉

패키지 구성	신간 패키지 가격(원)	예상 판매 부수(개)
신간+달력+수첩	11,000	2,000
신간+달력+노트	11,500	2,300
신간+수첩+노트+볼펜	13,000	2,500
신간+달력+수첩+노트+볼펜	13,500	3,000
신간+에코백+달력	14,500	3,500

※ 신간 할인가격(원)=(신간 패키지 가격)−(신간을 제외한 패키지 구성용품 단가의 합)

※ 예상 판매액(원)=(신간 패키지 가격)×(예상 판매 부수)

※ 부록을 제외한 신간의 정가는 10,000원

09. 다음 중 예상 판매 부수가 가장 많은 패키지 구성의 신간 할인가격은 얼마인가?

① 7,500원　② 8,000원

③ 8,500원　④ 9,000원

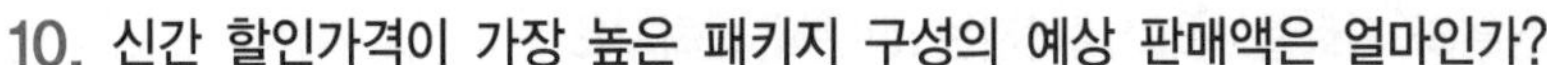

10. 신간 할인가격이 가장 높은 패키지 구성의 예상 판매액은 얼마인가?

① 3,250만 원　② 3,500만 원
③ 4,050만 원　④ 4,250만 원

11. 모든 패키지 구성의 신간 할인가격을 9,000원으로 맞추어 다시 패키지 가격을 산출했을 때 가장 저렴한 패키지 가격은? (단, 패키지의 구성 및 구성용품의 단가는 동일하다)

① 11,100원　② 11,300원
③ 11,600원　④ 11,900원

12. 다음 〈정보〉를 바탕으로 도출할 수 있는 도어락의 비밀번호는?

〈정보〉

- 비밀번호는 0 ~ 9의 정수 중 서로 다른 4개의 숫자로 이루어져 있다.
- 비밀번호에는 3의 배수와 2의 배수가 각각 하나씩만 포함되어 있다.
- 첫 번째, 두 번째 자리 숫자의 합은 세 번째, 네 번째 자리 숫자의 합과 같다.
- 비밀번호의 각 자리에 위치한 숫자를 모두 합하면 3의 배수가 된다.

① 0927　② 0523
③ 1635　④ 1423

[13 ~ 15] 다음의 제시 상황과 자료를 보고 이어지는 질문에 답하시오.

○○전력에서 근무하는 갑 사원은 사보에 게시할 보도자료를 작성하고 있다.

H 부는 202X년 5월 26일 □□국가산업단지(이하 □□시 산단)에서 '스마트 그린 산단 통합관제센터(이하 통합관제센터) 개소식'을 개최하였다. 오늘 개소한 통합관제센터는 스마트 그린 산단 핵심 인프라 중 하나로, 산단 내 안전, 환경, 도로교통 등을 디지털로 통합 관리하여 산단의 고질적인 문제를 해결하고 쾌적한 환경을 조성하는 역할을 수행한다. 개소식에는 □□시 시장 등이 참석하여, □□시 산단을 친환경 첨단산업 공간으로 전환하기 위한 핵심 인프라의 개소를 축하하였다.

통합관제센터는 산단 내 위험물질과 환경오염, 교통문제 등을 디지털로 통합 관리하여, 관련 사고를 실시간으로 파악하고 사전에 방지함으로써 산단의 안전을 확보하는 역할을 수행한다. 그동안 화재가 발생하거나 화학물질이 유출되면 주변의 신고에 따라 처리하기 때문에 빠른 대처가 어려웠으나, 앞으로는 열감지 카메라 센서 등을 통해 화재발생 및 화학물질 유출을 즉시 감지할 수 있게 된다. 또한 카메라가 감지하기 어려운 사각지대에서 발생하는 사고는 정찰드론을 출동시켜 해당 지역을 공중에서 자세히 감시하고, 소방 및 경찰 체계와 연동하여 대응한다. 산단의 고질적인 문제였던 교통 및 주차문제는 사람이 일일이 문제 지역을 돌아다녀야 해서 정보 수집이 쉽지 않았으나, 앞으로는 지능형 CCTV를 활용하여 실시간으로 보다 많은 정보를 수집 · 축적하게 된다.

정부는 202X년 7월 한국판 뉴딜 10대 과제 중 하나로 '스마트 그린 산단'을 선정하였고, 이어 9월에는 '스마트 그린 산단 실행전략'을 발표하였다. 발표 이후, 현재까지 관련 법적 근거를 마련하고 사업단을 구성하는 등 체계를 잡아왔다. 지난 8개월간 스마트 그린 산단을 위한 기본 뼈대를 조성하는 데에 힘써 왔으며, 최근 통합관제센터 등 핵심 인프라들이 차례로 구축을 완료함에 따라 구체적인 성과를 낼 수 있는 기반이 조성되고 있다. 그동안에도 시뮬레이션센터 구축을 통해 40여 개 사에 분석 서비스를 제공하고, 인력양성 사업을 통해 2,000여 명에게 교육을 제공하는 등의 다양한 성과를 이뤄왔으나, 앞으로는 성과 창출이 본격화될 예정이다.

H 부 장관은 축사를 통해, □□시 산단에서 통합관제센터를 최초로 개소한 것은 스마트 그린 산단의 3가지 핵심 인프라인 '제조혁신인프라, 에너지플랫폼, 통합관제센터'의 구축을 완료했다는 점에서 의미가 크며, 최근 산단 내 안전사고가 빈번히 발생하여 안전 확보가 무엇보다 중요한 상황에서, 통합관제센터가 근로자들의 안전을 확보하는 핵심 인프라 역할을 수행하게 될 것임을 밝혔다. 또한 이를 통해 □□시 산단에 입주해 있는 6,000여 개 이상의 기업들에 안전하고 쾌적한 환경을 제공할 것으로 기대되며, 지역 경제의 핵심인 산업단지가 세계적인 경쟁력을 지닐 수 있도록, 스마트 그린 산단 통합관제센터 운영을 계기로 H 부가 중앙부처 간, 그리고 중앙과 지방 간 협업에 온힘을 다할 것이라고 언급했다.

13. 다음 중 제시된 보도자료의 제목으로 적절한 것은?

① 스마트 그린 산단의 통합관제센터 운영으로 탄소중립 실현하다.
② □□시, 지역의 녹생경제 실현을 위한 스마트 그린 산단 시작하다.
③ 통합관제센터로 산단의 안전이 대폭 강화된다.
④ H부－□□시, 아시아 산업단지의 허브로 거듭나다.

14. 다음 중 제시된 보도자료에 대한 설명으로 적절하지 않은 것은?

① 정부는 스마트 그린 산단에 대한 법적 근거를 마련하기 위해 노력을 해왔다.
② 통합관제센터의 시범 운영 기간 동안 최대 2,000여 명의 관련 인력이 양성될 예정이다.
③ 스마트 그린 산단은 한국판 뉴딜 10대 과제로 선정되었다.
④ H 부는 통합관제센터 운영을 계기로 중앙과 지방 간 협업에 더욱 힘쓸 것으로 예상된다.

15. 다음은 갑 사원이 스마트 그린 산단 통합관제센터의 기능을 정리한 내용이다. ㉠～㉣ 중 적절하지 않은 것은?

스마트 그린 산단 통합관제센터 기능
㉠ 열감지 카메라 등을 활용한 화재발생 즉시 감지 ㉡ 화학물질 유출 등 위험물질 관련 신고 센터 구축 ㉢ 정찰드론 활용을 통한 사고 감지 사각지대 최소화 ㉣ 지능형 CCTV를 통한 교통 및 주차 관련 정보 수집

① ㉠　　② ㉡
③ ㉢　　④ ㉣

[16 ~ 17] 다음 제시 상황과 자료를 보고 이어지는 질문에 답하시오.

해외 인터넷 ○○기업 한국지사의 법무팀에서 근무하는 이민호 대리는 자사 검색 사이트의 개인정보취급방침에 대한 약관을 작성하고 수정, 검토하는 일을 담당하고 있다.

〈개인정보취급방침〉

■ 본 인터넷 검색 H 사이트(이하 '본 사이트'라 한다)의 계정에 가입할 때 사용자의 계정과 함께 보관하기 위하여 사용자 이름, 이메일 주소, 전화번호 또는 신용카드와 같은 개인정보를 요청합니다. 또한 본 사이트에서 제공하는 공유 기능을 최대한 활용하고자 하는 사용자에게 프로필을 만들도록 요청할 수 있으며, 이 프로필은 모든 이에게 공개되고 이름과 사진이 포함될 수 있습니다.

■ 본 사이트는 사용자가 서비스를 사용할 때 광고 서비스를 사용하는 웹사이트 방문 시점 또는 광고 및 콘텐츠를 보고 사용한 시점 등 사용하는 서비스 및 사용 방식에 대한 정보를 수집할 수 있습니다. 이러한 정보에는 다음의 사항들이 포함됩니다.

• 기기 정보 : 본 사이트는 하드웨어 모델, 운영체제 버전, 고유 기기 식별자, 모바일 네트워크 정보(전화번호 포함)와 같은 기기별 정보를 수집합니다. 본 사이트는 기기 식별자 또는 전화번호를 본 사이트의 계정에 연결할 수 있습니다.

• 로그 정보 : 본 사이트의 서비스를 사용하거나 본 사이트에서 제공하는 콘텐츠를 볼 때 서버 로그에 특정 정보를 자동으로 수집하고 저장합니다. 여기에는 다음이 포함됩니다.

– 사용자가 본 사이트의 서비스를 사용한 방법에 대한 세부정보(예 검색어)

– 전화 로그 정보(전화번호, 발신자 번호, 착신전환 번호, 통화 일시, 통화 시간, 통화 유형)

– 인터넷 프로토콜 주소

– 기기 이벤트 정보(다운, 하드웨어 설정, 시스템 활동, 브라우저 언어, 요청 날짜 및 시간, 참조 URL)

– 사용자의 브라우저 또는 본 사이트의 계정을 고유하게 식별할 수 있는 쿠키

• 위치 정보 : 사용자가 본 사이트의 서비스를 사용할 때 본 사이트에서 사용자의 실제 위치에 대한 정보를 수집하고 처리할 수 있습니다(예 본 사이트가 제공하는 내비게이션 기능). 본 사이트는 IP 주소, GPS뿐 아니라 주변 기기, Wi–Fi 액세스 포인트, 기지국 등에 관련된 정보를 제공하는 기타 센서를 포함한 다양한 기술을 활용하여 위치를 파악합니다.

• 로컬 저장소 : 본 사이트는 브라우저 웹 저장소(HTML 5 포함) 및 애플리케이션 데이터 캐시 등의 메커니즘을 사용하여 정보(개인정보 포함)를 수집하고 이를 사용자의 기기에 로컬로 저장할 수 있습니다.

- 쿠키 및 유사한 기술 : 사용자가 본 사이트의 서비스를 방문할 때 본 사이트와 본 사이트의 파트너(사이트가 신뢰할 수 있는 외부 업체들)는 다양한 기술을 사용하여 한정적인 정보를 수집하고 저장합니다(쿠키 또는 유사한 기술을 사용해 사용자의 브라우저 또는 기기를 식별하는 것 포함). 또한 본 사이트가 파트너에게 제공하는 서비스(예 다른 사이트에 표시되는 본 사이트의 기능이나 광고 서비스)와 사용자 간 상호 작용이 있을 때 이러한 기술을 사용하여 정보를 수집하고 저장합니다. 비즈니스 및 사이트 소유자는 본 사이트의 분석 기술을 사용하여 웹사이트의 트래픽을 분석할 수 있습니다.

16. 다음 중 이민호 대리가 위의 개인정보취급방침에 대한 내용을 읽고 잘못 이해한 것은?

① 사용자가 광고에 접근하는 방식이나 시점을 외부 업체들과 공유할 수 있구나.
② 본 사이트가 직접 제공하는 기능 외에 여타 기술과도 연계하여 내 위치를 파악하는군.
③ 사용자가 사용하는 장치의 고유 정보가 자사 사이트의 사용자 계정과 연동될 수 있겠구나.
④ 사용자 기기의 시스템 활동, 요청 날짜 및 시간 등을 통해 사용자 기기의 이벤트 정보를 추적하는군.

17. 이민호 대리가 같은 법무팀 소속의 팀원으로부터 다음과 같은 질문을 받았을 때, 가장 적절한 답변은?

최근 △△ 대형 글로벌 인터넷 회사가 운영하는 검색사이트를 상대로 가입자가 낸 개인정보 관련 소송에서 '원고 승소' 판결이 났다고 합니다. 판결에 따르면 광고 서비스 등 사용자가 사용한 콘텐츠와 직접 관련이 있는 경우 외에는 사용자의 사이트 이용 정보를 상업적인 목적으로 제3자에게 제공할 수 없고, 만약 사용자의 요청이 있을 경우에는 제3자에게 제공한 개인정보에 대한 내용을 사용자에게 알려야 한다고 합니다. 이 판결에 따라 예상할 수 있는 내용으로는 무엇이 있습니까?

① 사용자가 사용한 콘텐츠와 직접적으로 관련이 있는 이용 정보는 제3자에게 제공할 수 있겠군.
② 사이트 내에서 광고 동영상을 시청한 사람의 프로필 정보가 광고주에게 보고될 수 있어.
③ 경찰이 공무상의 이유로 사용자 계정의 개인정보를 요청할 경우에는 경찰에게 정보를 제공할 수 있겠어.
④ 사용자의 위치를 파악하기 위해 정보를 제공한 GPS 사업자나 통신사를 사용자에게 의무적으로 알려야 되겠군.

[18 ~ 20] 다음 제시된 상황과 글을 읽고 이어지는 질문에 답하시오.

IT기업에 근무하는 최 사원은 사물 인터넷과 관련된 기사를 읽고 있다.

사물 인터넷(IoT ; Internet of Things)이란 사물에 센서를 부착해 실시간으로 데이터를 모아 인터넷으로 전달해 주는 것을 말한다. 인터넷을 기반으로 사물과 사람을 연결해 사람이 무선으로 연결된 스마트 기기, 즉 스마트폰을 통해 사물을 제어할 수 있도록 해 주는 기술이다. 이는 사람과 사람, 사람과 사물 간의 소통을 넘어 이제는 '사물과 사물 간의 소통'이 가능해진 것을 의미한다. 한마디로 정의하면 (A) 데이터를 일차적으로 획득, 저장, 분석하고 이를 다시 활용해 결과를 예측하는 프로세스의 탄생이다. 이러한 사물 인터넷은 상품정보를 저장한 극소형 칩이 무선으로 데이터를 송신하는 'RFID'와 센서, 스마트기기의 등장에서 비롯되었다. 최근 출시된 G 글래스와 같은 웨어러블(wearable) 컴퓨터도 사물 인터넷 기술을 포함한다.

근거리 무선통신기술인 'NFC' 칩을 활용한 IT형 가전제품도 마찬가지다. NFC 칩이 탑재된 세탁기는 태그에 스마트폰을 갖다 대면 세탁기의 동작 상태나 오작동 여부를 확인하고 ㉠ 사용자에 따른 맞춤형 세탁코스로 세탁을 할 수 있다. 냉장고의 경우에도 기존에 존재하던 ㉡ 온도를 일정한 규칙에 따라 설정하는 기능을 넘어, 이제는 실시간으로 온도점검을 하고 제품 진단과 절전관리를 할 수 있으며, 프린터는 파일을 컴퓨터에 옮기지 않고 스마트폰을 갖다 대는 것만으로도 인쇄물을 손쉽게 출력할 수 있다. K 교수는 이에 대해 "인터넷과 거리가 멀게 느껴졌던 주변 사물이 통신망을 통해 서로 연결되면서 새로운 부가가치 산업이 등장하고 있다."고 말한다.

사물 인터넷을 활용한 대표적인 사례 중 하나가 월트디즈니 놀이공원에서의 미키마우스 인형이다. 디즈니는 미키마우스 인형의 눈, 코, 팔, 배 등 몸 곳곳에 적외선 센서와 스피커를 탑재하여, 인형이 실시간으로 디즈니랜드의 정보 데이터를 수집한 뒤 관람객에게 놀이공원에서 ㉢ 어떤 놀이기구를 얼마나 기다려야 하는지, 또 지금 있는 위치가 어디쯤인지 등을 알려 준다고 한다. 또한 미국의 매사추세츠공과대학에서는 기숙사의 화장실과 세탁실에 센서를 설치해 두고 인터넷을 연결해 어떤 화장실이 비어 있는지, ㉣ 어떤 세탁기와 건조기가 이용 가능한지 등의 정보를 실시간으로 제공하고 있다. 이 덕분에 학생들은 현장에 가지 않더라도 스마트폰으로 화장실, 세탁실의 상황을 파악할 수 있다. 또한 사물 인터넷은 농업과 축산업에서도 활용된다. 네덜란드의 벤처기업 '스파크드'는 IoT(사물 인터넷)를 농업과 축산업에 접목했다. 소의 몸에 센서를 부착해 소의 움직임과 건강정보를 파악한 뒤 이 데이터를 실시간으로 전송해 주는 기술 덕분에 더욱 많은 소들을 건강하게 키울 수 있게 되었다.

현재 전 세계에는 약 100억 개에 달하는 기계가 인터넷과 연결되어 있다. 하지만 이 숫자는 전 세계 단말기 수의 0.7%에 불과하다. 미국의 ○○기업은 앞으로 새로운 하드웨어의 등장보다는 사용자에게 데이터를 제공하는 방법이 더 관건이 될 것이라고 주장하고 있다.

그러나 모든 사물이 연결될 경우, 개인정보가 유출되거나 시스템이 마비되는 등 해킹의 문제가 자연스럽게 뒤따르기 때문에 철저한 대안과 정책 마련도 반드시 필요하다.

18. 윗글을 통해 알 수 없는 것은?

① 사물 인터넷은 기계 이외의 대상에도 적용될 수 있다.
② RFID와 NFC는 모두 무선통신기술의 종류이다.
③ 사물 인터넷을 적용하는 경우에 심각한 보안 문제가 발생할 가능성이 있다.
④ 사물 인터넷은 본래 상업 외적인 목적으로 개발되었으나 현재 상업 목적으로 상용화되었다.

19. 다음 중 윗글에 나타난 서술 방식이 아닌 것은?

① 권위자의 의견에 의지하여 대상을 묘사하고 있다.
② 예상되는 결과와 그에 따른 행동의 필요성을 제시하고 있다.
③ 대상이 적용됨에 따라 나타난 결과를 설명하고 있다.
④ 구체적인 사례와 사례별 대상의 적용 방식을 열거하고 있다.

20. 다음 중 (A)의 사례로 보기 어려운 것은?

① ㉠ ② ㉡
③ ㉢ ④ ㉣

[21 ~ 23] 다음 제시된 상황과 자료를 보고 이어지는 질문에 답하시오.

△△기관에서 근무하는 O 직원은 전력시장 제도개선 토론회와 관련된 보도문을 수정하고 있다.

이번에 개최된 「기업 PPA* 활성화를 위한 전력시장 제도개선 토론회」는 국내기업의 RE 100**의 이행 지원을 위한 전기사업법 개정 법률안, 일명 PPA법이 최근 국회 본회의를 통과함에 따라 이에 대한 세부적인 정책방향의 모색을 목적으로 하였다. PPA법은 재생에너지 전기공급사업을 전기판매사업에서 제외함으로써, 전기사업법상 전기사업 겸업 금지 원칙을 준수하면서 재생에너지 전기공급 사업자와 소비자 간 직접 거래(직접 PPA)가 가능하도록 하였다. 이로써 선택의 폭이 더 넓어지게 된 셈이며, 전력판매시장이 일부 개방된 것으로 평가되고 있다.

△△기관 사장 H는 세계적 흐름이자 국가 에너지 정책인 「에너지 전환」과 「2050 탄소중립」의 목표 달성을 위해 모두의 지혜를 모아 합리적이고 세계적인 전력시장을 만들어 나가야 한다고 강조하고, RE 100을 달성하는 기업이 늘어날 수 있도록 필요한 역할을 다할 것을 약속하였다.

* PPA(전력구매계약, Power Purchase Agreement) : 재생에너지 전기공급 사업자와 소비자가 직접 계약을 체결하여 일정 기간 계약가격으로 전력을 구매하는 방식

** RE 100 : 기업이 사용전력을 100% 재생에너지로 조달하는 자발적 캠페인

(가) 갑 교수는 직접 PPA 계약자들은 △△기관의 판매부문 고객이 아닌 송배전부문 고객으로 전기요금에서 망 이용요금 분리 고지 및 계약 분리가 필요하다고 강조했으며, 다만 직접 PPA 계약의 발전 측 고객에 대한 망 이용요금 부과가 생각처럼 쉽지 않으리라고 전망하였다. 또한 갑 교수는 발전 측 망 이용요금 부과는 전력시장 내외 거래에 동일하게 적용되어야 하지만, 동일 변전소 내 직접 PPA 계약 시 재생에너지 지역생산－지역소비 체계 이행에 큰 도움을 주고 재생에너지 지역편중 현상 해결에도 이바지할 수 있을 것이라며 이 경우 송전요금을 면제하는 체계도 필요하다는 의견을 제시하였다.

(나) □□에너지기업 사장 Y는 RE 100 참여기업이 안정적인 RE 100 포트폴리오를 구축하여 RE 100을 이행할 수 있도록 하는 지원책이 필요하다며, 직접 PPA가 여타 RE 100 이행방안 대비 가격경쟁력이 상대적으로 낮은 향후 5년간은 망 이용요금 부과 면제 등을 고려해 줄 필요가 있다고 강조하였다.

(다) △△기관의 요금기획서장 N은 기업 PPA 관련 망 이용요금 부과와 더불어 일반 전기소비자와의 형평성이 고려되어야 한다며, 일반 전기소비자의 전기요금에는 정부 정책목표 달성을 위한 다양한 비용과 개통운영 관련 비용, 송배전 손실비용 등이 모두 포함되어 있는 반면, 기업 PPA 전기사용자는 망 이용요금만 부과되기 때문에 형평성이 훼손된다고 목소리를 높였으며 이와 함께 전압별 요금제 도입 및 권역별 요금제 고도화도 역설하였다. 그는 전력수송단계가 많을수록 송배전 투자비용과 손실량이 커서 원가가 상승한다며, 사용전압에 따라 망 이용 원가가 크게 달라지는 만큼 비용을 합리적으로 배분하고 투자비와 전력손실을 줄이는 데 기여할 수 있는 방안을 검토해야 한다고 강조하였다.

(라) 을 교수는 “기업 PPA 도입은 근본적으로 재생에너지 확대를 취지로 하고 있기 때문에, 지금처럼 PPA를 통한 재생에너지 구매가가 일반 구매가보다 비싼 상황이 지속될 경우, 특별한 지원제도가 없다면 기업 PPA도 사문화될 가능성이 크다.”고 지적했다. 또 “정부나 규제기관에서 경쟁자의 진입을 저해하는 독점사업자의 조치에 대해 정책 목표가 훼손되지 않도록 감독할 필요가 있다.”고 밝혔다.

21. 다음 중 O 직원이 위 자료를 이해한 내용으로 적절하지 않은 것은?

① PPA법은 전력판매시장의 일부를 개방한 것으로 평가되고 있다.
② 국가적 정책인 「2050 탄소중립」과 「에너지 전환」은 세계의 흐름에 부합한다.
③ 현재 재생에너지를 PPA로 구매할 시 가격은 일반 구매가보다 저렴하지 않다.
④ RE 100은 기업이 100% 전기에너지로 전력 사용량을 조달하도록 규제하는 정책이다.

22. O 직원이 보도문에 〈보기〉의 문장을 추가하려 한다. (가) ~ (라) 중 〈보기〉와 가장 관련이 깊은 문단은?

보기

우리나라는 현재 비용기반 전력시장* 구조로 인해 발전 측 망 이용요금 부과를 유예하고 수요 측에 100% 부과하고 있으며, 직접 PPA 계약의 발전 측 고객에 망 이용요금을 부과한다면 기존 비용기반 전력시장에도 발전 측 망 이용요금 부과가 필요한 상황이다.

* 비용기반 전력시장(Cost Based Pool) : 변동비(연료비)를 기준으로 시장가격을 결정하고 발전원가에 대해 보상하는 시장으로, 발전 측에 부과되는 망 이용요금은 전력구입비에 포함되어 최종소비자가 부담

① (가)　　② (나)
③ (다)　　④ (라)

23. 다음은 O 직원이 위 자료를 읽은 후 동료 직원과 나눈 대화이다. 대화의 흐름상 빈칸 ㉠에 들어갈 말로 적절한 것은?

> E 직원 : 이번에 진행된 토론회에서는 PPA법 시행을 위한 제도적 지원에 대한 논의가 이루어졌어.
>
> O 직원 : 망 이용요금 부과와 관련하여 형평성 관련 문제가 있었지?
>
> E 직원 : (　　　　　　　　㉠　　　　　　　　)
>
> O 직원 : 맞아, 기업 외에도 적용되는 사안이므로 추가적인 논의가 필요하다는 의견도 제시되었지.

① RE 100 참여기업의 안정적인 포트폴리오 구축을 위한 지원책이 필요하다는 기업장의 말이 있었어.

② 기업 PPA 전기사용자는 망 이용요금만 부과되어 형평성이 훼손된다는 주장도 있었고 말이야.

③ 정부나 규제기관에서 독점사업자에 대해 정책 목표가 훼손되지 않도록 감독할 필요가 있다고 했어.

④ 직접 PPA 계약자들의 전기요금에서 망 이용요금 부과가 생각만큼 쉽지 않을 것이라고 했어.

24. 다음 기사를 읽고 나눈 대화에서 빈칸 ㉠에 들어갈 문장으로 알맞은 것은?

1980년대 초반부터 현재까지 중국의 당뇨 환자 비율은 10배 가까이 급증했으며, 그 결과 현대 중국 성인 10명 가운데 1명은 당뇨 관련 질환을 앓고 있다. 중국인을 대상으로 한 연구 결과, 당뇨 발병에 영향을 미칠 수 있는 여러 요인 가운데 흡연이 주요 요인으로 꼽힌다는 결과가 나왔다. 영국 옥스퍼드 대학교와 중국의과학원(Chinese Academy of Medical Sciences), 북경대학교 연구진은 비흡연자에 비해 흡연자는 당뇨 발병 위험이 15 ~ 30%가량 높다는 조사 결과를 '란셋 공중 보건(The Lancet Public Health)' 학술지에 발표했다.

세 기관의 연구진은 중국 전역 10개 지역(5개 도시와 5개 시골)의 성인 50만 명을 대상으로 흡연과 당뇨의 연관 관계를 분석했다. 대상 집단은 조사 시작 시점에는 당뇨병이 없었지만 9년의 관찰 기간 사이에 당뇨병이 발병한 사람들로, 이 기간 동안 모두 1만 3,500명의 조사 참여자가 2형 당뇨병(type 2 diabetes, 주로 소아에게 발병하는 1형과 달리 성인에게 발병하는 당뇨병) 증세를 보였다.

연구진은 나이, 사회경제적 여건, 음주, 운동, 비만 등의 요인이 조사 결과에 영향을 미치지 않도록 통제했다. 그 결과 한 번도 담배를 피우지 않았던 사람에 비해 꾸준히 흡연을 하는 사람의 경우 당뇨병 발병 위험이 15 ~ 30% 정도 높은 것으로 나타났다. 또한 담배를 더 일찍 시작하면 할수록 당뇨병 발병 위험이 뚜렷하게 높다는 결과가 나왔다.

A : 흡연이 당뇨병 발병의 주요 요인들 중 하나라고 하네.

B : 게다가 중국은 흡연 유행이 고착화되어 있어서 흡연이 당뇨에 미치는 영향이 더 심각할 것 같아.

C : 당뇨 환자를 줄이기 위한 국가적인 대책이 필요한 시점인데, 어떤 방법이 있을까?

D : (　　　　　　㉠　　　　　　)

① 우선적으로 시행할 수 있는 방법에는 금연 캠페인이나 담뱃값에 혐오 그림 삽입 등이 있어.

② 당뇨에 영향을 미치는 요인은 흡연 말고도 많기 때문에 금연이 근본적인 해결책은 아니야.

③ 국민들이 금연을 성공할 수 있도록 개별적인 차원에서 도와줘야 해.

④ 연령대가 어릴수록 위험한 만큼, 청소년들이 당 섭취를 줄일 수 있도록 과자류의 당 함량을 제한해야 해.

[25 ~ 26] 다음 제시 상황과 자료를 보고 이어지는 질문에 답하시오.

창고 관리를 맡고 있는 김민호 사원은 이번에 새로 도입한 품목번호 부여 기준을 학습하고 있다.

〈품목번호 부여 기준〉

창고에 들어온 물품은 아래의 기준에 따라 부여된 6자리 숫자 및 문자로 구성한다.

예 2519B－A는 클리어파일이며, 18년 2분기에 기획팀 신청으로 구매하였다.

2	5	1 8	B	－	A
대분류	소분류	구매연도	분기		신청부서

대분류	소분류	
1. 식료품	1. 곡류 2. 조미료 3. 신선식품	4. 가공식품 5. 음료수
2. 사무용품	1. 볼펜 2. 사인펜 3. 보드마카	4. 수정테이프 5. 클리어파일
3. 복사용품	1. A4용지 2. B4용지 3. 잉크젯프린터용 잉크	4. 레이저프린터용 토너 5. 스테이플러
4. 비상의약품	1. 종합감기약 2. 소화제 3. 진통제	4. 밴드류 5. 연고류

분기	A : 1분기(1 ~ 3월) B : 2분기(4 ~ 6월) C : 3분기(7 ~ 9월) D : 4분기(10 ~ 12월)

부서 코드	A : 기획팀 B : 구매팀 C : 경영혁신팀 D : R&D팀	E : 영업팀 F : 회계팀 G : 마케팅팀 H : 생산팀

25. 김민호 사원이 다음 가 ~ 라의 품목번호를 파악한 내용으로 알맞지 않은 것은?

가. 4319B-F	나. 2518B-B
다. 4218A-E	라. 1217C-C

① 가 - 진통제이며, 19년 2분기에 회계팀 신청으로 구매하였다.
② 나 - 클리어파일이며, 18년 2분기에 구매팀 신청으로 구매하였다.
③ 다 - 소화제이며, 18년 1분기에 영업팀 신청으로 구매하였다.
④ 라 - 조미료이며, 17년 3분기에 R&D팀 신청으로 구매하였다.

26. 김민호 사원은 영업팀 사원으로부터 다음과 같은 내용을 전달받았다. 해당 품목의 번호는?

> 제가 몸이 좋지 않아서 2020년 5월에 제 신청으로 구매하여 창고에 보관 중인 종합감기약을 지금 사용하고 싶습니다. 품목번호를 알면 간편하게 찾을 수 있다고 들었습니다. 해당 품목의 번호를 알고 싶습니다.

① 4120C-F
② 4220B-F
③ 4120D-E
④ 4120B-E

[27 ~ 29] 다음 제시 상황과 자료를 보고 이어지는 질문에 답하시오.

직원 T는 AKNS 모니터링 프로그램의 매뉴얼을 읽고 있다.

[0] 프로그램 설명

AKNS 모니터링 프로그램은 시스템 상태를 판별하여 적합한 프로토콜을 제공, 시스템을 관리/유지/보수하는 프로그램입니다.

[1] 디스플레이

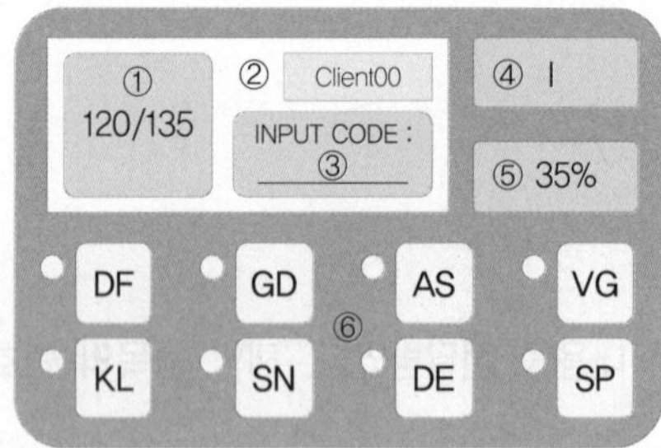

① 위험도(현재 위험도/기준치) : 시스템의 현재 위험도와 기준치를 표기합니다.

② 시스템정보(Server/Client) : 적용 중인 시스템 종류 및 식별번호를 표기합니다.

③ 프로토콜 코드 입력창 : 사용자가 코드를 입력해 프로토콜을 선택합니다.

④ 보안등급 (Ⅰ/Ⅱ/Ⅲ) : 현재 시스템의 보안등급을 표기합니다. 보안등급은 Ⅰ등급이 가장 안전한 등급입니다.

⑤ 부하율(%) : 시스템의 추가 작업(프로토콜 실행) 가능 한도를 결정하는 부하율을 표기합니다.

⑥ 프로토콜 현황 : 적용 가능한 프로토콜을 표기합니다.

[2] 시스템 분석 요소

AKNS 프로그램은 현재 시스템 정보, 위험도, 보안등급, 부하율을 바탕으로 시스템을 분석합니다.

2-1. 시스템 정보 : 시스템 종류 및 식별번호로 구성되며, 시스템 종류에는 서버(Server)와 클라이언트(Client)가 있습니다.
시스템 종류 및 식별번호는 프로토콜 선택에 영향을 끼치지 않습니다.

2-2. 위험도 : 현재 시스템의 불안정성을 평가합니다. 위험도의 기준치 초과여부는 프로토콜 선택에 영향을 끼칩니다.

2-3. 보안등급 : 현재 시스템의 보안등급을 평가합니다. 보안등급이 Ⅰ등급이 아닌 경우 무조건 VG 프로토콜을 선택해야 합니다.

2-4. 부하율 : 현재 시스템에서 선택 가능한 프로토콜의 종류를 선택합니다. 현재 시스템의 부하율과 프로토콜의 예상 부하율의 합은 100%를 넘을 수 없으며, 복수의 프로토콜이 선택 가능할 경우 예상 부하율이 가장 큰 프로토콜을 선택해야 합니다. 만약 선택 가능한 프로토콜 중 어떤 것을 실행하더라도 현재 시스템 부하율과 프로토콜의 예상 부하율의 합이 100%를 초과할 경우에는 시행을 보류하는 SP 프로토콜을 선택해야 합니다.

[3] 프로토콜 설명 및 코드 입력

AKNS 프로그램은 총 8가지의 프로토콜을 제공합니다. 프로토콜은 사용자가 시스템 분석 결과를 바탕으로 코드를 입력하여 작동하며, 에러 방지를 위해 한 번에 하나의 프로토콜만이 적용 가능합니다. 만약 프로토콜이 해당 시스템에 적합하지 않아 오류가 발생할 가능성이 있다고 판단되면 해당 프로토콜은 비활성화되며, 적용이 불가합니다. 활성화 여부는 프로토콜 왼쪽의 표시등을 통해 확인할 수 있으며, 만약 표시등이 흑색이라면 이는 해당 프로토콜이 비활성화되었음을 의미합니다. 단 비정상상황을 의미하는 VG 프로토콜과 SP 프로토콜은 항상 활성화되어 있어야 합니다. 프로토콜의 세부 정보는 다음과 같습니다.

종류	적용 기준	예상 부하율	입력 코드
DF	위험도 ≤ 기준치	15%	DF_시스템 정보
GD	위험도 ≤ 기준치	25%	GD_시스템 정보
AS	위험도 ≤ 기준치	35%	AS_시스템 정보
VG	보안등급이 I 등급이 아닌 경우	0% (최우선 사항으로 현재 작업을 중지하고 프로토콜을 시행합니다.)	VG_시스템 정보
KL	위험도 > 기준치	30%	KL_시스템 정보
SN	위험도 > 기준치	40%	SN_시스템 정보
DE	위험도 > 기준치	50%	DE_시스템 정보
SP	실행 가능한 프로토콜이 존재하지 않을 경우	0% (해당 프로토콜 가동 시 발생하는 부하는 무시가능한 수준입니다.)	SP_시스템 정보

[예시]

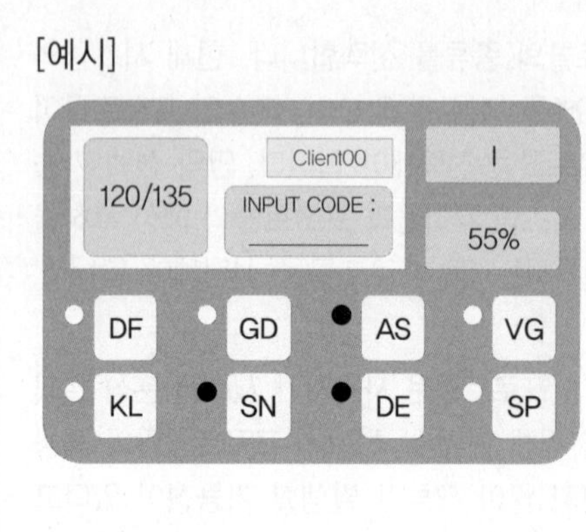

위험도(120) ≤ 기준치(135), 보안등급 Ⅰ, 부하율 55%

1. 보안등급이 Ⅰ이므로 VG 프로토콜은 제외된다.
2. 위험도가 기준치보다 낮으므로 DF, GD, AS 프로토콜 중 하나이다.
3. AS 프로토콜은 비활성화 상태이므로 DF, GD 프로토콜 중 하나이다.
4. 부하율이 55%이므로 여유 부하율은 45%이다. DF, GD 프로토콜의 예상 부하율은 각각 15%, 25%이므로 모든 프로토콜이 적용 가능하다. 이때 최대 예상 부하율을 가진 GD 프로토콜이 선택되어야 하므로, GD 프로토콜이 선택된다.
5. 따라서 입력 코드는 GD_Client01이다.

27. 다음 중 아래 디스플레이에 나타나는 정보에 근거하여 입력할 코드로 가장 적절한 것은?

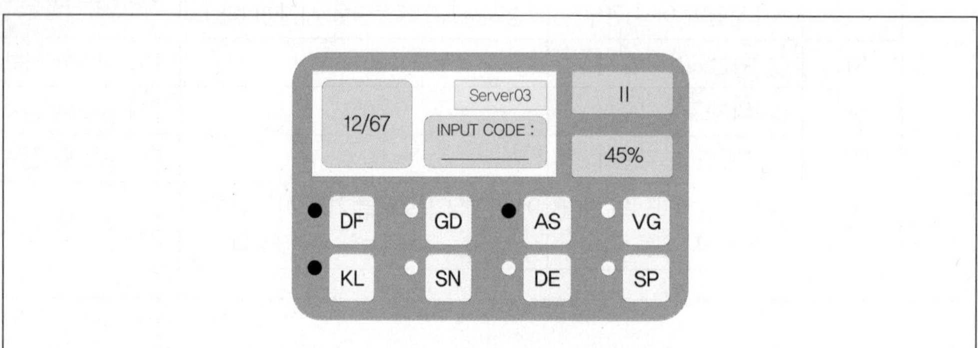

① DF_Server03
② GD_Server03
③ VG_Server03
④ SP_Server03

28. 다음 중 아래 디스플레이에 나타나는 정보에 근거하여 입력할 코드로 가장 적절한 것은?

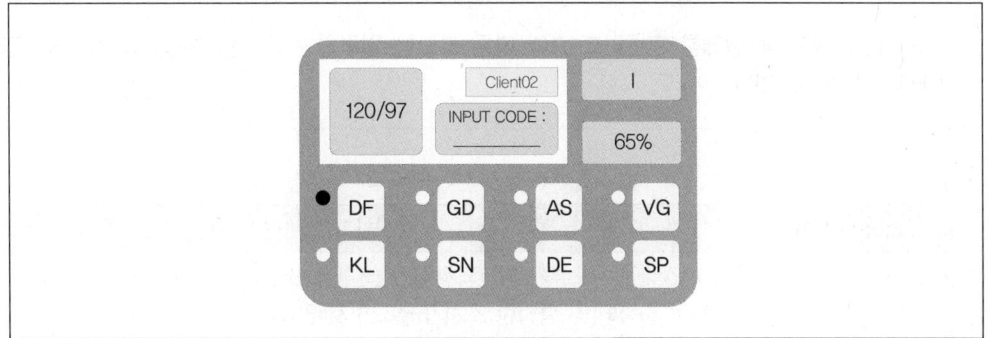

① GD_Client02
② KL_Client02
③ SN_Client02
④ DE_Client02

29. 프로그램 오류로 인해 아래 디스플레이에서 시스템 분석 요소 중 한 가지와 프로토콜 현황만이 올바르게 표기되고 있다. 동일한 상황에서 해당 프로그램이 정상 작동했을 때의 입력코드가 'SP_Client03'이라고 할 때, 다음 중 바르게 표기된 시스템 분석 요소는?

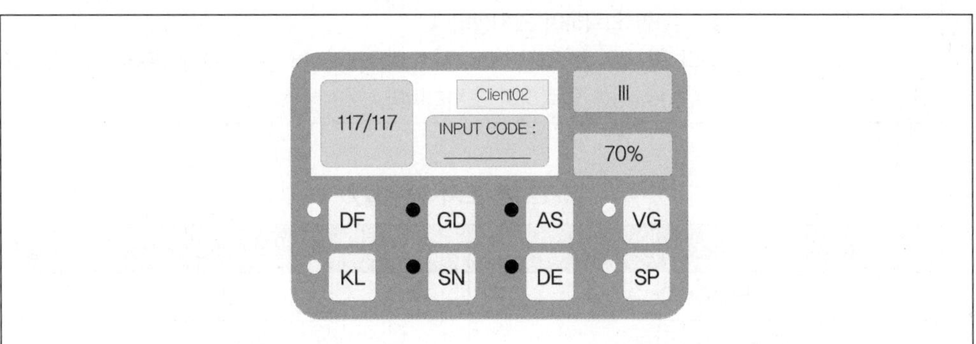

① 위험도
② 부하율
③ 보안등급
④ 시스템 정보

[30 ~ 31] 다음 제시 상황과 자료를 보고 이어지는 질문에 답하시오.

G 사원은 시스템 상태를 판독하고 그에 따른 코드를 입력하는 시스템 통합모니터링 및 관리 업무를 담당하고 있다.

〈Status code 매뉴얼〉

Status code	조치
101	해당 시간대에는 오류가 확인되지 않았습니다. Status code 아래에는 임의의 숫자들이 출력되며, 특별한 조치가 필요하지 않습니다.
201	Status code 아래의 숫자들의 합을 FEV로 하여 코드를 입력하여 조치합니다.
205	Status code 아래의 숫자들 중 가장 큰 숫자를 FEV로 하여 코드를 입력하여 조치합니다.
207	Status code 아래의 숫자들 중 가장 큰 수와 가장 작은 수의 합을 FEV로 하여 코드를 입력하여 조치합니다.
209	Status code 아래의 숫자들 중 가장 마지막 숫자를 FEV로 하여 조치합니다.
301	Status code 아래의 숫자들 중 홀수인 숫자의 합을 FEV로 하여 조치합니다.
302	Status code 아래의 숫자들 중 짝수인 숫자의 합을 FEV로 하여 조치합니다.
999	코드 입력 테스트용 Status code입니다. 아래의 숫자들 중 해당 Section 번호보다 더 큰 숫자가 존재한다면 입력코드로 Passed를 입력하여 조치합니다. 아래의 숫자들 중 해단 Section 번호보다 더 큰 숫자가 존재하지 않는다면 Nonpassed를 입력하여 조치합니다.

〈FEV별 조치 매뉴얼〉

FEV	입력코드
FEV < 0	Stable
0 ≤ FEV < 100	Sustain
100 ≤ FEV < 200	Response
200 ≤ FEV < 300	Alert
300 < FEV	Fatal

〈예시〉

System type A, Section 140
User code 3714323
Date 202X/03/26 16 : 55 : 20
Status code 201
001, 072, 063, 117
Input code or press enter to continue.
〉〉 ______

→ Status code가 201이므로 그 다음 줄의 숫자인 1, 72, 63, 117의 합인 253을 FEV로 한다. FEV가 200 이상 300 미만이므로 입력코드로 Alert를 입력합니다.

30. 다음 시스템 화면에서 G 사원이 입력해야 할 코드로 적절한 것은?

System type A, Section 75
User code 3714323
Date 202X/04/17 13 : 21 : 05
Status code 207
272, 104, 052, 074, 209, 108, 224, 099, 257, 118, 198, 155, 080
Input code or press enter to continue.
〉〉 ______

① Sustain
② Response
③ Alert
④ Fatal

31. G 사원이 시스템 화면을 보고 코드를 입력하려고 하였으나 모니터링 프로그램의 오류로 시스템 화면이 다음과 같이 일부 글자가 보이지 않게 되었다. 이때 G 사원이 입력해야 할 코드로 적절한 것은?

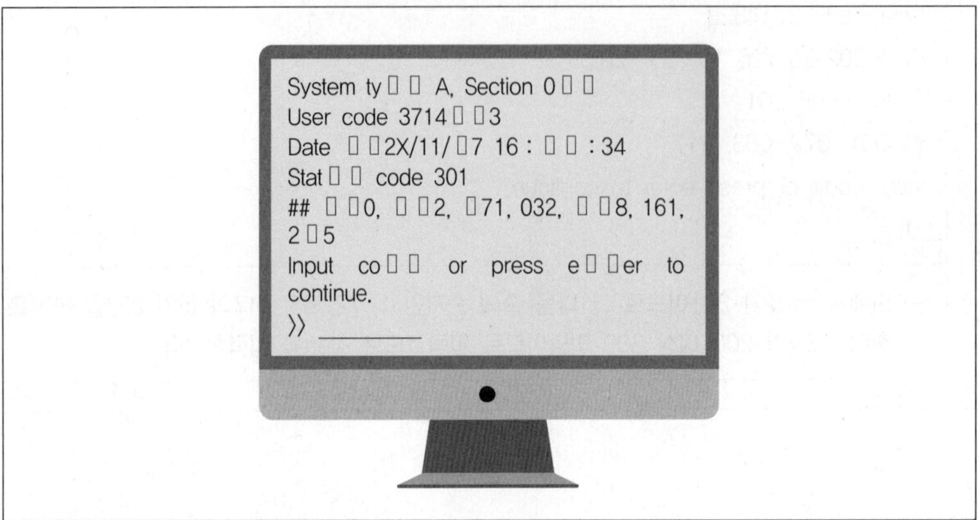

① Fatal
② Alert
③ Response
④ Sustain

[32 ~ 36] 다음 제시 상황과 자료를 보고 이어지는 질문에 답하시오.

○○공사에서 근무하는 B는 △△시설 개선 공모전 프로젝트를 보다 효율적으로 관리하기 위하여 다음과 같은 명령체계를 개발하였다.

〈명령어〉

명령어	해석
include " "	X 집합 내에서 " " 안의 단어가 포함된 항목만 선정
if ~, go to (i)	if 뒤의 조건을 만족하는 개체는 (i) 명령을 따름.
if not, go to (ii)	앞의 if 조건을 만족하지 못하는 개체는 (ii) 명령을 따름.
apply +	단어 뒤에 한 칸 띄우고 +@일 경우 '개선'을, +!일 경우 '공사'를 덧붙임.
sort (개체) into (소집합)	해당 개체를 소집합으로 분류
/enter/	명령어 간 구분
print	지정한 집합 내 항목들을 모두 출력. 단, print [ ]일 경우, [ ] 안의 단어를 그대로 출력

예시

X={소방시설, 계단 확충, 주차장, 계단 수리}
/enter/
if X=include "계단", go to (i)
if not, go to (ii)
/enter/
(i) sort (x apply +@) into (ZUOC1101)
/enter/
(ii) sort (x apply +!) into (ZUOC1102)
/enter/
print ZUOC1102

출력값

소방시설 공사, 주차장 공사

32. 다음 명령체계를 거쳐 최종적으로 출력되는 값은?

```
X={장애인배려석, 장애인전용 주차공간, 휠체어리프트 확충, 엘리베이터 수리}
/enter/
if X=include “장애인”, go to (ⅰ)
if not, go to (ⅱ)
/enter/
(ⅰ) sort (x apply +@) into (ANOP1001)
/enter/
(ⅱ) sort (x apply +!) into (ANOP2001)
/enter/
print ANOP1001
```

① 장애인배려석, 장애인 전용 주차공간
② 장애인배려석 공사, 장애인전용 주차공간 공사
③ 장애인배려석 개선, 장애인전용 주차공간 개선
④ 휠체어리프트 확충 금지, 엘리베이터 수리 공사

33. 다음 명령체계를 거쳐 최종적으로 출력되는 값은?

```
X={교통약자 배려공간, 교통시설 확충, 화장실 수리, 주차공간 확충}
/enter/
if X=include “교통시설”, go to (ⅰ)
if not, go to (ⅱ)
/enter/
(ⅰ) sort (x apply +!) into (SWYQ1011)
/enter/
(ⅱ) sort (x apply +@) into (SWYQ1021)
/enter/
print SWYQ1011
```

① 교통시설 확충
② 교통시설 확충 공사
③ 교통약자 배려공간 공사
④ 교통시설 확충 공사, 주차공간 확충 공사

34. 다음 명령체계를 거쳐 최종적으로 출력된 값이 다음과 같을 때, 최초의 집합 X에 포함될 수 없는 항목은?

```
if X=include "수리", go to (i)
if not, go to (ii)
/enter/
(i) sort (x apply +!) into (BGEP001)
/enter/
(ii) sort (x apply +@) into (BFEP002)
/enter/
print BGEP001
```

출력값

노후시설 수리 공사, 사무실 팻말 수리 공사, 화장실 세면대 수리 공사

① 노후시설 수리　　② 화장실 팻말 수리

③ 사무실 팻말 수리　　④ 화장실 세면대 수리

35. 다음 명령체계를 거쳐 최종적으로 출력되는 값은?

```
X={청소도구 교체, 청소업체 선정, 출입시스템 교체}
/enter/
if X=include "교체", go to (i)
if not, go to (ii)
/enter/
(i) sort (x apply +!) into (ZER11001)
/enter/
(ii) sort (x apply +@) into (ZER11002)
/enter/
print [ZER11001]
```

① ZER11001　　② 청소업체 선정 공사, 출입시스템 교체 공사

③ 청소도구 교체, 청소업체 선정　　④ 청소도구 교체 공사, 출입시스템 교체 공사

36. 다음 명령체계에서 (?) 안에 들어가야 할 단어로 가장 적절한 것은?

```
X={빔프로젝터 교체, 시설 내 층별 안내, 주차장 발급기계 교체, 출입증 발급기계 교체}
/enter/
if X=include "( ? )", go to ( i )
if not, go to (ii)
/enter/
( i ) sort (x apply +!) into (THGJ1001)
/enter/
(ii) sort (x apply +@) into (THGJ1002)
/enter/
print THGJ1002
```

출력값

빔프로젝터 교체 개선, 시설 내 층별 안내 개선

① 교체
② 시설
③ 기계
④ 안내

[37 ~ 38] 다음 각 상황을 읽고 이어지는 질문에 답하시오.

37. 경리과 현 차장은 매 분기마다 누적 사업비용을 통해 예상 연간 사업비용을 계산하여, 예상 연간 사업비용이 연초에 설정한 연간 예산을 초과할 것으로 판단되는 분기를 상부에 보고할 예정이다. 연초에 연간 예산을 700만 원으로 설정하였을 때, 1 ~ 4분기 중 예산을 초과한 분기는 총 몇 회인가?

구분	사업비용	예상 연간 사업비용 계산 방식
1분기	150만 원	$(\text{누적 사업비용}) \times \frac{\text{총 분기}}{\text{현재 분기}}$
2분기	210만 원	
3분기	170만 원	
4분기	160만 원	

※ 누적 사업비용=(해당 분기의 사업비용)+(전 분기들의 사업비용 합)
㉻ 3분기의 누적 사업비용은 1분기와 2분기의 사업비용 합과 3분기의 사업비용을 합한 값임.

① 0회
② 1회
③ 2회
④ 3회

38. 최 사원은 이번 사내 행운의 복권 행사에서 두 번의 복권 추첨 기회를 얻게 되었다. 당첨금 액수별 당첨권의 수가 다음과 같을 때, 최 사원의 당첨금 합계가 100만 원이 될 확률은? (단, 최 사원은 반드시 두 개의 복권을 뽑아야 하고, 첫 번째 복권을 뽑아 결과를 확인한 후에 다시 집어넣지 않고 두 번째 복권을 뽑으며, $\frac{7}{99}=0.07$, $\frac{95}{99}=0.95$으로 계산한다)

〈당첨금 액수별 발행 복권 매수〉

당첨금 액수	당첨권 수
200만 원	1장
100만 원	2장
50만 원	5장
0원	92장
계	100장

① 3.97%
② 15.72%
③ 17.92%
④ 20.72%

[39 ~ 40] 다음 제시 상황과 자료를 바탕으로 이어지는 질문에 답하시오.

○○회사 김 대리는 △△시 온라인쇼핑 음식서비스 이용인원에 대한 자료를 열람하고 있다.

〈2023년 1분기(1 ~ 3월) △△시 온라인쇼핑 음식서비스 이용인원〉

• 지역구별 이용인원

(단위 : 명)

구분		계	1월	2월	3월
지역구	합계(A ~ I구)	484,541	294,455	94,566	95,520
	A구	14,741	4,455	4,666	5,620
	B구	148,700	92,000	28,200	28,500
	C구	56,600	35,000	10,700	10,900
	D구	53,200	33,000	10,100	10,100
	E구	68,200	42,000	13,100	13,100
	F구	㉠	22,000	6,800	6,800
	G구	76,600	47,000	15,000	14,600
	H구	21,100	13,000	4,100	4,000
	I구	9,800	6,000	1,900	1,900

• A구 주요 동별 이용인원

(단위 : 명)

지역구	동	계	1월	2월	3월
A구	가동	2,790	800	890	1,100
	나동	1,340	420	420	500
	다동	2,266	680	706	880
	라동	1,647	507	540	600
	마동	㉡	400	470	500
	바동	707	217	220	270

39. 다음 중 김 대리가 위 자료를 이해한 내용으로 적절하지 않은 것은?

① 2023년 1분기에 이용인원이 지속적으로 감소한 지역구는 2개이다.
② A구의 가～바동 중 1월과 2월의 이용인원 상위 4개 동은 동일하다.
③ A구의 가～바동 중 1분기에 이용인원이 지속적으로 증가한 동은 5개이다.
④ 2023년 1분기 I구 이용인원은 해당 기간 전체 이용인원의 2% 이상을 차지한다.

40. 다음 중 ㉠, ㉡에 들어갈 값으로 올바른 것은?

	㉠	㉡
①	35,600	1,370
②	35,600	1,470
③	35,600	1,570
④	36,600	1,370

[41 ~ 42] 다음의 제시 상황과 자료를 보고 이어지는 질문에 답하시오.

○○공사 직원 D는 국내 대중교통 이용 현황 통계를 확인하고 있다.

〈5년간 대중교통 이용 현황 통계〉

• 대중교통 이용 비율

항목	연도	국내 전체		서울시	
		이용 비율(%)	전년 대비 증감(%p)	이용 비율(%)	전년 대비 증감(%p)
시내버스	20X1년	57.9	-1.0	25.6	-13.2
	20X2년	57.2	-0.7	32.9	7.3
	20X3년	57.3	0.1	33.3	0.4
	20X4년	68.2	10.9	32.7	-0.6
	20X5년	68.1	-0.1	32.1	-0.6
지하철	20X1년	42.1	1.0	74.4	13.2
	20X2년	42.8	0.7	67.1	-7.3
	20X3년	42.7	-0.1	66.7	-0.4
	20X4년	31.8	-10.9	67.3	0.6
	20X5년	31.9	0.1	67.9	0.6

• 1주간 평균 대중교통 이용 횟수 비율(%)

구분		20X1년	20X2년	20X3년	20X4년	20X5년
0-5회	국내 전체	34.2	33.2	33.9	40.2	29.6
	서울시	13.8	26.0	27.2	36.1	23.2
6-10회	국내 전체	37.9	38.3	37.7	40.1	38.2
	서울시	18.0	38.6	38.1	39.1	39.5
11-15회	국내 전체	16.0	16.2	16.1	12.5	23.4
	서울시	21.4	19.3	18.8	15.4	24.9
16-20회	국내 전체	5.7	6.0	5.9	4.3	6.3
	서울시	23.2	7.7	7.4	5.4	8.8
21회 이상	국내 전체	6.2	6.4	6.4	2.9	2.5
	서울시	23.6	8.4	8.5	4.0	3.6

※ 국내 전체 인구수 : 5,000만 명　　※ 서울시 인구수 : 1,000만 명

41. 다음 중 제시된 자료를 이해한 내용으로 적절한 것은?

① 국내 전체의 시내버스 이용 비율은 계속해서 증가하고 있다.

② 서울시의 20X0년 시내버스 이용 비율은 51.2%이다.

③ 국내 전체의 1주간 평균 대중교통 이용 횟수 비율은 6－10회가 0－5회보다 매년 높다.

④ 20X1 ~ 20X5년 동안 매년 서울시 지하철의 이용 비율이 시내버스의 이용 비율보다 높다

42. 직원 D는 제시된 자료를 바탕으로 그래프를 작성하였다. 다음 중 적절하지 않은 것은? (단, 서울시 인구 중 지하철을 이용하는 사람은 서울시 지하철만을 이용한다고 가정한다)

① 주 평균 대중교통 이용횟수 0 ~ 5회 인원수

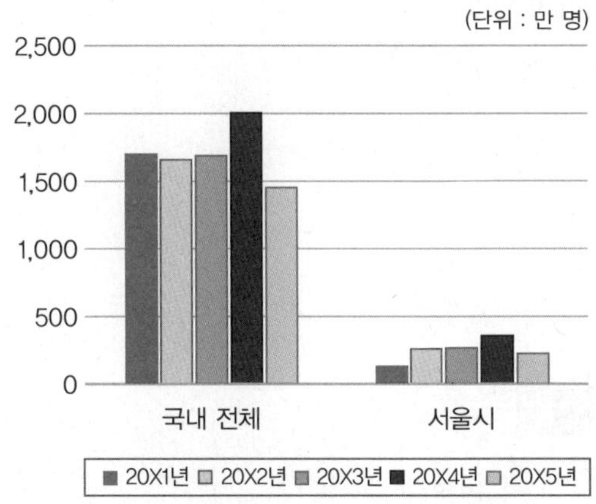

② 주 평균 대중교통 이용횟수 6 ~ 10회 인원수

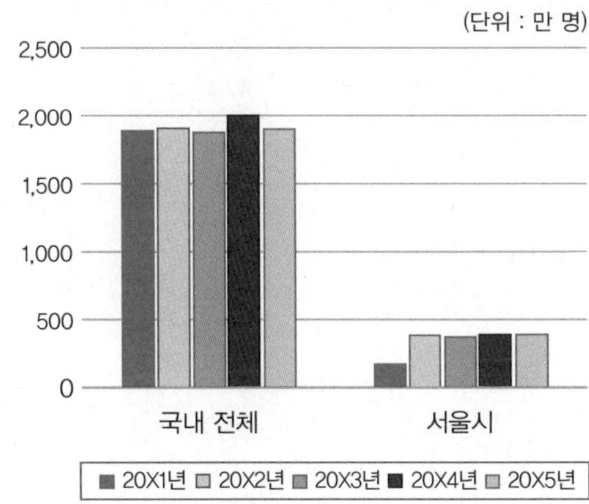

③ 주 평균 대중교통 이용횟수 11 ~ 15회 인원수

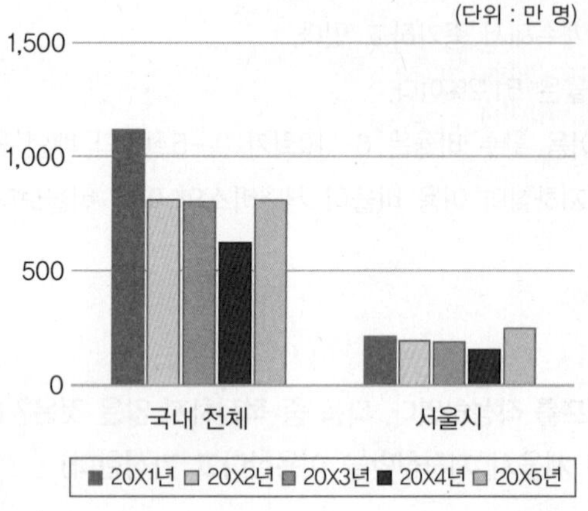

④ 주 평균 대중교통 이용횟수 16 ~ 20회 인원수

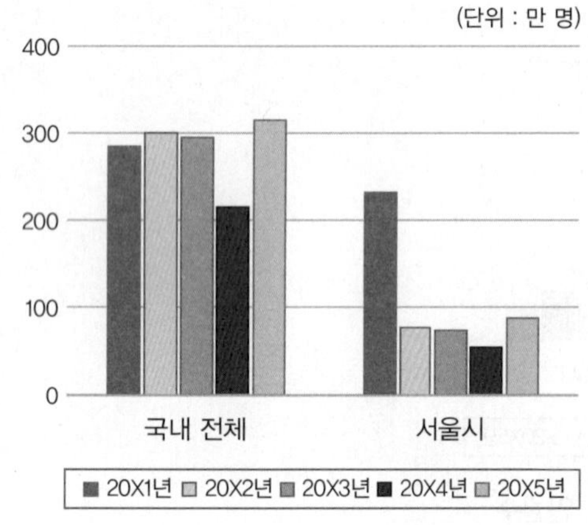

43. 다음은 연도별 신재생에너지 생산량에 대한 자료이다. 이를 참고하여 (가) ~ (마)에 들어갈 에너지원을 바르게 짝지은 것은?

〈연도별 신재생에너지 생산량〉

(단위 : TOE)

에너지원		20X1년	20X2년	20X3년	20X4년	20X5년
재생에너지	태양광	1,183,308	1,672,437	2,193,980	3,055,183	4,155,969
	(가)	355,340	462,162	525,188	570,816	671,072
	(나)	603,244	600,690	718,787	594,539	826,344
	(다)	2,765,453	3,598,782	4,442,376	4,162,427	3,899,174
	(라)	8,742,727	9,358,998	9,084,212	7,049,477	1,165,993
신에너지	(마)	241,616	313,303	376,304	487,184	750,848
	IGCC*	76,104	273,861	362,527	219,661	506,381

* IGCC(Integrated Gasification Combined Cycle) : 석탄가스화복합발전

- 수력을 이용한 에너지 생산량의 증감패턴은 '감소 - 증가 - 감소 - 증가'의 형태를 나타낸다.
- 재생에너지인 풍력의 전년 대비 생산량 증감패턴은 태양광과 동일한 형태를 나타낸다.
- 연료전지의 전년 대비 에너지 생산량 증감패턴도 태양광과 동일한 형태를 나타낸다.
- 폐기물을 이용한 에너지 생산량은 20X4년까지 가장 높은 비중을 차지하다가 20X5년에 급감하였다.
- 바이오에너지는 20X3년까지 증가하다가 20X3년 이후에 감소하였다.

	(가)	(나)	(다)	(라)	(마)
①	풍력	수력	폐기물	바이오	연료전지
②	풍력	수력	바이오	폐기물	연료전지
③	수력	폐기물	바이오	풍력	연료전지
④	수력	바이오	폐기물	연료전지	풍력

[44 ~ 45] 다음 제시 상황과 자료를 보고 이어지는 질문에 답하시오.

○○기관의 K 연구원은 해외 주요국과 한국의 전력 소비량을 비교하고 있다.

〈해외 주요국 전력 소비량〉

(단위 : TWh)

국가명 \ 조사 년도	1990년	2000년	2010년	2020년
중국	478	1,073	3,493	5,582
미국	2,634	3,500	3,788	3,738
인도	212	369	720	1,154
일본	771	969	1,022	964
독일	455	484	532	519
한국	94	240	434	508
브라질	211	321	438	499
프랑스	302	385	444	437
영국	274	329	329	301
이탈리아	215	273	299	292
…	…	…	…	…
전 세계 합계	9,702	12,698	17,887	

44. K 연구원은 위 자료를 토대로 전 세계와 한국의 전력 소비량의 증감률을 비교하고 있다. 다음 중 ㉠~㉣에 들어갈 값으로 적절한 것은? (단, 증감률은 소수점 둘째 자리에서 반올림한다)

〈전 세계 및 한국의 전력 소비량 증감률〉

(단위 : %)

구분 / 이전 조사 년도 대비 증감률	2000년	2010년
한국	㉠	㉡
전 세계 합계	㉢	㉣

① ㉠ 282　　② ㉡ 72.4

③ ㉢ 30.9　　④ ㉣ 25.2

45. 다음 중 K 연구원이 위 자료를 파악한 내용으로 적절하지 않은 것은?

① 제시된 국가들 중 1990년 전력 소비량이 가장 큰 국가는 같은 해 전 세계 합계 전력 소비량의 25% 이상을 소비했다.

② 제시된 국가들 중 1990년 대비 2000년 전력 소비량 증가값이 가장 큰 국가는 중국이다.

③ 제시된 국가들 중 2000년 대비 2010년 전력 소비량은 영국을 제외한 모든 국가에서 증가했다.

④ 제시된 국가들 중 2010년 대비 2020년 전력 소비량이 감소한 국가 수는 증가한 국가 수보다 많다.

46. 다음은 A 국의 농가수를 조사한 자료이다. 이에 대한 설명으로 옳지 않은 것은?

〈20X1년의 농가수 현황〉

구분	전체	전업	겸업	
			1종 겸업	2종 겸업
농가수(가구)	29,182	15,674	5,967	7,541

※ 전체 농가수=전업 농가수+겸업 농가수

※ 겸업 농가 중 1종 겸업은 농가 소득이 다른 소득보다 높은 가구, 2종 겸업은 농가 소득보다 다른 소득이 높은 가구를 의미한다.

〈현황별 농가수의 전년 대비 증감률〉

(단위 : %)

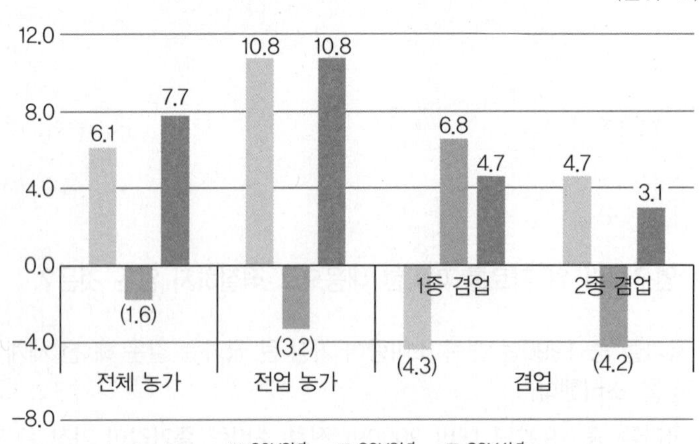

※ 증감률(%)은 소수점 이하 둘째 자리에서 반올림한다.

※ ( ) 안의 수치는 감소를 의미한다.

① 20X2년 전체 농가수 중 겸업 농가수의 비중은 47% 이하이다.

② 20X2년과 20X3년의 2종 겸업 농가수 차이는 310가구 이상이다.

③ 20X3년의 1종 겸업 농가수 대비 2종 겸업 농가수 비중은 120% 이상이다.

④ 1종 겸업 농가수가 가장 많았던 해의 전업 농가수는 18,200가구 이하이다.

[47 ~ 48] 다음의 제시 상황과 자료를 보고 이어지는 질문에 답하시오.

○○기업에 근무하는 S는 지역 내 신규 매장을 개설하고자 수익체계를 분석하고 있다.

〈매장별 수익체계〉

(단위 : 만 원)

구분	매장 A	매장 B	매장 C	매장 D
초기투자비용	7,600	7,200	7,600	7,000
월 비용	450	480	420	620
월 수익	700	1,080	980	1,160

※ 표에 나타난 월 수익 이외의 수익은 고려하지 않는다.

※ 월 비용 · 수익은 매월 운영되면서 발생하는 비용 · 수익이며, 초기투자비용은 매장 개점 직후 최초 1회만 발생하는 비용이다.

※ 순수익 =(전체 수익)−(전체 비용)

47. 매장 D를 개설한다고 할 때 개점 직후 1년간 발생하는 전체 비용은?

① 7,440만 원
② 8,220만 원
③ 13,240만 원
④ 14,440만 원

48. 매장 B를 개설한다고 할 때 개점 직후 2년간 발생하는 순수익은?

① 7,200만 원
② 8,000만 원
③ 8,800만 원
④ 9,200만 원

[49 ~ 51] 다음 제시 상황과 자료를 보고 이어지는 질문에 답하시오.

직원 Y는 공기압축기의 정기점검 목록에 대한 매뉴얼을 작성하고 있다.

〈공기압축기 점검 매뉴얼〉

점검대상	점검사항	점검시기								
		①	②	③	④	⑤	⑥	⑦	⑧	⑨
이상음/이상진동	유무확인		○							
오일	오일점검	○								
	오일교체					○				
자동 스위치	작동확인		○							
안전핀	작동확인						○			
공기누설	점검	○								
압력탱크	응축수 배출			○						
	점검							○		
	교체									○
흡입필터	청소				○					
	교체						○			
볼트/너트	결착점검					○				
흡입/배기밸브	청소					○				
	카본제거							○		
압력계	점검								○	

• 점검 시기

①	매일 가동 전	⑥	6개월 경과/1,200시간 사용 후
②	매일 가동 중	⑦	1년 경과/2,400시간 사용 후
③	매일 가동 후	⑧	2년 경과/4,800시간 사용 후
④	2주 경과/100시간 사용 후	⑨	5년 경과/12,000시간 사용 후
⑤	3개월 경과/600시간 사용 후		

• 점검해야 하는 시기 혹은 사용 시간이 도래한 경우, 그 날의 사용이 끝나고 그 날 관리하는 것을 원칙으로 한다(단, ①, ②는 제외한다).

• 점검 시행은 사용 날짜와 시간 중 확인 가능한 것을 기준으로 하는 것을 원칙으로 한다(단, 사용 날짜와 시간 모두 확인 가능한 경우 먼저 도래한 시점을 기준으로 관리한다).

※ 공기압축기는 매일 사용한다.

49. 다음 중 위 자료를 이해한 내용으로 적절하지 않은 것은? (단, 한 달은 30일, 4주로 계산한다)

① 흡입필터는 약 6회 청소 이후 교체해야 한다.

② 자동 스위치와 안전핀은 공기압축기에서 정상적으로 작동하는지 확인해야 한다.

③ 공기압축기를 하루 10시간씩 매일 사용 시 압력계는 16개월에 한 번 점검해야 한다.

④ 공기압축기는 매일 총 5가지의 항목을 관리해야 한다.

50. 다음 중 공기압축기를 새로 구매한 후 하루에 5시간씩 이용했을 때, 공기압축기를 총 1,200시간 이용한 시점에서 각 점검이 이루어진 횟수 합계가 적절하지 않은 것은? (단, 한 달은 30일이며 4주로, 1년은 12개월로 계산한다)

① 안전핀 작동확인 – 1회

② 압력탱크 응축수 배출 – 240회

③ 압력탱크 점검 – 0회

④ 흡입/배기밸브 청소 – 3회

51. 〈보기〉는 202X년 10월의 공기압축기 사용내역이다. 다음 중 10월 1일부터 10월 31일까지 진행해야 하는 점검 횟수를 모두 더한 값으로 가장 적절한 것은? (단, 사용 시기와 사용 시간 중에서는 사용 시간만 고려하며, 이전 달 사용내역은 고려하지 않는다)

보기

〈202X년 10월 공기압축기 사용내역〉

일	월	화	수	목	금	토
202X년 10월 동안 공기압축기 사용시간 : 292시간			1 17시간	2 5시간	3 12시간	4 5시간
5 6시간	6 15시간	7 9시간	8 10시간	9 7시간	10 4시간	11 10시간
12 11시간	13 8시간	14 11시간	15 11시간	16 6시간	17 10시간	18 18시간
19 5시간	20 7시간	21 2시간	22 13시간	23 23시간	24 8시간	25 3시간
26 14시간	27 6시간	28 9시간	29 6시간	30 10시간	31 11시간	

① 155회　　② 156회　　③ 157회　　④ 158회

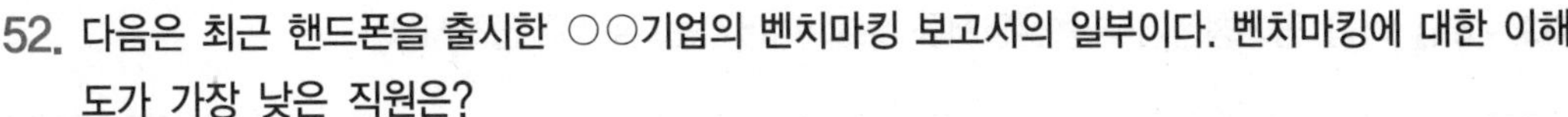

52. 다음은 최근 핸드폰을 출시한 ○○기업의 벤치마킹 보고서의 일부이다. 벤치마킹에 대한 이해도가 가장 낮은 직원은?

> **1. 목적**
>
> 최근 ○○기업이 출시한 '믿음 1500'의 판매 부진을 극복하기 위한 대안 모색
>
> **2. 개요**
>
> (1) 대상 : □□기업의 스마트 300
> (2) 기간 : 202X. 4. 1. ~ 202X. 7. 3.
> (3) 방법 : □□기업의 본사를 방문하여 수행
> (4) 참여자 : 甲 외 팀원 15명
>
> **3. 주요 내용**
>
> (중략)
>
> (5) 대상과의 비교

구분	믿음 1500	스마트 300	구분	믿음 1500	스마트 300
화면크기(in)	5.8	4.5	해상도	1280×720	1240×720
내장메모리(g)	16	16	무게(g)	138.5	145
카메라 화소(만)	800	800	색상	B/W, W, B	B/W
배터리용량(mA)	2,150	2,100	통신사	X, Y, Z	X, Y, Z
RAM(GB)	2	2	출고가	899,800원	966,900원
CPU(GHZ)	1.6쿼터	1.4쿼터			

> (6) 소비자의 선호 조사
> - 화면이 작고 핸드폰이 가벼울수록 소비자의 선호도가 높음.
> - 다양한 색상을 선호하는 경향이 있음.

① A : 벤치마킹은 '경쟁자에게서 배운다'라는 말을 실행 가능하도록 만들어 주는 경영 혁신 기법이야.

② B : 강물 등의 높낮이를 측정하기 위해 설치된 기준점인 벤치마크(Benchmark)가 어원이야.

③ C : 궁극적인 목적은 고객의 요구에 충족되는 최고 수준의 프로세스를 만들어 전략적 우위를 확보하는 것이지.

④ D : □□기업의 '스마트 300' 제품 자체에만 초점을 맞추고, □□기업의 인적자원과 정보 시스템 등은 고려할 필요가 없어.

[53 ~ 54] 다음 공기청정기 사용설명서를 읽고 이어지는 질문에 답하시오.

〈참고 사항〉

- 필터를 끼우지 않고 공기청정기를 사용하면 점점 효과가 떨어집니다.
- 구입 초기에는 약간의 새 필터 냄새가 날 수 있습니다. 하루 이상 사용하면 자연적으로 없어지니 안심하고 사용하세요.
- 가동 시 창문이나 문을 가급적 닫아 주세요. 단 오랜 시간 문을 닫고 사용할 경우, 이산화탄소 농도가 올라갈 수 있으니 주기적으로 환기를 하여 사용하세요. 필터에서 냄새가 날 경우에는 환기를 하며 사용하시면 냄새가 줄어듭니다.
- 일산화탄소(CO)는 필터로 제거할 수 없는 유해가스로, 주로 실외에서 유입됩니다.
- 필터는 사용하는 환경에 따라 청소 및 교체시기가 달라질 수 있습니다.

〈일체형 필터〉

- 일체형 필터의 사용 및 교체는 반드시 필터의 비닐을 제거하고 사용해 주세요. 일체형 필터가 장착되지 않은 상태에서 제품 작동 시 바람 소리가 크게 들릴 수 있습니다. 제품 사용 시 일체형 필터를 꼭 장착해 주세요.
- 공기청정기의 탈취 기능은 공기를 필터에 순환시켜야 효과가 발생하므로 과다한 냄새가 발생할 경우 환기를 하여 제거해 주시고, 환기 후 남은 냄새를 한 번 더 제거하는 부가기능으로 공기청정기를 사용하시면 공기청정기의 성능을 높게 유지할 수 있습니다.
- 심한 냄새가 나는 음식 조리 시 공기청정기를 사용하게 되면 숯 탈취 필터의 수명이 급격히 떨어지며, 심한 경우 숯 탈취 필터에 냄새가 배어서 이후 사용 시 오히려 냄새가 날 수 있습니다.
- 필터 교체 알림 표시는 제품 가동시간을 고려해 최대 사용가능기간에 따라 점등됩니다. 따라서 사용 환경에 따라 필터 교체주기가 달라질 수 있습니다.
- 일체형 필터는 물로 세척하지 마시고, 평소 제품 사용 시에도 물에 닿지 않도록 주의해 주세요.
- 일체형 필터 교체주기는 1일 24시간 사용할 경우, 6개월에서 최장 1년까지 사용하실 수 있습니다. 하루 중 사용시간이 짧으면 더 오래 사용 가능합니다. 수명의 차이는 공기오염도 차이 때문이며 먼지가 많을수록 필터에 먼지가 쌓이므로 필터 수명이 단축됩니다.
- 멀티세이버(대진장치)를 사용할 경우에는 최대 2배까지 수명이 연장될 수 있습니다.
- 스마트먼지 항균 필터는 공기 중의 미세한 먼지 및 담배 연기 입자 등을 제거해 주는 고성능 필터입니다.
- 숯 탈취 필터는 화장실, 음식 냄새 등 생활 중에 발생하는 냄새를 효과적으로 제거해 주는 고성능 필터입니다.
- 주변 냄새가 일체형 필터에 배어 공기청정기 가동 시 냄새가 날 경우, 일체형 필터의 교체시기가 된 것이니 필터를 새것으로 교체해 주십시오.
- 무상보증기간이어도 사용 중에 발생한 필터 교체는 유상청구됩니다.
- 교체용 필터는 가까운 서비스센터에서 구입할 수 있습니다.

이상 현상	조치 방법
이상 소음 발생	• 작동 중 제품을 옮길 경우 소리가 날 수 있으니 전원을 꺼 주세요. • '지지직' 등의 소음은 멀티세이버가 오염되면 발생할 수 있으니 멀티세이버를 세척해 주세요. • 멀티세이버 세척 후에도 소리가 난다면 이온이 발생하는 중에 나오는 소리로 정상소음입니다. 이온발생기능을 끄고 싶다면 '닥터운전' 버튼을 누르세요.
청정도 표시 이상 (빨간색 점등 지속)	• 청정도 표시가 계속 빨간색으로 되어 있는 경우 센서부를 확인하여 이물질을 제거하세요. • 겨울철 초기 가동 시 온도 차이에 의해 센서 내부에 이슬 맺힘 현상이 발생하여 일시적으로 먼지 농도를 99(최고치)로 인식하여 빨간색으로 점등될 수 있습니다. 이런 경우 1 ~ 2시간 정지시킨 후 사용하세요.
(초)미세먼지 농도가 '좋음(9)'에서 변화가 없음	밀폐된 공간에서는 좋음 단계 표시가 지속될 수 있으니 창문을 열어 공기를 환기시켜 주세요.
풍량 변화 없음	풍량을 자동으로 설정해 주세요. 풍량이 강풍 / 약풍 / 미풍으로 설정되었거나 취침운전이 작동 중인 경우 자동으로 바람 세기가 바뀌지 않습니다.

청소부분	주기	청소 방법
극세필터	2주	먼지가 심하면 청소기로 큰 먼지를 먼저 제거한 후, 중성세제를 첨가한 미온수로 가볍게 씻어주시되, 솔 등으로 세척하지 마세요.
멀티세이버 (대진장치)	1개월	• 중성세제를 첨가한 미온수에 30분간 담가 놓은 후 깨끗한 물로 헹궈 주세요. • 멀티세이버가 오염되면 성능이 저하되고 소음이 날 수 있습니다. ※ 참고 : 카펫을 사용하거나 반려동물이 있는 곳, 옷가게 등과 같이 먼지가 많이 발생하는 경우는 더 자주 세척하는 것이 좋습니다. ※ 주의 : 멀티세이버 뒷면이 날카로워 손이 베일 우려가 있으니 조심하세요.
센서부	수시	• 먼지 / 가스센서 : 청소기를 이용하여 센서 주변부를 청소해 주세요. • 필터센서 : 초기 사용 및 일체형 필터 교체 시 면봉 또는 천으로 닦아 주세요.

53. 다음 중 공기청정기에 대한 설명으로 옳지 않은 것은?

① 생활 중에 발생하는 냄새를 제거해 주는 필터는 숯 탈취 필터이다.

② 멀티세이버가 오염되면 성능이 저하되고 이상 소음이 발생할 수 있으므로 3개월에 한 번씩 세척해 주어야 한다.

③ 튀김 요리를 하는 경우, 요리를 끝내고 환기를 한 후에 공기청정기를 사용해 주어야 청정 효과를 높게 유지할 수 있다.

④ 주변 냄새가 일체형 필터에 배어 공기청정기 가동 시 냄새가 날 경우에는 필터를 새것으로 교체해야 한다.

54. 다음 〈보기〉 중 공기청정기에 대한 설명으로 옳은 것을 모두 고르면?

보기

㉠ 기기에서 비정상적인 소리가 발생하여 멀티세이버를 세척하였는데도 소리가 그치지 않으면 서비스센터에 연락하여야 한다.

㉡ 일체형 필터를 물로 세척하면 안 되며, 제품 사용 중에도 물에 닿지 않도록 주의해야 한다.

㉢ 일산화탄소(CO)는 필터로 제거할 수 없는 유해가스로, 주로 실외에서 유입된다.

㉣ 먼지 및 가스센서는 청소기를 이용하여 3개월에 한 번씩 청소해 주어야 한다.

① ㉠, ㉡ ② ㉠, ㉢

③ ㉡, ㉢ ④ ㉢, ㉣

[55 ~ 56] 다음 제시 상황과 자료를 보고 이어지는 질문에 답하시오.

○○업체의 안전관리팀에 입사한 J는 아래 안전수칙을 보고 있다.

제1조(작업의 최소 인원 수) 모든 작업은 동 수칙이 달리 정하지 않는 한 최소 2인 이상이 행하여야 한다.

제2조(작업 시 보고의무) 작업 전 작업의 장소, 일시, 필요 인원 수, 작업 장비 등 기타 작업에 필요한 사항은 유지보수팀장에게 보고하여야 한다.

제3조(교육) 유지보수팀장은 매월 1일에 안전 지식 및 작업에 관한 교육을 실시하여야 한다.

제4조(안전 계획 수립 등) ① 경영자는 사업장의 안전 목표를 설정하고, 안전 관리 책임자를 선정한다.

② 안전 관리 책임자는 유지보수팀장으로 한다.

③ 유지보수팀장은 안전 계획을 매년 수립하고, 이를 시행 · 후원 · 감독함에 있어 구체적 사항은 별표2에 의한다.

(중략)

제12조(장비의 점검 등) ① 유지보수팀의 직원은 작업 전 작업도구 및 안전 장비를 점검하여야 한다.

② 유지보수팀장은 매주 금요일 작업도구 및 안전 장비의 이상 유무를 확인하고 장비관리서류에 기록하여야 한다.

③ 작업도구 및 안전 장비에 이상이 있는 경우 타 부서에 협조하여 작업도구 및 안전 장비를 수선 또는 교체하여야 한다.

제13조(전봇대의 전기 설비 교체 등) ① 전봇대의 전기 설비를 교체하는 경우, 고소작업차에 의해 행하여야 한다. 다만 작업 장소 등 부득이한 사정이 있는 경우 그러하지 아니한다.

② 고소작업차를 사용하지 않는 경우 작업 인원은 최소 3인 이상이 하여야 하며 유지보수팀장의 허가가 있어야 한다.

(중략)

제23조(사고 시 조치) ① 작업 시 인적 손해가 발생하지 않도록 노력하여야 하며, 인적 손해가 발생한 경우 즉시 119에 구조조치를 하는 등 필요한 조치를 다하여야 한다.

② ①의 조치를 다한 후 사고발생 인근의 직원은 유지보수팀장에게 지체 없이 이를 보고한다.

③ 사건사고 보고서는 사고발생 인근 직원이 작성한다.

④ 사건사고 보고서의 작성 및 보고 시기는 사고 발생 당일로 한다. 다만 18시부터 9시까지의 사고는 익일 작성 및 보고하며, 공휴일에 발생한 사고는 처음 도래하는 영업일에 작성 및 보고한다.

제24조(사고발생 시 조사) ① 사고에 대한 자체 조사는 부사장 및 사장이 임명한 조사위원이 행하되, 경찰, 보험회사 등에 최대한 협력한다.

② 조사인원은 다음의 각호 행위를 할 수 있다.

1. 안전 점검 / 2. 현장 분석 / 3. 작업자의 제안 및 여론 조사 / 4. 사고 조사 / 5. 관찰 및 보고서 연구 / 6. 면담

제25조(사고 원인 등) ① 부사장은 조사위원이 조사한 사실을 통해 재해의 발생 장소, 재해 형태, 재해 정도, 관련 인원, 유지보수팀장의 감독의 적정성, 공구 및 장비의 상태 등 사고 발생 원인을 분석한다.
② 제1항의 사실을 토대로 부사장은 안전에 저해된 사실을 제거하기 위해 적절한 인사교체 및 교육 훈련의 방법 등을 A 기업의 이사회에 건의하여야 한다.
③ A 기업의 이사회는 제2항의 건의가 있는 경우 이를 검토하여 가부여부를 결정하며, 관련 조항의 개정을 위해 주주총회를 소집하여야 한다.

55. **다음은 J가 동료들과 나눈 대화에 일부이다. 〈사건사고 보고서〉와 안전수칙을 바탕으로 대화 내용을 판단할 때, 옳은 말을 하는 사람을 모두 고르면? (단, 아래 보고서는 산업재해를 전제로 하며 그 내용에 거짓이 없고 각 일자에는 공휴일이 없다)**

〈사건사고 보고서〉

사고 종류	작업 중 낙상사고
사고자	근무자 최○○ 대리
사고 경위	유지보수팀의 전기공 최 씨는 전기 설비 교체 작업에 관한 업무를 담당하고 있었습니다. 또한 최 씨는 해당 분야에 숙련된 기술을 가지고 있었습니다. 사고 당일(목요일) 전봇대의 변압기 등 전기 설비를 교체하는 일을 하기 위해 최 씨와 동료 이 씨가 현장에 17시 40분에 도착했습니다. 작업 현장은 벽이 있어 고소작업차로 작업을 할 수 없는 지역이었습니다. 단전작업을 마무리한 후 최 씨는 전봇대 표면의 핀 볼트를 딛고 높이 8m 가량 올라갔고, 자신이 착용하고 있는 안전대에서 안전로프를 찾아 손에 쥐었습니다. 그러나 체결 부위에 이상이 있는 것을 발견하였습니다. 이에 최 씨는 전봇대 밑에 대기하던 이 씨에게 그 내용을 말하였으나 전봇대를 여러 번 오르내리기가 번거롭다고 말하고 난 뒤 최 씨는 그대로 작업을 하였습니다. 그러나 작업 시작 30분 후 퓨즈 교체 작업을 하던 중 균형을 잃고 떨어져 사망하는 사고가 일어났습니다.
사고조치 및 경과	사고 발생 후 곧바로 동료 이 씨가 119에 연락을 하였고 병원으로 후송되던 중 최 씨가 사망하였습니다.
팀장 및 사장의 의견	팀장의 의견 : 사고전봇대 전기 설비 공사 전 보고를 받고 최 씨와 이 씨를 현장에 파견하였으며, 전 주에 작업도구와 안전도구의 안전성을 확인하고 이상 없음을 장부에 작성하였습니다. 또한 매일 안전 교육 등을 철저하게 실시하였고, 최 씨도 안전 수칙을 충분히 숙지하고 있었습니다. 또한 작업 방법의 교육, 훈련 등도 충분히 시행하였습니다.
사건사고에 대하여 위와 같이 보고합니다. 작성일 : 202X년 9월 27일 금요일 보고자 : 이○○	

A : 202X년 9월 27일에 발생한 최 대리의 사건은 우리 회사가 아직 산업 재해의 예방에 미흡한 부분이 있다는 것을 보여주는 사례야.
B : 유지보수팀장의 작업 전 작업도구 및 안전장비의 점검에도 문제가 있었다고 생각해.
C : 안전 로프가 불안전한 상태임을 알면서 최 대리의 작업 진행을 막지 않은 이○○의 불안전한 행동이 이번 사고의 원인이 된 것도 있지.
D : 유지보수팀장은 202X년 9월 20일에 안전로프를 점검했을 텐데…. 이런 일이 발생하다니.
J : 이번 사고로 최 대리 가족은 생계에 대한 막대한 손실을 입게 되었고, A 기업도 유능한 최 대리를 잃었어…. 제발 이번 재해로 다른 근로자의 근로 의욕이 침체되지 않았으면 좋겠어.

① A, B, C, D ② B, C, D, J
③ B, C, J ④ A, B, C

56. 다음 중 안전관리조직 및 분석평가와 가장 밀접한 관련이 있는 ○○업체의 안전 수칙 규정은?

〈산업 재해의 예방 대책 5단계〉

5단계	시정책의 적용
4단계	시정책의 선정
3단계	분석평가
2단계	사실의 발견
1단계	안전관리조직

	안전관리조직	분석평가
①	제3조	제23조
②	제4조	제25조 제1항
③	제4조	제25조 제2항
④	제23조	제4조

[57 ~ 58] 다음 제시 상황과 자료를 보고 이어지는 질문에 답하시오.

K는 이러닝을 수강하기 위해 매뉴얼을 보고 있다.

〈이러닝 수강절차 매뉴얼〉

1. 회원가입
   1 ○○교육원 홈페이지(https : //*****.go.kr) 접속 후, 메인 화면 상단 회원가입 버튼 선택
   2 회원유형(공무원, 일반인, 어린이/청소년, 외국인 중 택일)을 선택
   3 약관 동의 후, 2가지 본인인증 방식 중 하나를 선택해 본인인증 진행
   4 양식에 맞춰 회원정보 입력 후 확인 버튼 클릭

2. 수강신청 및 개인정보확인
   1 교육안내/신청 > 이러닝 > 교육과정/신청 메뉴에서 신청하고자 하는 과정의 수강신청 버튼 클릭
   2 과정 개요 및 개인정보 확인 후 수강신청 버튼 클릭
   3 개인정보 수정이 필요할 경우, 개인정보수정 버튼을 클릭해 수정 후, 수강신청 진행
   ※ 수강신청 가능한 과정 수 및 수강인원에 제한 없음
   ※ 수강취소는 마이페이지 > 수강신청확인/취소 메뉴에서 가능

3. 학습하기(PC에서 학습)
   1 마이페이지 > 진행중인과정 메뉴에서 학습하고자 하는 과정의 내 학습방 버튼을 클릭해 학습방 입장
   ※ 학습진도율 확인 : 콘텐츠를 끝까지 재생할 경우 학습하기에서 복습하기로 상태 버튼 변경 및 진도율 반영
   ※ 익스플로러 11버전 이상 또는 크롬으로 학습 권장

4. 설문 참여 및 수료증 출력
   1 설문 항목의 참여하기 > 설문시작 버튼을 클릭해 설문 응답
   2 마이페이지 > 나의 학습공간 > 학습종료과정에서 수료현황 확인 및 수료증 출력 가능
   ※ 설문 미응답 시 수료증 출력 불가
   ※ 수료조건 충족일 다음 날 자동 수료처리
   ※ 과정 수료 후 1년간 복습 가능

57. 제시된 문서에 대한 설명으로 옳지 않은 것은?

① 학습이 종료되었는데 수료증이 출력되지 않는다면 설문을 완료하였는지 확인한다.
② 각 교육과정의 수강인원은 제한 없이 몇 명이든 신청이 가능하다.
③ '2.'는 회원 가입을 위한 개인정보 입력과 관련한 절차이다.
④ 진행 방식이나 절차와 규칙 등을 여러 사람이 보고 따라할 수 있도록 표준화하여 설명한 지침서이다.

58. K가 수강하려 하는 것과 같은 기술교육방법에 대한 설명으로 옳지 않은 것은?

① 학습 시간과 학습 공간이 독립적이다.
② 개개인의 요구에 맞게 개별화 · 맞춤화 교육이 가능하다.
③ 상호간 접촉의 기회가 늘어나 정서적 교감이 가능하다.
④ 동영상, 사진 등 멀티미디어를 이용한 교육이 가능하다.

[59 ~ 60] 다음 제시 상황과 글을 읽고 이어지는 질문에 답하시오.

광고회사에 다니는 김 사원은 회의를 준비하고 있다.

김 사원은 회의 문서를 회의 참석자 수만큼 A4 사이즈로 복사하여 미리 테이블에 배치하고 포스터는 A1 사이즈로 출력해 보드에 붙여 두었다. 이처럼 전 세계에서 하루에 몇 만장씩 사용되는 A4 용지의 사이즈는 210x297mm이다. 이는 가로와 세로 길이의 비를 1대 1.414에 맞춰 종이를 반으로 자르면 항상 같은 비율이 나오도록 고안한 것이다. 예를 들면 A열의 복사용지 중 가장 큰 A0를 반으로 자르면 A10이 되고, A1을 또 반으로 자르면 A2가 된다.

〈A열 복사용지 사이즈〉

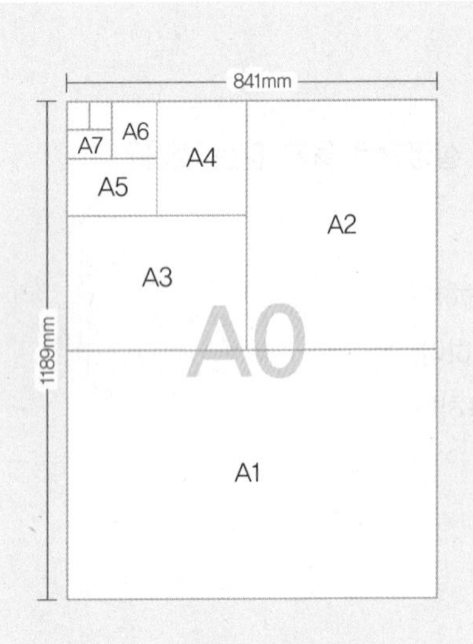

A0	841x1189mm
A1	594x841mm
A2	420x594mm
A3	297x420mm
A4	210x297mm
A5	148x210mm
A6	105x148mm

복사용지는 독일의 물리화학자 프리드리히 빌헬름 오스트발트가 1909년 제안한 A, B열의 종이 사이즈에서 출발한다. 이는 1922년 독일 공업규격 위원회(Deutsche Industrie Normen)에서 표준 기준으로 채택되었고 지금은 국제표준규격(ISO)에서 표준 기준으로 사용하고 있다. 우리나라도 대통령령인 〈행정 효율과 협업 촉진에 관한 규정〉 제7조 제6항에 따라 정부 공문서의 표준 규격을 A4용지로 정하고 있다.

59. 윗글을 참고할 때, 표준이 기술에 필요한 이유로 적절하지 않은 것은?

① 기술에 중복 투자하게 하여 연구 개발 비용이 증가하고 대량 생산이 가능해져 제조업체 간의 단위 생산 및 거래 비용이 늘어난다.

② 제품이나 서비스가 시장에 진출했을 때 혹은 다른 나라에 진출했을 때 진입 장벽이 낮아진다.

③ 생산 제품의 품질 관리 및 서비스의 성능을 측정할 수 있는 기준으로 활용이 가능하다.

④ 통일되고 검증된 정보를 제공하여 소비자의 탐색과 측정 비용을 줄이고 제품의 이용 편의성을 높인다.

60. 윗글을 참고할 때, 표준 제정 시의 기본 원칙으로 적절하지 않은 것은?

① 경제적 요인을 반영한다.

② 자발적 합의에 기초한다.

③ 공공의 이익을 반영한다.

④ 비공개의 원칙을 준수한다.

고시넷 매일경제 NCS

영역별 출제비중

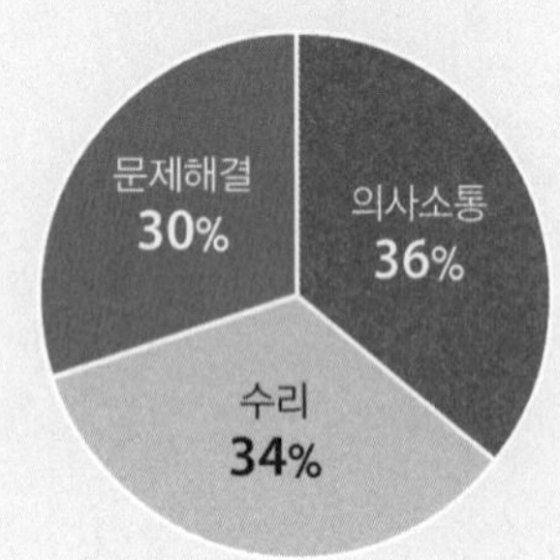

- ▶ 알맞은 접속어를 찾는 문제
- ▶ 자료를 도식화하는 문제
- ▶ 생산량을 계산하는 문제
- ▶ 그래프를 작성하는 문제
- ▶ 최소 거리를 산출하는 문제
- ▶ 업무 일정을 파악하는 문제

매일경제형 의사소통능력에서는 글의 흐름에 따라 알맞은 문장이나 접속어를 넣는 문제, 자료를 도식화하는 문제, 공고문의 이해 여부를 묻는 문제, 글을 바탕으로 대화를 나누는 문제 등이 출제되었다. 수리능력에서는 자료의 수치를 분석하는 문제, 생산량이나 열에너지의 양을 계산하는 문제, 일률을 계산하는 문제, 올바른 그래프를 작성하는 문제 등이 출제되었다. 문제해결능력에서는 조건을 바탕으로 업체를 선정하는 문제, 자료의 내용을 사례에 적용하는 문제, 총 예산을 산출하는 문제 등이 출제되었다.

매일경제

3회 출제유형모의고사

영역	총 문항 수
의사소통능력	50문항
수리능력	
문제해결능력	

NCS란? 산업 현장에서 직무를 수행하기 위해 요구되는 각종 지식, 기술, 태도 등의 내용을 국가가 체계화한 것을 의미한다.

직업기초 3회

기출예상문제

문항수 | 50문항

▶ 정답과 해설 25쪽

[01 ~ 02] 다음 제시된 상황과 자료를 보고 이어지는 질문에 답하시오.

A 발전에서 근무하는 박 사원은 초전도 송전에 관한 보도자료를 열람하고 있다.

어떤 물체가 움직이면 그 이동을 방해하는 저항이 생긴다. (　　㉠　　) 도로에서 자동차가 주행할 때 공기저항이 발생하여 자동차의 속도가 느려지는 것을 들 수 있다. 전기도 마찬가지다. 발전소에서 생산된 전기를 각 가정과 일터로 보내는 과정에서 전기저항이 생기고, 전력손실이 발생한다. 다시 말하자면, 전기저항을 없애면 없앨수록 더 많은 전력을 더 효율적으로 전달할 수 있다는 것이다. 그렇다면 전기저항을 '0'에 가깝게 만드는 것이 가능할까? 그 방법이 바로 초전도를 활용하는 것이다. 초전도란 무엇일까?

초전도는 영하 100℃ 이하의 매우 낮은 온도에서 전기저항이 0에 가까워지는 현상이다. 일반적으로 자기부상열차, 병원 MRI, 입자가속기 등에 활용되는데, 기술 장벽이 높아 2000년까지만 해도 몇몇 선진국에서만 연구가 이뤄졌다. A 발전은 2001년 당시 △△부가 주관한 DAPAS(차세대 초전도 응용기술개발) 프로젝트를 통해 초전도 송전 연구에 돌입했다. (　　㉡　　) 지난 2004년, 교류 23kV 초전도 케이블을 세계에서 4번째로 개발하는 데 성공했다. 2011년에는 변전소에서 23kV 초전도 케이블 실증사업을 완료했으며, 2016년 세계 최초로 154kV 초전도 케이블 실증사업도 무사히 마쳤다. (　　㉢　　) 우리나라는 미국과 일본을 제치고 초전도 송전 기술력 세계 1위의 자리에 올랐다. A 발전은 이 상태에서 한발 더 나아가, 2019년 11월 또다시 세계 최초로 초전도 송전 상용화에도 성공했다. B 변전소와 C 변전소를 잇는 약 1km 구간에 초전도 케이블을 활용한 송전 기술을 성공적으로 적용한 것이다.

현재 A 발전에서 상용화에 성공한 초전도 송전의 핵심은 초전도 케이블이다. 초전도 케이블은 초전도 현상을 일으키는 물질로 만들어져 전력을 전달하는 전선과 전선의 외부를 감싸서 온도를 극저온으로 유지하도록 돕는 냉매제로 이뤄져 있다. A 발전에서 개발한 초전도 케이블은 영하 196℃의 액체질소를 냉매제로 활용할 수 있도록, 영하 200℃에서 초전도 현상이 나타나는 물질을 개발해 전선의 재료(선재)로 쓰고 있다.

초전도 케이블을 활용하면 일반 케이블 대비 전력손실을 10분의 1 이하로 줄일 수 있고, 송전용량은 5배 이상 높일 수 있다. 기존의 전력 케이블은 전력손실 때문에 765kV 또는 345kV의 고전압을 사용한다. (　　㉣　　) 초전도 케이블은 전력손실이 거의 없고 대용량 송전이 가능하므로 154kV 또는 23kV로 사용이 가능하다. 덕분에 고전압 송전을 위한 대규모의 송전 설비를 설치할 필요가 없어졌으며 케이블 설치 공간도 대폭 감소되었다. (　　㉤　　) 일상 속 전기 의존도가 점점 더 높아지고 있는 상황에서, 늘어나는 전력 수요에 대응하기에도 좋다.

01. 다음 중 위 보도자료를 이해한 내용으로 적절하지 않은 것은?

① 초전도는 병원 MRI, 자기부상열차, 입자가속기 등에 활용된다.
② 우리나라는 전 세계 최초로 초전도 송전의 상용화에 성공한 국가이다.
③ 기존의 전력 케이블은 송전을 위해 대규모의 송전 설비를 설치해야 할 필요가 있었다.
④ A 발전은 연구에 돌입한 지 약 5년 만에 교류 23kV 초전도 케이블 발명에 성공하였다.
⑤ A 발전은 전선의 온도를 극저온으로 유지하기 위한 물질로 액체질소를 사용한다.

02. 다음 중 위 보도자료의 빈칸 ㉠ ~ ㉤에 들어갈 말로 적절하지 않은 것은?

① ㉠ 이에 더하여 ② ㉡ 더불어 ③ ㉢ 이를 기점으로
④ ㉣ 하지만 ⑤ ㉤ 또한

[03 ~ 04] 다음의 제시 상황을 보고 이어지는 질문에 답하시오.

□□진흥원에서 근무하는 사원 A는 □□시민참여혁신단 공개모집 요강을 검토하고 있다.

• 추진 목적
 – 정부부처의 공공기관 대상 자율적 혁신 요구에 따라 수립한 '□□혁신계획'의 검토 · 자문 등 외부 참여채널을 위해 2X18년부터 운영 중
 – 올해는 기관 경영 · 사업의 혁신 전반에 국민이 참여하는 시민참여혁신단 운영 3년 차로, 국민이 체감하는 혁신의 가시적 성과 도출 등을 위해 참여 · 소통 기회 확대 추진

• 추진 내용
 – 시민참여혁신단 구성 : 위원장 1인 포함 20인 내외
 – 임기 : 임명일 ~ 2X21년 12월
 – 모집 : 기관 홈페이지 등 홍보를 통한 공개 모집(9명, 개인 또는 대학동아리 등 그룹)
  ※ 지역사회 전문가와 유관기관 및 연구진은 혁신활동의 연속성 확보를 위해 지정 · 위촉
 – 선정 · 위촉 : 모집 시 지원양식에 제출한 지원 동기, 활동 계획 등을 기반으로 내부 심사 후 선정

• 활동 계획
 – 기관 경영계획 참여 : 혁신 후보과제 및 혁신계획, 중장기 경영목표 등 기관 경영계획 검토 · 자문, 국민 체감형 중점과제 선정 · 추진, 기관 혁신 아이디어 상시 제안
 – 국민이 체감하는 R&D 성과 제고 : R&D 성과 발표회, 기술인증센터 설명회, 우수성과 현장 방문, 시연회 등 기관 내 · 외부 행사 참여
 – 사회적 가치 구현 : 지역행사 참여, 사회공헌 활동 등 사회적 가치 구현을 위한 협력 프로그램 발굴 및 추진
 – 시민참여혁신단 활동계획 실행 : 기관 및 우수성과 홍보, 사회적 가치 구현 프로그램 추진 등 제안한 활동계획 실행

• 운영 방안
 – 활동 : 분기별 시민참여혁신단 전체 운영회의, 혁신아이디어 공모전 평가 등 자문, 혁신 아이디어 상시 제안
  ※ 학생 등 시민, 지역사회전문가 2개 분과로 구성하여 활동 다양화 추진 예정
 – 혜택 : 시민참여혁신단 위촉장 수여, 시민참여혁신 활동비 지급

03. 다음 중 윗글을 이해한 내용으로 적절하지 않은 것은?

① 시민참여혁신단의 구성원은 위원장 1인 포함 20인 내외이며, 임기는 2년이 채 되지 않는다.

② □□시민참여혁신단은 정부부처의 공공기관 대상 자율적 혁신 요구에 따라 수립되었으며 2X18년부터 운영 중이다.

③ R&D 성과 발표회 등 기관 내 · 외부 행사에 참여함으로써 기관의 R&D 성과를 제고할 수 있다.

④ 학생, 시민 대표, 지역사회전문가의 3개 분과로 구성하여 활동을 다양화할 예정이다.

⑤ 그룹으로도 지원할 수 있으며 총 9명을 모집한다.

04. 다음은 사원 A가 □□시민참여혁신단에 참여하려는 지원자의 문의 전화를 받은 상황이다. 다음 중 대화의 흐름상 빈칸 ⓐ에 들어갈 말로 적절하지 않은 것은?

> 지원자 : □□시민참여혁신단 참여와 관련해서 문의 드릴 사항이 있는데요.
> 사원 A : 네, 궁금하신 점을 말씀해 주세요.
> 지원자 : □□시민참여혁신단은 앞으로 어떤 활동을 할 예정인지 설명해 주실 수 있나요?
> 사원 A : (ⓐ)

① 정부부처가 선정하고 위촉한 지역사회 전문가, 유관기관, 연구진과 활동하게 되며 국민이 체감하는 R&D 성과를 제고하는 활동을 하게 됩니다.

② 혁신 후보과제 및 혁신계획 등 기관의 경영계획을 검토하고 처분하는 역할을 하게 됩니다.

③ 지역행사나 사회공헌 활동에 활발히 참여하여 사회적 가치 실현을 위한 협력 프로그램을 발굴하고 추진하는 일을 하게 됩니다.

④ 국민 체감형 중점과제를 선정 · 추진하고 기관의 혁신을 위한 아이디어를 상시 제안하는 역할을 합니다.

⑤ 사회적 가치 구현 프로그램을 추진하는 등 시민참여혁신단이 제안한 활동계획을 실행하게 됩니다.

[05 ~ 07] 다음 제시 상황과 자료를 보고 이어지는 질문에 답하시오.

○○기관 직원 I는 기후리스크 포럼에 관한 보도자료를 열람하고 있다.

〈「기후리스크 포럼」 개요〉

• 금융감독원은 금융위원회와 공동으로 국내 금융원의 기후리스크 관련 인식 확대와 대응능력 제고를 위해 각 금융업권별 주요 금융회사(총 28개사)를 대상으로 「기후리스크 포럼」을 설립
  – 동 포럼은 전 금융권이 기후리스크 대응을 위한 종합적 논의의 장을 최초로 마련하였다는 측면에서 그 중요성이 매우 큼.
  – 주요 해외 감독당국 및 국제기구에서 논의된 내용을 바탕으로 금융권의 기후리스크 대응을 위한 실무적 논의를 지향

〈기후변화 관련 금융리스크의 개념〉

• (리스크 요인) 물리적 리스크 요인과 이행 리스크 요인으로 구분됨.

물리적 리스크 요인	이상기후 현상으로 인한 실물부문 물적피해가 보험, 대출 등 거래관계를 통해 금융부문으로 파급되는 리스크
이행 리스크 요인	기후변화 대응을 위해 국가경제가 급격히 저탄소 사회로 이행되는 과정에서 발생하는 금융손실

• (금융리스크) 물리적 리스크 요인과 이행 리스크 요인은 금융회사에 손실을 발생시키는 금융리스크를 발생시킴.
  – 물리적 리스크 요인에 따른 금융리스크 유형 예시

리스크 유형	물리적 리스크 요인
신용 리스크	이상기후로 인한 침수 · 화재 등의 발생으로 담보자산*의 가치 하락
시장 리스크	잦은 기상이변 발생에 따른 국가 경제기반 악화로 국채가격 하락
운영 리스크	극심한 기후현상으로 인한 업무 중단 등 영업연속성**에 영향

• (시스템 리스크) 기후변화 관련 금융리스크의 증가는 금융회사 건전성 악화 및 금융시장 불확실성 증대를 야기해 금융시스템 전반의 리스크로 전이 가능

* 담보자산은 주식, 사채, 제품, 부동산, 토지를 포함하는 개념이다.
** 영업연속성은 기업의 평판하락, 기업 이미지 훼손으로 인한 피해를 포함한다.

05. 다음 중 제시된 자료를 읽고 알 수 있는 내용으로 적절하지 않은 것은?

① 기후리스크 포럼은 전체 20개 이상의 금융회사를 대상으로 설립되었다.
② 기후리스크 포럼은 금융감독원과 금융위원회가 공동으로 설립한다.
③ 기후리스크 포럼은 기후리스크 대응을 위해 전 금융권이 참여한 최초의 종합적 논의의 장을 마련하였다.
④ 기후리스크 포럼에는 주요 해외 감독당국 및 국제기구도 참여한다.
⑤ 기후리스크 포럼은 기후리스크 관련 인식 확대와 대응능력 향상을 목표로 한다.

06. 다음 중 제시된 자료를 바탕으로 리스크 유형과 물리적 리스크 요인을 바르게 짝지은 것은?

① 〈신용 리스크〉－금융회사의 기후변화 관련 대응 미비로 신용등급이 하락하였다.
② 〈신용 리스크〉－지구 온난화로 인한 해수면 상승으로 섬 국가의 국채가격에 영향을 주었다.
③ 〈시장 리스크〉－집중 호우로 인해 자전거 공장의 부품이 부식해 재고손실이 발생하였다.
④ 〈운영 리스크〉－기후변화로 인한 갑작스러운 폭설로 인해 사업장 운영이 임시적으로 중단됐다.
⑤ 바르게 짝지어진 리스크 유형과 물리적 리스크 요인이 없다.

07. 다음은 기후변화로 인한 리스크의 증폭 과정을 도식화한 것이다. (가), (나)에 들어갈 말로 적절한 것은?

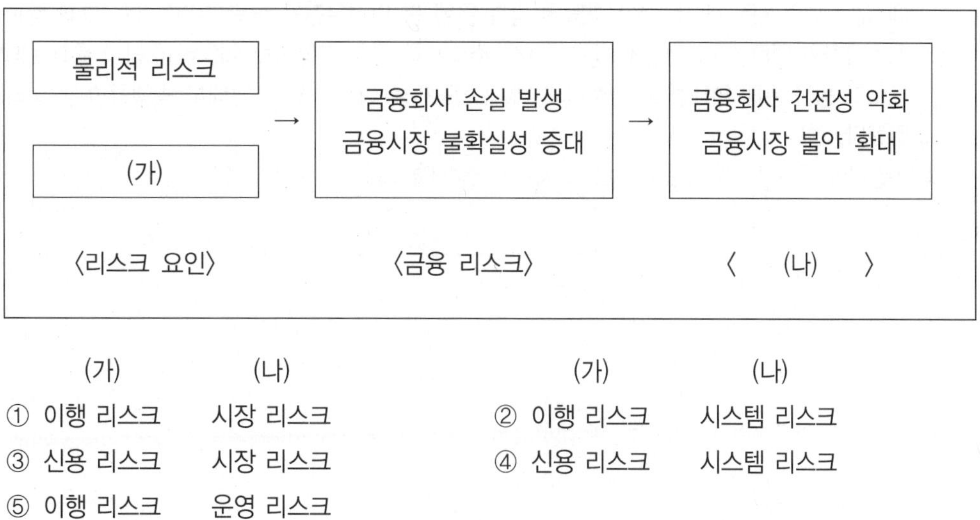

	(가)	(나)		(가)	(나)
①	이행 리스크	시장 리스크	②	이행 리스크	시스템 리스크
③	신용 리스크	시장 리스크	④	신용 리스크	시스템 리스크
⑤	이행 리스크	운영 리스크			

[08 ~ 10] 다음의 제시 상황과 자료를 보고 이어지는 질문에 답하시오.

○○공사에서 일하는 직원 Q는 다차로 하이패스에 대한 보도자료를 검토하고 있다.

○○공사는 14일 다차로 하이패스*를 본격적으로 운영한 결과 톨게이트 통과속도(제한속도) 상승, 하이패스 차로 사고 감소 등의 효과가 확인됐다고 밝혔다. 이에 ○○공사는 운영 효과가 확인된 다차로 하이패스를 신설할 예정이다.

㉠ 다차로 하이패스 통과속도는 톨게이트 통과 이후 교통흐름과 안전을 고려해 80km/h(본선형), 50km/h(나들목형)로 제한되었으며, 이는 기존 제한속도 30km/h보다 20 ~ 50km/h 높다. 이에 따라 실제 차량들의 통과속도도 기존 대비 10 ~ 20km/h 빨라졌으며, 영업소 부근 교통흐름도 개선된 것으로 나타났다. 또한 다차로 하이패스를 본격적으로 설치한 이후, 다차로 하이패스 차로에서 한 건의 사고도 발생하지 않아 사고 예방에도 효과가 있는 것으로 확인됐다.

㉡ 전국 하이패스 센터 및 특판장에서 노후 하이패스 단말기 보상판매를 실시한다. ○○공사는 지속적인 통신장비 개선 등을 통해 하이패스 오류 발생을 점차 줄이고 있지만, 단말기가 노후화되면 하이패스 구간을 제대로 통과해도 오류가 발생할 가능성이 높아진다고 밝혔다. 하이패스 오류 등으로 인한 미납 발생 시 추후 통행료를 별도로 납부해야 하는 등의 불편을 겪을 수 있다.

㉢ ○○공사는 다차로 하이패스를 보다 많은 국민이 이용할 수 있도록 내년 설치 예정이었던 남원주, 남세종, 북천안, 송악 등 4곳을 계획보다 앞당겨 올해 설치할 계획이다. 이로써 작년까지 완료된 15개소와 올해 설치 예정이었던 13개소, 앞당겨 설치하는 4개소를 포함해 올해 말까지 총 32개소에 설치가 완료된다. 올해 다차로 하이패스가 신설되는 영업소는 수도권 6곳, 충청권 4곳, 광주전남권 1곳, 대구경북권 1곳, 부산경남권 5곳으로 총 17개소이며, 다음 주 화요일부터 본격적인 공사에 들어갈 예정이다.

㉣ ○○공사 관계자는 "공사 중에는 기존 하이패스 차로가 폐쇄되고, 임시차로로 운영되기 때문에 해당 영업소를 지나는 운전자들은 감속 운행 등 안전운전을 부탁드린다."며 "고객 불편을 최소화하기 위해 대상 영업소, 공사 기간, 주의사항 등을 교통정보 앱(App), 공사 홈페이지와 블로그 등을 통해 안내하고, 현수막과 VMS 전광판을 이용한 현장 안내도 병행할 예정"이라고 말했다.

* 다차로 하이패스는 두 개 이상의 하이패스 차로를 연결하고, 차로 간 시설물을 없애 차로 폭이 본선과 같은 넓이이다.

08. 윗글의 제목으로 가장 적절한 것은?

① 다차로 하이패스, 올해 전국에 17개 신설 예정
② 다차로 하이패스 설치 후 드러나는 문제점 진단
③ 다차로 하이패스, 빨라진 통과속도로 사고 위험 급증
④ 다차로 하이패스, 차로 단말기 오류로 인한 통행료 미납 속출
⑤ 다차로 하이패스, 내년부터 본격적인 설치 시작

09. 다음 중 윗글을 이해한 내용으로 가장 적절한 것은?

① 다차로 하이패스는 두 개 이상의 하이패스 차로를 연결한 것으로, 차로 간 시설물을 제거하여 차로 폭이 본선보다 넓어진다.
② 다차로 하이패스 공사 시 공사 홈페이지, 교통정보 앱, 블로그 등을 통해 안내를 진행할 예정이므로 현장 안내는 불필요하다.
③ 본선형 다차로 하이패스와 나들목형 다차로 하이패스의 제한속도는 다르며 모두 기존 제한속도보다 20km/h 이상 높다.
④ ○○공사는 올해 다차로 하이패스를 17개소에 설치할 예정이며, 설치 장소는 수도권을 비롯하여 전라도, 경상도, 충청도, 강원도이다.
⑤ 다차로 하이패스 공사 중에도 기존 하이패스 차로를 이용할 수 있다.

10. 다음 ㉠ ~ ㉣ 중 문맥을 고려할 때, 글의 통일성을 해치는 문단으로 가장 적절한 것은?

① ㉠ ② ㉡ ③ ㉢
④ ㉣ ⑤ 없음.

[11 ~ 12] 다음 글을 읽고 이어지는 질문에 답하시오.

〈20X2년도 지능형 뿌리공정 시스템 구축 사업 공고〉

ㅁ 지원내용

• 뿌리업종별 공정 문제해결을 목적으로, 공정 설비와 연계한 맞춤형 지능형 공정시스템의 기획 및 구축

– IoT, CPS 등 ICT기술이 적용된 설비를 기반으로 제어 및 모니터링 등이 적용된 솔루션 시스템 개발 · 실증, 공정설비 구입 및 개량, 솔루션 개발 및 구축, 인건비 등 지원

– 단, 지능형 뿌리공정 시스템에 반드시 필요한 핵심 설비가 아닌 양산 목적 설비 또는 단순 자동화 설비 구입은 지원 불가

㉮ PLC 교체, 센서 부착 등의 개선을 통한 기 보유 설비의 지능화

– 전사적 시스템(MES, ERP, SCM 등) 구축은 지원 불가하나, 시스템 연계는 권장

ㅁ 지원조건

• 지원금액 : 총 사업비의 50% 이내, 사업당 최대 2억 원 이내

– 단, 추가 도입기관(뿌리기업) 1개사당 1억 원 이내 증액 가능

– 총 사업비 중 상기 예산에 따른 지원금을 제외한 비용은 컨소시엄 내 자체 부담

ㅁ 선정방법

• 신청평가 : 업종별 전문가 평가위원회를 통한 서면평가 및 대면 · 현장평가

– 서면평가 및 대면평가를 통해 선정 후 현장평가를 통해 적합 여부 판단

ㅁ 신청방법

• 신청기간 : 1월 29일 ~ 2월 28일 18 : 00까지

ㅁ 지원 제외 사항

• 사업에 참여하는 자(주관/도입/공급기관, 기관별 각 대표자, 사업총괄책임자)가 다음 어느 하나에 해당하는 경우

– 접수마감일 현재 사업별 의무사항(각종 보고서 제출, 기술료 납부, 정산금 또는 환수금 납부 등)을 불이행하고 있는 경우

– 국가연구개발사업에 참여제한 중인 경우

• 사업에 참여하는 자(주관/도입/공급기관, 기관별 각 대표자, 사업총괄책임자)가 국세 · 지방세 체납자인 경우(과제 선정평가 개시 전까지 해소한 경우에는 예외)

– 다만, 중소기업지원기관 등으로부터 재창업 자금을 지원받은 기업 등 정부 · 공공기관으로부터 재기지원 필요성을 인정받은 기업, 중소기업 건강관리시스템 기업구조 개선진단을 통한 정상화 의결기업, 채권금융기관 협의회와 경영정상화계획 이행을 위한 약정을 체결한 기업은 예외

- 동일한 사업내용으로 국가연구개발사업 등 타 정부지원사업에 기지원 및 중복지원 받은 주관·공급기관

  ※ 지원 제외 사유에 해당하는지 여부는 접수마감일을 기준으로 판단하며, 선정된 이후라도 해당 사실이 발견되는 경우에는 선정 취소

□ 기타

- 6대 뿌리기술 : 주조, 금형, 소성가공, 용접, 표면처리, 열처리
- 도입기관의 사업 참여가 필수는 아니나, 다수의 도입기관이 사업 참여 시 우대
- 설비 공급기업, 솔루션 공급기업 각 1개사 이상으로 구성

11. 다음 중 제시된 자료를 읽고 이해한 내용으로 적절한 것은?

① 추가 도입기관 없이 총 사업비가 5억 원인 사업은 최대 2억 원을 지원받을 수 있다.
② 공급기관이 스마트 산단 소재 기업에 해당하는 경우 우대를 받을 수 있다.
③ 지원 제외 사항 해당 여부는 신청 서류 제출일 기준으로 판단한다.
④ 해당 사업의 선정 단위는 최소 4개 기업이다.
⑤ MES 구축은 맞춤형 지능형 공정 시스템 구축을 지원받을 수 있다.

12. 다음은 K사 사원들이 자원 사업에 함께 지원할 컨소시엄 기업 선정을 위해 나눈 대화이다. 이 중 제시된 자료를 잘못 이해하고 있는 사원은?

갑 : 우리 기업은 열처리 기술이 주 사업영역이니 주관기관으로 참여할 수 있겠어요.
을 : A 기업이 도입기관으로 참여할 의사를 밝혀왔는데, 도입기관이 사업에 많이 참여할수록 우대를 받을 수 있다고 하네요.
병 : 표면처리 기술을 가진 B 기업에도 물어보는 게 어떨까요?
을 : B 기업은 지금 금융 관련 채무불이행 상태라서 지원이 불가능하지 않아요?
정 : B 기업이 최근 중소기업지원기관과 경영정상화 약정을 체결해서 괜찮을 것 같습니다.
무 : 오늘이 2월 15일이니까 신청기간이 2주도 안 남았네요. 서둘러서 신청서류를 작성하도록 합시다.

① 갑　　② 을　　③ 병
④ 정　　⑤ 무

[13 ~ 15] 다음 제시된 상황과 자료를 보고 이어지는 질문에 답하시오.

G 기관에서 근무하는 박 사원은 보도자료를 열람하고 있다.

○○부 장관은 방한 중인 이스라엘 경제산업부 장관과 「대한민국 정부와 이스라엘국 정부 간의 민간부문 산업의 연구 및 개발에 관한 양자협력협정(이하 한-이스라엘 산업기술협력협정)」 전면 개정안에 최종 서명하였다. 「한-이스라엘 산업기술협력협정」은 제조 강국인 우리나라와 원천기술 강국 이스라엘의 상호호혜적인 기술협력을 위해 1999년 최초 체결한 우리나라 유일의 산업기술협력조약으로, 이 조약을 근거로 양국은 2001년부터 공동연구개발기금을 조성하여 공동 R&D를 지원하고 있다. 이번 개정은 공동연구개발기금 각국 출자금액을 기존 200만 불에서 400만 불로 대폭 확대하고, 공동 R&D과제에 대한 정부 최대 지원 비율을 기존 50%에서 70%로 상향하였으며, 기존 기업 위주의 R&D에서 연구소와 대학의 R&D 참여를 적극 확대하고, 공동 R&D만 지원 가능했던 기금의 지원 범위를 공동 세미나, 인적교류 등 직접적인 활동 외에 간접적인 활동까지 확대했다는 것을 주요한 골자로 한다.

그간 양국 정부는 해당 협정을 통해 지난 20여 년간 6,500만 불의 기금을 조성하고, 총 181건의 공동연구를 지원하였으며, 공동연구를 통해 신기술개발, 해외진출, 투자유치, 신사업화 등의 성과를 창출하였다. 특히 국내 의료기기 제조기업과 이스라엘의 무선전송기술기업이 2015년에 개발한 신개념 무선 혈당측정기는 개발 4년 만에 수출액이 약 70배 성장하는 등 양국 간 성공적인 사례들이 여럿 나타나고 있다.

이번 조약 개정에서는 디지털 전환과 밸류체인 재편 등 최근 급변하는 산업환경에 따라 확대되는 양국 기업의 협력 수요에 부응하여 기술 협력 규모를 양적 · 질적으로 크게 확대하였다. 특히 이스라엘은 최근 한국 제조기업들이 필요로 하는 정보통신기술(ICT), 생명공학기술(BT)에 매우 강점이 있어, 디지털 전환과 바이오 혁명시대에 최적의 협력파트너로서의 그 의미가 크다. 향후 양국은 조약 개정을 바탕으로 '서비스 로봇'을 주제로 총 800만 불(정부지원 530만 불) 규모의 대형 하향식 프로그램인 라이트하우스*를 하반기 중 착수할 계획이다.

한편, 양국 장관은 금일 서명되는 기술협정을 기반으로 한 교역 및 투자, 기술 협력이 확대될 수 있도록 공동 노력할 것을 강조하였다. 특히 이스라엘 수소차 실증사업과 바이오 분야 기술협력, 그리고 이스라엘이 강점이 있는 자율주행기술을 결합한 자율차 분야의 협력을 강화해 나가기로 하였다. ○○부 장관은 "내년이 양국 수교 60주년인 바, 이번 양국 간 산업기술협력협정 개정을 계기로 기술협력과 교역, 투자가 더욱 활성화될 수 있도록 함께 협력해 나가자"고 하면서 "특히 이번 기술협력협정 개정을 통해 양국 기업 간 투자와 협력이 확대될 수 있을 것"이라고 하였다.

* 라이트하우스 : 그간 추진해 온 기업 수요에 기반한 상향식 R&D 지원과 차별하여, 정책적 필요와 사전 기획을 바탕으로 한 하향식 기술협력 프로그램

13. 다음 중 박 사원이 위 보도자료에 대해 이해한 내용으로 적절하지 않은 것은?

① 한-이스라엘 산업기술협력협정은 한국 유일의 산업기술협력조약이다.
② 한국과 이스라엘은 향후 자율차 분야의 협력을 강화할 예정이다.
③ 한국과 이스라엘은 조약 개정을 바탕으로 서비스 로봇 관련 상향식 기술협력 프로그램을 착수할 것이다.
④ 이스라엘은 정보통신기술과 생명공학기술 강국이며 한국의 협력파트너로 가지는 의미가 크다.
⑤ 한국과 이스라엘이 공동 개발한 무선 혈당측정기는 2019년에 수출액이 크게 성장하였다.

14. 다음 중 위 보도자료의 제목으로 적절한 것은?

① 한-이스라엘 당국, 산업기술협력협정 전면 개정안에 서명
② 한-이스라엘, 수교 60주년을 맞이하여 산업기술협력협정 체결
③ 산업기술협력협정으로 한국과 이스라엘 기업의 R&D 성공 사례
④ 한-이스라엘 산업기술협력협정의 발전 방향을 위한 양국 간 간담회 개최
⑤ 한-이스라엘 산업기술협력협정을 통한 양국의 기술 발전

15. 다음은 「한-이스라엘 산업기술협력협정」에 대해 나눈 대화이다. 이 중 적절하지 않은 의견을 말한 사람은?

갑 : 「한-이스라엘 산업기술협력협정」을 통해 지난 20여 년간 6,500만 불 규모의 기금을 조성하고, 해외진출 및 투자유치 등의 성과를 창출하였죠.
을 : 이번 「한-이스라엘 산업기술협력협정」 개정을 계기로 양국은 공동 R&D과제에 대한 정부 최대 지원 비율을 70%까지 확대하게 되었어요.
병 : 이번 「한-이스라엘 산업기술협력협정」 개정을 통해 양국은 총 600만 불 규모의 출자금액을 조성할 수 있게 되었어요.
정 : 이번 「한-이스라엘 산업기술협력협정」 개정은 디지털 전환과 밸류체인 재편 등 급변하는 산업환경에 대응하기 위해 기술 협력 규모를 크게 확대했죠.

① 갑 ② 을 ③ 병
④ 정 ⑤ 없음.

16. 다음은 ○○회사 직원들이 신문 기사를 읽고 나눈 대화 내용이다. 문맥상 빈칸 ㉠에 들어갈 문장으로 알맞은 것은?

자는 동안 우리 몸은 휴식을 취하며, 쌓인 피로를 해소해 심신을 건강하게 만든다. 그런데 불면증으로 괴로움을 호소하는 사람들이 갈수록 늘고 있다. 불면증이 지속해 수면 시간이 절대적으로 부족하거나 수면의 질이 떨어지면 육체 · 정신적으로 다양한 문제가 생길 수 있다. 고혈압 · 당뇨 · 뇌졸중에 급성심근경색과 같은 심장질환의 발병 위험도가 커진다. 비만의 원인이 되기도 하며 우울증 · 불안 장애가 생기기 쉽다. 면역기능의 저하로 각종 감염성 질환에도 취약해진다.

불면증은 특히 노년층에서 많이 발생한다. 최근 건강보험심사평가원의 조사에 따르면 20X7년 불면증 환자는 20X3년 대비 48.3% 증가했는데, 그중 60대 환자가 가장 많았으며 20X3년 대비 증가율이 높은 연령대는 80세 이상이었다. 노년기의 불면증은 자는 동안 자주 깨서 다시 잠들기 힘들거나 깊이 잠들지 못하는 '수면 유지 장애'가 많다. 특히 충분한 시간을 잤는데 아침에 일어나기 힘들거나 극심한 피로를 자주 느끼는 경우 '수면의 질'이 낮은 수면장애를 의심해 봐야 한다.

최근 연구에 따르면 수면의 질이 치매의 발병에도 영향을 미치는 것으로 나타났다. 알츠하이머 치매는 뇌 신경세포에 베타-아밀로이드라는 단백질이 축적되면 발생한다. 이러한 단백질 덩어리들은 신경세포의 신호전달을 방해하거나 단백질 침착 같은 병적 과정을 유발해 뇌세포를 파괴한다. 제대로 숙면하지 못하면 뇌의 베타-아밀로이드가 잠을 자는 동안 배출되지 못한다. 따라서 깊은 잠을 자지 못하는 수면장애가 있는 경우 적절한 치료와 생활습관 개선으로 숙면하도록 노력하는 것이 치매 예방을 위해 중요하다.

A : 불면증이 여러 가지 질병의 발병률에 많은 영향을 미치는구나.
B : 특히 노년층의 불면증 발생 비율이 그렇게 높은 줄은 몰랐어.
C : 그러게. 수면 유지 장애는 깊은 잠을 못 자게 해서 사람들을 참 피곤하게 하지. 근데 깊은 잠을 자는 게 뇌 건강에 그렇게 중요한 이유는 뭘까?
D : (㉠)

① 새로운 뇌 신경세포가 성장할 시간이 필요하기 때문이야.
② 숙면하는 동안 신경세포끼리 신호전달이 이루어지기 때문이야.
③ 숙면하는 동안 뇌세포 활성화를 돕는 단백질이 생성되기 때문이야.
④ 각종 감염성 질환과 우울, 불안 증세에 도움이 되는 물질을 분비하기 때문이야.
⑤ 숙면하는 동안 신경세포에서 배출되어야 하는 물질이 있기 때문이야.

[17 ~ 18] 다음 제시 상황과 자료를 보고 이어지는 질문에 답하시오.

직원 H는 금융소비자 권익 보호를 위한 금리정보 공시제도 개선방안에 대한 다음의 문서를 열람하고 있다.

〈금리정보 공시제도 개선방안〉

• 추진 배경

글로벌 통화정책 정상화, 한국은행 기준금리 인상 등의 영향으로 시장금리가 빠르게 상승하면서 은행권 대출 · 예금금리도 함께 상승하는 중입니다. 특히, 가계대출금리가 크게 상승함에 따라 가계부문 예대금리차가 확대되면서 소비자들이 체감하는 부담도 증가하고 있습니다. 금리 상승기에 소비자의 금융비용 부담이 커질 수 있는 만큼, 금리정보 공개 확대 및 합리적인 금리산정이 이루어질 수 있도록 제도개선을 추진합니다.

• 개선 방안

1. 금리정보 공시 개선을 통해 금융소비자의 정보접근성을 제고하겠습니다.

① 개별 은행이 자체 공시하는 방식에서 벗어나 은행연합회 홈페이지에 전체 은행의 예대금리차*를 비교 공시하고, 공시주기도 기존 3개월에서 1개월로 단축합니다.

* 예대금리차=평균 대출금리－저축성수신금리

－월별 변동 정보를 공시하는 것이 목적이므로 신규취급액 기준으로 산출하며, 소비자가 활용하기 쉽도록 대출평균(가계＋기업) 기준과 가계대출 기준 예대금리차(신용점수 구간별)를 함께 공시할 계획입니다. (㉠)

※ 경영공시는 은행의 수익성 관련 정보제공이 목적 → 잔액 기준으로 산출

② 소비자가 본인 신용점수에 맞는 금리정보를 쉽게 확인할 수 있도록 대출금리 공시기준을 은행 자체등급에서 신용평가사 신용점수*로 변경합니다.

* 신용평가사(CB) 기준 본인 신용점수는 제휴 플랫폼 등에서 상시 확인 가능하나, 은행이 산출하는 신용등급은 소비자가 확인하기 어려움.

－타 업권 대비 고신용자 비중이 높은 특성을 감안하여 50점 단위(총 9단계)로 공시할 예정입니다.

※ (현행) 은행 자체 신용등급 5단계 → (개선) 신용평가사(CB) 신용점수 9단계

은행별 자체 신용등급(5단계)					→	신용평가사 신용점수(9단계)				
1 ~ 2 등급	3 ~ 4 등급	5 ~ 6 등급	7 ~ 8 등급	9 ~ 10 등급	→	1,000 ~ 951	950 ~ 901	중략	650 ~ 601	600 이하

※ 신용평가사(KCB) 기준 상위 40%가 900점 이상, 상위 90%가 600점 이상

③ 예금금리의 경우 실제 소비자에게 적용된 금리정보를 확인할 수 있도록 각 예 · 적금 상품의 전월 평균금리(신규취급)도 추가 공시할 계획입니다.

※ (현행) 기본금리, 최고우대금리 → (개선) 기본금리, 최고우대금리, 전월 평균금리

2. 금리산정체계의 미흡한 점을 보완하여 합리성 · 투명성을 제고하겠습니다.
   ① 대출금리의 경우, 금리산정에 관한 은행의 자율성은 보장하되 합리적 절차 및 근거에 따라 산정될 수 있도록 기본원칙 중심으로 개선합니다. (㉡)
   ② 예금금리의 경우, 월 1회 이상 시장금리 변동을 점검하여 기본금리에 반영할 수 있도록 정비할 계획입니다.
   ③ 은행권의 금리산정에 관한 자율점검 및 내부통제도 강화합니다. (㉢)

3. 은행 간 금리경쟁을 촉진하고, 금융소비자 권익 보호를 강화하겠습니다.
   ① 온라인 플랫폼을 통해 편리하게 여러 금융회사의 예금상품을 비교할 수 있도록 온라인 예금상품 중개업을 시범운영(혁신금융서비스)합니다.
   – 소비자 편익과 함께 리스크 요인을 감안하여 혁신금융서비스 지정 시 부가조건 부과도 함께 검토할 계획입니다. (㉣)
   ② 소비자가 개인신용평가 설명요구 및 이의제기권을 적극 행사할 수 있도록 은행이 소비자에게 권리내용을 사전 설명 · 안내할 계획입니다.
   ③ 은행별 금리인하요구권 운영실적을 매 반기별로 은행연합회 홈페이지에 공시하는 한편, 소비자 안내도 강화(연 2회 정기안내, 수시안내)하겠습니다.

• 향후 계획
  – 소비자 정보 접근성 확대 및 금리경쟁 촉진을 위하여 최대한 신속하게 추진하겠습니다.
  ▸ 금리정보 공시 개선의 경우, 7월 금리정보부터 공시가 이루어질 수 있도록 관련 시스템 구축에 즉시 착수합니다.
  ▸ 금리산정체계 정비 및 소비자 권익 강화 등 기타 과제도 신속히 추진할 예정입니다.

17. 위 자료의 ㉠ ~ ㉣ 중 〈보기〉의 문장이 들어갈 위치로 가장 적절한 것은?

보기

은행별로 연 2회 이상 내부통제 부서 등을 통해 금리산정체계를 점검하고, 금융감독원 정기검사 과정에서 참고자료로 활용할 계획입니다.

① ㉠　　② ㉡　　③ ㉢
④ ㉣　　⑤ 없음.

18. 직원 H는 위 자료를 참고하여 개선 방안을 〈보기〉와 같이 표로 정리하였다. ⓐ ~ ⓓ 중 수정이 필요한 내용은?

보기

구분	현행	개선 방안
예대금리차 공시 방식	ⓐ 각 은행이 3개월마다 자체 공시	• ⓑ 모든 은행의 예대금리차를 은행연합회 홈페이지에 매달 공시하는 것으로 변경 • 신규취급액 기준으로 산출
대출금리 공시기준	ⓒ 은행 자체등급(1 ~ 10등급)으로 공시	신용평가사 신용점수(1 ~ 1,000점)로 공시하는 것으로 변경
예금금리 공시항목	ⓓ 상품별 기본금리, 최고우대금리 공시	ⓔ 공시항목을 상품별 전월 평균금리로 변경

① ⓐ　② ⓑ　③ ⓒ
④ ⓓ　⑤ ⓔ

19. ○○제약의 이 부장은 2X20년 의약품 생산 계획과 실제 생산 결과를 비교하고 있다. 의약품 생산 과정에서 투입된 원자재의 일부가 손실된다고 할 때, ○○제약이 계획했던 의약품 총 생산량과 실제 의약품 총 생산량의 차이는? (단, 공장 가동 시 매월 동일한 양의 원자재를 투입한다)

〈2X20년 1월 1일에 수립한 의약품 생산 계획〉

구분	1공장	2공장
계획 원자재 투입량	연간 90,000L	연간 100,000L
예상 공정 손실률	10%	10%

〈2X20년 12월 31일에 확인된 실제 의약품 생산 결과〉

구분	1공장	2공장	3공장 (7월 1일부터 가동)
실제 원자재 투입량	총 90,000L	총 100,000L	총 100,000L
실제 공정 손실률	15%	5%	30%

※ 공장별 의약품 생산량은 원자재 투입량에서 공정 손실률을 제한 값이다.

① 500L　② 35,500L　③ 42,500L
④ 70,500L　⑤ 71,000L

20. 다음은 음료류 섭취량에 관한 자료이다. 이에 대한 설명으로 가장 적절한 것은?

〈연도별 음료류 섭취량(g)〉

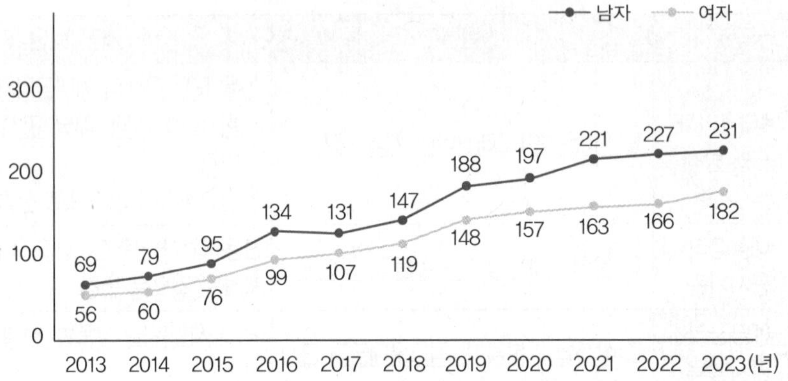

연도	2013	2014	2015	2016	2017	2018	2019	2020	2021	2022	2023(년)
남자	69	79	95	134	131	147	188	197	221	227	231
여자	56	60	76	99	107	119	148	157	163	166	182

〈연령별 · 성별 음료류 섭취량(g)〉

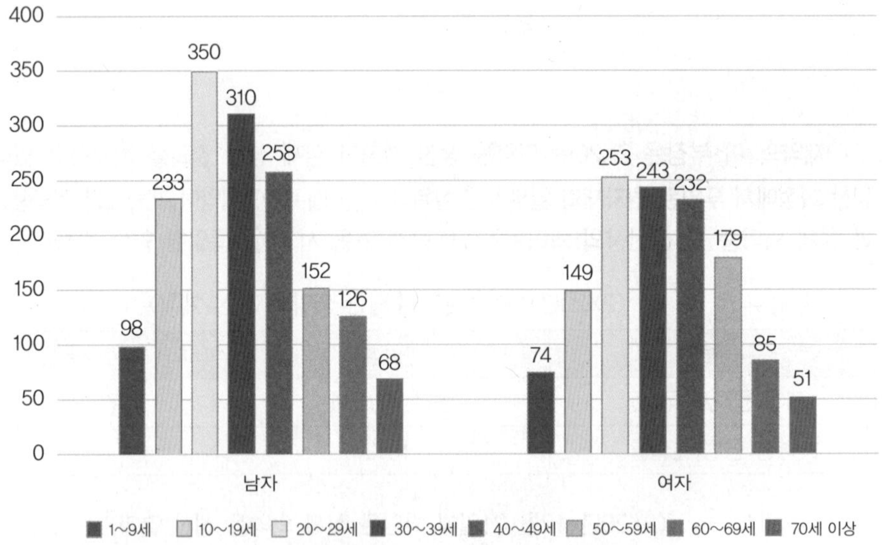

구분	1~9세	10~19세	20~29세	30~39세	40~49세	50~59세	60~69세	70세 이상
남자	98	233	350	310	258	152	126	68
여자	74	149	253	243	232	179	85	51

① 음료류에 대한 소비자 선택의 폭이 넓어졌다.

② 모든 음료에서 남자가 여자보다 구매력이 높다.

③ 남녀 전체 음료류 섭취량은 연평균 약 12.7%씩 증가하였다(단, $1.127^{10}=3.3$으로 계산한다).

④ 스포츠 활동은 음료류의 섭취량을 늘린다.

⑤ 음료수 시장에서 가장 높은 성장률을 기대할 수 있는 연령대는 10 ~ 19세이다.

21. 다음의 상황을 참고할 때, 박 대리가 데이터 분석을 마무리하는 데 걸린 시간은?

> ○○기업에서 빅데이터 분석을 담당하는 박 대리는 컴퓨터 S와 A 두 대의 컴퓨터로 데이터 분석 작업을 진행하고 있는데, 두 대의 컴퓨터는 데이터를 처리하는 속도에 차이가 있다. 컴퓨터 S만을 사용하여 데이터를 분석하면 30시간이 걸리고, 컴퓨터 A만을 사용하여 데이터를 분석하면 50시간이 걸린다. 분석을 진행하기 위해 준비하는 과정에서 컴퓨터 A에 이상이 있어, 컴퓨터 S만을 사용하여 5시간 동안 먼저 분석을 진행하였다. 그 후에는 컴퓨터 S와 A를 모두 사용하여 분석을 진행하였다.

① 15.625시간　② 20.125시간　③ 20.625시간
④ 25.125시간　⑤ 25.625시간

22. 다음을 바탕으로 A 기업에서 제작한 열전달 장치로 4m 떨어진 지점에 전달되는 열의 양을 $1m^2$ 기준으로 환산한 것은? (단, A 기업의 열전달 장치는 640J의 열에너지를 발산한다)

> A 기업에서 제작하고 있는 열전달 장치는 장치로부터 거리가 멀어질수록 열전달 범위는 커지고, 전달되는 열의 양은 적어진다. 예를 들어, 장치로부터 거리가 3m 떨어진 지역에 전달되는 열의 양은 장치에서 발산하는 열의 양의 $\frac{1}{3}$이 되고, $9m^2$의 면적에 열이 전달된다. 또한 장치로부터 거리가 5m 떨어진 지역에 전달되는 열의 양은 장치에서 발산하는 열의 양의 $\frac{1}{5}$이 되고, $25m^2$의 면적에 열이 전달된다.

① 6J　② 8J　③ 10J
④ 16J　⑤ 20J

[23 ~ 24] 다음 제시 상황과 자료를 보고 이어지는 질문에 답하시오.

○○기관 정 사원은 보고서 작성을 위해 주요 사망원인별 사망률 추이 자료를 열람하고 있다.

〈20X4 ~ 20X9년 사망원인별 사망률〉

(단위 : %)

구분		20X4년	20X5년	20X6년	20X7년	20X8년	20X9년
각종 암	위암	17.6	16.7	16.2	15.7	15.1	14.7
	간암	22.8	22.2	21.5	20.9	20.7	19.6
	폐암	34.4	34.1	35.1	35.1	34.8	36.2
당뇨병		20.7	20.7	19.2	17.9	17.1	15.8
순환기 계통 질환	심장 질환	52.4	55.6	58.2	60.2	62.4	60.4
	뇌혈관 질환	48.2	48.0	45.8	44.4	44.7	42.0
기타 질환		27.3	26.5	25.6	24.3	26.6	26.9

※ 사망률 증감률(%) $= \frac{\text{해당연도 사망률} - \text{전년도 사망률}}{\text{전년도 사망률}} \times 100$

※ 사망률 증감값(%p)=해당연도 사망률－전년도 사망률

23. 다음 중 정 사원이 위 자료를 파악한 내용으로 적절하지 않은 것은?

① 20X6년 대비 20X7년 당뇨병 사망률의 감소율은 7% 이상이다.
② 20X9년 기준 전년 대비 사망률의 증가값이 가장 큰 사망원인은 폐암이다.
③ 위암으로 인한 사망률은 매년 감소하고 있다.
④ 매년 가장 높은 사망률을 보이는 사망원인은 심장 질환이다.
⑤ 전년 대비 심장 질환 사망률의 증가값이 가장 큰 해는 전년 대비 뇌혈관 질환 감소값이 가장 작다.

24. 정 사원은 위 자료를 바탕으로 다음 그래프를 작성하였다. ㉠ ~ ㉣ 중 올바르게 작성된 것은?

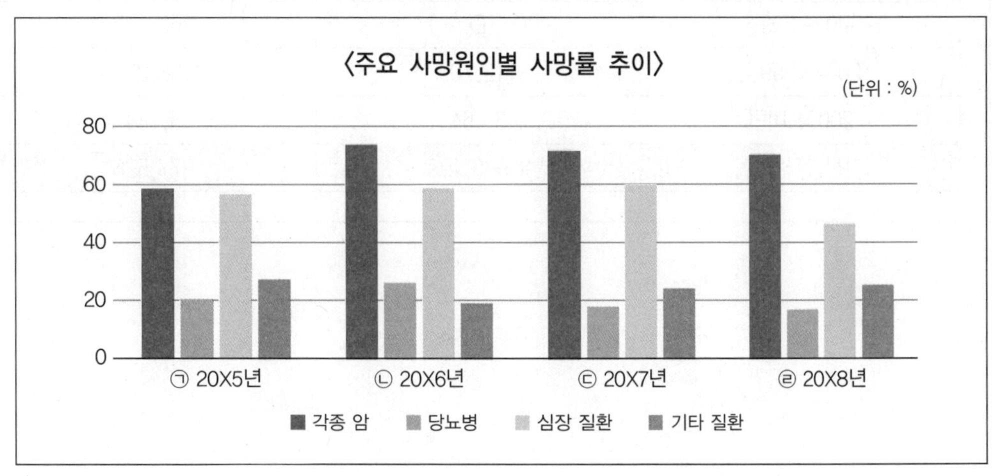

① ㉠　　② ㉡　　③ ㉢
④ ㉣　　⑤ 없음.

[25 ~ 26] 다음 제시 상황과 자료를 보고 이어지는 질문에 답하시오.

금융기관에 근무하는 정 사원은 신용평점별 대출보유자에 대한 자료를 열람하고 있다.

〈개인 신용평점별 대출 통계〉

신용평점	전체 인원수(명)	대출보유자 수(명)
900점 이상	(A)	8,530,246
800 ~ 899점	11,864,489	(B)
700 ~ 799점	12,595,487	2,687,916
고신용자 합계	44,818,057	17,856,718
600 ~ 699점	729,594	640,997
500 ~ 599점	110,631	103,659
400 ~ 499점	46,037	44,607
중신용자 합계	886,262	(C)
300 ~ 399점	(D)	866,123
200 ~ 299점	112,709	108,259
200점 미만	3,164	3,144
저신용자 합계	1,988,492	977,526

25. 제시된 자료의 (A) ~ (D)에 들어갈 수치로 적절하지 않은 것은?

① (A) : 20,358,081 ② (B) : 7,976,556 ③ (C) : 789,263
④ (D) : 1,872,619 ⑤ 모두 적절하지 않음.

26. 다음은 제시된 자료를 바탕으로 작성한 기사이다. 밑줄 친 ㉠ ~ ㉣ 중 그 내용이 옳지 않은 것은? (단, 비율은 소수점 셋째 자리에서 반올림하여 구한다)

> 지난해 말 기준 신용점수평가 데이터가 있는 ㉠ 47,692,811명 중 약 41.15%에 해당하는 19,623,507명이 금융사에 대출을 보유 중인 것으로 집계됐다. 특히 신용도가 다소 우려되나 기존 거래를 유지할 수 있는 차주로 분류되는 중신용자의 대출 보유 비중이 두드러지게 높았다. 금융당국의 중금리 대출 확대 정책에 힘입어 ㉡ 중신용자 10명 중 약 9명이 대출 채무를 지고 있는 것으로 나타났다. 반면 ㉢ 금융사고 위험이 적은 고신용자는 전체의 39.84%가 대출을 갖고 있었고, ㉣ 신용도가 우려되는 수준으로 부실화가 진행 중이거나 이미 신용거래에 문제가 생긴 저신용자의 대출 보유 비중은 69.11%로 집계됐다.
>
> 중신용자의 대출 보유가 기하급수적으로 치달은 것은 금융당국이 가계대출 총량 관리에서 중신용자 대상 대출 상품 취급 시 인센티브를 제공하는 등 적극적인 시장 확대 정책을 펼친 영향이 크다. 금융권의 한 관계자는 "고신용자 대상 대출의 경우 정부 규제와 금리 상승으로 수요가 줄어든 반면, 인터넷 은행들이 집중하고 있는 중신용자 대상 대출 수요는 꾸준히 늘고 있다."고 말했다.

① ㉠ ② ㉡ ③ ㉢
④ ㉣ ⑤ 없음.

[27 ~ 29] 다음 제시 상황과 자료를 보고 이어지는 질문에 답하시오.

직원 K는 환율조회 결과표를 보고 있다.

〈20X3년 6월 23일 통화별 환율〉

• 기준별 환율

구분	매매기준율(원)	송금 받을 때(원)	송금할 때(원)	대미환산율
미국 달러	1,332.50	1,319.80	1,345.20	1.0000
유럽 유로	1,331.83	1,318.78	1,344.88	0.9995
스위스 프랑	1,381.54	1,368.01	1,395.07	1.0368
중국 위안	194.03	192.09	195.97	0.1456
덴마크 크로네	179.20	177.41	180.86	0.1344

• 현찰 기준 환율

구분	팔 때(원)	팔 때 스프레드(%)	살 때(원)	살 때 스프레드(%)
미국 달러	1,309.19	1.75	1,355.81	1.75
유럽 유로	1,305.46	1.98	1,358.20	1.98
스위스 프랑	1,354.19	1.98	1,408.89	1.98
중국 위안	184.33	5.00	203.73	5.00
덴마크 크로네	174.72	㉠	183.68	㉠

※ 환율 스프레드 : 외환을 살 때와 팔 때의 수수료 비율

– 현찰 살 때의 환율=매매기준율+(매매기준율×환율 스프레드)

– 현찰 팔 때의 환율=매매기준율−(매매기준율×환율 스프레드)

27. 다음 중 직원 K가 제시된 자료를 이해한 내용으로 적절하지 않은 것은? (단, 환율 차이는 절댓값으로 계산한다)

① 현찰을 살 때와 팔 때의 환율 차이가 가장 큰 통화는 유로이다.
② 모든 통화에서 현찰을 살 때의 환율이 송금 받을 때의 환율보다 높다.
③ 유럽 유로를 송금할 때 환율보다 스위스 프랑을 송금 받을 때 환율이 더 높다.
④ 매매기준율을 기준으로 할 때, 스위스 프랑, 미국 달러, 유럽 유로 순으로 환율이 높다.
⑤ 현찰을 살 때와 팔 때의 환율 차이가 가장 작은 통화는 덴마크 크로네이다.

28. 다음 중 제시된 자료의 ㉠에 들어갈 값으로 옳은 것은?

① 1.75　② 2.25　③ 2.50
④ 2.75　⑤ 3.15

29. 다음 중 6달러를 송금하고 14위안을 현찰로 살 때 지출되는 총비용으로 옳은 것은? (단, 지출비용은 원화 기준으로 한다)

① 10,651.82원　② 10,781.52원　③ 10,847.22원
④ 10,923.42원　⑤ 10,943.62원

[30 ~ 32] 다음의 제시 상황과 자료를 보고 이어지는 질문에 답하시오.

○○공사 직원 G는 본사 내 기념관 건설을 위한 건설사를 선정하려 한다.

〈건설사 평가기준〉

업체 \ 기준	공사단가	예상기간	계약금	평판	업체규모
A 건설사	200억 원	13개월	20억 원	★★★☆☆	대형
B 건설사	180억 원	12개월	18억 원	★★★★☆	중형
C 건설사	150억 원	13개월	15억 원	★★☆☆☆	소형
D 건설사	160억 원	15개월	10억 원	★★★★★	대형
E 건설사	170억 원	13개월	15억 원	★★★☆☆	중형

〈순위－점수 환산표〉

순위	1위	2위	3위	4위	5위
점수	5점	4점	3점	2점	1점

- 5개 기준(공사단가, 예상기간, 계약금, 평판, 업체규모)에 대하여 각 기준별로 5개 업체를 비교하여 순위를 매긴 후 〈순위－점수 환산표〉에 따라 점수를 부여한다.
- 순위는 1위부터 매기며, 공사단가가 저렴할수록, 예상기간이 짧을수록, 계약금이 적을수록, 평판은 ★의 개수가 많을수록, 업체규모가 클수록 높은 순위를 부여한다.
- 2개 이상 업체의 순위가 같을 경우 그다음 순위의 업체는 순위가 동일한 업체의 수만큼 밀려난다.
  ※ 예를 들어 A, B, C 모두 1위인 경우, 그다음 순위인 D는 4위가 된다.
- 직원 G는 각 기준에 의한 환산점수의 합인 합산점수가 가장 높은 업체를 선택한다. 단, 합산점수가 동일한 경우 공사단가가 더 저렴한 업체를 선택한다.

30. 다음 중 직원 G가 선택할 업체로 가장 적절한 것은?

① A 건설사 ② B 건설사 ③ C 건설사
④ D 건설사 ⑤ E 건설사

31. 최초의 기준에 다음 변경사항을 적용할 경우 직원 G가 선택할 업체로 가장 적절한 것은?

- 안전이 가장 중요하다는 의견에 따라 업체 평판의 환산점수에 3을 곱한 값을 새로운 환산점수로 변경하였다.
- 빠른 완공이 중요하다는 의견에 따라 예상기간의 환산점수에 2를 곱한 값을 새로운 환산점수로 변경하였다.

① A 건설사 ② B 건설사 ③ C 건설사
④ D 건설사 ⑤ E 건설사

32. 최초의 기준에 다음 변경사항을 적용할 경우 직원 G가 선택할 업체로 가장 적절한 것은?

- 공사단가와 계약금을 환산점수 기준에서 제외하고, 계약금비율을 새로운 기준으로 삼는다.
  ※ 계약금비율＝(계약금/공사단가)×100(%)
  ※ 계약금비율이 낮을수록 높은 순위를 부여한다.
- 업체규모에 대한 순위를 매기지 않고, 대형일 시 4점, 중형일 시 2점, 소형일 시 0점의 환산점수를 부여한다.

① A 건설사 ② B 건설사 ③ C 건설사
④ D 건설사 ⑤ E 건설사

[33 ~ 35] 다음 제시 상황과 자료를 보고 이어지는 질문에 답하시오.

○○공단 민 대리는 고용동향에 관한 통계를 바탕으로 보고서를 작성하려고 한다.

〈실업률 동향〉

구분		2X17년	2X18년	2X19년					2X20년	
		연간*	연간	연간	1분기*	2분기	3분기	4분기	1분기	2분기
• 실업자수(만 명)		102.3	107.3	106.4	124.8	117.6	94.6	89.1	116.2	122.6
• 실업자수 증감**(만 명)	남성	1.2	2.3	△0.3	3.3	△2.7	△12.7	△3.2	17.1	4.1
	여성	0.1	2.7	△0.6	2.2	△4.0	△10.8	△2.3	10.0	2.3
• 실업률(%)		3.7	3.8	3.8	4.5	4.1	3.3	3.1	4.2	4.4
	15 ~ 29세	9.8	9.5	8.9	9.7	10.6	8.1	7.1	8.8	10.1
	30 ~ 39세	3.3	3.4	3.3	3.4	3.8	3.2	2.9	3.2	3.7
	40 ~ 49세	2.1	2.5	2.3	3.6	2.4	2.1	2.0	2.4	2.8
	50 ~ 59세	2.2	2.5	2.5	3.0	2.6	2.3	2.2	3.0	3.5
	60 ~ 69세	2.9	3.1	3.4	5.7	3.1	2.3	2.8	5.3	3.5

△ : 감소를 의미

* 연간은 연간 평균값을 의미, 각 분기는 각 분기별 평균값을 의미

** 전년 동기와 비교하여 증감된 값

예) 2X19년 1분기 여성 실업자수 증감=2X19년 1분기 여성 실업자수−2X18년 1분기 여성 실업자수

〈비경제활동인구 동향〉

구분		2X17년	2X18년	2X19년					2X20년	
		연간*	연간	연간	1분기*	2분기	3분기	4분기	1분기	2분기
• 비경제활동인구(만 명)		1,618.0	1,628.4	1,632.1	1,627.0	1,628.8	1,638.8	1,635.8	1,647.1	1,711.4
• 경제활동참가율(%)		63.2	63.1	63.3	62.4	63.9	63.6	63.4	62.5	62.7
• 비경제활동인구 증감**(만 명)		△1.3	10.4	3.7	4.4	1.8	8.0	△1.0	11.3	64.3
	육아	△9.6	△7.5	△1.5	△2.6	△1.1	△0.1	△2.4	0.2	4.9
	가사	0.8	7.6	△13.7	△8.8	△14.3	△13.0	△16.9	△7.9	19.6
	재학·수강 등	△9.1	△10.6	△12.7	△14.1	△14.6	△9.2	△13.1	△9.8	△8.2
	연로	8.1	1.5	0.3	2.8	△0.4	△0.3	△1.1	△1.0	5.6
	쉬었음	10.8	11.8	23.8	15.2	22.4	29.9	27.7	25.1	35.0
	취업준비	4.5	2.4	3.4	10.7	3.2	4.1	1.9	△0.9	6.4

△ : 감소를 의미

* 연간은 연간 평균값을 의미, 각 분기는 각 분기별 평균값을 의미

** 전년 동기와 비교하여 증감된 값

예) 2X19년 1분기 비경제활동인구 증감=2X19년 1분기 비경제활동인구−2X18년 1분기 비경제활동인구

33. 제시된 자료를 바탕으로 민 대리는 보고서에 〈보기〉의 내용을 추가하고자 한다. 다음 중 빈칸에 들어갈 알맞은 수치는?

보기

비경제활동인구는 2X16년 (　　　　)만 명, 2X17년 1,618만 명, 2X18년 1,628.4만 명, 2X19년 1,632.1만 명으로 2X17년부터 확연한 증가추세를 보이고 있으며, 2X20년에도 이러한 추세가 이어질 것으로 예상된다.

① 1,616.7　　② 1,619.3　　③ 1,627.1
④ 1,628.4　　⑤ 1,629.5

34. 다음 중 위 자료를 이해한 내용으로 적절하지 않은 것은?

① 2X19년 분기별 실업자수는 감소하는 추세이다.
② 비경제활동인구과 경제활동참가율은 항상 반비례하지 않는다.
③ 2X19년 분기별 50대의 실업률은 지속적으로 감소하였다.
④ 15 ~ 29세의 실업률은 전체 실업률보다 항상 크다.
⑤ 재학 · 수강 등의 연간 평균 비경제활동인구 증감은 2X17년부터 2X20년까지 매년 감소하고 있다.

35. 민 대리가 위 자료를 바탕으로 그래프를 작성하고자 한다. 다음 중 적절하지 않은 것은?

① 〈2X16 ~ 2X19년 연간 평균 실업자수〉

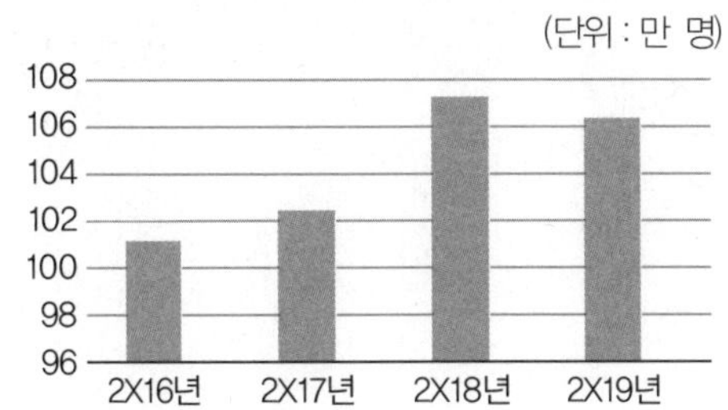

② 〈2X19년 분기별 경제활동참가율〉

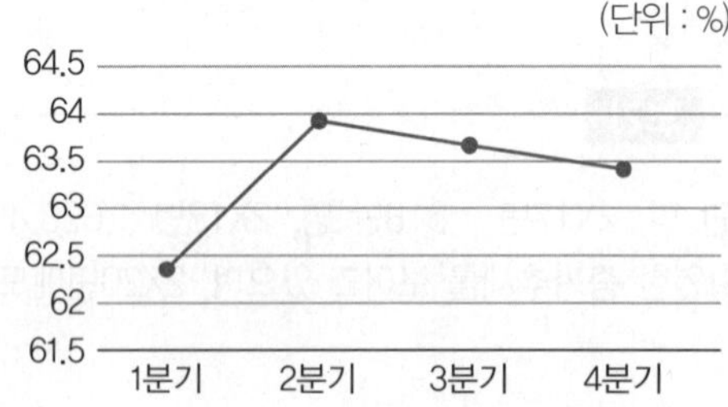

③ 〈2X19년 분기별 평균 실업자수 증감〉

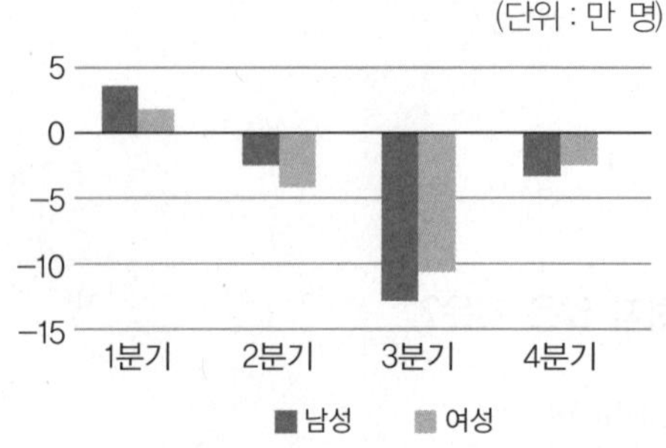

④ 〈분기별 30 ~ 40대 실업률〉

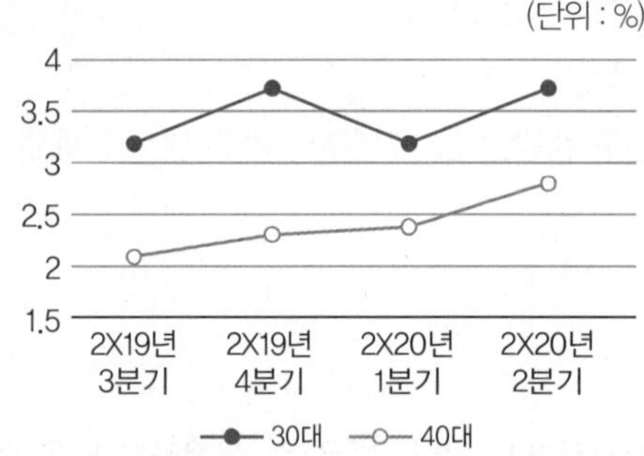

⑤ 〈2X16 ~ 2X19년 연간 평균 비경제활동인구〉

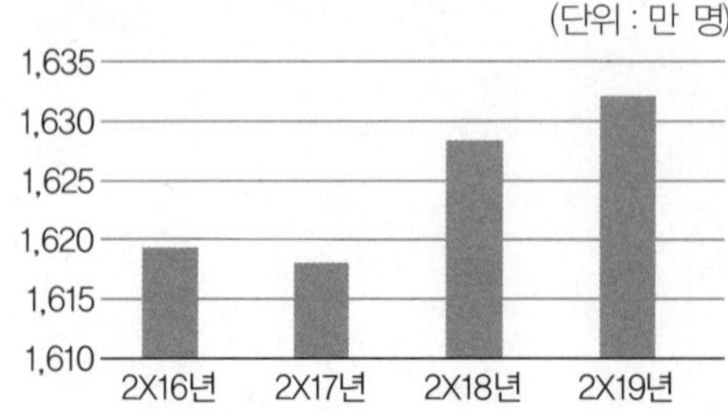

[36 ~ 38] 다음 제시 상황과 자료를 보고 이어지는 질문에 답하시오.

○○기업 장 과장은 현재 기업에서 시행하고 있는 협력이익공유제도에 대한 자료를 보고 있다.

〈협력이익공유제도〉

• 정의

위탁 · 수탁거래 관계에 있는 기업 간의 상생협력으로 발생한 위탁기업의 협력이익을 사전에 상호 간 약정한 기준에 따라 공유하는 제도로, 협력의 범위는 프로젝트, 개별기업 간 협력, 물품 · 부품 등 기업의 상황에 따라 자율적으로 선택함.

– 협력이익 : 수탁기업의 실질적 혜택을 도모하기 위해 판매량, 영업이익과 같은 재무적 성과로 한정한다.

– 사전약정 : 수탁기업 등의 혁신노력을 유발할 수 있도록 판매수익배분율, 인센티브율 등에 관한 사전계약을 반드시 체결해야 한다.

– 이익공유 : 협력사업 등을 통해 달성한 성과를 위탁기업의 재무적 성과와 연계하여 이익을 공유한다.

• 협력이익공유제도 내 이익공유 유형

협력사업형	인센티브형	마진보상형
제조업	전 업종	플랫폼 업종(유통, IT)

1) 협력사업형(협력사업형의 경우 위탁기업의 기업가치가 상승하는 효과가 있음)

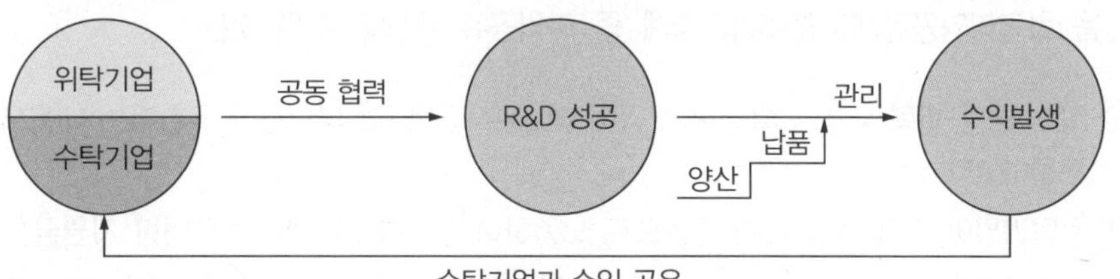

2) 인센티브형

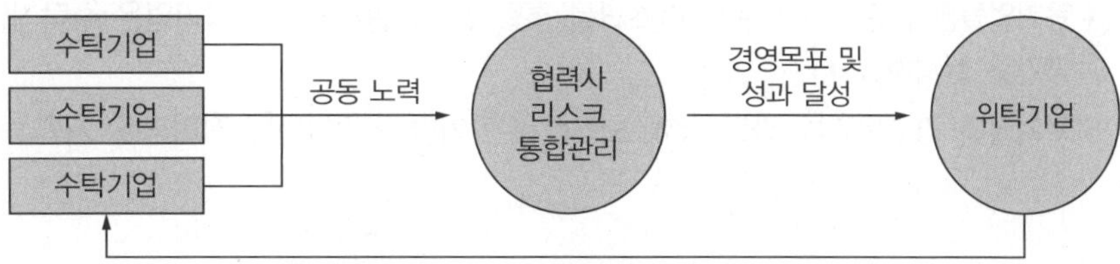

3) ⓐ 마진보상형

– IT : 위탁기업이 플랫폼의 역할을 하는 수탁기업에 콘텐츠를 제공하고, 콘텐츠를 판매한 수탁기업이 위탁기업이 제공한 콘텐츠의 재무적 성과와 연계해 이익을 응용한다.

– 유통 : 위탁기업이 플랫폼의 역할을 하는 수탁기업에게 상품을 제공하고, 위탁기업이 상품을 판매한 수탁기업의 재무적 성과와 연계해 이익을 응용한다.

36. 다음 중 위 자료를 이해한 내용으로 적절하지 않은 것은?

① 개별기업 간의 협력은 협력이익공유제도의 협력범위에 포함되지 않는다.

② 협력이익은 수탁기업의 혜택을 도모하기 위해 재무적 성과로 한정한다.

③ 협력사업형 이익공유를 통해 위탁기업은 기업가치 상승을 도모할 수 있고, 수탁기업은 수익을 분배받을 수 있다.

④ 이익공유 유형은 업종에 따라 다양하게 적용될 수 있다.

⑤ 인센티브형 이익공유를 통해 위탁기업은 수탁기업을 자체적으로 평가한 후 그에 따라 인센티브를 제공한다.

37. 다음 협력이익공유제도의 도입 사례 중 이익공유 유형이 다른 것은?

① R&D 공동 협력을 통해 발생한 수익에 대해 수탁기업과 이익을 공유한다는 내용의 사전약정을 체결하였다.

② 위탁기업이 수탁기업들에게 공동으로 노력하여 성과를 달성한 것에 대한 지원금을 지급하였다.

③ 사전약정을 통해 수탁기업의 기술력에 대한 경영목표를 설정한 후 위탁기업이 수탁기업의 달성률에 따라 성과급을 지급하였다.

④ 수탁기업들은 안전관리에 관한 리스크를 통합적으로 관리하며 위탁기업은 수탁기업에 대해 자율평가를 실시하였다.

⑤ 위탁기업의 경영목표를 위해 함께 노력한 수탁기업을 평가하여 장려금을 지원하였다.

38. 〈보기〉는 밑줄 친 ⓐ의 사례를 그림으로 나타낸 것이다. 다음 중 ㉠, ㉡에 들어갈 내용이 바르게 연결된 것은?

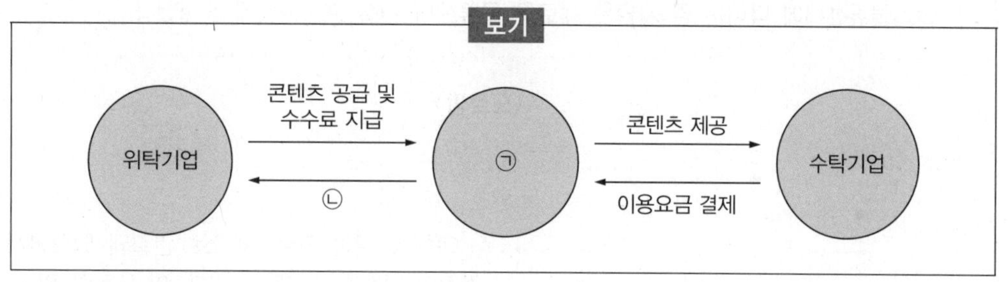

	㉠	㉡
①	유통 플랫폼	목표 이용자 수 달성 시 수수료 1개월 면제
②	IT 플랫폼	콘텐츠 판매 수익에 따른 수수료 인하율 우대
③	유통 플랫폼	가맹점이 본점 상품을 판매해 얻은 영업이익의 1%를 환급
④	IT 플랫폼	상품 판매 목표 매출액 달성 시 수익 배분
⑤	유통 플랫폼	성과 자율평가 기준에 따른 지원금 제공

[39 ~ 40] 다음 제시 상황과 자료를 보고 이어지는 질문에 답하시오.

○○물류센터에 다니는 김 사원은 새로운 물류센터 건설 프로젝트에 참여했다.

〈도로망〉

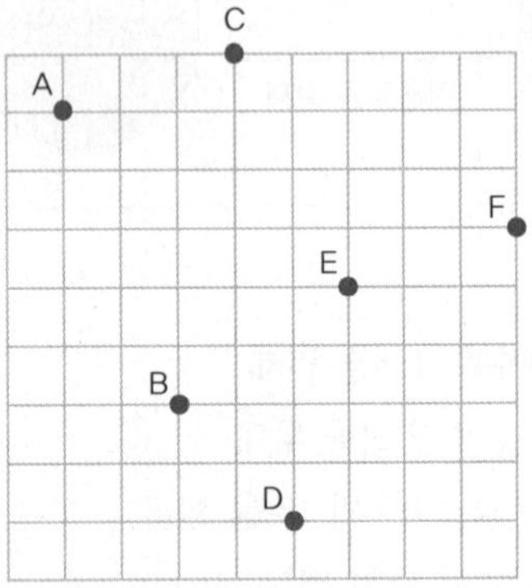

그림과 같이 가로, 세로로 연결돼 있으면서 간격이 일정한 도로망이 있다. 이 도로망 위 점(●)에 위치해 있는 A ~ F 6개의 소매점에 물건을 공급하는 물류센터를 건설하려고 한다(단, 가장 작은 정사각형의 한 변의 길이는 1km이다).

39. 다음 〈조건 1〉에 따라 물류센터를 건설했을 때, 물류센터로부터 A ~ F 6개 소매점에 물류를 운송하는 데 필요한 비용은?

조건 1

(가) 물류센터는 도로와 도로의 교차점에 건설한다.
(나) 물류센터는 각 소매점까지의 거리의 합이 최소가 되는 지점에 건설한다.
(다) 운송비용은 거리 1km당 10,000원이다.

① 220,000원　② 230,000원　③ 240,000원　④ 250,000원　⑤ 260,000원

40. 다음 〈조건 2〉에 따라 물류센터를 건설했을 때, 물류센터로부터 A ~ F 6개 소매점에 물류를 운송하는 데 필요한 비용은?

조건 2

(가) 물류센터는 도로와 도로의 교차점에 건설한다.
(나) 물류센터는 물류를 운송하는 데 필요한 비용이 최소가 되는 지점에 건설한다.
(다) 물류를 물류센터로부터 A, B, C 소매점으로 운송하는 비용은 거리 1km당 10,000원이고, D, E, F 소매점으로 운송하는 비용은 거리 1km당 20,000원이다.

① 360,000원　② 370,000원　③ 380,000원　④ 390,000원　⑤ 400,000원

[41 ~ 43] 다음 글은 스마트 스테이션에 관한 정보이다. 이어지는 질문에 답하시오.

〈스마트 스테이션〉

• 스마트 스테이션의 특징
- 스마트 스테이션은 기존 도시철도 역사(驛舍)와 달리 정보통신기술(ICT)을 접목한 미래형 도시철도 정거장이다.
- 현재 분산되어 있는 역사 관리 정보를 ICT 기술을 통해 통합플랫폼으로 구축하는 것으로, 하나의 시스템을 통해 통합관리가 가능하다.
- 수집된 도시철도 역사 평가 DB를 통해 역사의 구조, 이용객의 동선, 수요 등을 사전에 분석하고 이를 효과적으로 예측 및 설계한다.
- 역무원이 IoT 허브를 통해 역내에 모든 시설물을 관리하기 때문에 보다 빠르게 대응한다.
- ICT 기술을 통해 분석된 이용객 개개인의 상황별 정보로 각자에게 맞춤형 정보를 제공한다.

구분	내용
기대효과	1. 통합적인 관리 : 3D 지도, IoT 센서, 지능형 CCTV 등이 유기적으로 기능하여 보안 · 재난 · 시설물 · 고객서비스 등 다양한 분야에서 통합적인 관리 가능 2. 위험 감시 및 추적 : 역사 내 지능형 CCTV, 열화상 카메라 등을 활용한 스마트 센서와 상황인식 기반 기술로, 역무원이 자리를 비워도 범죄 및 테러 위험 방지 가능 3. 혼잡도 관리 : IoT · ICT 기술을 이용하여 혼잡도를 실시간으로 수집 및 분석한 정보 제공 4. 에너지 비용 절감 : 빅데이터 기반 저비용 모니터링 기술을 통해 에너지 통합관리 시스템을 운영하여 일반 역사보다 비용 절감 가능 5. 쾌적한 실내 환경 유지 : 인공지능으로 실내 공기 오염도를 분석하여 쾌적한 실내를 유지하며 다양한 기술 활용에 따른 운영비용 최소화
시범 구축 결과 (일반 역사와 비교)	1. 역사 평균 순회시간 : 28분 → 10분 (단축) 2. 긴급상황 발생 시 평균 대응 시간 : 11분 → 3분 (단축) 3. 보안 관련 운영 효율 상승
개선사항	1. 교통약자 서비스 강화 : 휠체어 자동감지 기능 추가로 역무원에게 실시간으로 전달하기 2. 모바일 버전 구축 : 자리와 시간에 제한 없이 모니터링하기 3. 수집 정보 표준화 : 각 부서별 IoT 단말 수집 정보 표준화로 돌발 상황에 신속하게 대응하도록 IoT 플랫폼 구축하기

• 스마트 스테이션 적용 기술

기술	3D 지도	지능형 CCTV
특징	- 3D로 한눈에 파악하는 역사 내부 - 화재 등 긴급상황 발생 시 위치와 상황을 입체적으로 파악하여 신속하게 대응 가능	- 200만 화소 이상의 영상 화질 - 객체인식 기능으로 역사 내 화재나 제한 구역에 발생한 무단침입 실시간 확인 가능 - 3차원으로 표현한 위치별 폐쇄회로 화면을 통한 가상순찰 가능

41. 위 자료를 읽고 스마트 스테이션에 대해 이해한 내용으로 옳지 않은 것은?

① 이용객에게 맞춤형 정보를 제공할 수 있어.

② 스마트 스테이션의 다양한 기술은 운영비용을 최대화되게 해.

③ 시범 구축 후 개선사항에 따라 교통약자를 위한 서비스가 강화될 거야.

④ 스마트 스테이션의 통합플랫폼은 ICT 기술을 기반으로 하고 있어.

⑤ 혼잡한 정도를 수집 및 분석하기 때문에 실시간으로 관련 정보를 제공받을 수 있어.

42. 다음 중 위 자료에 따라 일반 역사와 스마트 스테이션의 특징을 비교한 내용으로 적절한 것은?

구분		일반 역사	스마트 스테이션
①	가상순찰	가능	불가능
②	긴급상황 시 평균 대응 시간	빠름	느림
③	역무원 부재 시 테러 방지	가능	불가능
④	통합 관리	가능	불가능
⑤	역사 평균 순회시간	긺	짧음

43. 다음의 스마트 스테이션을 나타낸 그림을 보고 직원 남다름 씨가 내린 판단으로 적절하지 않은 것은?

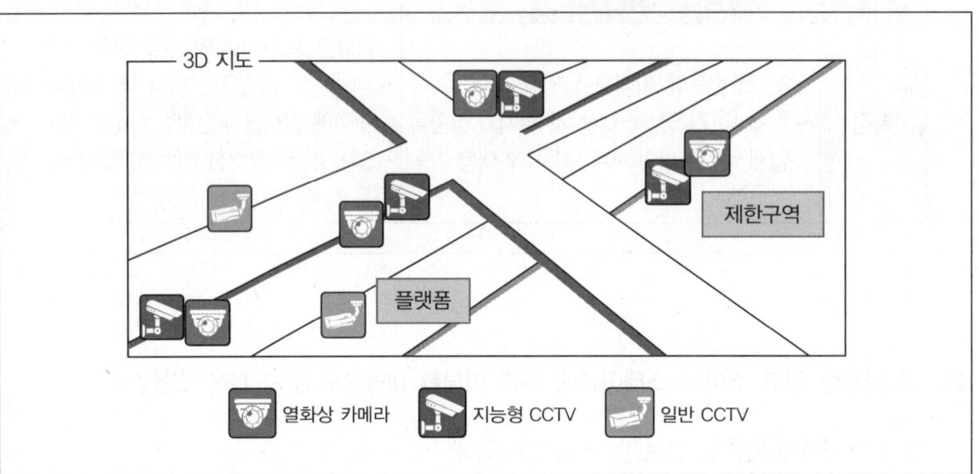

① 일반 CCTV로만 범죄자를 뚜렷하게 식별 가능하다.

② 3D 지도로 역사 내부를 한눈에 파악할 수 있다.

③ 긴급상황 시 평면형 지도보다 3D 지도로 위치를 더 정확하게 파악할 수 있다.

④ 역사 내 지능형 CCTV와 열화상 카메라를 같이 설치하여 근무자 부재 시에도 위험상황 방지가 가능하다.

⑤ 제한구역 바로 앞에 지능형 CCTV를 설치함으로써 무단침입이 발생했다는 정보를 실시간으로 제공받을 수 있다.

[44 ~ 46] 다음 제시 상황과 자료를 보고 이어지는 질문에 답하시오.

○○시 수도관리센터에서 근무하는 P는 상하수도 요금 정산 기준을 바탕으로 고객들과 수도 요금 관련 상담을 하고 있다.

• 상하수도 요금표

업종별 사용요금				수도계량기 구경별 정액요금	
업종	사용량(m^3)	상수도요금(원)	하수도요금(원)	구경	요금(원)
가정용	1 ~ 20 21 ~ 30 31 이상	670 1,010 1,350	588 785 1,323	13mm 20mm 25mm 32mm 40mm 50mm 75mm 100mm 150mm 200mm	710 1,590 2,740 3,700 6,060 9,770 19,370 32,580 65,830 89,900
일반용	1 ~ 100 101 ~ 300 301 ~ 1,000 1,001 ~ 2,000 2,001 이상	810 1,220 1,350 1,490 1,620	693 1,194 1,565 1,847 2,117		
대중탕용	1 ~ 1,000 1,001 ~ 2,000 2,001 이상	890 1,020 1,330	838 1,115 1,580		

– 상수도요금은 상수도 사용량에 대한 요금과 수도계량기 구경별 정액요금을 합산

– 하수도요금과 물 이용부담금은 사용량에 대한 요금만 계산하여 부과

예) 20mm 구경을 사용하는 가정의 상수도 사용량이 $30m^3$일 시 {670×20(m^3)+1,010×10(m^3)+1,590}=25,090(원)

– 물 이용부담금은 업종에 관계없이 $1m^3$당 170원 부과(상수도 사용량만 고려)

• 업종구분표

업종	업태
가정용	1. 가사용 급수 2. 담배 · 연단 · 양곡 · 문방구 · 지물포 · 철물 등의 소매업 및 부동산중개업 · 인장업 · 행정서사업 · 수예점 · 한복집 · 만화가게 · 구멍가게 · 전파사 · 분식점(업체면적 $10m^2$ 미만의 소규모 가게) 3. 기숙사 4. 국가 · 지방자치단체에 등록된 사회복지수용시설 및 국가유공자 단체
대중탕용	일반목욕장업
일반용	가정용 및 대중탕용 등에 속하지 않는 모든 급수

44. 상수도와 하수도를 각각 $20m^3$씩 사용하는 가정에서 지불하게 될 물 사용량에 따른 수도요금은 총 얼마인가? (단, 구경별 정액요금은 고려하지 않는다)

① 26,800원 ② 28,560원 ③ 31,780원
④ 35,420원 ⑤ 40,310원

45. P가 온라인 질의응답 게시판에 올라온 다음의 문의 사항에 답변할 내용으로 적절한 것은?

> 안녕하세요. ○○시에서 대중목욕장, 슈퍼, 구멍가게를 운영 중인 사업자입니다. 현재 목욕탕은 $300m^2$, 슈퍼는 $200m^2$, 구멍가게는 $5m^2$로 운영 중입니다. 그런데 이번에 사업장 확대로 목욕탕은 $500m^2$로 운영하게 되었고, 슈퍼와 구멍가게는 규모를 각각 1.5배, 3배 확대하게 되었습니다. 대중탕의 수도계량기도 종전 75mm에서 100mm로 바꾸게 되었는데 수도 요금에 어떤 변화가 있을지 궁금합니다.

① 구경별 정액요금이 변동되고 슈퍼에 적용되는 요금제도가 변동될 예정입니다.
② 대중탕 구경별 요금만 19,370원에서 32,580원으로 바뀌고 다른 업종은 변동 없습니다.
③ 요금 정산 기준에 변동이 없어서 물 사용량에 따라 이전과 같은 방식으로 책정됩니다.
④ 구경별 정액요금과 함께 세 업종 모두 요금이 기존과 다르게 책정됩니다.
⑤ 구경별 정액요금이 변동되고 구멍가게가 가정용에서 일반용 요금으로 전환됩니다.

46. P는 다음 고지서를 바탕으로 한 고객과 전화 상담 중이다. 상담 내용으로 적절한 것은?

〈상하수도 사용료 고지서 20XX년 8월분〉

- 성명 : 이△△
- 주소 : ○○시 ○○구 ○○동 123 ~ 4
- 업종 : 분식점업
- 면적 : 20m^2
- 구경 : 25mm
- 감면가구 : 해당 없음.

구분	사용량	사용요금	구경별 정액요금	정산금액
상수도요금	100m^3	81,000원	2,740원	83,740원
하수도요금	200m^3	188,700원	2,740원	191,440원
물 이용부담금	100m^3	17,000원	-	17,000원
계	400m^3	286,700원	5,480원	292,180원

20XX년 9월 10일

① 상수도요금이 사용량에 비해 너무 많이 부과된 것 같네요.

② 물 이용부담금 산정에 적용된 사용량이 잘못 입력된 것 같네요.

③ 가정용 요금을 적용받으셔야 하는데 일반용 요금을 적용받으신 것 같네요.

④ 구경별 정액요금이 하수도요금에도 부과되어서 정산금액이 높게 계산된 것 같네요.

⑤ 감면 혜택이 누락되어 잘못 책정된 것 같네요.

[47 ~ 48] 다음 제시 상황과 자료를 읽고 이어지는 질문에 답하시오.

A사에서 근무하는 차 사원은 교통 상황 정보를 제공하는 업무를 맡았다.

〈도로 교통 상황〉

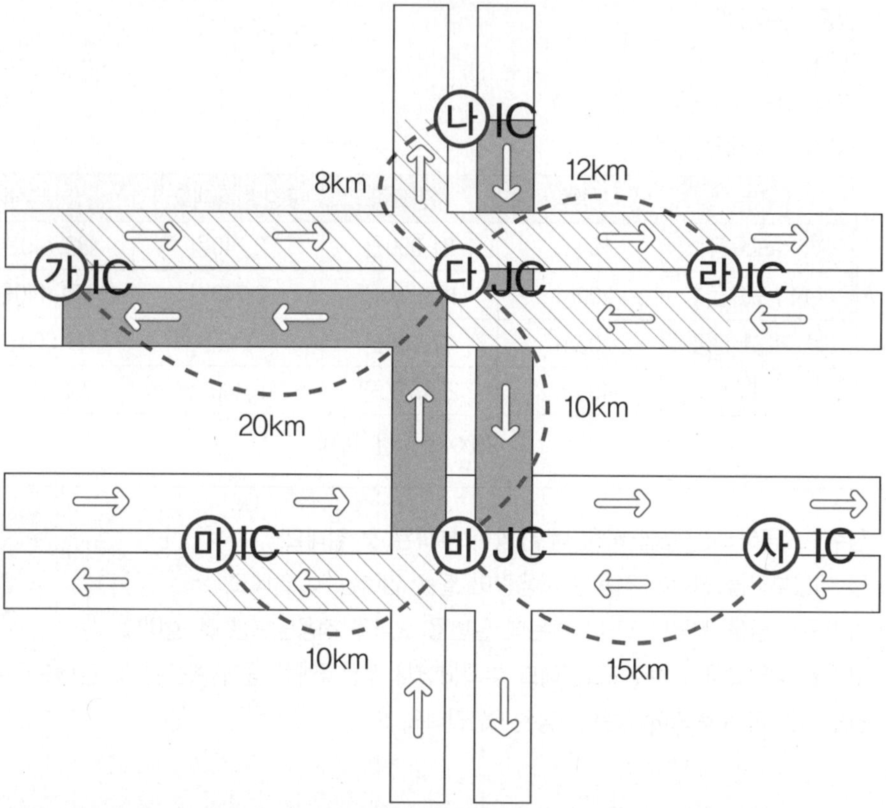

나IC
8km
12km
가IC
다JC
라IC
20km
10km
마IC
바JC
사IC
10km
15km

도시	구분	평균 운행 속도
■	정체 단계	30km/h
▨	서행 단계	1km/min
□	원활 단계	1.5km/min

※ 주어진 교통 상황은 평일 13 : 00부터 16 : 00까지 바뀌지 않는다.

※ ㉰ ~ ㉱ 구간과 ㉲ ~ ㉳ 구간은 보수 작업이 진행 중이다.

※ 보수 작업이 진행 중인 구간에 진입 시 속도가 $\frac{2}{3}$로 감소한다.

47. B사의 김 사원은 13시에 ㉮ IC에서 출발하여 ㉱ IC에서 1시간 동안 업무를 수행한 후 ㉯ IC에 가야한다. 최대한 빠르게 이동했을 때, 김 사원이 ㉯ IC에 도착하는 시간은 언제인가?

① 15시 08분 ② 15시 14분 ③ 15시 20분
④ 15시 26분 ⑤ 15시 28분

48. A사는 추석 연휴의 도로 정체 심화와 교통사고 증가에 대해 〈보기〉와 같이 대책을 세웠을 때, 시간이 가장 적게 걸리는 경로는?

보기

- 차량 증가로 인해 전 구간의 차량 운행 속도가 평소보다 30% 감소할 것입니다.
- 음주운전을 단속하기 위해 JC에서 음주측정을 진행할 예정입니다. 따라서 JC를 지나갈 때마다 15분이 소요됩니다.
- 도로 정체를 가중시키지 않도록 추석 연휴 동안 보수 작업을 중단할 예정입니다. 따라서 해당 구간에서 작업으로 인한 속도 감소는 발생하지 않을 것입니다.

① ㉮ IC → ㉰ JC → ㉳ JC → ㉲ IC
② ㉯ IC → ㉰ JC → ㉳ JC → ㉴ IC
③ ㉮ IC → ㉰ JC → ㉳ JC → ㉴ IC
④ ㉲ IC → ㉳ JC → ㉰ JC → ㉮ IC
⑤ ㉴ IC → ㉳ JC → ㉰ JC → ㉮ IC

[49 ~ 50] 다음 자료를 보고 이어지는 질문에 답하시오.

〈객실 예약 및 환불 안내〉

◆ 객실 안내

A 타입	B 타입	C 타입	D 타입	E 타입
대여료 400,000원	대여료 300,000원	대여료 250,000원	대여료 200,000원	대여료 150,000원
50인 수용 가능	40인 수용 가능	35인 수용 가능	30인 수용 가능	25인 수용 가능
방 5개	방 3개	방 2개	방 2개	방 2개
개별 냉방, 취사 가능	개별 냉방, 취사 가능	개별 냉방	개별 냉방, 취사 가능	개별 냉방

※ 예약 시 대여료의 20%에 해당하는 선입금을 지불하셔야 예약이 확정됩니다.

◆ 객실 환불 규정

구분	환불기준		비고
시설 사용예정일 이전 및 당일에 예약을 취소한 경우	사용예정일 5일 전까지 취소 또는 계약체결 당일 취소	선입금 전액 환불	• 기간 계산 시 토요일 또는 공휴일을 포함하며, 사용예정일은 산입하지 않습니다. • 계약체결 당일이란 이용객이 선입금을 지불 완료하여 계약이 체결된 당일을 의미합니다. • 계약체결일이 사용예정일 이전 4일 이내인 경우, 당일 취소 시 전액 환불은 불가하며, 사용예정일 기준으로 환불됩니다. • 환불에 따라 발생하는 이체수수료(1,000원)가 제외된 금액이 환불됩니다.
	사용예정일 3일 전까지 취소	선입금의 90% 환불	
	사용예정일 2일 전까지 취소	선입금의 80% 환불	
	사용예정일 1일 전까지 취소	선입금의 70% 환불	
	사용예정일 전날부터 당일까지 취소	환불 불가	
관리자의 사정으로 시설사용이 불가능한 경우	선입금 전액 환불		이체수수료는 ○○시설에서 부담합니다.
천재지변, 그 밖의 불가항력에 의해 시설사용이 불가능한 경우	이체수수료의 50%(500원)를 제외한 선입금 전액 환불		환불 기준은 기상청에서 강풍 · 호우 · 대설 · 해일 · 태풍주의보 또는 경보를 발령한 경우로 한정합니다.

49. 〈보기〉의 지시사항에 따라 예약을 할 경우, ○○시설에 지불해야 할 선입금 금액은?

보기

이번 직원 리더십 워크숍 참여인원은 남자 10명, 여자 18명으로 총 28명이므로 두 개의 객실을 예약하는 것이 좋을 것 같습니다. 이 경우, 취사는 최소 한 개의 객실에서 가능해야 하고, 개별 냉방은 두 개의 객실 모두 가능해야 합니다. 이러한 사항을 참고해서 최소 금액으로 객실을 예약해 주시기 바랍니다.

① 70,000원　② 80,000원　③ 90,000원
④ 100,000원　⑤ 120,000원

50. 다음은 ○○시설 Q&A 게시판에 올린 문의에 대한 상담원의 답변이다. 답변의 빈칸에 들어갈 내용으로 적절한 것은?

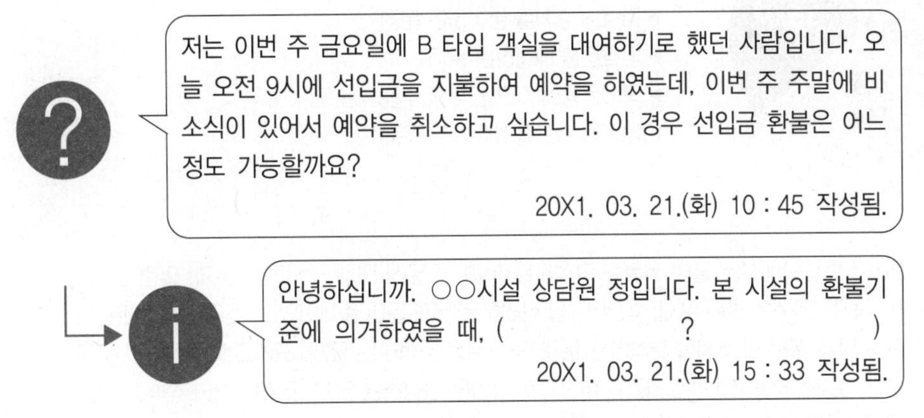

① 천재지변에 의한 예약 취소이므로 이체수수료를 제외한 전액 환불이 가능합니다.
② 관리자 사정에 의한 예약 취소이므로 전액 환불이 가능합니다.
③ 계약체결 당일 예약을 취소하는 경우이므로 이체수수료를 제외한 전액 환불이 가능합니다.
④ 사용예정일 사이에 토요일이 포함되어 있으므로 사용예정일 2일 전에 환불신청을 하신 것으로 인정되어 선입금의 80%가 환불됩니다.
⑤ 사용예정일 3일 전에 환불신청을 하시는 경우이기 때문에 이체수수료를 제외하고 선입금의 90%를 환불받으실 수 있습니다.

고시넷 매일경제 NCS

영역별 출제비중

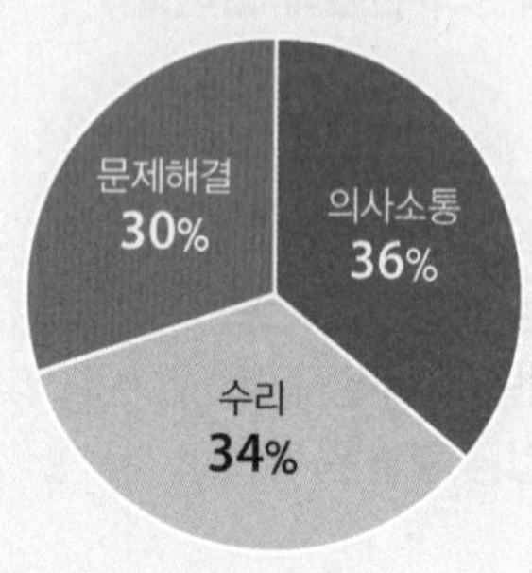

- ▶ 글의 제목을 선정하는 문제
- ▶ 질문에 대해 답변을 하는 문제
- ▶ 자료의 수치를 분석하는 문제
- ▶ 암호문을 해석하는 문제
- ▶ 국제동향에 따라 업무를 수행하는 문제
- ▶ 비판적 사고를 이해하는 문제

매일경제형 의사소통능력에서는 글의 제목을 작성하는 문제, 질문에 대해 답변하는 문제, 일련번호를 표기하는 문제, 공문서를 작성하는 문제, 약관내용을 정리하는 문제 등이 출제되었다. 수리능력에서는 점검률을 계산하는 문제, 자료의 수치를 분석하는 문제, 암호문을 해석하는 문제, 그래프를 작성하는 문제 등이 출제되었다. 문제해결능력에서는 자료를 바탕으로 사업을 선정하는 문제, 조건에 따라 점수를 계산하는 문제, 비판적 사고에 대해 문제 문제, 자료의 세부 내용을 확인하는 문제 등이 출제되었다.

매일경제

4회 출제유형모의고사

영역	총 문항 수
의사소통능력	50문항
수리능력	
문제해결능력	

NCS란? 산업 현장에서 직무를 수행하기 위해 요구되는 각종 지식, 기술, 태도 등의 내용을 국가가 체계화한 것을 의미한다.

직업기초 4회

기출예상문제

문항수 | 50문항

▸ 정답과 해설 34쪽

[01 ~ 02] 다음의 제시 상황과 자료를 보고 이어지는 질문에 답하시오.

○○공사 대리 C는 스마트 건설기술에 대한 보도자료를 검토하고 있다.

○○공사와 ◎◎건설기술연구원은 스마트 건설기술 개발사업의 성공적인 완수를 목표로 ○○공사 본사에서 업무협약을 체결했다고 밝혔다.

도로실증을 통한 스마트 건설 개발 사업은 2X22년 4월 28일부터 2X25년 12월 31일까지 3년 8개월 동안 진행되는 사업으로 건설생산성 25% 향상, 공기단축 25% 감소, 재해율 25% 감소, 디지털화 25% 증가를 목표로 한다. 총 156개 기관과 총 1,076명의 연구자가 참여하며 정부출연금(1,418억 원)과 민간부담금(632억 원)을 합해 2,050억 원의 예산으로 진행된다.

두 기관은 스마트 건설기술 개발을 위한 공유와 전문 인력 간 기술교육 및 연구협약의 중요성을 인식하고, 상호 적극 협력하기로 했다. 협약의 세부내용은 관련 분야 정보 교육 및 기술 교류, 연구 및 제도화 협력, 테스트 베드 구축 및 운영(업무협의제 구성) 협력, 해외 개발사업 추진 및 공동수주(프로젝트 TF팀 구성) 협력 등이다.

○○공사는 스마트 건설기술 개발사업의 전 과정을 책임지는 총괄기관으로서, 전체 세부과제들의 실질적 인계를 위한 통합 플랫폼과 개발기술의 검증을 위한 테스트베드 구축을 추진하며 ◎◎건설기술연구원의 SOC 실증센터, 스마트건설 지원센터 등의 인프라 운영경험이 더해져 시너지 효과를 낼 것으로 기대된다.

○○공사 사장은 "건설기술의 디지털화를 통해 선진국 수준의 기술경쟁력을 확보하고, 대한민국 건설분야가 재도약할 수 있는 기회를 만들겠다."며, "◎◎건설기술연구원을 비롯한 모든 참여기관과 적극 협력하여 스마트 건설기술 개발사업을 반드시 성공으로 이끌겠다."고 밝혔다.

또한 ◎◎건설기술연구원 원장은 "이번 협력을 통해 도로 분야 스마트 건설기반을 마련하고, 이를 항만, 철도, 주택 등 건설 전 분야에 접목해 지속가능한 신시장 창출의 기회로 삼겠다."고 밝혔다.

01. 다음 중 위 보도자료의 제목으로 가장 적절한 것은?

① ◎◎건설기술연구원, 도로건설분야에서 신시장을 만들 기회를 마련한다.

② ○○공사－◎◎건설기술연구원, 스마트 건설기술의 개발과 상용화 위해 협력한다.

③ ○○공사－◎◎건설기술연구원, 서로 다른 목적 달성을 위해 건설기술 사업에 함께 참여한다.

④ ○○공사, 항만, 철도, 주택 등 건설 전 분야의 기술 개발사업의 통합기관으로 업무협의체를 구성하다.

02. 다음 중 위 보도자료를 이해한 내용으로 적절하지 않은 것은?

① 총 150여개의 기관, 1,000명 이상의 연구원이 4개의 목표를 달성하기 위해 스마트 건설 개발사업에 참여한다.

② ◎◎건설기술연구원은 스마트 건설 지원센터나 SOC 실증센터 등의 인프라 운영 경험을 가지고 있다.

③ ◎◎건설기술연구원은 도로뿐만 아니라 항만, 철도, 주택 등에도 스마트 건설기술을 접목시킬 계획이다.

④ ○○공사와 ◎◎건설기술연구원은 업무협약에 따라 국내 개발사업을 추진하고, 이를 위한 TF팀을 만든다.

[03 ~ 04] 다음의 제시 상황과 자료를 읽고 이어지는 질문에 답하시오.

○○기관에서 실행하는 인구주택총조사 방문조사원 Q 씨는 관련 공지사항을 작성하고 있다.

〈20X0 인구주택총조사 방문조사 실시〉

- 방문조사 안내
  20X0 인구주택총조사
- 20X0 인구주택총조사 개요
  - 연혁 : 인구총조사는 1925년, 주택총조사는 1960년 이후 매 5년마다 정기실시
    - 20X0년 인구조사는 제20차, 주택총조사는 제12차에 해당
  - 법적 근거 : 통계법 제5조의3, 지정통계(동법 제17조 제1항)
    ※ 인구총조사 : 지정통계 제101001호, 주택총조사 : 지정통계 제101002호
  - 조사기준 시점 : 20X0년 11월 1일 0시 현재
  - 조사대상 : 대한민국 영토 내에 상주하는 모든 내 · 외국인과 이들이 살고 있는 거처
  - 조사기간 : 인터넷조사 20X0. 10. 15. ~ 10. 31. / 방문조사 11. 1. ~ 11. 18
  - 조사방법 : 전수조사 등록센서스, 표본조사(국민20%)는 인터넷조사와 방문조사를 통한 직접 조사 실시(방문조사 기간에 선택 가능)
    - 등록센서스 : 전국의 모든 가구를 직접 조사하지 않고 주민등록부와 건축물대장 등 공공데이터를 이용해 인구, 가구, 주택에 대한 통계를 생산하는 조사 방법
  - 실시체계 : ○○기관(주관기관), 지방자치단체(실시기관)
  - 결과공표 : 전수(등록센서스) 20X1. 7. / 표본 20X1. 3. ~ 12.
- 조사내용
  - 인구이동 : 출생지, 1 ~ 5년 전 거주지, 통근 · 통학
  - 가족구조 변화 : 가구 구분, 1인 가구 사유, 혼자 산 기간, 반려동물
  - 안전한 사회 : 소방시설 보유 여부, 마시는 물 확보 여부
  - 외국인 : 국적, 입국연월

03. 다음 중 위 자료를 파악한 내용으로 적절하지 않은 것은?

① 인구주택총조사 시행의 법적 근거는 통계법으로 한다.

② 인구주택총조사의 방문조사는 총 18일간 진행된다.

③ 대한민국 영토 외에 상주하는 대한민국 국민은 조사 대상에 해당하지 않는다.

④ 지난 인구주택총조사의 방문조사 시에는 전자조사 방식을 사용하지 않았다.

04. 다음은 조사원 Q 씨가 방문조사에서 회수한 인구주택총조사 조사표의 통합 내용 중 일부이다. ㉠~㉣ 중 적절하지 않은 것은?

20X0 인구주택총조사 조사표

조사원 : ㉠ 지방자치단체 조사원 Q
조사일자 : 20X0년 11월 1일

1. 가구 구분 : 이 가구는 어떻게 구성되어 있습니까?
❶ 1인 가구
② 가족만으로 이루어진 가구
③ 가족과 남이 함께 사는 가구
④ 남남이 함께 사는 가구

2. ㉡ 1인 가구 사유 : 부모, 배우자, 자녀 등과 떨어져 혼자 살고 있는 주된 이유는 무엇입니까?
❶ 본인의 직장 때문에(구직 포함)
② 본인의 학업 때문에
③ 본인의 독립 생활을 위하여
④ 본인의 건강 때문에(요양 포함)
⑤ 가족이 학업, 취업, 혼인, 건강 등으로 타지에 거주하게 되어서
⑥ 가족과 사별

3. 혼자 산 기간 : 혼자 산 기간은 얼마나 되었습니까?
[ ][3] 년 [ ][2] 개월

4. 반려(애완)동물 : 이 가구에서 함께 반려(애완)동물을 키우고 있습니까?
① 있음 → ① 개 ② 고양이 ③ 기타
❷ 없음

5. 마시는 물 : 이 가구에서는 주로 어떤 물을 마십니까? (마시는 물의 종류가 두 가지 이상이거나 가구원별로 다른 경우에는 많이 마시는 한 가지에 표시합니다)
① 수돗물
❷ 생수
③ 기타

6. ㉢ 소방시설 보유 여부 : 이 가구 내에 소방시설이 있습니까?
▣ 소화기
❶ 있음 ② 없음
▣ 화재경보기
❶ 있음 ② 없음

조사결과 공표는 ㉣ 20X1년 7월 예정입니다. 협조에 감사드립니다.

① ㉠
② ㉡
③ ㉢
④ ㉣

[05 ~ 06] 다음 제시된 상황과 자료를 보고 이어지는 질문에 답하시오.

인사팀 김 대리는 행정안전부에서 제공하는 '행정업무운영실무 매뉴얼'을 보고 있다.

○ 「행정 효율과 협업 촉진에 관한 규정」 제3조 제1호(공문서의 정의)
공문서란 행정기관에서 공무상 작성하거나 시행하는 문서(도면 · 사진 · 디스크 · 테이프 · 필름 · 슬라이드 · 전자문서 등의 특수매체기록을 포함한다)와 행정기관이 접수한 모든 문서를 말한다.

○ 「행정 효율과 협업 촉진에 관한 규정」 제4조
문서의 성질에 따라 다음과 같이 구분할 수 있으며, 문서의 작성 형식 및 일련번호 표기법을 준수하여야 한다.

- 법규문서 : 주로 법규사항을 규정하는 문서로서 헌법 · 법률 · 대통령령 · 총리령 · 부령 · 조례 및 규칙 등을 말한다.
- 지시문서 : 행정기관이 그 하급기관 또는 소속 공무원에 대하여 일정한 사항을 지시하는 문서로서 훈령 · 지시 · 예규 및 일일명령 등을 말한다. 지시문서는 행정법에서는 행정규칙 또는 행정명령이란 용어로 사용하고 있다.
  (1) 훈령 : 상급기관이 하급기관 또는 소속공무원에 대하여 상당한 장기간에 걸쳐 그 권한의 행사를 일반적으로 지시하기 위하여 발하는 명령을 말한다.
  (2) 지시 : 상급기관이 직권 또는 하급기관의 문의에 의하여 하급기관에 개별적 · 구체적으로 발하는 명령을 말한다.
  (3) 예규 : 행정업무의 통일을 기하기 위하여 반복적 행정업무의 처리기준을 제시하는 법규문서 외의 문서를 말한다.
  (4) 일일명령 : 당직 · 출장 · 시간 외 근무 · 휴가 등 일일업무에 관한 명령을 말한다.
- 공고문서 : 행정기관이 일정한 사항을 일반에게 알리기 위한 문서로서 고시 · 공고 등이 이에 해당한다.
  (1) 고시 : 민원사무처리 기준표처럼 법령이 정하는 바에 따라 일정한 사항을 일반에게 알리는 문서로서 일단 고시된 사항은 개정이나 폐지가 없는 한 효력이 계속된다.
  (2) 공고 : 입찰, 시험공고 등 일정한 사항을 일반에게 알리는 문서로서 그 내용의 효력이 단기적이거나 일시적인 것을 말한다. 법규문서 외의 문서를 말한다.

※ 일련번호 구분
- 누년 일련번호 : 연도 구분과 관계없이 누년 연속되는 일련번호
- 연도별 일련번호 : 연도별로 구분하여 매년 새로 시작되는 일련번호로서 연도표시가 없는 번호
- 연도표시 일련번호 : 연도표시와 연도별 일련번호를 붙임표(-)로 이은 번호

※ 작성 항목별 표기법
공문서에 작성하는 숫자, 연호, 날짜, 시간, 금액은 정해진 규칙에 의거하여 표기하여야 한다.

05. 다음 중 공문서의 종류별 '일련번호 표기방법'이 올바르게 분류된 것은?

	누년 일련번호	연도별 일련번호	연도표시 일련번호
①	법규문서, 훈령, 예규	일일명령	지시, 고시, 공고
②	법규문서, 훈령	지시, 공고	예규, 고시, 일일명령
③	고시, 공고	법규문서, 훈령	지시, 예규, 일일명령
④	지시, 공시, 공고	예규, 일일명령	법규문서, 훈령

06. 다음 중 공문서의 '작성 항목별 표기법'에 대한 설명으로 가장 적절한 것은?

① '금액'은 한글로 표기한다.
② '숫자'는 아라비아 숫자로 표기한다.
③ '연호'는 서기연호를 쓰고 서기를 함께 표기한다.
④ '날짜'는 숫자로 표기하고 연, 월, 일의 글자를 기입한다.

[07 ~ 08] 다음의 제시 상황과 글을 읽고 이어지는 질문에 답하시오.

건축 비교견적 플랫폼 사무소에 근무하는 신입사원 B는 아래의 고객 대상 건축과정 설명서를 참고하여 업무를 수행하고 있다.

〈부지매입에서 준공까지 건축절차 일반〉

1. 부지매입 : 해당 부지에 어떤 종류의 건축물을 건축할 수 있는지, 어느 정도 규모와 구조의 건축물을 지을 수 있는지를 고려해야 한다. 따라서 건축주가 지형, 지목, 도로 인접 여부, 용도지역 및 공법상 제한사항 등을 확인해야 한다.
2. 건축설계 : 건축주는 안전, 기능, 품질 향상을 위해 최적의 건축계획안을 통해 건축사를 선정한 후 설계를 진행해야 한다.
3. 건축허가
   - 건축허가란, 건축주가 건축설계를 의뢰한 후 건축사가 설계를 완료하고 각종 서류와 설계도면을 구비하여 허가권자(시, 군, 구)에 허가를 신청하는 행위이다. 건축할 대지의 범위와 그 대지의 소유권 관계서류, 현장조사서 등을 기본설계서에 첨부하여 각 시, 군, 구 건축과에 제출하면 건축과에서는 관련 규정을 따져 유관부서와 검토하고 적합 시 허가처리를 한다.
   - 준공 시 허가조건의 이행여부를 확인하므로 건축허가증 교부 시 건축허가조건을 꼭 확인해야 한다.
   - 신축건물의 경우 연면적 100m^{2}를 초과하는 경우 건축허가를 반드시 받아야 하며, 건축허가를 득한 지 1년이 지나서도 공사착공신고서를 제출하지 않으면 건축허가가 취소된다. 단, 사정이 있을 경우 허가 후 1년 이내 착공연기서 제출 시 최대 1년 연기가 가능하다.
4. 착공신고 및 공사감리
   - 착공신고는 시, 군, 구청에서 건축허가를 득한 후 공사를 시작하겠다고 알리는 과정이다. 설계가 완료된 후 감리자와의 계약체결, 시공사와의 계약체결 후 착공신고를 접수한다. 허가권자는 해당 사항 등을 검토하여 착공신고필증을 교부한다.
   - 착공신고에 필요한 서류로는 착공신고서, 설계계약서, 감리계약서, 시공사 관련 서류가 있다. 시공사 관련 서류에는 시공사 면허 및 사업자에 관련된 서류(인감증명, 인감신고, 건설업면허증 등), 공사계약서, 공사예정공정표, 공사관리자 현장대리인계, 폐기물 배출자 신고필증, 안전관리계획서, 품질관리계획서가 있다. 착공신고는 대개 건축주에게 위임을 받아 설계를 진행한 건축사사무소에서 대리한다.
5. 착공 : 착공신고필증을 득한 후 착공을 진행한다. 착공의 큰 단계로는 현황조사 – 대지 및 기반조사 – 가설공사 – 토공사 – 기초공사 – 골조공사가 있다.
6. 사용승인신청 : 사용승인이란 건축물의 공사 완료 시 건축물의 사용을 위해 인허가청에서 사용승인서를 받는 행위이다. 사용승인을 신청하기 위해서는 공사감리자를 지정한 건축주가 감리자에게 감리완료보고서를 사용승인신청서에 첨부하도록 조치해야 한다. 공사감리자를 지정하지 않은 소규모 건축물은 담당공무원이 현장을 점검하여 합격된 건축물에 한해 사용승인서를 교부한다.

07. B는 고객에게 더 보기 쉬운 자료를 제공하기 위해 위 설명서를 도식화하여 방문고객에게 나눠 주기로 했다. 다음 작성된 도식에서 옳은 내용은?

부지매입	건축설계	건축허가
• ① 건축사가 지형, 지목, 도로 인접 여부, 용도지역 및 공법상 제한사항 등을 확인	• 최적의 건축계획안을 통해 건축사를 선정 • 선정된 건축사와 설계를 진행	• 기본설계서에 대지 관계 서류, 현장조사서 등을 첨부하여 제출 • ② 건축허가증 교부 시 건축허가조건 확인(시공 시 허가조건의 이행 여부를 확인) • ③ 연면적 $100m^2$를 초과하는 모든 건물은 반드시 건축허가 필요 • 건축허가 취득 후 1년 내에 공사착공신고서 제출
착공신고 및 공사감리	**착공**	**사용승인신청**
• 감리자, 시공사와의 계약체결 후 착공신고 접수 • 착공신고 시 필요 서류 - 착공신고서 - 설계계약서 - 감리계약서 - 시공사 관련 서류 • 착공신고는 설계를 진행한 건축사사무소에서 대리	• 현황조사 • 대지 및 기반조사 • 가설공사 • 토공사 • 기초공사 • 골조공사	• 건축주가 공사감리자에게 감리완료보고서를 사용승인신청서에 첨부하도록 조치 • ④ 감리자 미지정 시 현장 점검 후 기준에 부합하는 건축물에 대해서 사용승인서를 교부하는 경우 있음.

08. 다음 중 건축과정 설명서의 내용을 제대로 이해하지 못한 고객은?

① 가희 : 2020년 1월 1일에 건축허가를 받고, 12월 30일에 착공연기서를 제출해서 7개월간 공사 착공신공서 제출기한을 연장했어.

② 나연 : 건축허가필증을 교부받은 후 착공신고를 했어. 그 후에 이 사무소가 소개한 시공사와 계약을 체결했는데 아주 좋은 곳인 것 같아.

③ 다을 : 우리 건물은 작아서 따로 공사감리자를 지정하지 않았어. 그래서 사용승인신청서에 감리완료보고서가 첨부되지 않았지.

④ 라원 : 착공신고를 하러 언제 구청까지 가나 했는데, 건축사사무소에서 나온 사람이 대신 해 주겠다고 해서 편하더군.

[09 ~ 10] 다음 제시 상황과 글을 읽고 이어지는 질문에 답하시오.

○○부 직원 L은 면접시험 안내문을 열람하고 있다.

〈○○부 서류전형 합격자 대상 면접시험 안내〉

일시	202X년 2월 3일 토요일 13시
장소	○○부 G 건물 로비 ※ 담당자 안내에 따라 면접대기실 및 시험장으로 이동
시험 안내	개별면접 후 평정요소별 평가가 이루어짐. • 총 세 가지 평정요소에 대하여 상 · 중 · 하로 평가 • 평정요소 : ① 의사표현능력, ② 성실성, ③ 창의력 및 발전가능성
당일 제출서류	당일, 원서접수 시 작성하였던 경력 전부에 대한 증빙자료 제출해야 함. ※ 서류는 반드시 시험장 이동 전 담당자에게 제출할 것 • 4대 보험 자격득실 이력확인서 중 1종 제출 : 고용보험, 국민연금, 건강보험, 산재보험 중 1종 • 소득금액증명서(☆☆청 발급) 제출 : 무인민원발급기, 인터넷 또는 세무서에서 발급 가능 • 폐업자 정보 사실증명서 제출 : 작성한 경력이 폐업회사인 경우 제출
유의사항	• 면접 당일 ○○부 G 건물 로비에서 출입증을 발급받아야만 면접대기실 및 시험장 입실이 가능함. • 출입증 발급 시 반드시 신분증(주민등록증, 운전면허증, 여권만 인정)이 필요함. • 면접대기실에서 담당자에게 출석을 확인한 뒤 안내에 따라 시험장으로 이동함. • 불참 시 채용을 포기한 것으로 간주함.
최종 합격자 발표	• 202X년 2월 20일 화요일 15시 • 합격자 명단은 ○○부 홈페이지에 게재됨(개별통지 하지 않음). ※ 시험 결과, 적합한 대상이 없는 경우 선발하지 않을 수 있음.

09. 다음 중 직원 L이 제시된 자료를 이해한 내용으로 적절하지 않은 것은?

① 평정요소 중 의사표현능력이 창의력 및 발전가능성보다 중요하다.
② 원서접수 시 기재한 경력에 대한 증빙서류를 당일 제출하여야 한다.
③ 폐업회사에서의 경력이 있는 경우 추가로 제출하여야 하는 서류가 있다.
④ 시험장에 입실하기 위해서 반드시 신분증이 필요하다.

10. 직원 L은 제시된 자료에 대해 〈보기〉와 같은 질문을 받았다. 다음 중 (가) ~ (라)에 대해 올바르게 답변한 것은?

보기

〈면접시험 관련 질문〉

(가) 면접은 어디에서 진행되나요?
(나) 경력 증빙자료는 당일 누구에게 제출하면 되나요?
(다) 소득금액증명서는 어디서 발급가능한가요?
(라) 최종 합격자 발표 결과는 어떻게 알 수 있나요?

① (가) : ○○부 Y 건물 로비에서 진행됩니다.
② (나) : 시험장에 입실하여 앞에 앉은 면접관에게 제출하시면 됩니다.
③ (다) : 세무서에 직접 방문해야만 발급받을 수 있습니다.
④ (라) : 최종 합격자 발표는 ○○부 홈페이지에서 확인할 수 있습니다.

[11 ~ 13] 다음 제시 상황과 글을 읽고 이어지는 질문에 답하시오.

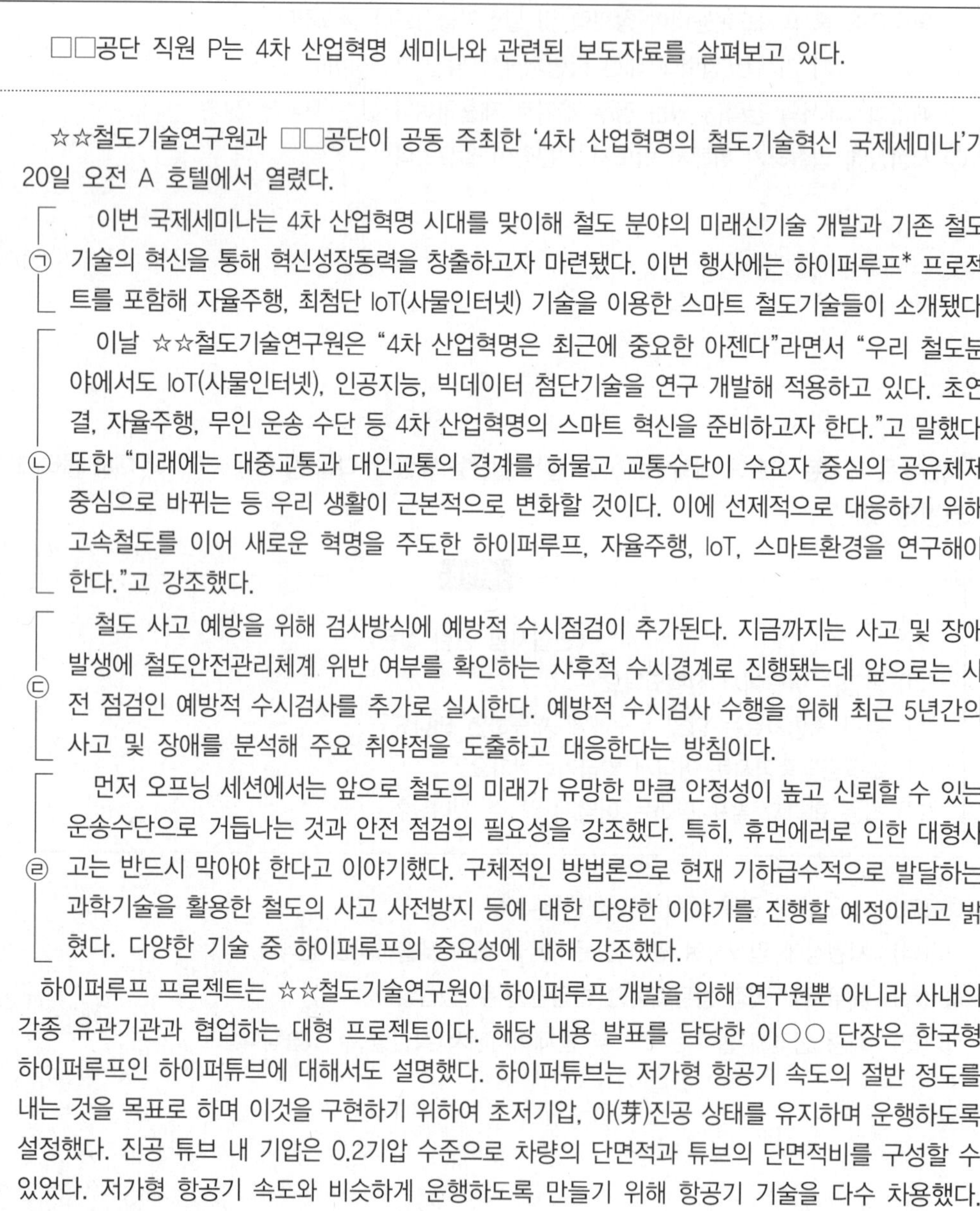

□□공단 직원 P는 4차 산업혁명 세미나와 관련된 보도자료를 살펴보고 있다.

☆☆철도기술연구원과 □□공단이 공동 주최한 '4차 산업혁명의 철도기술혁신 국제세미나'가 20일 오전 A 호텔에서 열렸다.

㉠ 이번 국제세미나는 4차 산업혁명 시대를 맞이해 철도 분야의 미래신기술 개발과 기존 철도 기술의 혁신을 통해 혁신성장동력을 창출하고자 마련됐다. 이번 행사에는 하이퍼루프* 프로젝트를 포함해 자율주행, 최첨단 IoT(사물인터넷) 기술을 이용한 스마트 철도기술들이 소개됐다.

㉡ 이날 ☆☆철도기술연구원은 "4차 산업혁명은 최근에 중요한 아젠다"라면서 "우리 철도분야에서도 IoT(사물인터넷), 인공지능, 빅데이터 첨단기술을 연구 개발해 적용하고 있다. 초연결, 자율주행, 무인 운송 수단 등 4차 산업혁명의 스마트 혁신을 준비하고자 한다."고 말했다. 또한 "미래에는 대중교통과 대인교통의 경계를 허물고 교통수단이 수요자 중심의 공유체제 중심으로 바뀌는 등 우리 생활이 근본적으로 변화할 것이다. 이에 선제적으로 대응하기 위해 고속철도를 이어 새로운 혁명을 주도한 하이퍼루프, 자율주행, IoT, 스마트환경을 연구해야 한다."고 강조했다.

㉢ 철도 사고 예방을 위해 검사방식에 예방적 수시점검이 추가된다. 지금까지는 사고 및 장애 발생에 철도안전관리체계 위반 여부를 확인하는 사후적 수시경계로 진행됐는데 앞으로는 사전 점검인 예방적 수시검사를 추가로 실시한다. 예방적 수시검사 수행을 위해 최근 5년간의 사고 및 장애를 분석해 주요 취약점을 도출하고 대응한다는 방침이다.

㉣ 먼저 오프닝 세션에서는 앞으로 철도의 미래가 유망한 만큼 안정성이 높고 신뢰할 수 있는 운송수단으로 거듭나는 것과 안전 점검의 필요성을 강조했다. 특히, 휴먼에러로 인한 대형사고는 반드시 막아야 한다고 이야기했다. 구체적인 방법론으로 현재 기하급수적으로 발달하는 과학기술을 활용한 철도의 사고 사전방지 등에 대한 다양한 이야기를 진행할 예정이라고 밝혔다. 다양한 기술 중 하이퍼루프의 중요성에 대해 강조했다.

하이퍼루프 프로젝트는 ☆☆철도기술연구원이 하이퍼루프 개발을 위해 연구원뿐 아니라 사내의 각종 유관기관과 협업하는 대형 프로젝트이다. 해당 내용 발표를 담당한 이○○ 단장은 한국형 하이퍼루프인 하이퍼튜브에 대해서도 설명했다. 하이퍼튜브는 저가형 항공기 속도의 절반 정도를 내는 것을 목표로 하며 이것을 구현하기 위하여 초저기압, 아(芽)진공 상태를 유지하며 운행하도록 설정했다. 진공 튜브 내 기압은 0.2기압 수준으로 차량의 단면적과 튜브의 단면적비를 구성할 수 있었다. 저가형 항공기 속도와 비슷하게 운행하도록 만들기 위해 항공기 기술을 다수 차용했다.

* 초고속 진공튜브 캡슐열차

11. 다음 중 위 보도자료의 제목으로 적절한 것은?

① 철도에서 4차 산업혁명의 중요성
② 스마트 연구－4차 산업혁명에서 가장 중요한 과제
③ 4차 산업혁명을 대비하기 위한 철도기술혁신 세미나 개최
④ 철도 사고 예방을 위한 대비책 마련

12. 다음 중 윗글을 보고 직원 P가 이해한 내용으로 적절하지 않은 것은?

① ☆☆철도기술연구원은 사물인터넷, 인공지능을 이미 개발해 적용하고 있다.
② 한국형 하이퍼루프는 고가형 항공기 속도의 절반 정도를 내는 것을 목표로 한다.
③ 철도기술혁신 국제세미나에서는 휴먼에러로 인한 대형사고 방지를 강조하였다.
④ 철도기술혁신 국제세미나는 혁신성장동력을 창출하려는 목적으로 개최되었다.

13. 윗글의 ㉠～㉣ 중 글의 통일성을 해치는 문단은?

① ㉠ ② ㉡
③ ㉢ ④ ㉣

[14 ~ 16] 다음 제시된 상황과 자료를 보고 이어지는 질문에 답하시오.

송 사원은 동료들과 함께 J 연구원장의 인터뷰를 보고 있다.

－급변하고 있는 미래사회에 전력망이 어떤 모습으로 바뀔지 궁금하다.

4차 산업혁명 시대에 이르러 디지털 기술을 통해 사람－사물－공간의 초연결과 초지능화가 이루어짐으로써, 기존의 여러 기술 및 산업 사이에 명확했던 경계가 허물어지고 있다. 초연결 및 초지능화를 가능케 한 4차 산업혁명 시대의 핵심기술은 인공지능, 사물인터넷, 로봇, 드론 그리고 빅데이터다. 사람에 비유한다면 인공지능은 두뇌, 사물인터넷은 오감, 로봇과 드론은 팔다리, 빅데이터는 두뇌가 인식하는 정보에 해당한다.

이와 같은 새로운 변화의 물결은 안정적인 성향만을 추구하던 전력산업에도 큰 영향을 주고 있다. 특히나 인공지능은 기존에 설비가 갖고 있던 가치에 대한 전환을 요구하고 있다. 기존에는 사용자가 설비를 대상으로 명령을 내려 동작시키고 직접 상태를 점검했지만, 인공지능의 등장으로 사물인터넷 센서 등을 통한 자가 진단 수행결과 및 누적된 진단데이터 분석을 통한 고장 예방 및 잔여 수명 피드백도 가능하다.

J 연구원은 디지털 변전소 상호운용성 검증 기술, 드론을 활용한 송전탑 점검 기술 및 인공지능을 활용한 전력설비 감시시스템을 개발하고, 이를 통해 미래 전력망 시대에 대비하고 있다. 미래 송변전 분야의 대표적인 연구성과로 디지털 변전소를 들 수 있다. 변전소 관리 업무를 디지털 기술 기반으로 수행함에 따라, 인력에 의존해야 했던 기존의 변전소 관리와 개별설비 진단, 건전도 평가 등을 온라인으로 수행할 수 있게 됐다.

드론과 로봇은 갈수록 그 활용도를 확장해 나가고 있다. 특히 국내 가공 송전선로 중 노후화된 선로가 늘어나고 있고, 이를 점검하는 인력도 고령화되고 있어 위험성이 있는 현장에 대한 선제 대책이 필요한 실정이다. 이러한 시점에서 J 연구원이 자체 개발한 송전선로 감시 드론 기술은 자동항법 장치를 갖추고 연료전지를 활용해 장시간 운영이 가능하며, 고성능 감시카메라와 레이저 거리측정기 및 열화상 카메라 등 다양한 감시장치를 장착하여 산간지역, 해월구간 등의 송전선로를 정확하게 진단하고 있다.

－그린뉴딜에 대비해 J 연구원이 추진하고 있는 업무가 궁금하다.

J 연구원은 예전부터 '재생에너지 3020로드맵' 이행을 위한 신재생에너지 확대 연구를 진행해 오고 있다. 태양광, 풍력과 같은 에너지원에 관한 연구뿐만 아니라 재생에너지 확대에 따라서 발생할 수 있는 전력품질 저하도 고려하여 에너지의 생산과 소비까지 연결되는 프로세스를 구축하기 위해 노력해 왔다.

풍력 분야에서 J 연구원은 육상에 설치가 어려운 풍력발전기를 해상에 설치하는 기술에 집중해 우수한 성과를 거두었다. J 연구원이 개발한 '석션버켓 해상풍력시스템'은 해상풍력발전기 기초구조물에 펌프를 사용하여 구조물 내외부 수압 차이만을 이용해 하부기초를 설치하는 기술로 설치시간을 획기적으로 줄일 수 있다. 이 기술을 서남해 해상풍력 발전단지의 지지구조에 적용하면 기존 기술 대비 1,500억 원의 건설비용 절감이 가능하다. 육상에서 해상풍력을 일괄조립 후 배에 실어가서 한 번에 설치할 수 있는 '해상풍력 일괄설치선박' 설계 인증을 받기도 했다.

J 연구원은 그린뉴딜의 핵심인 재생에너지 확대를 위해 필수적인 전력망 안정도 유지를 위한 연구에도 집중하고 있다. 재생에너지는 간헐적 출력 특성을 갖고 있어 용량이 늘어날수록 전력계통에 끼치는 영향도 증가하게 된다. 따라서 재생에너지 확대를 위해서는 안정적인 전력망 운영시스템의 개발이 필수적이다.

J 연구원은 인공지능 기반의 실시간 전력계통 운영시스템, 에너지저장장치 등 전력계통의 안정성을 높일 수 있는 기술 연구를 지속적으로 해 오고 있다. 기존 리튬이온 배터리의 단점을 보완할 수 있는 그래픽 슈퍼커패시터 대용량 모듈, 저렴한 망간을 사용한 에너지 저장장치를 위한 망간전지 기반의 이차전지 개발 등 다양한 연구를 수행 중이다.

14. 다음 중 송 사원이 위 자료를 파악한 내용으로 적절한 것은?

① 재생에너지가 확대됨에 따라 전력의 품질은 자연적으로 향상된다.

② 석션버켓 해상풍력시스템을 이용하면 설치시간 및 건설비용을 절감할 수 있다.

③ 4차 산업혁명 시대가 다가오면서 다양한 기술과 산업 사이의 경계가 더욱 명확해지고 있다.

④ 변전소 관리 업무에 디지털 기술을 도입함으로써 개별설비 진단, 건전도 평가 등을 오프라인에서도 수행할 수 있게 되었다.

15. 다음 중 송 사원이 위 자료를 읽고 답변할 수 있는 질문으로 적절한 것은?

① 기존 리튬이온 배터리가 가지고 있는 단점은 무엇인가요?

② 해상풍력 일괄설치선박 설계를 적용한 실제 사례가 있나요?

③ 안정적인 전력망 운영 시스템은 현재 어느 단계까지 개발되었나요?

④ 재생에너지 3020로드맵을 이행하기 위해 J 연구원은 어떤 노력을 하고 있나요?

16. 다음은 송 사원과 고 사원이 위 자료를 보고 나눈 대화이다. 문맥상 빈칸 ㉠에 들어갈 말로 적절한 것은?

> 송 사원 : 전력사업에도 4차 산업혁명의 기술이 서서히 상용화되고 있다는 것을 체감할 수 있겠어.
>
> 고 사원 : 맞아. 인공지능, 사물인터넷, 로봇, 드론 및 빅데이터 등의 핵심 기술이 서서히 도입되고 있네.
>
> 송 사원 : (㉠)
>
> 고 사원 : 나도 그렇게 생각해. 그런 의미에서 송전선로 감시 드론 기술의 도입이 매우 의미 있다고 봐.

① 아무래도 환경오염이 갈수록 심각해지고 있으니, 그에 대한 대책으로서 핵심 기술을 활용하는 것도 중요하겠지.

② 사람이 수행하기에는 다소 위험성이 높은 현장에서 사용할 수 있는 드론 개발이 유의미하다고 생각해.

③ 전 세계가 이러한 흐름에 발맞춰 사회의 다양한 가치를 추구하는 시대가 온 것 같아.

④ J 연구원은 앞으로도 정부와 대학 등 다양한 기관과 협력하여 기존 리튬이온 배터리의 단점을 보완할 수 있는 연구를 개발해야 해.

[17 ~ 18] 다음의 제시 상황과 글을 읽고 이어지는 질문에 답하시오.

앱 개발회사의 법무팀에서 근무하는 L은 자사 앱을 판매하는 플랫폼 약관 관련 일을 담당하고 있다.

〈A 스토어 심사지침〉

□ 앱 내 구입

- 앱 내에서 기능을 잠금 해제하려는 경우(예 : 구독, 게임 내 화폐, 게임 단계, 프리미엄 콘텐츠에 접근하거나 전체 버전 잠금 해제) 앱 내 구입을 사용해야 합니다. 앱 내에서 고객이 디지털 콘텐츠 제공자에게 '사례'할 수 있도록 앱에서 앱 내 구입용 화폐를 사용할 수 있습니다. 앱 및 메타데이터에 고객을 앱 내 구입 이외의 구입 메커니즘으로 안내하는 버튼, 외부 링크나 다른 동작 호출이 있으면 안 됩니다.
- 앱 내 구입을 통해 구입한 크레디트나 게임 내 화폐는 사용 기한이 없어야 하며 복원할 수 있는 모든 앱 내 구입에 대한 복원 메커니즘을 반드시 갖추고 있어야 합니다.
- 올바른 구입 가능 유형이 유지되지 않으면 앱이 삭제되거나 등록 거부될 수 있습니다.

〈P 스토어 개발자 정책센터〉

□ 인앱 구매

- 스토어 내 구매 : 개발자는 P 스토어에서 판매되는 앱 다운로드와 앱 내 콘텐츠에 대한 액세스와 관련해 사용자에게 요금을 청구하려면 P 스토어 결제 시스템을 사용해야 합니다.
- P 스토어를 통해 다운로드되는 다른 앱 카테고리 내에서 제품을 제공하려는 개발자는 다음 경우를 제외하고 결제 수단으로 P 스토어 인앱 결제를 사용해야 합니다.
  - 실제 상품(식료품, 의류, 청소 서비스, 교통 서비스 등)에 대해서 결제가 이뤄지는 경우
  - 일회성 또는 반복적 회비(헬스장 이용료, 멤버십 프로그램, 경매, 기부)
  - 앱 외부에서 사용할 수 있는 디지털 콘텐츠에 대한 결제인 경우(다른 음악 플레이어에서 재생할 수 있는 노래)

〈모바일 인앱(In-App)결제의 계약관계〉

- (계약법적 특수성) 모바일 인앱결제의 경우 전형적인 3면 계약관계를 갖고 있다.
  - 앱마켓 사업자, 앱 개발사, 소비자의 세 주체가 계약과정에 개입되어 있다. 대체적으로 앱 개발사와 소비자간 계약이 체결되면 앱 개발사는 상세거래조건과 청약철회조건을 고지하고 소비자가 대금을 앱마켓 사업자에게 지급한다.
  - 앱마켓 사업자는 지급받은 대금에서 수수료를 제외한 금액을 앱 개발사에게 배분한다. 통상적으로 앱마켓 사업자들은 소비자가 인앱결제를 통해 결제한 금액의 30%를 그 수수료로 공제하고 70%를 판매자인 앱 개발사에게 지급하는 것으로 알려져 있다.
  - 소비자들은 취소 · 환급 사유가 발생할 경우 판매자인 앱 개발사에게 연락을 취하는 경우가 많으나, 다수의 앱 개발사들은 취소 · 환급에 대한 직접적인 권한이 없어 앱마켓 사업자에게 재요청할 것을 안내하고 이로 인한 환급 지연이 발생한다.

17. 다음은 기존 관련 법률 제2조와 개정 및 신설된 제20조의3에 대한 L의 추론이다. 이 중 적절하지 않은 것은?

> 〈전자상거래 등에서의 소비자 보호에 관한 법률〉
>
> 제2조(정의)
>
> ② "통신판매"란 우편 · 전기통신으로 재화 또는 용역의 판매에 관한 정보를 제공하고 소비자의 청약을 받아 재화 또는 용역을 판매하는 것을 말한다.
>
> ③ "통신판매업자"란 통신판매를 업(業)으로 하는 자 또는 그와의 약정에 따라 통신판매업무를 수행하는 자를 말한다.
>
> ④ "통신판매중개"란 자신의 이름을 표시하여 통신판매에 관한 정보의 제공이나 청약의 접수 등 통신판매의 일부를 수행하기 위해 법으로 정하는 방법으로 거래 당사자 간의 통신판매를 알선하는 행위를 말한다.
>
> **제20조의3(통신판매의 중요한 일부 업무를 수행하는 통신판매중개업자의 책임)**
>
> 통신판매에 관한 거래과정에서 통신판매중개업자는 통신판매업자가 다음의 경우에 고지의무를 이행하지 아니할 때 이를 대신하여 이행하여야 한다.
>
> 1. 청약의 접수를 받는 경우
> 2. 재화 등의 대금을 지급받는 경우

① 앱 개발사는 동법에 따라 전기통신을 활용한 유료 콘텐츠를 판매하므로 "통신판매업자"라고 볼 수 있군.

② 앱마켓 사업자의 경우 앱 개발사들이 소비자와 거래를 할 수 있도록 장을 제공하고 통신판매에 관한 정보의 제공 등 통신판매의 일부를 수행하므로 유료 앱에 대해서는 "통신판매중개업"을 한다고 볼 수 있군.

③ 제20조의3에서 통신판매중개업자의 고지의무에는 청약접수 시 상세한 거래조건에 대한 내용과 대금지급 시 청약철회에 대한 안내에 대한 내용이 포함되겠군.

④ 직접 콘텐츠를 제작 · 판매하더라도 통신판매중개업자가 이행하지 않는 의무를 통신판매업자가 대신 이행하도록 책임을 강화하는 목적이라고 봐야 하겠군.

18. 다음 중 L이 A 스토어와 P 스토어의 정책지침을 읽고 이해한 내용으로 적절하지 않은 것은?

① A 스토어에서 앱 내 구입 외 다른 결제수단을 사용하는 앱의 경우 A 스토어에서 앱이 삭제당하는 일이 발생할 수도 있겠군.

② 일부 앱마켓 사업자들은 앱마켓에 등록하고자 하는 앱 개발사들에게 인앱결제만을 앱 내 결제수단으로 사용하도록 권장하고 있군.

③ 인앱결제 판매정보 등을 앱 개발자와 앱 마켓 사업자가 공유함에도 불구하고 환급지연이 발생하는군.

④ 앱마켓 사업자가 1차적으로 소비자로부터 결제금을 받으면 그것을 2차적으로 앱 개발사와 나누는 구조인 것 같군.

19. 다음은 각 발전 방식의 현재 월평균 발전량과 10년 후 예상 월평균 발전량이다. 현재 월평균 발전량 대비 10년 후 예상 월평균 발전량의 증가율이 가장 큰 발전 방식은?

발전 방식	현재 월평균 발전량	10년 후 예상 월평균 발전량
태양광	490kWh	1,260kWh
풍력	280kWh	1,050kWh
연료전지	210kWh	840kWh
바이오매스	175kWh	735kWh

① 태양광 ② 풍력

③ 연료전지 ④ 바이오매스

20. 발전소 설비 점검 업무를 맡고 있는 직원 J는 개인 일정상 다음과 같이 점검 업무를 계획하였다. 4일 차 점검이 끝난 시점에서 전체 설비 중 점검이 완료된 비율은?

1일 차	2일 차	3일 차	4일 차
전체 설비의 30% 점검	점검하지 않은 설비의 50% 점검	점검하지 않은 설비의 10% 점검	점검하지 않은 설비의 20% 점검

① 62.9%
② 63.4%
③ 71.0%
④ 74.8%

21. 다음은 ○○기업의 2019 ~ 2023년 직원 수 및 사내 동호회에 가입한 직원 수에 관한 자료이다. 이에 대한 설명으로 옳지 않은 것은?

〈자료 1〉 ○○기업 직원 수

(단위 : 명)

구분	2019년	2020년	2021년	2022년	2023년
전체 직원 수	117,369	123,425	137,546	142,382	154,315
정규직 직원 수	98,041	108,110	121,656	125,623	137,114
비정규직 직원 수	19,328	15,315	15,890	16,759	17,201

〈자료 2〉 ○○기업 사내 동호회에 가입한 직원 수

(단위 : 명)

구분	2019년	2020년	2021년	2022년	2023년
전체 직원 수	20,125	18,275	24,284	21,624	23,660
정규직 직원 수	17,342	16,473	22,860	20,159	21,733
비정규직 직원 수	2,783	1,802	1,424	1,465	1,927

① 매년 정규직 직원 수는 전체 직원 수의 80% 이상이다.
② 동호회에 가입한 전체 직원 수가 전년 대비 감소한 해에는 동호회에 가입한 정규직 직원 수도 전년 대비 감소하였다.
③ 전체 정규직 직원 수의 전년 대비 증가율이 가장 높은 해는 2021년이고, 전체 비정규직 직원 수의 전년 대비 증가율이 가장 높은 해는 2023년이다.
④ 동호회에 가입한 전체 직원 수 대비 동호회에 가입한 정규직 직원 수의 비중이 가장 큰 해는 2021년이다.

22. 다음은 A 국가의 에너지와 천연가스 수입을 포함한 수입액을 연도별로 조사한 자료이다. 이를 바탕으로 아래와 같이 〈보고서〉를 작성했을 때, ㉠ ~ ㉣ 중 옳지 않은 것은 모두 몇 개인가?

〈연도별 국내 총수입액〉

구분	20X1년	20X2년	20X3년	20X4년	20X5년
국내 총수입액(백만 달러)	468,124	503,657	523,687	556,980	605,412

〈에너지 비중과 천연가스 비중〉

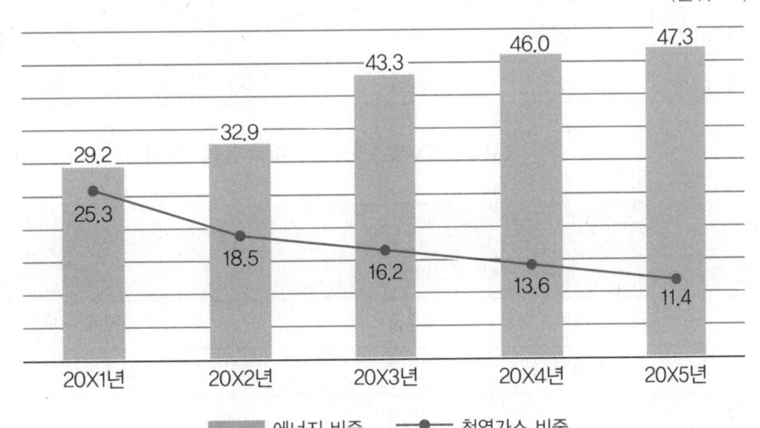

※ 에너지 비중은 국내 총수입액에서 에너지 총수입액이 차지하는 비중을, 천연가스 비중은 에너지 총 수입액에서 천연가스 수입액이 차지하는 비중을 의미한다.

※ 비중은 소수점 이하 둘째 자리에서 반올림한다.

보고서

㉠ A 국가의 국내 총수입액과 에너지 총수입액은 해마다 증가하고 있다. ㉡ 20X1 ~ 20X5년 중 국내 총수입액의 전년 대비 증가율이 가장 컸던 해는 20X5년으로, 이 해의 에너지 총수입액의 전년 대비 증가율은 조사 기간 중 가장 높게 나타났다. ㉢ 또한 20X5년의 에너지 총수입액은 20X1년 대비 1.5배 이상을 기록하였다. ㉣ 한편 천연가스 수입액이 국내 총수입액에서 차지하는 비중은 해마다 낮아지고 있다.

① 0개　② 1개

③ 2개　④ 3개

23. 다음은 동일한 상품군을 판매하는 백화점과 TV홈쇼핑의 상품군별 판매수수료율에 대한 자료이다. 이에 대한 설명으로 옳은 것을 〈보기〉에서 모두 고르면?

〈표 1〉 백화점 판매수수료율 순위

(단위 : %)

판매수수료율 상위 5개			판매수수료율 하위 5개		
순위	상품군	판매수수료율	순위	상품군	판매수수료율
1	셔츠	33.9	1	디지털기기	11.0
2	레저용품	32.0	2	대형가전	14.4
3	잡화	31.8	3	소형가전	18.6
4	여성정장	31.7	4	문구	18.7
5	모피	31.1	5	신선식품	20.8

〈표 2〉 TV홈쇼핑 판매수수료율 순위

(단위 : %)

판매수수료율 상위 5개			판매수수료율 하위 5개		
순위	상품군	판매수수료율	순위	상품군	판매수수료율
1	셔츠	42.0	1	여행패키지	8.4
2	여성정장	39.7	2	디지털기기	21.9
3	진	37.8	3	유아용품	28.1
4	남성정장	37.4	4	건강용품	28.2
5	화장품	36.8	5	보석	28.7

보기

㉠ 백화점, TV홈쇼핑 모두 셔츠 상품군의 판매수수료율이 전체 상품군 중 가장 높다.
㉡ 백화점, TV홈쇼핑 모두 상위 5개 상품군의 판매수수료율이 30%를 넘어섰다.
㉢ 잡화 상품군과 모피 상품군의 판매수수료율은 TV홈쇼핑이 백화점보다 더 낮다.
㉣ 여행패키지 상품군의 판매수수료율은 백화점이 TV홈쇼핑의 2배 이상이다.

① ㉠, ㉡
② ㉠, ㉣
③ ㉢, ㉣
④ ㉠, ㉡, ㉣

24. 다섯 개의 한글 자음으로 이루어진 암호문자는 〈암호 변환 절차〉에 따라 〈암호표〉를 사용하여 암호문으로 변환된다. 다음 중 〈암호문 A〉가 의미하는 암호문자는?

〈암호 변환 절차〉

1. 암호문자를 세로로 쓰고 하단의 〈암호표〉에서 해당하는 자음의 오른쪽에 나열된 숫자(5개)를 〈예시〉의 (과정 1)과 같이 순서대로 나열한다.
2. 첫 번째 과정을 통해 순서대로 나열한 숫자를 〈예시〉의 (과정 2)와 같이 왼편부터 한 열씩 세로로 쓰면 암호문이 완성된다.

〈암호표〉

ㄱ	1	6	4	5	2	ㅇ	2	7	2	0	9
ㄴ	3	4	7	2	9	ㅈ	3	5	2	1	4
ㄷ	0	4	3	2	1	ㅊ	7	4	7	2	9
ㄹ	8	2	0	1	7	ㅋ	1	3	2	7	5
ㅁ	8	3	5	1	2	ㅌ	5	0	1	2	5
ㅂ	4	6	5	8	1	ㅍ	2	4	9	7	5
ㅅ	8	3	2	9	4	ㅎ	6	3	0	1	8

〈예시〉

암호문자 'ㅈㅇㅎㅊㄱ'의 변환 과정

(과정 1)

ㅈ	3	5	2	1	4
ㅇ	2	7	2	0	9
ㅎ	6	3	0	1	8
ㅊ	7	4	7	2	9
ㄱ	1	6	4	5	2

(과정 2) 32671 57346 22074 10125 49892

〈암호문 A〉

32051 47406 72314 20225 99152

① ㅈㅌㅇㄷㅂ ② ㄴㅇㅁㅍㄹ

③ ㄴㅁㅈㅅㅂ ④ ㄴㅇㄷㅌㄱ

[25 ~ 26] 다음 제시 상황과 자료를 보고 이어지는 질문에 답하시오.

○○회사 마케팅 부서 A 씨는 신제품 출시를 앞두고 TV 광고 효과에 대해 조사하였다.

〈저녁 시간대별 시청률〉

(단위 : %)

구분	프로그램 시청률		광고 시청률	
	지상파	공중파	지상파	공중파
6시	4.8	0.4	3.6	0.2
7시	5.6	0.6	4.9	0.4
8시	8.4	0.8	7.2	0.32
9시	10.5	1.4	10	0.7
10시	12.1	1.8	11	1.2
11시	10.8	2.1	9.6	1.5

〈저녁 시간대별 평균 광고 비용〉

(단위 : 억 원)

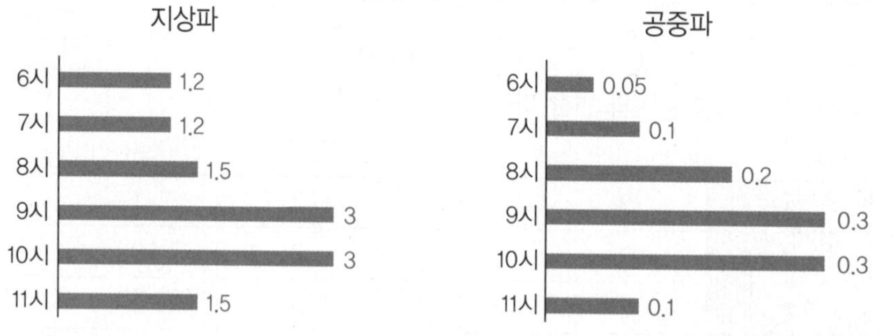

〈광고 투자 관련 자료〉

광고 투자에 따른 수익을 추정하는 것은 매우 어려운 일이지만, 대부분 광고 제품군과 해당 채널의 시청률을 바탕으로 대략적인 수치를 파악할 수 있다. 특정 시간대의 광고 수익은 해당 광고 제품군의 시청률 1%p당 평균 수익과 해당 시간대의 광고 시청률을 곱하여 추정한다. 일반적으로 시청률 0.1%p당 5백만 원의 광고 수익을 올리는 것으로 알려져 있다.

25. A 씨는 보고서에 다음과 같은 표를 추가하려고 한다. 계산된 값이 적절하지 않은 것은? (단, 소수점 아래 셋째 자리에서 반올림한다)

〈저녁 시간대별 프로그램 시청률 대비 광고 시청률〉

(단위 : 배)

구분	6시	7시	8시	9시	10시	11시
지상파	0.75	0.88	0.86	0.95	③ 0.91	0.89
공중파	0.5	① 0.64	0.4	② 0.5	④ 0.67	0.71

26. A 씨는 자료를 바탕으로 시간대별 광고 수익을 산정하였다. 다음 중 옳은 것을 모두 고르면? (단, '광고 순이익=광고 수익－광고 비용'이다)

㉠ 지상파의 광고 수익이 가장 높은 시간대는 11시이다.
㉡ 공중파의 광고 수익이 가장 높은 시간대는 11시이며, 그 다음은 10시이다.
㉢ 지상파의 광고 순이익이 가장 낮은 시간대는 광고 수익이 가장 낮은 시간대와 일치한다.
㉣ 공중파의 광고 순이익이 가장 낮은 시간대는 광고 수익이 가장 낮은 시간대와 일치한다.
㉤ 지상파와 공중파 모두 광고 순이익이 높은 시간대 순서와 광고 수익이 높은 시간대 순서가 일치하지 않는다.

① ㉠, ㉡, ㉢
② ㉠, ㉢, ㉣
③ ㉡, ㉢, ㉤
④ ㉡, ㉣, ㉤

[27 ~ 28] 다음 제시된 상황과 자료를 보고 이어지는 질문에 답하시오.

○○공단 백 사원은 에너지 수입 관련 통계를 보고 있다.

〈2X15 ~ 2X18년 에너지 수입 통계〉

• 에너지 수입액

(단위 : 백만 US$)

구분		2X15년	2X16년	2X17년	2X18년
석탄	무연탄	800	750	900	1,200
	유연탄	8,700	8,100	13,500	14,700
	기타	500	400	750	800
석유	원유	55,100	44,300	59,600	80,400
	나프타	11,700	8,900	10,900	15,700
	LPG	2,600	2,600	2,900	3,700
	기타	3,700	3,000	4,200	5,600
천연가스		18,800	12,200	15,000	23,200
우라늄		800	600	1,000	550
에너지 수입액 합계		102,700	80,850	108,750	145,850

• 에너지 수입량

(단위 : 천 ton)

구분		2X15년	2X16년	2X17년	2X18년
석탄	무연탄	8,900	9,400	7,000	8,100
	유연탄	119,400	118,500	131,500	131,500
	기타	7,350	7,000	10,200	9,450
석유	원유	1,026,100	1,978,100	1,118,200	1,116,300
	나프타	195,000	186,200	213,200	284,500
	LPG	49,100	45,100	49,900	52,700
	기타	63,700	104,300	52,400	24,450
천연가스		85,400	33,450	37,500	44,000
우라늄		800	750	1,000	700
에너지 수입량 합계		1,555,750	2,482,800	1,620,900	1,671,700

27. 다음 중 백 사원이 제시된 자료를 파악한 내용으로 적절하지 않은 것은?

① 모든 연도에서 석탄의 수입액 합계는 천연가스의 수입액보다 적다.

② 2X18년 석탄 총수입량에서 유연탄이 차지하는 비중은 80% 이상이다.

③ 2X15년과 2X16년 사이 나프타 수입량 감소율은 LPG 수입량 감소율보다 작다.

④ 2X15 ~ 2X18년 동안 석탄 총수입액의 증감 추이는 석유 총수입액의 증감 추이와 동일하다.

28. 백 사원은 다음 표를 바탕으로 국가 총수입액 대비 에너지 수입액 비율 항목을 통계 자료에 추가하려고 한다. 이 중 적절하지 않은 것은? (단, 소수점 둘째 자리에서 반올림한다)

구분	2X15년	2X16년	2X17년	2X18년
국가 총수입액(백만 US$)	436,500	406,000	478,500	535,000
국가 총수입액 대비 에너지 수입액 비율(%)	ⓐ 23.5	ⓑ 19.9	ⓒ 27.7	ⓓ 27.3

① ⓐ　　② ⓑ

③ ⓒ　　④ ⓓ

[29 ~ 30] 다음은 어느 기업의 각 연도별 자동차 수출입액을 분기 단위로 산술평균한 자료와 각 연도별 자동차 수출입 대수에 관한 자료이다. 이어지는 질문에 답하시오.

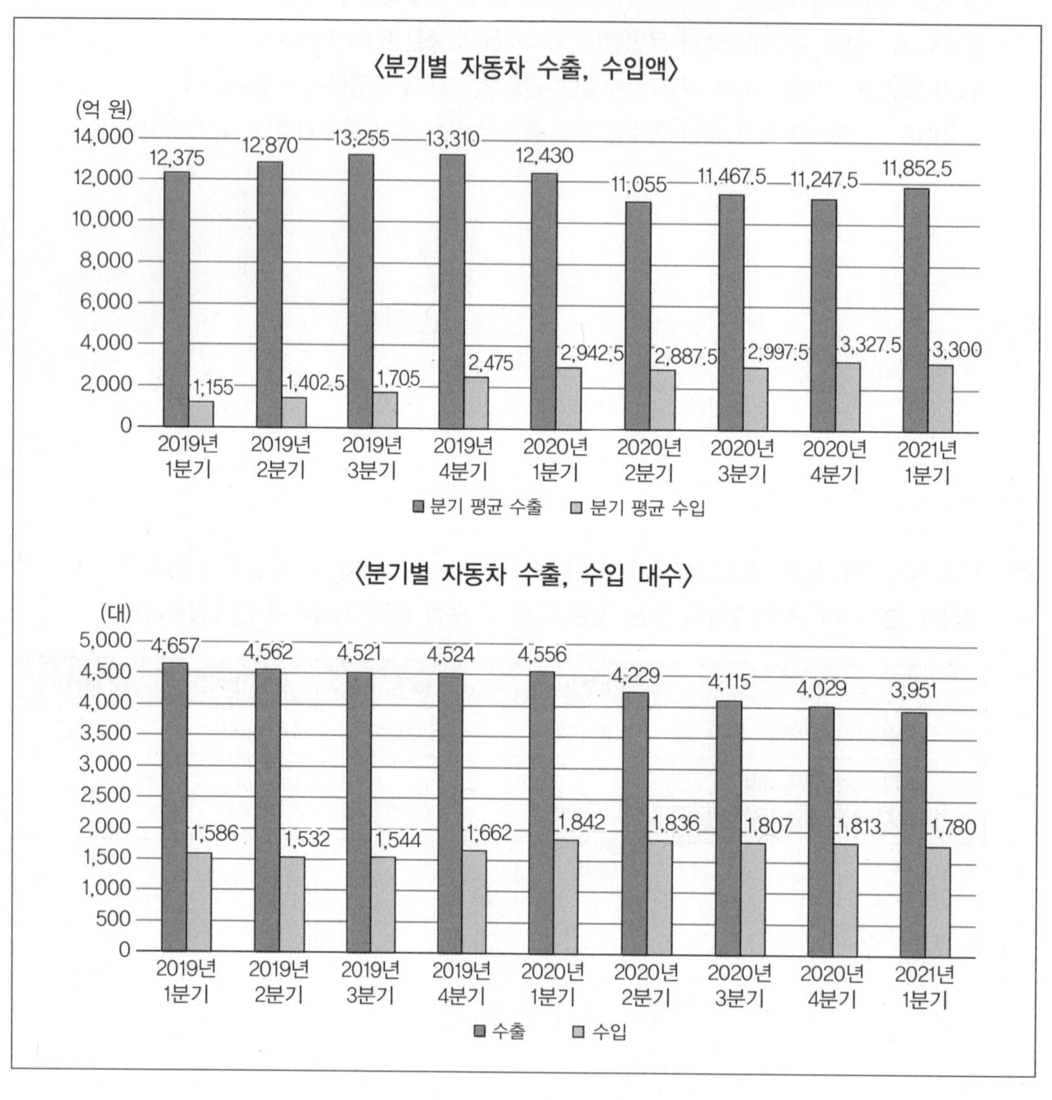

29. 다음 중 자료를 바르게 이해한 사람은?

① 대용 : 2020년 하반기 자동차 수출액은 2조 2천억 원 미만이야.

② 민철 : 2019년 4분기 자동차 수출액은 수입액의 5배 이상이야.

③ 재민 : 자료에서 분기별 수출액과 수입액의 차이가 가장 작을 때에도 그 차이가 8천억 원 이상이 유지됐어.

④ 수창 : 자동차 수입 대수와 수출 대수의 차이가 가장 클 때는 자동차의 수출 대수가 수입 대수의 3배를 넘었어.

30. 2021년 자동차의 수입액과 수출액, 수입 대수와 수출 대수가 1분기부터 4분기까지 모두 일정하다고 가정할 때, (A), (B), (C)에 들어갈 값은?

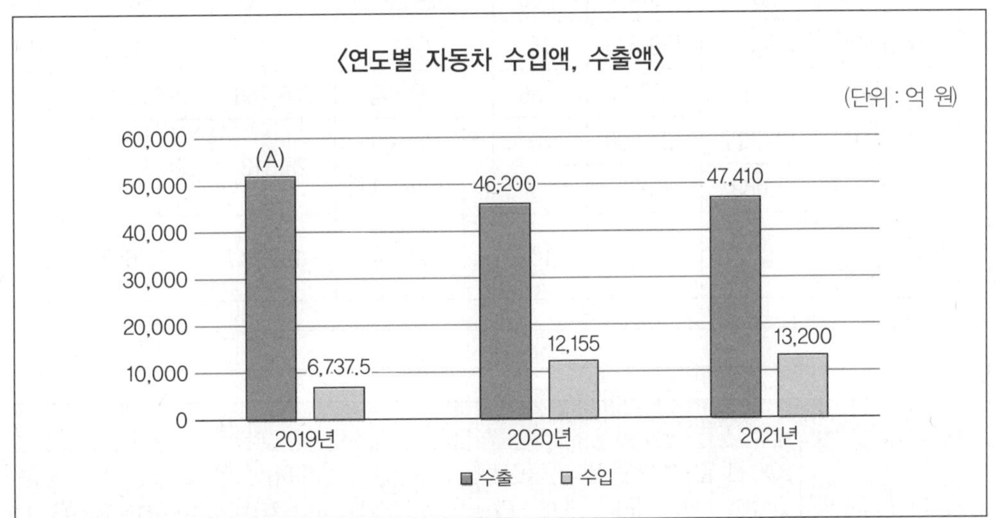

구분	수입 대수(대)	수출 대수(대)
2019년		
2020년		(B)
2021년	(C)	

	(A)	(B)	(C)
①	48,720	18,264	6,324
②	49,570	15,804	7,298
③	51,810	16,929	7,120
④	49,570	18,264	7,120

[31 ~ 32] 다음 제시 상황과 자료를 바탕으로 이어지는 질문에 답하시오.

○○공사 황 대리는 20X1년 회계결산표를 열람하고 있다.

〈20X1년 회계결산〉

(단위 : 억 원)

자산				부채 및 자본			
구분	20X1년 말 (A)	20X0년 말 (B)	증감 (A-B)	구분	20X1년 말 (C)	20X0년 말 (D)	증감 (C-D)
자산계	131,990	130,776	1,214	부채 · 자본계	131,990	132,424	-434
유동자산	2,397	1,198	1,199	부채	46,455	51,201	-4,746
당좌자산	1,813	584	㉠	유동부채	9,075	10,400	-1,325
재고자산	584	614	-30	비유동부채	37,380	40,801	㉡
비유동자산	129,593	129,578	15	자본	85,535	81,223	4,312
투자자산	757	807	-50	자본금	206,769	196,592	10,177
유형자산	127,622	127,560	㉢	기타포괄 손익누계액	28,313	28,313	0
무형자산	1,089	1,096	-7				
기타비유동자산	125	115	10	결손금	-149,547	-143,682	㉣

수익				비용			
구분	20X1년 말 (E)	20X0년 말 (F)	증감 (E-F)	구분	20X1년 말 (G)	20X0년 말 (H)	증감 (G-H)
수익계	20,550	21,549	-999	비용계	26,415	26,938	-523
영업수익	20,046	19,865	181	영업비용	25,370	25,187	183
영업외수익	504	1,684	-1,180	영업외비용	1,045	1,751	-706
이자수익	24	64	-40	이자비용	578	623	-45
자산수증이익	136	1,240	-1,104	잡손실 등	467	1,128	-661
당이익 등	344	380	-36	당기순이익 (손실)	-5,865	-5,389	-476

31. 다음 중 위 자료의 ㉠~㉣에 들어갈 수치로 옳지 않은 것은?

① ㉠ : 1,229
② ㉡ : −3,421
③ ㉢ : 62
④ ㉣ : −5,855

32. 회계결산을 보고 김 과장과 황 대리가 다음과 같은 대화를 나누었을 때, 대화의 (가)~(다)에 들어갈 수치가 바르게 짝지어진 것은? (단, 소수점 아래 둘째 자리에서 반올림한다)

> 김 과장 : 황 대리, 20X1년 회계결산에서 인상적인 부분이 있었나요?
> 황 대리 : 네. 영업외수익 부분이 눈에 띄었습니다. 20X1년 말 기준으로 전체 영업외수익이 전년 대비 (가)% 감소했더라고요. 그중에서도 자산수증이익이 (나)% 감소한 것이 전체 영업외수익 감소에 큰 영향을 준 것 같습니다. 이 밖에도 전체 영업외비용이 전년 대비 (다)% 감소한 것 역시 주목해 볼 사항이라고 생각합니다.

	(가)	(나)	(다)
①	68.1	89.0	39.3
②	68.1	92.0	40.3
③	70.1	89.0	39.3
④	70.1	89.0	40.3

[33 ~ 35] 다음 제시된 상황과 자료를 보고 이어지는 질문에 답하시오.

○○기관 직원 Y는 차기 예상 발전량에 관한 보고서를 작성하기 위해 2X20년도 발전원별 발전 전력량 추이를 열람하고 있다.

(단위 : GWh)

구분	3월	4월	5월	6월	7월	8월	9월	10월	11월	12월
총발전량	46,141 (−2.3)	42,252 (−3.9)	41,578 (−6.2)	43,825 (0.1)	46,669 (−6.2)	51,245 (−1.2)	44,600 (0.3)	43,164 (−3.3)	64,932 (−0.5)	51,601 (2.6)
기력	14,025 (−19.8)	15,001 (2.0)	14,876 (−2.1)	16,520 (−5.9)	19,058 (−14.6)	20,850 (−9.3)	19,038 (−9.2)	14,512 (−27.7)	34,880 (−22.3)	16,631 (−15.9)
원자력	14,463 (3.1)	13,689 (−3.3)	15,258 (3.3)	14,069 (3.6)	13,721 (17.5)	12,526 (2.7)	9,293 (−10.0)	13,468 (27.1)	14,048 (37.4)	15,060 (26.2)
복합	13,477 (10.2)	9,287 (−21.0)	7,555 (−29.0)	9,439 (0.6)	10,367 (−30.9)	13,346 (4.0)	11,966 (20.1)	11,483 (10.0)	12,732 (0.7)	16,382 (0.7)
수력	534 (18.4)	511 (−3.5)	563 (4.2)	513 (6.7)	612 (8.0)	1,074 (78.8)	880 (55.6)	474 (−13.2)	425 (−5.9)	496 (−0.7)
대체에너지	2,904 (−0.8)	3,069 (13.0)	2,607 (−16.6)	2,402 (−11.6)	2,153 (−22.6)	2,693 (−13.6)	2,718 (6.0)	2,897 (30.3)	2,613 (33.7)	2,728 (30.3)
기타	738 (857.0)	695 (680.6)	719 (817.8)	882 (922.8)	788 (805.0)	756 (650.5)	705 (746.0)	330 (−55.6)	234 (−68.0)	304 (−48.5)

※ 괄호 안의 값은 전년 동월 대비 증감률을 나타낸다.

33. 다음 중 직원 Y가 위 자료를 파악한 내용으로 적절한 것은?

① 수력 발전원의 발전전력량이 가장 적은 달은 11월이다.
② 2X20년 4월 중 복합 발전원은 동년 전월 대비 발전전력량이 증가하였다.
③ 2X20년 6월과 9월의 발전원별 발전전력량 순위는 같다.
④ 2X20년 4월 총발전량은 2X20년 3월 대비 3.9% 감소하였다.

34. 직원 Y는 위 자료를 기반으로 2X20년 3분기와 4분기의 증감 추세를 확인하고자 한다. 다음 중 기타 발전원의 분기별 증감 추세와 동일한 분기별 증감 추세를 보이는 발전원은?

① 기력 발전원
② 원자력 발전원
③ 복합 발전원
④ 수력 발전원

35. 직원 Y는 위 자료를 바탕으로 다음과 같은 그래프를 작성하였다. 그래프의 ㉠~㉣ 중 적절하지 않은 것은?

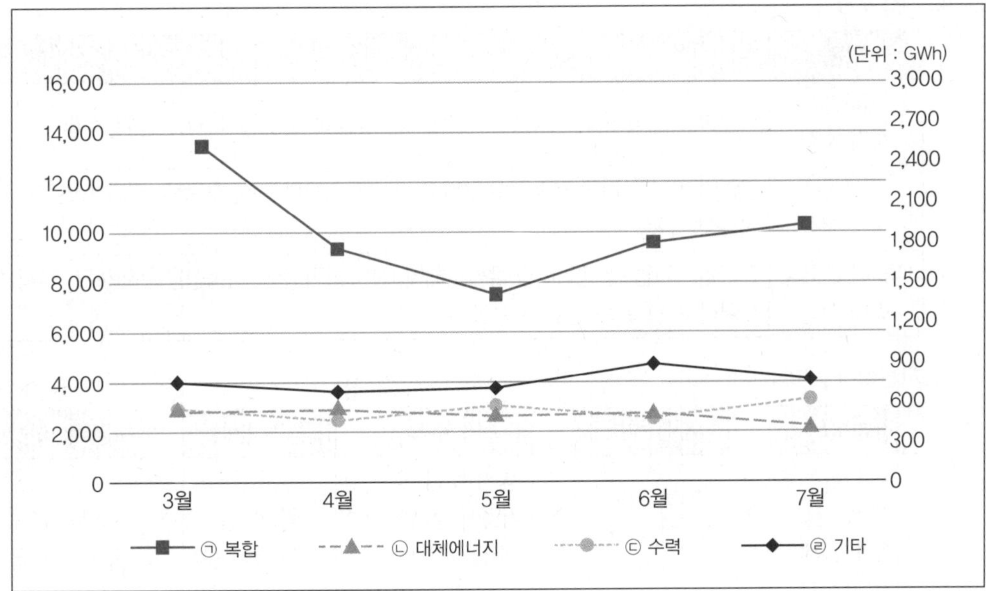

① ㉠
② ㉡
③ ㉢
④ ㉣

[36 ~ 37] 다음 제시 상황과 자료를 보고 이어지는 질문에 답하시오.

△△기업에 근무하는 김 사원은 영업비밀 유출 피해 관련 사업 지원 공고를 보고 있다.

〈영업비밀 유출 디지털포렌식 사업 공고문〉

1. 사업개요

   영업비밀 유출로 피해를 입은 중소기업이 법적 · 경제적으로 재기할 수 있도록 디지털 증거 수집 · 분석에 필요한 디지털포렌식 기술을 지원

2. 지원대상

   영업비밀 유출 피해가 의심되어 증거 확보가 필요한 중소기업(상시 직원 수 300명 이하)

3. 신청기간

   20X1. 01. 19. ~ 20X1. 04. 30. (단, 90개 기업이 신청한 경우 조기 마감될 수 있음)

4. 지원내용

구분	주요내용
디지털 증거 수집	적법한 심사에 따라 ○○청이 영업비밀 유출과 관련된 디지털 증거 수집
디지털 증거 분석	영업비밀 유출 피해 입증과 관련된 디지털 증거자료 분석 후 분석 결과를 민간기관에 교차 검증 실시
영업비밀 유출 피해 상담	○○청-기업 간 영업비밀 유출피해에 대한 법적 수사 가능성을 논의하고, 디지털포렌식 지원 가능 범위를 협의

5. 지원절차

신청 접수	▶	사전 준비	▶	증거 수집	▶	증거 분석	▶	결과 제공
신청서 접수 후 영업비밀 유출 피해 상담 실시		법률 검토, 조사대상 확인, 지원계획 수립		증거 수집 후 기업에 증거물 수집 확인서 교부		영업비밀 유출행위 분석		기업에 분석 보고서 전달

6. 신청 방법

   ① 홈페이지 신청(https : //www.xxx.or.kr) 혹은 대표메일 접수(abc_help@xxx.or.kr)

   ② 서면을 통한 직접 제출

36. 다음 중 제시된 자료를 이해한 내용으로 적절하지 않은 것은?

① ○○청은 증거를 수집한 후 기업에 이와 관련된 확인서를 교부한다.

② 유출 피해 기업에 대한 지원은 크게 5단계에 걸쳐 진행된다.

③ 디지털포렌식 사업은 홈페이지 외에도 다른 방법으로도 신청이 가능하다.

④ 디지털 증거 분석 중에는 공공기관과 협력하여 해당 분석 결과에 대한 교차 검증을 실시한다.

37. 다음의 사업 참가 신청서가 반려된 이유를 적절하게 추론한 것은?

(서면 제출용) 영업비밀 유출 디지털포렌식 사업 참가 신청서			
신청기업명	Y 기업	기업분류	중소기업(상시 직원 13명)
신청서 작성일자 (Y 기업)	20X1. 03. 20.	신청서 수정일자 (○○청)	20X1. 03. 25.
신청사유	협력사 측에서 디스플레이 제조 관련 영업비밀을 유출한 것으로 의심되나, 이를 입증하지 못해 디지털포렌식 역량을 갖춘 ○○청의 도움이 필요한 상황		

① ○○청이 사업 신청기간 내에 신청서를 수령하지 못하였다.

② Y 기업의 기업분류가 본 사업의 지원대상 요건을 충족하지 않는다.

③ 사업을 신청한 기업들의 수가 많아 신청 기업 모집이 조기마감되었다.

④ Y 기업은 영업비밀 유출이 의심되지 않는 상황이므로 사업 신청이 불가하다.

[38 ~ 40] 다음 제시 상황과 자료를 보고 이어지는 질문에 답하시오.

○○발전의 김 대리는 발전사업자 지원사업 문의답변을 위해 관련 자료를 열람하고 있다.

〈발전사업자 지원사업〉

• 사업 개요

20X6년부터 발전사업자(○○발전)의 자체자금으로, 기금사업과 동일한 규모의 사업자 지원사업을 시행할 수 있는 정책 근거를 마련하였습니다. 이를 통해 발전소 주변지역에 발전소 건설 및 가동 기간 동안 교육 · 장학 지원사업, 지역경제협력사업, 주변환경개선사업, 지역복지사업, 지역전통문화진흥사업 등 다양한 사업을 실시하고 있습니다.

• 목표 및 추진전략

– 목표 : 지역과 함께하는 ○○발전

– 추진전략

발전산업의 지속가능경영 기반 구축+주변지역경제기여 및 복지향상+지역주민과 기업의 조화로운 발전

• 사업공모 과정

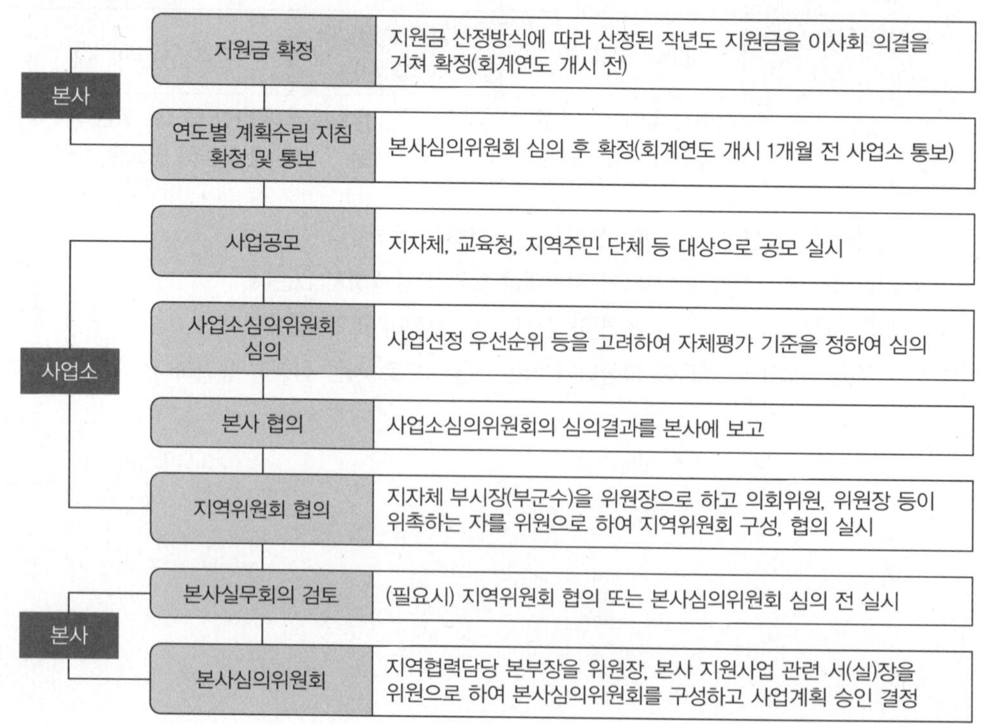

• 사업종류

구분	사업세부내용
교육 · 장학 지원사업	지역 우수인재 육성, 기숙사 마련, 영어마을 연수, 우수교사 유치 및 장학사업 등 교육 관련 지원사업
지역경제협력사업	지역특산물 판로 지원 및 지역산업 경쟁력 강화지원 등 지역경제 활성화를 지원하는 사업
주변환경개선사업	바다정화, 도로정비 및 주거환경 개선 등 지역의 생활환경을 쾌적하게 조성하는 사업
지역복지사업	복지시설 지원, 육아시설 건립 · 운영, 체육시설 마련 및 마을버스 등 지역주민 복지 향상 사업
지역전통문화진흥사업	문화행사 지원 및 문화시설 건립 지원 등 지역주민이 문화생활을 즐길 수 있는 환경을 조성하는 사업
기타 사업자 지원사업	지역홍보 등 지역특성을 살리고 주민복지증진, 지역현안 해결 및 지역이미지 제고 등을 위한 사업, 사업자지원사업의 계획 및 운영과 관련한 부대사업

38. 다음 중 위 자료를 이해한 내용으로 적절하지 않은 것은?

① 발전사업자 지원사업은 정책적 근거에 따라 실시되고 있다.

② 발전사업자 지원사업은 발전소 주변 지역에서 발전소가 가동되는 기간 동안에만 시행된다.

③ 본사실무회의 검토는 필요한 경우에 한하여 실시한다.

④ 발전사업자 지원사업은 다섯 가지 사업 외에도 별도의 사업이 운영될 수 있다.

39. 다음은 사업소심의위원회의 회의 내용이다. ㉠에 들어갈 발전사업자 지원사업은?

> 위원장 : 사업소심의위원회를 개최하겠습니다. 우리 지역은 발전소 건립 지역으로 발전사업자 지원사업에 참여할 예정인데, 이에 대해 우리가 참여할 사업을 정해 보고자 합니다.
>
> 위원 A : 최근 우리 지역에서 학생들 수가 크게 감소하고 있는 추세입니다. 이를 해결할 수 있는 사업이 좋지 않을까 생각합니다.
>
> 위원 B : 학생들 수가 줄어들고 있기는 하지만, 최근 지역 간 도로 건설 및 마을버스 신규 개통 등 교통수단이 좋아지면서 타지로 학교를 다니는 학생들이 많아져서 그런 것뿐이니 그 문제는 괜찮을 것 같습니다.
>
> 위원 C : 최근 우리 지역의 전통문화가 국제기구의 주목을 받는다는 소식이 퍼지면서 전통문화진흥사업을 진행한다고 했습니다. 때문에 유사한 사업은 피하는 것이 좋을 것 같습니다.
>
> 위원 D : 네, 저도 그렇게 생각합니다. 우리 지역의 숨은 역량을 강화할 수 있도록 하는 지역경제를 이루는 것이 좋을 것 같습니다.
>
> 위원장 : 네, 그렇다면 우리 지역에서 참여할 사업으로 (　　㉠　　)을 고르겠습니다.

① 지역복지사업
② 지역전통문화진흥사업
③ 지역경제협력사업
④ 교육 · 장학 지원사업

40. 다음은 김 대리가 제시된 자료를 바탕으로 질문에 답변한 것이다. 적절하지 않은 것은?

①

Q	발전사업자 지원사업은 어떤 방향성을 가지고 시행되는 건가요?
A	발전산업의 지속가능경영을 위한 기반을 구축하고 지역경제 및 복지향상에 기여함으로써 지역주민과 기업이 상생할 수 있도록 발전사업자 지원사업을 실시하고 있습니다.

②

Q	발전사업자 지원사업은 누구를 대상으로 하는 것인가요?
A	발전사업자 지원사업은 발전소 주변 지자체, 교육청, 지역주민 단체 등을 대상으로 하고 있습니다.

③

Q	지역위원회는 어떻게 구성되나요?
A	발전사업자 지원사업의 협의를 위해 지자체 부시장 혹은 부군수를 위원장으로 하고 위원장 등이 위촉한 위원들로 구성됩니다.

④

Q	발전사업자 지원사업에 대한 연도별 계획수립 지침은 언제 정해지는 거죠?
A	발전사업자 지원사업의 연도별 계획수립 지침은 본사심의위원회의 심의를 통해 확정되며, 이는 회계연도 개시 후 사업소에 통보됩니다.

[41 ~ 42] 다음 제시된 상황과 자료를 보고 이어지는 질문에 답하시오.

○○정유사 경영전략팀에 입사한 이 사원은 다음 보고서를 읽고 있다.

Ⅰ. 서론

기업의 지속가능경영을 나타내는 척도인 ESG(Environmental－환경, Social－사회, Governance－지배구조)는 개별 기업을 넘어 한 국가의 성패를 가를 키워드로 부상하고 있다. 탄소 가격과 각종 규제가 전 세계적으로 확산될 때를 대비해 탄소 배출량 감축에 선제적으로 대처하여 경쟁사에 비해 더 낮은 배출량을 가진 연료 및 제품을 공급할 수 있는 것은 경쟁 우위가 될 수 있기 때문이다. 화석연료는 온실가스를 배출하여 지구 온난화를 유발할 뿐만 아니라, 유전 개발 과정 및 석유 유출 사고로 생물 다양성을 훼손하는 주요 분야로 인식되고 있다.

세계 최대의 자산운용사인 블랙록(Black Rock)을 비롯한 투자자들은 위와 같은 국제사회 분위기를 감안해 ESG에 주목하여 석유 회사들의 지속적인 성장 가능성을 판단하며, ESG를 투자의 판단 기준으로 삼고 있다. 다만, 이러한 ESG 강화가 신규 탐사 투자의 축소를 유발해 향후 석유 공급의 차질을 야기할 수 있다. 특히, ㉠ <u>코로나19 대유행 이후 석유 회사들의 경제 및 석유 수요 회복에 대한 우려는 줄어든 반면, ESG에 대한 관심과 우려가 증폭되고 있다.</u>

Ⅱ. 금융 회사들의 ESG 추진 동향

세계 금융 회사들은 자금 지원, 회수 및 수익률 확보를 위해 기업들로 하여금 ESG를 적극 추진하도록 유도하고 있다. HSBC 분석가들은 최근 국제 석유 회사(IOC)의 주가에 대한 실질적인 위험이 탄소 배출량 감축에 대한 투자자들의 기대감 상승으로 인한 것이라고 강조한 바 있다. 또한, 투자은행인 제퍼리스(Jefferies)가 최근 투자자 2,000여 명을 대상으로 조사한 결과, 응답자 중 78% 이상이 ESG를 기반으로 하는 투자가 수익을 창출할 전략이라고 생각하는 것으로 나타났다.

Ⅲ. 석유 회사들의 ESG 추진 동향

셸(Shell) 등 유럽의 석유 메이저 기업들은 환경 단체 및 활동가로부터 성과에 대한 비판을 계속 받고 있지만, 신재생 에너지와 새로운 저탄소 솔루션의 성장을 도모하기 위해 막대한 노력을 기울이고 있다. 셸은 종합 에너지 회사로서 특히 태양광, 풍력 등을 통한 전력사업에 집중하여 전주기 전력 밸류체인 통합을 추구하고 있다. 석유와 석탄의 비중을 줄이면서 풍력, 태양광, 수소 등 신재생 에너지와 저탄소 기술에 연간 U$20억 ~ 30억을 투자하고, 2025년까지 신재생 에너지 투자액을 최대 U$55억까지 확대할 예정이다. 노르웨이의 에퀴노르(Equinor)는 에너지 전환으로 새로운 사업 분야와 지역에 진출하면서 생물 다양성을 보호하고 강화할 계획이다.

41. 이 사원은 국제시장 공략을 위해 국제 금융 및 석유 회사의 ESG 추진 동향을 파악하는 것이 중요함을 알게 되었다. 이와 관련하여 국제적인 업무에 능동적으로 대처하기 위한 노력으로 적절하지 않은 것은?

① 매주 국내외 자산운용사의 ESG 관련 기업 보고서를 읽고 분석한다.

② ESG 경영에 대한 이해도를 높이기 위해 노동시장 및 직무요건의 세계적 동향에 관한 연구논문을 찾아본다.

③ ESG 경영과 관련된 국제동향을 공부하고 업무에 적용하기 위해 경제적, 정치적, 사회적, 문화적 이슈와 국제적인 법규나 규정 관련 자료를 검색하여 정리해 본다.

④ 국제금융센터 주요 뉴스를 보면서 관심 국가 통화정책 및 환율을 확인한다.

42. 밑줄 친 ㉠의 상황에서 국제 석유 회사와 관련된 ESG 추진 동향을 이해하고 업무에 적용한 예로 적절하지 않은 것은?

① 세계적으로 투자자 및 고객의 ESG 요구가 증대하고 기업 평가에 ESG 요소가 검토 및 반영되고 있는 점을 고려하여 ESG 경영을 기업 조직문화에 적용하고 지속적인 인프라 구축, 추진과제의 수행, 모니터링 사업을 강화해야 한다.

② 우리나라 정부의 ESG 규제 강화에 발맞추어 ESG의 구체화 및 내실화를 통해 사내외 고객, 지역사회 및 이해 관계자들과의 협력 및 상생을 적극적으로 모색할 방안을 마련해야 한다.

③ 은행들이 탄소 배출을 억제하기 위해 파리 기후 협정과 자신들의 대출 프로그램을 연계할 것이므로, 우리 회사도 자금조달의 어려움에 대비해 자체 수익을 확대하거나 신재생 에너지 사업의 규모 또는 투자를 확대해 관련 분야 포트폴리오를 구체화해야 한다.

④ 투자자들에게 석유 회사들의 ESG 실행이 중요해지고 있고, 이에 국제 석유 업계도 단기간의 성과보다 장기적인 프로젝트에 더 중점을 두고 있다. 그러므로 당사도 ESG 경영을 위한 장기적 관점의 사업 포트폴리오를 구상해야 한다.

[43 ~ 44] 다음 제시 상황과 자료를 보고 이어지는 질문에 답하시오.

□□기관 장새벽 사원은 ○○부에서 송부한 반부패 관련 협조사항을 살펴보고 있다.

〈반부패 행동지침 기관별 협조사항〉

협조사항	일정	대상기관
공공기관 채용 공정성 강화		
정기 전수조사 후속조치(비리 연루 시 배제, 피해자 구제 등) 및 제도 개선 적극적 이행 및 점검 협조	상 · 하반기	전 공공기관
관련 민간분야의 공정채용협약 등 민간 공정채용대책 혁신 적극 이행	상 · 하반기	전 공공기관
행동강령 내재화 및 이행점검 강화		
기관별 소속 공직자 대상 행동강령 교육 실시	상반기	전 공공기관
부패취약시기 등 행동강령 이행상태 자체 결정 강화	하반기	전 공공기관
행동강령 위반 신고사건 조사 또는 이행실태 점검 시 자료제출 등 협조	상 · 하반기	전 공공기관
기관별 자체 행동강령 제 · 개정 사항 제출	12월 내	공직자 단체 전 공공기관
신규 공사공단 반부패 행동강령 제정 회의 참석	4월 / 10월	해당기관
평가 환류를 통한 자율적 개선노력 지원 확대		
청렴도 측정 및 부패예방 시책평가 지원 계획 통보에 따른 자료 · 의견 제출	9월	측정 · 평가 대상 공공기관
국가청렴포털(청렴e시스템)에 부패예방 우수 사례 등록	3월 내	20X9년 자체평가 우수기관
20X9년 청렴도 측정 및 부패예방 시책평가 결과 공개, 실적 제출	3월 내	측정 · 평가 대상 공공기관
청렴도 측정 및 부패예방 시책평가 담당자 워크숍 참석	2/4분기 중	측정 · 평가 대상 공공기관
청렴도 측정 및 통보에 따른 자료 제출	7 ~ 8월	청렴도 측정 대상기관
선정된 대상기관 통보에 따른 점검 및 협조사항 제출 (청렴도 측정 상 · 하반기, 부패예방 시책평가 하반기)	상 · 하반기	측정 · 평가 대상 공공기관

43. 다음 중 위 협조사항을 읽은 장새벽 사원이 이해한 내용으로 적절하지 않은 것은?

① 공공기관 채용 공정성 강화 관련 사항은 모든 공공기관을 대상으로 한다.
② 부패예방을 위한 온라인 시스템이 운영되고 있다.
③ 청렴도 측정과 부패예방 시책평가 관련 사항들은 시행 일정이 모두 같다.
④ ○○부는 채용의 공정성을 위해 민간분야와 협약하는 등 혁신에 적극적으로 임하고 있다.

44. 위 협조사항들 중 상반기에 요청한 협조사항은 몇 개인가?

① 9개 ② 10개
③ 11개 ④ 12개

[45 ~ 46] 다음은 선택형 복지제도에 대한 내용이다. 이어지는 질문에 답하시오.

〈복리후생체계〉

구분	공통항목	선택항목 A	선택항목 B
보험 및 연금	건강보험, 고용보험, 산재보험, 국민연금		생명보험, 상해보험 가입비 지원
건강관리	기본 건강검진 병원치료비(업무 관련)	병원치료비 (업무 무관)	종합건강진단
주택 지원	기숙사 지원, 대출 지원		
경조 지원	경조금, 화환		
교육 지원		자녀학비지원	
여가활동	동아리활동 지원		휴양지
기타	교통비 지원(업무 관련)	법률, 세무상담	

※ 공통항목은 직군, 연령, 성별, 근속 연수와 관계없이 동일하게 적용(금액 무관)

※ 선택항목은 포인트 차감(A 항목 : 30,000원당 1포인트, B 항목 : 10,000원당 1포인트 차감)

※ 잔여포인트가 항목별 지출 금액보다 많을 때만 사용 가능(예 잔여포인트가 1포인트인 경우 B 항목 지출비용이 10,000원 초과 금액이면 사용할 수 없다)

〈포인트 부여 기준〉

항목		부여기준	적용구분		포인트
기본 포인트		성과 등급이 M 수준 이상인 사원에 대해 해당 등급에 따라 부여(단, 등급은 M<E<O순이다)	전 사원	M	100
				E	150
				O	200
차별 포인트	근속	기준일 : 입사일 계산식 : 당해 연도 - 입사 연도 - 1	1년 미만		10
			1년 이상 ~ 3년 미만		20
			3년 이상 ~ 5년 미만		30
			5년 이상		40
	가족	건강보험증 등재인 (사원 본인 제외 가족 수)	0명		10
			1명		20
			2명		30
			3명 이상		40
	성과 등급	부서별 사원 평가자료 반영 (6개월 이상 장기 휴가 사원은 N 적용)	부족	N	0
			보통	M	40
			양호	E	80
			만족	O	120

※ 성과 평가 미시행 부서 사원은 성과 등급을 M 수준으로 적용한다.

※ 지급포인트 = 기본 + 차별(근속 + 가족 + 성과등급)

45. 다음 중 가장 많은 포인트를 지급받는 사람은? (단, 가족 수는 사원 본인을 제외한 숫자이다)

① 성과 평가 E, 건강보험증 등재 가족 1명, 근속 연수 1년
② 성과 평가 O, 건강보험증 등재 가족 0명, 근속 연수 1년
③ 성과 평가 M, 건강보험증 등재 가족 2명, 근속 연수 2년
④ 성과 평가 미시행, 건강보험증 등재 가족 4명, 근속 연수 4년

46. 다음과 같은 사원의 문의전화에 대한 답변으로 적절한 것은?

> 저는 20X4년 1월 입사한 사원입니다. 저희 부서가 업적 평가를 받지 않고 저는 건강보험 등재 가족이 없는데, 이런 경우 20X9년에 어떻게 포인트를 지급받나요? 특히 종합건강진단과 경조금에 최대 얼마까지 지원 가능한지 알고 싶습니다.

① 종합건강진단과 경조금을 합쳐 190만 원까지 지원하고 있습니다.
② 두 항목 모두 근속 연수 등과 무관하게 무제한으로 지원하고 있습니다.
③ 종합건강진단은 180만 원까지, 경조금은 무제한으로 지원하고 있습니다.
④ 종합건강진단은 200만 원까지, 경조금은 무제한으로 지원하고 있습니다.

[47 ~ 48] 다음 제시된 상황과 자료를 보고 이어지는 질문에 답하시오.

△△공사에서 일하는 이기쁨 사원은 동영상 공모전의 안내문을 정리하고 있다.

〈○○고속도로 개통 50주년 기념 동영상(UCC) 공모전 개최 알림〉

1. 공모내용
   - 대상 : 전 국민 누구나
   - 공모기간 : 9. 11.(금) ~ 10. 6.(화) [접수기간 : 10. 1.(목) ~ 10. 6.(화)]
   - 공모주제 : 슬기로운 · 유쾌한 ○○고속도로 생활
     - ○○고속도로와 함께 살아가는 우리들의 이야기

     [소재 예시]
     - 출 · 퇴근 이용 등 일상과 함께 하는 ○○고속도로
     - ○○고속도로를 이용한 여행과 휴식
     - ○○고속도로 내 휴게소의 먹을거리 · 볼거리 · 즐길거리
     - 나만의 ○○고속도로 10배 더 즐기는 방법 등

   - 공모형식 : 광고 캠페인, 브이로그, 애니메이션 등 장르 불문
     - 영상분량 : 40초 ~ 2분 59초 이내
     - 영상크기 : 1,080P(1,920×1,080), 가로형
     - 파일형식 : AVI 또는 MP4
     - 영상장비 : 스마트폰, 캠코더, 드론 활용 등 제한 없음.

2. 참가방법

   ① 응모자 개인 영상 플랫폼 채널에 출품작을 필수 해시태그(#)와 함께 업로드
   - #○○고속도로 #50주년 #영상공모전 #△△공사

   ② 제출 서류와 출품작을 담당자 이메일로 제출
   - 참가신청서 및 서약서[서명 후 스캔본(PDF) 제출]
   - 영상파일[파일명은 '○○고속도로 50주년 영상공모전 출품작_작품 제목'으로 작성]
   - 드론 촬영허가서 및 비행승인서 등 증빙서류 첨부

3. 심사 및 결과발표
   - 심사 기준 : ① 심사위원 심사(70%)+② 영상 플랫폼 조회 수(30%)

심사내용	심사 기준
내용의 적합성	1. ○○고속도로 50주년 홍보 내용 포함 2. 비속어 미사용 등 공공 적합성

콘텐츠 우수성	1. 촬영 · 편집 기술 2. 구성 내용(시나리오 등) 및 기획력
콘텐츠 창의성	1. 유사 콘텐츠 유무 2. 기발한 아이디어 적용
콘텐츠 활용성	1. 온라인 · 오프라인 매체 활용성 2. 차후 행사 등 현장 활용성
영상 플랫폼 조회 수	업로드 후 1주일간의 조회 수

- 결과발표 : 공사 SNS 채널 게시 및 개별 통보
- 우수자 선정 인원 및 포상 내용

구분	금상	은상	동상
인원	1명	2명	3명
포상	500만 원	250만 원	100만 원

- 상금은 위의 포상금에서 제세공과금(22%) 제외 후 지급
- 상금지급 시기 : 10월 말 ~ 11월 중(별도 시상 없음)

47. 다음 중 이기쁨 사원이 정리한 자료를 이해한 내용으로 적절하지 않은 것은?

① 공모할 동영상은 반드시 ○○고속도로를 소재로 해야 한다.
② 심사기준은 총 5개이며 영상플랫폼 조회 수는 30% 반영된다.
③ 금상 수상자는 제세공과금 제외 후 500만 원을 받게 된다.
④ 파일 형식은 AVI나 MP4여야 하며, 영상 촬영 장비에는 아무런 제한이 없다.

48. 다음 중 이기쁨 사원이 영상 공모전 출품작을 심사할 때 확인할 사항으로 적절하지 않은 것은?

① 참가자가 이메일로 보낸 제출 서류에 참가신청서와 서약서를 첨부했는지 확인한다.
② 업로드된 영상의 분량이 40초에 채 미치지 못하거나 2분을 초과하는지 확인한다.
③ 영상 플랫폼에 업로드된 영상과 함께 필수 해시태그가 모두 업로드되어 있는지 확인한다.
④ 만약 해당 영상이 드론으로 촬영된 경우, 관련 서류가 이메일에 첨부되어 있는지 확인한다.

[49 ~ 50] 다음 제시 상황과 글을 읽고 이어지는 질문에 답하시오.

○○기관에 근무하는 L은 관점에 대한 글을 보고 있다.

(가) 2013년 5월 린홀트 베크만의 토크쇼에 출연한 독일의 전 총리 헬무트 슈미트는 중국을 보는 서구인들의 관점에 대해 총체적인 질문을 했다. 대부분의 독일인은 중국에 선입견을 갖고 있으며, 중국의 민주화를 위해 독일식 민주주의를 전파해야 한다고 생각한다고 슈미트는 말했다. (나) 하지만 이미 지난 몇십 년 동안 중국은 민주화 과정을 지나왔으며 일정한 수준에 도달하기 위해서는 시간이 필요하다는 사실을 사람들은 종종 간과한다.

다른 나라에 자신들의 방식을 강요하는 것은 오만한 행동이라고 슈미트는 말했다. 우리 관점으로는 거대한 중국 대륙의 민주주의가 어떤 방식으로 얼마만큼 진행되었는지 제대로 판단할 수 없다는 것이다. 또한 서구와는 달리 중국 정부는 다른 나라에 자신들의 사회적 모델을 강요한 적이 전혀 없다는 점도 슈미트는 지적했다.

관점을 바꾸어볼 기회가 없었으면 자기 관점의 중요성과 한계를 모르고 지나치기 쉽다. (다) 중요한 문제든 작고 사소한 문제든 관점을 바꿔볼 수 있는 능력이 있음에도 불구하고 자신의 공고한 위치나 확신을 버리기란 쉽지 않다. 또한 자기를 잃어버리지 않기 위해서는 생각의 든든한 초석이 꼭 필요하다. 하지만 종종 우리는 자신의 지평을 넘어서서 보지 못한다. 그러다 보니 결국 고집스럽고 어리석은 사람으로 남게 되는 것이다.

(라) 다른 시점에서의 관점의 변화라는 주제를 마주하기 위해 이제 우리는 중국에서 눈을 돌려 게임의 세계로 가보겠다. 여기서는 다른 사람의 관점에서 자신을 바라보는 능력이 아주 큰 역할을 한다.

49. (가) ~ (라) 중 다음 〈보기〉가 들어갈 부분으로 적절한 것은?

> **보기**
>
> 우리 중 세상과 자신을 돌아보기 위해 중국 신문이나 미국 혹은 폴란드의 신문을 읽는 사람은 거의 없다. 하지만 헬무트 슈미트 전 총리는 그것을 실천했고, 이로 인해 다른 관점으로 많은 것들을 바라볼 수 있었다. 이는 비단 중국에만 한정된 문제가 아니라 유럽도 마찬가지다. 슈미트는 자신의 국제적인 독서 경험과 정치 경력을 바탕으로 EU를 분석했는데, 그의 분석에 따르면 EU는 자기에게 닥친 위험에 둔감하다. EU가 항상 자기 꼬리를 물고 돌고 있기 때문이다.

① (가)　　② (나)

③ (다)　　④ (라)

50. 다음 ㄱ ~ ㅁ 중 제시된 글에서 도출할 수 있는 내용을 모두 고른 것은?

> ㄱ. 당신의 관점은 편견일 수도 있다.
> ㄴ. 관점을 다양하게 하기 위해서는 자기 자신을 버려야 한다.
> ㄷ. 다른 사람의 관점에서 자신을 바라보는 것은 아주 중요한 능력이다.
> ㄹ. 사소한 일보다 중요한 일에서 자신의 확신을 버리는 것이 쉽지 않다.
> ㅁ. 다른 시점에서 사고하기 위해서는 관점을 바꿔보는 기회를 가져보아야 한다.

① ㄹ, ㅁ　　② ㄱ, ㄴ, ㄷ

③ ㄱ, ㄷ, ㅁ　　④ ㄴ, ㄷ, ㄹ

고시넷 매일경제 NCS

영역별 출제비중

- ▶ 글의 정보를 요약하는 문제
- ▶ 광고 카피를 작성하는 문제
- ▶ 납부세액을 계산하는 문제
- ▶ 자료를 도식화하는 문제
- ▶ 통행요금을 계산하는 문제
- ▶ 점검계획을 수립하는 문제

매일경제형 의사소통능력에서는 문단별로 소제목을 작성하는 문제, 글의 정보를 요약하는 문제, 조건에 따라 광고 카피를 작성하는 문제 등이 출제되었다. 수리능력에서는 납부세액을 계산하는 문제, 자료의 수치를 분석하는 문제 등이 출제되었다. 문제해결능력에서는 자료를 도식화하는 문제, 조건을 바탕으로 근무를 배정하는 문제 등이 출제되었다. 자원관리능력에서는 수익체계를 분석하는 문제, 합리적인 선택을 하는 문제, 업체를 선정하는 문제 등이 출제되었다. 기술능력에서는 제품 코드를 구하는 문제, 점검항목을 파악하는 문제, 제품에서 발생한 문제의 원인을 파악하는 문제 등이 출제되었다.

매일경제

5회 출제유형모의고사

영역	총 문항 수
의사소통능력	50문항
수리능력	
문제해결능력	
자원관리능력	
기술능력	

NCS란? 산업 현장에서 직무를 수행하기 위해 요구되는 각종 지식, 기술, 태도 등의 내용을 국가가 체계화한 것을 의미한다.

직업기초 5회

기출예상문제

문항수 | 50문항

▸ 정답과 해설 45쪽

[01 ~ 03] 다음 제시된 상황과 자료를 보고 이어지는 질문에 답하시오.

갑 기관에서 일하는 직원 김 사원은 국가기술은행 관련 보도자료를 열람하고 있다.

P 부는 공공 기술이전 플랫폼인 국가기술은행(이하 기술은행)에 AI 기술을 도입하여 새롭게 개편한 신규 플랫폼을 2021년 5월 27일 공식 공개하고, 공개 시연 및 설명행사를 개최하였다.

기술은행은 정부 R&D사업을 통해 개발된 기술정보의 동향을 수집 · 제공하고, 각 공공연구기관에서 자체 보유기술을 이전할 때 직접 등록했던 기술정보를 관리하는 기술이전 · 거래 종합 플랫폼이다. 이는 2001년부터 운영 중이며, 최근 AI 기술을 기술은행에 접목하여 기술 매칭, 기술 추천, 기술예상가격 정보를 제공하고, 기술정보 관계망 서비스를 제공하는 등 새롭게 개편을 완료하였다.

㉠

기술은행은 기술이전 및 거래를 중개 · 촉진하는 플랫폼으로, 현재 기술은행에 등록된 기술정보는 약 29만 건이며, 기술정보 이용자 수는 연간 202만 명(2020년 기준) 수준이다. 한편 기존 기술은행 이용 시에는 사용자가 검색어 입력 시 전문 기술용어를 입력해야 정확한 정보를 검색할 수 있어 접근성과 활용성을 보다 높일 필요성이 제기되었으며, 검색결과를 단순 리스트 형식으로 제공함에 따라 연관정보 등 종합적인 정보 파악에 한계가 있다고 지적된 바 있다.

기술은행 개편 주요내용

AI 기술을 활용하여 기술 매칭, 관련 기술 간 관계망, 기술예상가격, 기술개발 흐름 등 연관정보를 사용자가 체계적으로 파악할 수 있는 방향을 중심으로 기술은행을 대폭 개편하였다.

01. (㉡)

사용자가 기술용어 외에도 키워드(일상용어) 입력 시 AI 알고리즘이 기술은행 등록기술과 유사성을 계산하여 검색결과를 제공한다. 또한 다수 사용자의 검색 이력 데이터를 분석하여 사용자 맞춤형 기술정보를 추천하며, 해당 기술의 가치와 관련된 정보(기술가치평가금액, 기존 실거래 가격)를 학습하여 기술예상가격을 제공한다.

02. (㉢)

기술정보(기술명－키워드, 키워드－키워드) 간 관계망 서비스를 통해 방대한 정보 속에서 사용자가 찾고자 하는 정보를 제공한다. 기술통계 서비스를 통해 공공연구기관별, 산업분야별 보유기술 현황을 시각화하여 제공하고, 시간흐름에 따른 기술의 변화와 성장을 보여 주는 타임라인도 볼 수 있다.

03. (㉣)

기존의 공공연구기관 보유기술 등록 · 관리 기능을 우수한 민간(기업) 보유기술 발굴 및 등록에까지 확대한다. 또한 기술이전 · 사업화 가능성이 높은 중요 기술정보에 대해서는 기술을 소개하는 동영상을 제작하여 제공함으로써 사용자 및 기업의 이해도와 활용도를 높여 나갈 계획이다.

P 부 차관은 "이번에 새롭게 개편된 기술은행을 통해 기술이전 생태계가 활성화되어 기술이전 · 사업화 성과가 대폭 확대되기를 기대한다."고 강조하고, "등록된 기술정보의 질을 산업분야별로 지속 향상시키고, 다른 기술 정보망들과 연계를 강화하는 등 체계적 운영으로 활용도를 높여 나갈 계획"이라고 밝혔다.

01. 다음 중 위 보도자료에 대한 설명으로 적절한 것은?

① 기존 기술은행 이용 시 사용자는 전문 기술용어를 숙지해야만 정확한 검색이 가능했다.

② 공공연구기관이 보유기술을 이전할 시 기술은행이 기술정보를 직접 등록한다.

③ 기존의 기술은행에서 정보 검색 시 결과 도출에 시간이 소요되어 불편함이 있었다.

④ AI 기술을 활용하여 기술은행 운영자가 기술 연관정보를 체계적으로 파악하여 관리할 수 있도록 하였다.

02. 다음 중 위 보도자료의 ㉠ ~ ㉣에 들어갈 제목으로 적절하지 않은 것은?

① ㉠ : 기술은행 현황 및 개편배경

② ㉡ : AI 기반 기술 매칭 및 기술예상가격 제공

③ ㉢ : 기술정보 관계망 서비스 제공

④ ㉣ : AI 기반 민관 합동 기술정보 기술이전 · 사업화 협력 사업 시행

03. 다음 중 김 사원이 제시된 보도자료를 바탕으로 답변할 수 없는 질문은?

① AI 기술로 인해 제공되는 기술예상가격은 기존에 제공되던 기술예상가격과 어떤 점에서 다른가요?

② 현재 기술은행에 등록되어 있는 기술정보와 연간 기술정보 이용자 규모는 어떻게 되나요?

③ 기술정보 검색 시 AI 기술은 기존 대비 어떤 이점을 가지게 되나요?

④ 신규 플랫폼에서 제공하는 시각화 정보에는 어떤 것들이 있나요?

[04 ~ 05] 다음의 제시 상황을 보고 이어지는 질문에 답하시오.

화장품 업체에 근무하는 A는 최근 출시된 B 로션의 마케팅 업무를 위해 B 로션과 관련된 정보를 아래와 같이 정리하였다.

• 상품명 : B 로션

• 전성분 : 정제수, 사이클로펜타실록산, 부틸렌글라이콜, 세테아릴알코올, 소르비탄스테아레이트, 편백수, 물망초 추출물, 백년초열매추출물, 캐모마일꽃추추물, 카렌듈라꽃추출물, 홍화추출물, 시어버터, 포도씨 오일, 판테놀, 코코글리세라이드, 잔탄검, 소듐하이알루로네이트, 향료

• 사용법 : 목욕 후 물기를 닦고 적당량을 덜어 전신에 부드럽게 펴 발라 흡수시켜 줍니다. 차갑게 보관해 사용하시면 피부 진정과 수분 충전에 더욱 효과적입니다.

• 사용상의 주의사항

1. 상처가 있는 곳 또는 습진 및 피부염의 이상이 있는 부위에는 사용하지 마십시오.
2. 화장품을 사용하여 다음과 같은 이상이 있을 경우에는 사용을 중지할 것이며, 계속 사용하면 증상을 악화시키므로 피부과 전문의 등에게 상담하십시오.
   1) 사용 중 붉은 반점, 부어오름, 가려움증, 자극 등의 이상이 있는 경우
   2) 적용 부위가 직사광선에 의하여 위와 같은 이상이 있을 경우

• 보관 및 취급상의 주의사항

1. 사용 후에는 반드시 마개를 닫아 두십시오.
2. 유아의 손이 닿지 않는 곳에 보관하십시오.
3. 고온(45도 이상) 내지 저온의 장소, 직사광선이 닿는 곳에는 보관하지 마십시오.
4. 사용 중 눈에 들어갔을 때에는 흐르는 물로 충분히 헹구어 내십시오.

04. 다음 중 A가 정리한 B 로션과 관련된 정보를 간략하게 요약한 내용으로 적절한 것은?

① 목욕 후 바르는 바디로션이다.

② 특수 재질 용기를 사용하여 직사광선에 닿아도 내용물이 변질되지 않는다.

③ 코코넛 오일이 주성분이다.

④ 주름 개선과 피부 영양에 도움을 주는 제품이다.

05. A는 타사 제품 대비 B 로션이 지닌 장점을 강조하는 광고 카피를 제작하고자 한다. 다음 특허 기술에 관한 설명을 바탕으로 작성한 광고 카피로 가장 적절한 것은?

> MLE 보습과학 포뮬러는 시어버터, 포도씨 오일, 판테놀 등 피부에 좋은 보습 성분에 K 기업의 특허기술 MLE를 접목시킨 B 로션의 핵심 포뮬러이다. 이 포뮬러는 보습성분의 피부 흡수를 돕고 지속 시간을 최대 48시간으로 유지하여 효과적인 피부 보습을 완성시키는 데 도움을 준다. 또한 피부 자극 테스트를 완료해 민감한 피부도 안심하고 사용 가능하다.

① 촉촉한 하루를 위해 B 로션과 함께 하세요.

② 시어버터와 포도씨 오일의 만남! 한 번만 발라도 촉촉한 이틀이 될 수 있게 합니다.

③ 자외선 차단 기능이 포함된 바디 로션, B 로션은 어떠세요?

④ 부드럽고 수분감 있는 하루를 위해 당신이 선택할 B 로션

[06 ~ 07] 다음 제시 상황과 자료를 보고 이어지는 질문에 답하시오.

□□은행 직원 L은 금융위원회 보도자료를 확인하고 있다.

〈2023년도 금융정책 추진방향〉

1. 견고한 금융안전 유지

금융위원회는 가계부채의 연착륙을 유도하면서, 개인사업자대출 등에 대한 맞춤형 대책을 통해 부채리스크를 선제관리할 것이라고 밝혔다. 가계부채에 관하여는 차주단위DSR의 적용 확대, 분할상환전세대출 주신보출연료 인하 및 우수실적 추가 우대 등을 통한 가계대출의 질적구조 개선, 공적보증부 전세대출 구조의 적정성 점검 등을 통한 건전성관리 강화 조치를 이행할 것이며, 이 과정에서 특히 서민 · 취약계층의 어려움이 커지지 않도록 중 · 저신용자 대출 및 서민금융상품에 대한 충분한 한도와 인센티브를 부여할 계획이다. 또한 소상공인 및 기업부채에 관하여는 개인사업자대출의 가파른 증가세를 감안하여 부채리스크를 세밀히 점검하여 개인사업자대출 현황, 업황, 매출규모 등을 분석하여 맞춤형 대책을 강구하고, 기업구조혁신펀드 등을 통한 시장 중심의 기업구조조정을 활성화할 방침이다.

또한 175조 원 규모의 코로나19 금융대응조치의 정상화를 점진적으로 추진할 것이라고 밝혔다. 시장안정 및 기업자금조달 지원프로그램은 점진적으로 정상화해 나가면서, 금지 · 제한 · 경영위기업종 소상공인을 대상으로 하는 초저금리대출 등 취약부문에 대한 지원은 코로나19 위기극복 때까지 지속해 나갈 계획이다.

2. 금융역동성 제고 및 금융발전 유도

금융위원회는 금융여건 변화를 감안한 금융업권별 제도 정비와 금융회사의 건전경영 유도를 통한 금융산업 역동성을 강화해 나갈 계획이다. 또한 금융부문의 디지털 전환과 플랫폼화를 촉진하기 위한 인프라 및 제도 혁신을 추진하면서, 동시에 금융소비자보호 및 공정경쟁 기반 마련에 나설 것이라고 밝혔다. 금융분야에서의 AI 가이드라인 세부지침을 마련하여 AI · 데이터 활용을 촉진하고, 빅테크그룹 감독체계 도입을 통한 잠재위협 점검과 디지털금융에 익숙하지 않은 금융소비자에 대한 설명의무 이행 가이드라인 마련 등의 보호체계를 강화해 나갈 계획이다. 여기에 금융규제의 선진화를 위한 금융규제샌드박스 제도를 내실화하고, 금융보안 규제체계를 합리화하여 금융회사가 자율적으로 실효성 있는 내부통제체제를 구축하도록 유도할 방침이다.

3. 실물지원 강화를 통한 경제성장 견인

금융위원회는 산업은행 · 기업은행 · 신용보증기금에 작년 대비 약 4.7% 증가한 약 204조 원 규모의 정책금융을 공급할 것이라고 밝혔다. 여기에 정책금융 지원 강화 및 제도기반 정비를 통해 디지털 진전, 탄소중립 이행 등 실물경제의 구조적 전환을 적극 뒷받침해 나갈 방침이다. 구체적으로는 약 4조 원 규모의 정책형 뉴딜펀드 조성을 지속하고, 탄소배출권 선물시장 도입과 ESG 평가기관 가이던스를 통한 녹색금융 및 탄소배출권 거래 활성화와 ESG 공시 촉진을 위한 제도인프라를 구축하고 사업재편 우수기업을 선별해 이들을 대상으로 정책금융기관의 M&A 주선 및 인수금융 강화를 통한 자금지원을 강화할 방침이다.

또한 기업자금 지원체계를 고도화함으로써 창업 · 벤처 등 자금이 필요한 적재적소에 자금이 흘러가도록 하여 기업경쟁력 제고를 지원하는 것에 더해 코넥스시장이 혁신기업의 자금조달 및 성장사다리로서의 기능을 회복하도록 관련제도를 개선하고 투자자의 주식투자 접근성 확대 및 공모펀드 경쟁력 강화, 감사품질 관리 강화를 통해 실물부분에 더 많은 모험자본이 공급되도록 유도할 방침이다.

4. (가)

금융위원회는 약 10조 원 규모의 정책서민금융을 공급하고 청년, 취약계층 등에 대한 맞춤형 금융지원을 강화할 방침이다. 세부적으로는 햇살론뱅크 및 근로자햇살론의 대출한도 일시증액 및 지원대상 확대, 신용복원위원회의 채무조정 대상범위 및 컨설팅 지원대상 확대, 청년희망적금 및 청년형 소득공제 장기펀드 시행, 취약계층 주택금융상품 특례 강화 등이 여기에 포함된다.

또한 고금리 · 불법추심 등 불법사금융 예방조치 및 최고금리규제 위반 등에 대한 제재수준 강화를 통해 불법 · 부당한 금융 피해를 근절하고, 금융소비자 후생증진을 위한 규제 및 금융관행을 개선하는 한편, 취약고령층 대상 우대형 주택연금 지원범위 및 혜택 확대 등을 통해 고령화 대비 노후자산 축적과 노후소득 확대를 지원해 나갈 계획이다. 그리고 자본시장 공정성 및 투명한 금융질서 확립을 위해 자본시장 불건전거래에 대한 과징금 등 다양한 제재수단을 도입하고 가상자산 등을 통한 자금세탁방지 관리 역시 강화해 나갈 예정이다.

06. 위 보도자료의 (가)에 들어갈 소제목으로 적절한 것은?

① 디지털금융 활성화 방안 마련

② 포용금융과 금융신뢰 확산

③ 금융불균형 선제관리를 통한 금융안정

④ 금융불안 요인에 대한 선제대처

07. 다음 중 직원 L이 위 보도자료를 이해한 내용으로 적절하지 않은 것은?

① 금융위원회는 ESG 공시 촉진을 위한 제도적 인프라를 구축할 예정이다.

② 금융위원회는 중 · 저신용자 대출 및 서민금융상품을 통해 취약계층을 지원할 예정이다.

③ 금융위원회는 실물지원 강화를 통해 부채리스크를 선제관리할 예정이다.

④ 금융위원회는 자본시장 혁신을 통해 실물부문에 더 많은 모험자본이 공급될 수 있도록 할 예정이다.

08. 다음 글의 제목으로 적절한 것은?

1970년대 초 다른 유럽 국가들의 영화 산업이 1960년대부터 비난받아 왔던 상업영화를 계기로 후퇴하고 있을 무렵, 20세기 후반에 들어 후진성을 면치 못했던 독일에서는 '뉴저먼 시네마'라는 이름을 가진 새로운 경향의 영화가 등장했고 이로 인해 독일의 영화 산업은 다시 되살아났다.

1920년대 독일의 영화는 인간의 내면세계를 비사실적, 비자연적으로 표현하려는 표현주의의 성격을 강하게 가지고 있었다. 하지만 이 표현주의 경향은 나치즘의 대두로 붕괴되었으며, 그로 인해 독일의 영화적 터전은 약화될 수밖에 없었다. 이러한 상태에서 무차별적으로 수입된 할리우드 영화들은 독일 영화 산업을 더욱 약화시켰다. 이때 '뉴저먼 시네마'가 등장한 것이다.

'뉴저먼 시네마'는 오버하우젠 선언을 계기로 펼쳐졌다. 1962년 2월 28일, 영화감독 알렉산더 클루게를 대표로 프랑스 누벨바그 운동에 영향을 받은 26명의 젊은 독일 영화 작가들이 '아버지의 영화는 죽었다'라는 제목으로 오버하우젠 영화제를 개최했다. 그리고 이곳에서 새로운 영화를 알리는 오버하우젠 선언문이 채택되었다. 알렉산더 클루게가 주도한 이 선언은 여론의 관심을 모아 1965년 2월에 청년 독일 영화 관리국이라는 기구가 설립되는 데에 영향을 주었고, 공영 방송국의 제작 지원을 받는 새로운 제작 시스템이 마련되도록 하여 1970년 전후로 독일 영화의 황금기를 이끌었다.

이 시기의 영화들은 주로 당대의 지식층 관객들과의 소통을 목표로 하며, 근본적으로 할리우드 영화 및 자국의 상업영화와 거리를 두어 상업성을 띠지 않는다는 특징이 있다. 또한 '뉴저먼 시네마' 감독들이 표방한 '작가영화(auteur film)'는 좌파적 성향의 감독들이 자신들의 사회비판적 입장을 전달하기 위한 무대가 되었으며, 이들의 주요 관심은 미학적 표현이 아닌 흥미로운 소재 그 자체였기 때문에 내용과 형식, 스토리와 양식 등이 통일된다는 특징을 가지고 있었다. 그리고 이는 이후 70년대 외국의 예술영화관에서 가장 널리 상영되는 영화가 되었다.

① 프랑스의 누벨바그 운동이 가져온 사회적 영향은 무엇일까?

② '뉴저먼 시네마'와 '작가영화'의 공통점과 차이점

③ 20세기-부활한 독일 영화 산업의 핵심

④ '뉴저먼 시네마'와 상업영화, 두 영화가 낳은 서로 다른 결과

[09 ~ 10] 다음 제시된 상황과 글을 읽고 이어지는 질문에 답하시오.

△△기관 이기쁨 사원은 철도국 2020년 예산안과 관련된 보도자료를 살펴보고 있다.

○○부는 철도망 확충을 통한 촘촘한 철도안전 기반 조성을 위해 2020년 철도국 예산 정부안을 2019년(5.5조 원) 대비 19.3% 증가한 6.3조 원으로 편성하였다고 밝혔다. 철도국 2020년 예산안은 고속 · 일반 등 6개 분야(프로그램), 총 68개 세부사업으로 구성하였으며, 이 중 철도부분 6개 분야 예산은 건설공사 설계, 착수 및 본격 추진, 안전 강화 등을 위한 필수 소요를 반영하여 증액 편성*하였다. 특히, 노후화된 철도시설 개량, 부족한 안전 · 편의시설에 대한 수요 증가 등으로 철도안전 분야 예산을 큰 폭으로 증액(10,360 → 15,501억 원)하였다. 한편 예비타당성 조사 연계사업의 조속한 추진 등을 위해 9개 사업을 신규로 선정하여 775억 원을 편성하였으며, 2020년에는 익산 ~ 대야 복선전철 등 5개 노선을 개통할 계획이다.

* 고속(400 → 596억 원), 일반(26,212 → 28,319억 원), 광역(3,650 → 4,405억 원), 도시(414 → 566억 원), 철도안전 및 운영(21,539 → 28,161억 원)

철도국 2020년 예산안 주요 특징은 다음과 같다.

1. 수도권 교통 혼잡 해소를 위한 GTX-A · B · C 등 본격 추진

수도권의 만성적인 교통난으로 인한 시민 불편을 획기적으로 개선하기 위해 수도권광역급행철도*(GTX) 및 신안산선 등 광역철도 건설 사업이 진행된다. 사업의 차질 없는 추진을 위해 예산이 2019년 3,650억 원에서 2020년 4,405억 원으로 편성되었다.

우선 GTX-A 노선은 2018년 12월 착공 후 현장공사 추진 중으로, 2020년 본격공사 추진을 위한 보상비, 건설보조금 등 총 1,350억 원을 편성했고, GTX-C 노선은 2019년 12월 예비타당성 조사 통과 후 기본계획 수립 중으로, 2020년 민간투자시설사업기본계획(RFP) 수립 등을 위해 10억 원을 신규 반영하였다.

민간투자시설사업 절차는 1년의 기본계획 수립 후 시설사업기본계획(RFP) 수립, 우선협상대상자 선정 및 협상, 실시협약체결, 실시설계(RFP ~ 실시설계까지 2년), 착공 순으로 진행된다.

신안산선은 경기 서남부 주민들의 교통 여건을 개선시키는 사업으로 2019년 8월 실시계획 승인 및 착공하였고, 2020년 공사 본격 추진을 위해 보상비 908억 원을 편성하였다.

아울러, 지난 8월 서부수도권과 동부수도권을 횡으로 연결하는 GTX-B 노선에 대한 예비타당성 조사 통과(연내 기본계획 수립 발주 예정)로 GTX 3개 노선의 사업 추진이 확정됨에 따라 신 · 구 도심 간 균형발전 촉진뿐 아니라 수도권 교통지도 개편 및 노선 간 네트워크 효과 발생이 기대된다.

* 지하 40m 이하 대심도로 건설하여 평균 약 100km/h로 운행하는 신개념 고속전철 서비스로, 수도권 외곽지역에서 서울 도심까지 30분 내로 이동 가능

2. 노후시설 개량, 안전시설 확충 등을 위한 철도안전 투자 강화

노후 철도시설 개량을 확대하고 시설 안전관리 및 생활안전 지원을 강화하기 위해 2019년 10,360억 원에서 2020년 15,501억 원으로 안전 투자 예산을 확장 편성하였다. 시설 노후화로 각종 안전사고가 빈발하는 도시철도(서울 · 부산) 노후 시설물 개량 지원을 566억 원으로 확대하고, 이용객 편의를 도모하기 위해 노후 철도역사 개량도 282억 원 신규 지원한다. 시설물을 안전하게 관리하고 장애 발생 시 보다 신속히 대처할 수 있도록 IoT(사물인터넷) 기반 원격제어, 센서 등을 활용한 스마트 기술을 도입할 예정이다. 스마트 기술에는 철도 원격감시 · 자동 검측 시스템, 철도 통합무선망(LTE－R) 구축, 고속철도 역사 디지털트윈이 포함된다. 철도이용객 안전을 위한 스크린도어 등 승강장 안전시설(924억 원), 건널목 안전설비(75억 원), 선로 무단횡단 사고 예방을 위한 방호울타리(360억 원) 설치 등 생활안전시설도 확충 지원할 계획이다.

철도차량 및 철도시설 이력관리 정보시스템 구축을 확대 지원하고 철도차량 고장으로 인한 운행 장애 건수 감소를 위해 차량의 '제작 및 등록－운영(점검 · 정비)－폐차 및 말소'를 관리하는 철도차량 전 생애주기 관리 정보망 구축도 새로 지원한다. 철도시설물의 이력, 상태, 속성 정보 등을 통합 관리함으로써 적정 유지보수 및 교체주기 등을 산출하여 시설물 안전 및 유지관리 최적화 구현이 기대된다.

○○부 철도국장은 "철도국 2020년 예산은 우선 국민의 생활과 직결되는 철도안전 사고를 선제적으로 예방하기 위해 노후시설 개량, 생활사회간접자본 확충 등 철도안전에 집중 · 확대 투자했으며, GTX 등 철도네트워크 확충을 위한 예산도 적정 소요를 반영했다."라고 밝혔다.

09. 다음 중 이기쁨 사원이 자료를 이해한 내용으로 적절하지 않은 것은?

① 수도권 교통 혼잡 완화 및 철도안전을 위한 투자가 이번 예산안의 주요 내용이다.
② GTX를 통해 수도권 외곽에서 서울 중심부까지 30분 내로 이동이 가능하다.
③ 2020년의 철도부 예산 중 특히 철도안전 분야의 예산이 큰 폭으로 증가하였다.
④ 노후 철도역사 개량 및 도시철도 노후 시설물 개량 지원은 이번 예산안을 통해 새로 지원되는 사업이다.

10. 윗글을 읽고 나눈 다음 대화의 흐름상 ⓐ에 들어갈 말로 적절한 것은?

> 김새롬 대리 : 광역철도 건설 사업이 진행되는군요. 사업의 추진을 위해 예산도 증액되었고요.
> 이기쁨 사원 : 네. 특히 GTX-B 노선의 경우 예비타당성 조사를 통과해서 2020년 내에 기본 계획을 수립할 예정이라고 합니다. 해당 사업을 통해 노선 간 네트워크 효과 발생도 기대할 수 있습니다.
> 김새롬 대리 : 또한 철도안전을 위해서 투자를 강화하네요. IoT 기반 스마트 기술을 도입하는 이유는 무엇인가요?
> 이기쁨 사원 : (ⓐ   )

① 스마트 기술을 통해 신·구 도심 간의 균형발전을 촉진하기 위해서입니다.
② 안전한 시설물 관리와 장애 발생 시 신속한 대처가 가능하기 때문입니다.
③ 철도 통합무선망을 구축하고 고속철도 역사 디지털트윈을 도입하기 위해서입니다.
④ 철도차량의 전 생애주기 관리 정보망 구축을 통해 시설물 안전·유지관리가 더 쉬워지기 때문입니다.

11. 작년 수입은 4,000만 원이고 소득공제는 수입의 5%였다. 올해 수입은 작년과 같으며 소득공제가 수입의 10%로 늘어났다면 작년 대비 올해의 납부세액 감소 금액은? (단, 다음은 단순누진세율이 적용되는 소득세 과세표준과 세율이며 다른 공제액은 변동이 없다)

〈과세표준 및 소득세율〉

과세표준	세율
1,200만 원 이하	6%
1,200만 원 초과 ~ 4,600만 원 이하	72만 원+(1,200만 원 초과금액의 15%)

※ 작년과 올해의 과세표준별 세율은 동일함.
※ 과세표준=수입-소득공제

① 10만 원 ② 20만 원 ③ 30만 원
④ 40만 원 ⑤ 50만 원

[12 ~ 13] 다음 제시된 상황과 자료를 보고 이어지는 질문에 답하시오.

○○발전 직원 P는 회사 내 정책기금인 대외경제협력기금 조성현황 자료를 보고 있다.

〈2X12 ~ 2X19년 기금조성현황〉

(단위 : 억 원)

구분	정부출연금 (a)	공자예수금 (b)	공자예수원금상환 (c)	재정운영결과 (d)	계 (a+b-c-d)
2X12년	2,990	1,500	70	1,147	3,273
2X13년	3,100	1,621	70	2,088	㉠
2X14년	4,590	-	70	2,076	㉡
2X15년	7,664	-	70	2,188	5,406
2X16년	6,100	-	70	1,678	4,352
2X17년	5,900	-	23	1,899	3,978
2X18년	6,713	120	-	2,015	4,818
2X19년	7,800	2,720	1,500	246	8,774
합계	44,857	5,961	1,873	13,337	35,608

※ 1억 원 미만으로 집계된 경우 -로 표시하며, 계산 시 0으로 간주함.

12. 다음 중 직원 P가 위 자료를 파악한 내용으로 적절하지 않은 것은?

① 공자예수원금상환이 가장 적은 해에는 공자예수금 역시 가장 적다.
② 전년 대비 정부출연금의 감소액이 가장 큰 해는 2X16년이다.
③ 전년 대비 정부출연금의 증가액이 가장 큰 해는 전년 대비 재정운영결과 증가액이 가장 작다.
④ ㉠의 값이 ㉡의 값보다 크다.

13. 직원 P는 위 자료를 참고하여 다음 그래프를 작성했다. 다음 중 그래프가 나타내는 값의 항목으로 적절한 것은?

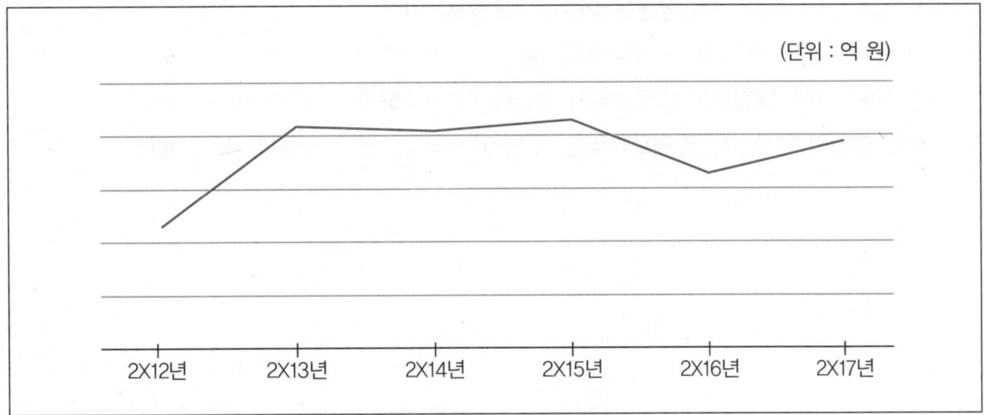

① 정부출연금
② 공자예수금
③ 공자예수원금상환
④ 재정운영결과

14. 다음은 수도권 5대 대형병원의 수익에 관한 자료이다. 이에 대한 설명으로 옳지 않은 것은?

〈수도권 5대 대형병원 의료 통계 자료〉

(단위 : 억 원, %, 명)

순위	병원명	의료수익	의료이익	의료이익률	의사 수	의사 1인당 의료수익
1	A 병원	13,423	825	6.1	1,625	8.3
2	B 병원	10,612	−463	−4.4	1,230	8.6
3	C 병원	10,244	1,640	16.0	1,240	8.3
4	D 병원	8,715	−41	−0.5	1,208	7.2
5	E 병원	6,296	399	6.3	830	7.6
5대 대형병원 평균		9,858	472	4.7	1,227	8.0

※ 의료이익률(%)＝의료이익÷의료수익×100

※ 의사 1인당 의료수익＝의료수익÷의사 수

① 의사 수가 가장 많은 병원은 의료수익도 가장 많다.

② 의사 1인당 의료수익이 가장 많은 병원은 B 병원이다.

③ 수도권 5대 대형병원 의료수익의 평균에 미치지 못하는 대형병원은 2개이다.

④ E 병원의 의사 1인당 의료이익은 A 병원의 의사 1인당 의료이익보다 많다.

15. 갑은 본인이 소유한 9,900m^2의 대지에 용적률 900%, 건폐율 60%의 건물을 짓기로 하였다. 다음의 〈조건〉에 따라 대지 9,900m^2에 건축할 수 있는 상업시설의 최대 건축면적과 건물층수를 바르게 짝지은 것은? (단, 상업시설은 1층부터 건축하며 모든 층의 바닥면적은 1층과 동일하다)

조건

▶ 용적률 : 건축물 총면적(=연면적)의 대지면적에 대한 백분율

$$\text{용적률(\%)} = \frac{\text{건축물의 총 면적(=연면적)}}{\text{대지면적}} \times 100$$

▶건폐율 : 건축면적의 대지면적에 대한 백분율

$$\text{건폐율(\%)} = \frac{\text{건축면적}}{\text{대지면적}} \times 100$$

- 대지면적 : 해당 상업시설을 지을 수 있도록 허가된 땅의 크기
- 건축면적 : 지어질 건물의 크기(1층 바닥면적)
- 연면적 : 건물 내부의 모든 면적(각 층의 바닥면적의 합계)

	건축면적	건물층수		건축면적	건물층수
①	5,445m^2	14층	②	5,568m^2	15층
③	5,568m^2	16층	④	5,940m^2	15층

[16 ~ 17] 다음의 자동차 관련 정보를 참고하여 이어지는 질문에 답하시오.

• 자동차 기본 정보

차종	엔진	가격	연료
A	3,000cc	3,400만 원	고급 휘발유
B	2,400cc	4,300만 원	하이브리드 (고급 휘발유+전기)
C	2,000cc	2,400만 원	휘발유
D	1,800cc	2,800만 원	경유

• 하이브리드 자동차 추가 정보
- 전기배터리는 휘발유가 다 떨어졌을 때 사용된다.
- 전기배터리 최대용량은 2,500,000암페어이다.
- 50,000암페어당 1km씩 운행이 가능하다.
- 휘발유로 달릴 때 10km당 5,000암페어씩 충전된다.

• 리터당 운행 가능 거리

엔진 \ 차종	A, B	C	D
1,500cc 이하	20km	24km	22km
1,500cc 초과 ~ 1,800cc 이하	18km	20km	20km
1,800cc 초과 ~ 2,400cc 이하	15km	18km	16km
2,400cc 초과 ~ 3,000cc 이하	10km	15km	14km

• 1리터당 유류 가격

구분	고급 휘발유	휘발유	경유
가격	1,600원	1,400원	1,100원

• 자동차 매매관련 추가 발생 비용

구분	A	B	C	D
구입비용	300만 원	100만 원	200만 원	150만 원
매각비용	150만 원	50만 원	100만 원	50만 원

※ 국가 지원 대상 자동차(단, 자동차 매매관련 추가 발생 비용에는 적용되지 않는다)
- 1,800cc 이하 자동차 : 구입가격의 5% 지원
- 하이브리드 자동차 : 구입가격의 10% 지원

16. 자동차 A를 구매하고 1년간 유지하는 비용이 자동차 D를 구매하고 1년간 유지하는 비용보다 얼마나 큰가? (단, 1년간 100,000km를 운행한다)

① 1,640만 원
② 1,940만 원
③ 2,450만 원
④ 3,100만 원

17. 하이브리드 차(자동차 B)의 전기배터리가 완전 방전된 상태에서 자동차에 기름을 가득 채워 달린다면 최대 몇 km까지 갈 수 있는가? (단, 연료를 300리터까지 보충할 수 있다)

① 3,400km
② 4,500km
③ 4,545km
④ 6,000km

[18 ~ 19] 다음의 제시 상황과 자료를 보고 이어지는 질문에 답하시오.

○○기업 인사팀 대리 L은 직원들의 근무 희망사항을 조사하여 이를 기준으로 조별 근무를 배정하려고 한다.

〈직원별 근무 희망사항〉

직원	근무 희망사항
A	금요일은 오전에 대학원 강의가 있어서 오후 2시부터 출근이 가능해요.
B, C	화요일과 목요일에 오전 일정이 있어서 그 전날에는 오후 2시에 퇴근하면 좋겠어요.
E	수요일 심야 시간대에는 근무가 어려워요.
D, F	월요일과 수요일 심야 시간대에 근무하고 싶어요.

※ 배정을 희망하는 시간대가 있다면 해당 시간대에 배정하는 것을 우선으로 한다.

〈근무 시간표〉

날짜	주간 (09시 ~ 14시)	야간 (14시 ~ 24시)	심야 (24시 ~ 익일 09시)
12일(월)	1조	3조	2조
13일(화)	4조	2조	3조
14일(수)	1조	4조	2조
15일(목)	3조	1조	4조
16일(금)	3조	4조	1조

※ 한 조에는 최대 2명의 직원을 배정할 수 있으며, 각 조에는 최소 1명 이상의 직원이 배정되어야 한다.

18. 다음 중 근무 희망사항을 반영했을 때 4조에 배정되는 직원은?

① 직원 A
② 직원 B, C
③ 직원 C
④ 직원 D, E

19. 일부 직원들의 희망사항이 다음과 같이 변경되었다. 대리 L이 변경된 희망사항을 모두 반영하여 새로 조별 근무를 배정할 때, 직원과 배정되는 조를 바르게 짝지은 것은?

직원	근무 희망사항
A	화요일에는 야간에 근무하고 싶어요.
D	수요일에 종합검진 일정이 잡혀서 수요일에는 근무를 하기가 어려워졌어요.
E	가능하다면 수요일에는 심야 대신 야간에 근무하는 것으로 일정을 조정해 주세요.

	직원	조
①	A	4조
②	B	2조
③	D	3조
④	E	1조

20. 다음 〈보기〉에서 자료의 내용을 잘못 설명한 사람은 모두 몇 명인가?

〈자료 1〉 성별에 따른 결혼할 의향이 없는 1인 가구의 비율

구분	2022년		2023년	
	남자	여자	남자	여자
20대	8.2%	4.2%	15.1%	15.5%
30대	6.3%	13.9%	18.8%	19.4%
40대	18.6%	29.5%	22.1%	35.5%
50대	24.3%	45.1%	20.8%	44.9%

〈자료 2〉 연도별 향후 1인 생활 지속기간 유지 여부 예상 비율

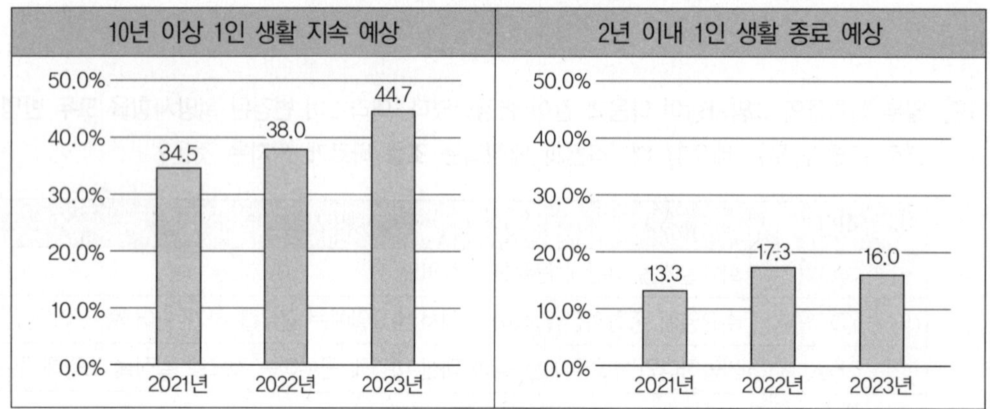

※ 제시된 자료에서 각 연령대 및 성별 조사 인원은 동일하다.

보기

A : 2023년 조사에서 남자 중 앞으로 결혼할 의향이 없는 1인 가구의 비율은 50대가 20대에 비해 45% 이상 많아.

B : 2022년 조사에서 여자는 연령대가 높아질수록 결혼할 의향이 없다는 1인 가구의 비율이 높아져.

C : 2023년 조사에서 2년 이내에 1인 생활 종료가 예상된다고 응답한 사람의 비율은 전년보다 1.3%p 줄어들었네.

D : 제시된 자료에서 1인 생활을 10년 이상 지속할 것이라고 예상하는 사람의 비율은 갈수록 늘어나고 있어.

① 1명　　② 2명

③ 3명　　④ 4명

[21 ~ 22] 다음의 제시 상황과 글을 읽고 이어지는 질문에 답하시오.

갑 기관 직원 송○○는 문화공감 사업개요를 열람하고 있다.

〈방방곡곡 문화공감 사업〉

□ 사업목적

- 문예회관의 시설 특성 등을 활용, 전국 방방곡곡 지역 주민에게 다양한 문화예술프로그램을 제공함으로써 문화 향유권 신장 및 문화 양극화 해소에 기여
- 지역 특성에 맞는 자생적 공연 창작 · 유통 역량 강화를 통해 지역 문화예술 수준의 제고 및 지역 문예회관의 운영 활성화에 기여

□ 사업개요

- 사업기간 : 20X1년 1 ~ 12월
- 시행 및 주최 : 한국문화예술회관연합회
- 지원대상 : 전국 문예회관
- 사업내용

지원유형	주요내용
민간예술단체 우수공연프로그램	작품성 및 대중성 등에서 검증된 민간예술단체의 우수공연 프로그램 선정 후, 문예회관에서 유치한 우수공연에 대해 초청경비 일부 지원
국공립예술단체 우수공연프로그램	국공립예술단체의 전막공연 등 우수공연 프로그램을 선정하여 지역문예회관에서 유치한 우수공연에 대해 초청경비 일부 지원
문예회관 기획 · 제작프로그램	문예회관을 중심축으로 지역 예술단체 및 주민 등이 참여하여 지역문화의 특성을 반영할 수 있는 프로그램을 기획 · 제작 운영할 수 있도록 경비 일부 지원
문예회관 · 예술단체 공연콘텐츠 공동제작 · 배급	신규 발굴 또는 예술단체가 보유하고 있는 공연콘텐츠를 다수의 문예회관이 참여하여 공동제작 · 배급될 수 있도록 개최경비 지원
문예회관 – 예술단체 교류협력 프로그램 (구. 지역아트페스티벌)	문예회관, 예술단체 간 소통 및 교류 기회 제공 등 공연예술 유통 활성화를 위해 아트마켓, 포럼, 공연 개최 등 네트워킹 지원 강화

• 지원비율

<table>
<tr><th>지원유형</th><th colspan="2">지원대상</th><th>지원비율</th><th>기관부담률</th></tr>
<tr><td rowspan="3">민간예술단체
우수공연프로그램</td><td>운영주체</td><td>광역시 및 도립</td><td>50%</td><td>50%</td></tr>
<tr><td rowspan="2">문예회관
소재지</td><td>시 · 군 · 구 재정자립도 20% 이상</td><td>60%</td><td>40%</td></tr>
<tr><td>시 · 군 · 구 재정자립도 20% 미만</td><td>70%</td><td>30%</td></tr>
<tr><td rowspan="3">국공립예술단체
우수공연프로그램</td><td>운영주체</td><td>광역시 및 도립</td><td>40%</td><td>60%</td></tr>
<tr><td rowspan="2">문예회관
소재지</td><td>시 · 군 · 구 재정자립도 20% 이상</td><td>50%</td><td>50%</td></tr>
<tr><td>시 · 군 · 구 재정자립도 20% 미만</td><td>60%</td><td>40%</td></tr>
<tr><td>문예회관
기획 · 제작프로그램</td><td colspan="4">프로그램 특성에 따라 선정심사 시 지원 금액 결정
※ 단, 한국문화예술회관연합회의 부담금 비율은 최대 30%로 책정</td></tr>
<tr><td rowspan="2">문예회관 · 예술단체
공연콘텐츠
공동제작 · 배급</td><td colspan="2">신규 발굴</td><td>40%</td><td>60%</td></tr>
<tr><td colspan="2">보유 콘텐츠</td><td>20%</td><td>80%</td></tr>
<tr><td>문예회관－예술단체
교류협력 프로그램
(구. 지역아트페스티벌)</td><td colspan="2">아트마켓, 포럼, 공연 개최 등</td><td>30%</td><td>70%</td></tr>
</table>

21. 다음 중 위 자료를 이해한 내용으로 적절하지 않은 것은?

① 문예회관－예술단체 교류협력 프로그램은 지원유형의 이름이 변경되었다.

② 해당 사업의 지원비용에는 기관부담률이 존재한다.

③ 해당 사업은 전국 문예회관을 대상으로 한국문화예술회관연합회가 주최 및 시행한다.

④ 공연콘텐츠 공동제작 · 배급 관련 개최경비 지원을 받기 위해서는 새로운 공연콘텐츠를 만들어야 한다.

22. 다음 중 〈보기〉의 기관에 대한 지원비율이 가장 높은 사업은?

보기

A 구 문예회관

－A 구의 재정자립도 : 25%

－공연콘텐츠 공동제작 · 배급 사업에 참여할 경우 신규 콘텐츠 발굴 예정

① 민간예술단체 우수공연프로그램

② 문예회관 기획 · 제작프로그램

③ 문예회관－예술단체 교류협력 프로그램

④ 국공립예술단체 우수공연프로그램

[23 ~ 24] 다음 제시 상황과 자료를 보고 이어지는 질문에 답하시오.

H 기관에 근무하는 박 사원은 다른 기관 평가의 우수사례를 보고 있다.

〈기관 평가 우수사례〉

(A 공사) A 공사는 기관장의 혁신 리더십으로 안전경영, 인권경영 전략체계에 따라 경영혁신을 선도하였으며, 특히 사회성과 측정체계를 도입하여 사회적 가치 경영을 적극 실천함.

(B 공사) B 공사는 New Vision 2025를 내부구성원 및 외부의 다양한 이해관계자의 의견을 수렴하여 설정했기 때문에 비전의 수용성이 높은 것으로 평가됨. 특히 비전 수립을 위해 전 부서가 참여하는 TF를 운영하고 설문조사를 통해 의견을 수렴하였으며, 정부, 언론, 시민과 출하자, 유통인, 구매자로부터 광범위하게 의견을 수렴하였음. 내재화를 위해 공사의 비전과 경영전략에 대한 내부구성원의 이해도를 온라인 설문조사를 통해 조사하였으며 조사 결과 비전, 경영전략 및 경영정책 이해도가 전년 대비 8.6% 향상된 성과가 나타남. 또한 공사의 비전, 전략 및 핵심 가치를 출하자, 유통자, 시민 등 외부 이해관계자에게 공유 및 전파하려는 노력을 기울인 성과가 인정됨.

(C/D 공사) C 공사의 경우, 지속적인 변화를 주도하기 위한 리더십이 조직문화진단을 통한 조직문화 혁신과 근무환경개선의 구체적인 성과로 나타남. 이외에도 주니어 혁신이사회, 노동이사제, 다면평가제도는 우수사례라고 할 수 있음. D 공사의 경우, 기관장은 기관의 역량이 곧 구성원들의 역량으로부터 시작된다는 문제의식을 갖고, GWP사업, 수평조직 운영 등 시스템적 관점으로 기관운영을 주도하였으며, 사회적 가치를 실현하기 위한 통합채용 등 구체적인 성과를 보임.

(E 공단) E 공단은 서번트 리더십*을 추구하는 기관장의 변화가 없으면 기회도 없다는 철학에 따라 환경 변화에 대응하는 노력을 강화하고, 주민주주단, 주민참여 예산제, 주민이사제 등 참여를 확대한 주민참여 플랫폼을 지속적으로 운영하여 우리 골목 상생 주민공동체를 추진하는 등 참여, 인권, 환경 등 사회적 가치를 창출한 점을 우수하다고 평가함.

* 서번트 리더십 : 부하에게 목표를 공유하고 부하들의 성장을 도모하면서, 리더와 부하 간의 신뢰를 형성시켜 궁극적으로 조직성과를 달성하게 하는 리더십

23. 다음 내용과 관련있는 기관으로 가장 적절한 것은?

> 기관 내부와 외부 이해관계자가 모두 비전을 이해할 수 있도록 하기 위한 전략을 구체적으로 수립하여 실천하였다.

① A 공사
② B 공사
③ C 공사
④ D 공사

24. E 공단의 사례에 대한 설명으로 적절하지 않은 것은?

① 기관장은 전사적인 목표 공유를 도모하고자 한다.
② 기관장은 외부 환경 변화를 민감하게 분석하고 있다.
③ 주민들의 행정 참여를 유도하고 있다.
④ 공단이 특히 우수하다고 평가된 내용은 효율적 예산 집행에 있다.

[25 ~ 27] 다음 제시 상황과 자료를 보고 이어지는 질문에 답하시오.

S 컴퓨터 업체의 수리기사 갑은 A/S 규정을 보고 있다.

〈A/S 규정〉

1. 제품 보증기간
   - 제품의 보증기간은 제품 구매일을 기준으로 하며, 구매일을 증명할 수 있는 자료(구매영수증, 제품보증서 등)가 없을 경우에는 제품 생산일을 기준으로 산정한다.
   - 단, 보증기간(1년 이내) 중 소비자 취급주의, 부적절한 설치, 자가 수리 또는 개조로 인한 고장 발생 및 천재지변(화재 및 수해, 낙뢰 등)으로 인한 손상 또는 파손된 경우에는 보증기간 기준을 제외한다.
2. A/S 처리기준
   - 제품보증기간 1년 이내 무상 A/S를 실시한다.
   - 초기불량 및 파손의 경우를 제외한 사용 이후의 불량은 각 제품의 제조사 또는 판매자가 처리함을 원칙으로 한다.
   - 당사는 제품의 미개봉 판매를 원칙으로 하며, 모든 사후처리는 당사 A/S 규정과 원칙에 준한다.
3. 교환 및 환불 배송 정책
   - A/S에 관련된 운송비는 제품 초기불량일 경우에만 당사에서 부담한다.
   - 당사의 교환 및 환불 정책은 수령한 날짜로부터 7일 이내 상품이 초기불량 및 파손일 경우에 한하며, 그 외의 경우에는 복구비용을 소비자가 부담해야 한다.
   - 당사에서 판매한 제품의 환불은 소비자법 시행령 제12조에 준한 사후처리를 원칙으로 한다.
   - 제품의 온전한 상태를 기준으로 하며, 수령 후 제품을 사용하였을 경우에는 환불이 불가능하다.

〈서비스 처리 비용〉

구성	수리조치 사항		비용(원)
수리 및 점검	OS 포맷 및 펌웨어 업그레이드 설치		20,000
	하드디스크 포맷 및 기능점검		10,000
	메인보드 파손(수리)		50,000
	네트워크 연결 불량		20,000
부품 교체 및 추가 장착	메인보드 교체 (제품 구매비 별도)		10,000
	메모리카드 추가 장착	8G	30,000
		16G	60,000
	SSD 카드 추가 장착	250G	50,000
	주변기기	HDMI 선	5,000
		마우스	5,000
		키보드	5,000
		모니터	1인치당 10,000

25. 다음 중 위의 A/S 규정에 대한 설명으로 적절하지 않은 것은?

① 제품 구입일로부터 1년간 무상 A/S가 제공되나 구매영수증이나 제품보증서를 분실했을 경우에는 제품 생산일 기준으로 산정되는구나.

② A 컴퓨터 업체는 모든 제품을 미개봉 상태에서 판매하며, 온전한 제품을 수령한 후 사용하였을 때는 환불이 불가능하구나.

③ 제품을 수령한 날로부터 7일 이내 초기불량 및 파손이 있을 경우에는 교환 또는 환불이 가능하구나.

④ 만약 이외의 문제가 발생한다면 운송비를 제외한 복구 시 발생되는 모든 비용을 부담해야 하는구나.

26. 다음 〈보기〉의 경우 고객이 지불해야 할 A/S 비용은 얼마인가?

보기

재작년 A 컴퓨터 업체에서 컴퓨터를 구매했었습니다. 며칠 전 이사하고 나서 컴퓨터를 설치했는데 이사 도중 문제가 생겼는지 네트워크 연결이 잘되지 않습니다. 또한 충격으로 인해 모니터가 망가져서 27인치 모니터로 새로 구매하고 싶습니다. 방문하는 김에 하드디스크 기능점검도 함께 진행하고 250G SSD 카드 추가 장착도 하고 싶습니다.

① 320,000원　② 330,000원　③ 340,000원　④ 350,000원

27. 다음은 수리기사 갑이 보내온 A/S 점검 결과 내역이다. 고객에게 청구해야 할 비용은 얼마인가?

컴퓨터 본체	메인보드	파손 교체(제품비 85,000원)
	CPU	이상 무
	메모리카드	8G 메모리카드 교체
	SSD 카드	이상 무
	그래픽카드	이상 무
	전원부	이상 무
	쿨러	이상 무
주변기기	HDMI 선	접촉 불량, 교체
	모니터	이상 무
	키보드	이상 무
	마우스	마우스 휠 수리(비용 X)

① 120,000원　② 125,000원　③ 130,000원　④ 135,000원

[28 ~ 30] 다음 제시 상황과 자료를 보고 이어지는 질문에 답하시오.

지하철 이용객 G는 생활물류센터 위치와 개수를 확인하고 있다.

생활물류센터란 시민 누구나 계절의류, 취미용품, 기업서류 등을 접근성이 뛰어난 지하철 역사에 장기간 보관할 수 있는 무인형 개인창고 대여 서비스입니다.

〈생활물류센터 조성현황(전 지역 모든 호선 생활물류센터 내년 말 완공)〉

호선	역명	위치(층)	0.3평형(칸)	0.5평형(칸)
5	신정역	2번 출구(B2)	3/10	–
	답십리역	2번 출구(B2)	4/12	0/3
6	월드컵경기장역	1번 출구(B2)	8/14	–
	광흥창역	1번 출구(B2)	2/12	–
	창신역	4번 출구(B1)	3/8	5/8
7	중계역	5번 출구(B2)	3/6	2/5
	태릉입구역(A)	3번 출구(B1)	–	1/6
	태릉입구역(B)	4번 출구(B1)	0/10	–
	상봉역	3번 출구(B1)	12/20	6/14
	반포역	4번 출구(B1)	0/8	0/4
	이수역	10번 출구(B3)	6/15	2/6
	신풍역	1번 출구(B1)	–	1/4
	가락시장역	2번 출구(B1)	4/10	2/3

※ 각 평형별 칸수는 현재 비어 있는 칸수/전체 칸수를 의미한다.

〈생활물류센터 이용요금〉

(단위 : 원)

구분	1개월	3개월 (10% 할인)	6개월 (15% 할인)	12개월 (20% 할인)
0.3평형	79,000	213,300	402,900	758,400
0.5평형	131,000	353,700	668,100	1,257,600

28. 다음 중 이용객 G가 제시된 자료를 이해한 것으로 적절하지 않은 것은?

① 조성 완료된 생활물류센터들은 모두 지하에 위치하고 있구나.
② 현재 0.3평형과 0.5평형 모두 이용 가능한 역은 총 7개구나.
③ 태릉입구역에는 생활물류센터가 두 개 있구나.
④ 내년 말에는 모든 호선에서 생활물류센터를 이용할 수 있겠구나.

29. 다음은 생활물류센터의 위치를 그림으로 나타낸 것이다. A ~ F에 들어갈 수 있는 역명으로 적절하지 않은 것은? (단, 그림에 표시된 출구는 모두 다른 역이다)

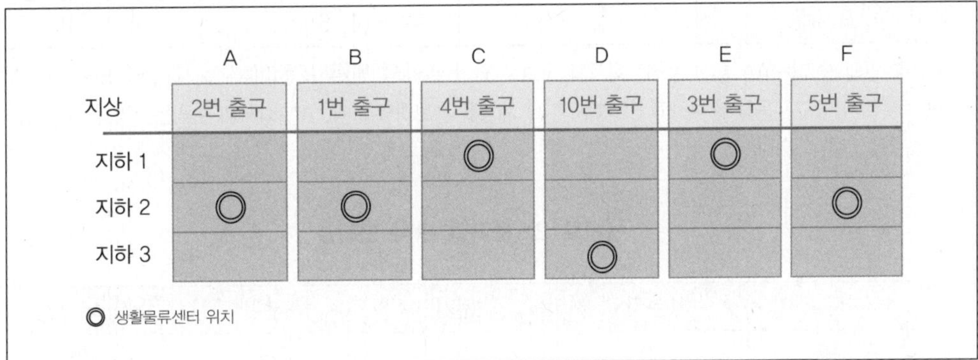

① 답십리역
② 광흥창역
③ 창신역
④ 가락시장역

30. 다음 중 이용객 G의 요구사항에 부합하는 생활물류센터가 위치한 역명으로 가장 적절한 것은?

개인물품을 보관할 장소가 없어서 지하철 생활물류센터에 맡기려고 합니다. 3개월만 사용할 예정이고 예산은 30만 원입니다. 평소에 7호선을 주로 이용해서 7호선이 정차하는 역 중에 대여하려고 합니다. 마지막으로 짐이 많아서 위치는 가장 높은 층이었으면 좋겠어요.

① 중계역
② 태릉입구역(A)
③ 상봉역
④ 이수역

[31 ~ 32] 다음 제시된 상황과 자료를 보고 이어지는 질문에 답하시오.

AA 회사의 경영팀 사원 H는 제품별 수익과 관련된 자료를 보고 있다.

〈자료 1〉 홍보 제품별 수익체계

(단위 : 억 원)

AA 회사 \ BB 회사	P 제품	Q 제품	R 제품
P 제품	(5, 4)*	(3, −1)	(6, 6)
Q 제품	(8, 2)	(−6, −8)	(6, 4)
R 제품	(6, −7)	(4, 6)	(−5, 3)

* 괄호 안의 숫자는 AA 회사와 BB 회사의 홍보로 인한 수익(억 원)을 뜻한다(AA 회사 수익, BB 회사 수익).

㉥ AA 회사가 P 제품을 홍보하고 BB 회사가 Q 제품을 홍보하였을 때, AA 회사의 수익은 3억 원, BB 회사의 손해는 1억 원이다..

〈자료 2〉 분기별 수익 변화율

(단위 : %)

구분	1분기	2분기	3분기	4분기
P 제품	50	0	25	25
Q 제품	−25	25	0	0
R 제품	0	−25	0	0

㉥ AA 회사와 BB 회사가 2분기에 모두 R 제품을 홍보할 경우, AA 회사의 손해 5억 원에서 손해가 25% 증가하여 2분기의 손해는 6.25억 원이고, BB 회사는 원래의 수익 3억 원에서 25%가 감소하여 2분기의 수익은 2.25억 원이다.

31. BB 회사가 모든 분기에 P 제품을 홍보한다고 할 때, AA 회사의 수익이 가장 큰 분기와 제품으로 알맞게 짝지어진 것은?

① 1분기, P 제품　　② 2분기, Q 제품
③ 3분기, Q 제품　　④ 4분기, P 제품

32. 2분기에 AA 회사와 BB 회사가 얻는 수익의 합이 가장 클 때와 작을 때의 차이는 얼마인가?

① 15억 원　　② 18.5억 원
③ 20억 원　　④ 22.5억 원

[33 ~ 34] 다음의 제시 상황과 글을 읽고 이어지는 질문에 답하시오.

○○기업에서는 이번 신입사원 집체교육에서 진행할 소양 교육 프로그램을 새로 선정하려고 한다.

기준 / 프로그램	가격	난이도	수업 만족도	교육 효과	소요시간
요가	100만 원	보통	보통	높음	2시간
댄스 스포츠	90만 원	낮음	보통	낮음	2시간
요리	150만 원	보통	매우 높음	보통	2시간 30분
캘리그래피	150만 원	높음	보통	낮음	2시간
코딩	120만 원	매우 높음	높음	높음	3시간

〈순위-점수 환산표〉

순위	1	2	3	4	5
점수	5	4	3	2	1

- 5개의 기준에 따라 5개의 프로그램 간 순위를 매기고 순위-점수 환산표에 의한 점수를 부여함.
- 가격은 저렴할수록, 난이도는 낮을수록, 수업 만족도와 교육 효과는 높을수록, 소요시간은 짧을수록 높은 순위를 부여함.
- 2개 이상의 프로그램의 순위가 동일할 경우, 그다음 순위의 프로그램은 순위가 동일한 프로그램 수만큼 순위가 밀려남(예 A, B, C가 모두 1위일 경우 그다음 순위 D는 4위).
- 각 기준에 따른 점수의 합이 가장 높은 프로그램을 선택함.
- 점수의 합이 가장 높은 프로그램이 2개 이상일 경우, 교육 효과가 더 높은 프로그램을 선택함.

33. 제시된 자료에 따라 점수를 환산하였을 때, 다음 중 ○○기업이 선택할 프로그램은?

① 요가
② 댄스 스포츠
③ 요리
④ 캘리그래피

34. ○○기업은 일부 프로그램의 가격 및 소요시간이 변동되었다는 사실을 알게 되어 새로이 점수를 환산하려고 한다. 변동된 가격 및 소요시간이 〈보기〉와 같을 때, 다음 중 ○○기업이 선택할 프로그램은?

보기

프로그램	요가	댄스 스포츠	요리	캘리그래피	코딩
가격	120만 원	100만 원	150만 원	150만 원	120만 원
소요시간	3시간	2시간 30분	2시간	2시간 30분	3시간

① 요가
② 댄스 스포츠
③ 요리
④ 코딩

[35 ~ 36] 다음 제시 상황과 자료를 보고 이어지는 질문에 답하시오.

운영팀 H 대리는 노후한 사무실 모니터를 교체하기 위해 모니터 구매 업체를 선정하고 있다.

〈업체별 세부사항 비교〉

구분	사이즈별 가격		설치예정일	응답속도	해상도
A 업체	24인치	190,000원	결제 1일 후	5m/s	1,600×900
	27인치	260,000원			
B 업체	24인치	150,000원	결제 5일 후	1m/s	1,280×720
	27인치	230,000원			
C 업체	24인치	200,000원	결제 2일 후	7m/s	1,920×1,080
	27인치	250,000원			
D 업체	24인치	220,000원	결제 3일 후	10m/s	2,560×1,440
	27인치	260,000원			

〈순위-점수 환산표〉

순위	1	2	3	4
점수	4	3	2	1

※ 가격, 설치예정일, 응답속도, 해상도의 네 가지 기준에 따라 각 업체별 순위를 매기고, 〈순위-점수 환산표〉에 따른 환산점수를 부여한다.

※ 가격은 저렴할수록, 설치예정일은 빠를수록, 응답속도는 숫자가 작을수록, 해상도는 클수록 높은 순위를 부여한다.

※ 2개 이상의 업체의 순위가 동일할 경우, 그다음 순위의 업체는 순위가 동일한 업체 수만큼 순위가 밀려난다(㉑ A, B, C가 모두 동점이라면 그다음 순위 D는 4위).

※ 환산점수의 총점이 가장 높은 업체에서 모니터를 구매한다.

35. H 대리는 점수를 매겨 순위가 가장 높은 업체에서 24인치 모니터를 구매하기로 하였다. 다음 중 H 대리가 24인치 모니터를 구매할 업체는?

① A 업체　　② B 업체

③ C 업체　　④ D 업체

36. (35번과 연결됨) H 대리는 24인치 모니터를 구매한 업체와 다른 곳에서 27인치 모니터를 추가로 구매하기로 하였다. 다음 중 H 대리가 27인치 모니터를 구매할 업체는?

① A 업체　　② B 업체

③ C 업체　　④ D 업체

[37 ~ 38] 다음 제시상황과 자료를 보고 이어지는 질문에 답하시오.

○○공사에서 근무하는 권나라 씨는 통행료 산정 기준 안내에 대한 업무를 담당하고 있다.

〈자료 1〉 고속도로 통행요금산정 기본구조

구분	폐쇄식	개방식
수납방식	나들목마다 요금소를 설치하여, 출발지에서 통행증을 받고 최종 목적지에서 실제 이동거리에 해당하는 통행료를 수납하는 방식	일정 지점에 요금소를 설치하여 요금소에 진입할 때 요금소별 최단이용거리에 해당하는 통행료를 수납하는 방식
기본요금(원)	900	720
요금산정(원)	기본요금+(주행거리×차종별 km당 주행요금)	기본요금+(요금소별 최단이용거리×차종별 km당 주행요금)

※ km당 주행요금 단가 : 승용차 45원, 트럭 50원

※ 개방식 요금제를 이용하는 고속도로에서의 주행거리는 폐쇄식 요금제 선정 시 주행거리에 포함하지 않는다.

※ 한 번 이동 시 각 기본요금은 한 번씩만 적용된다.

〈자료 2〉 고속도로 지도

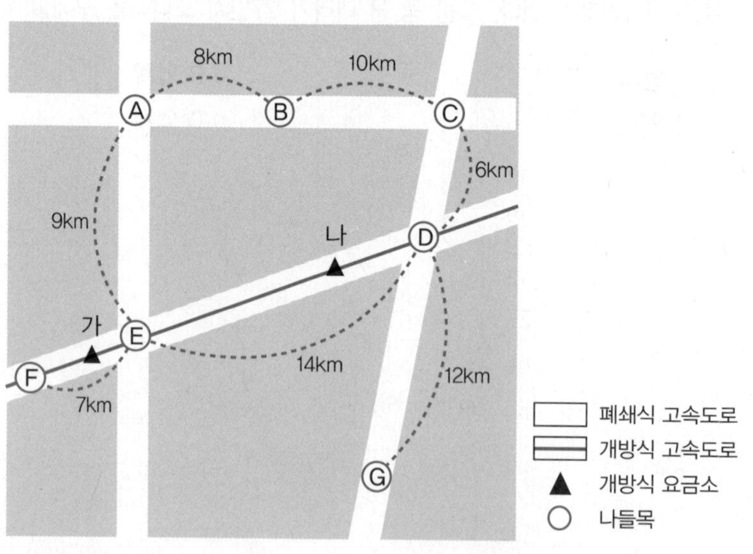

※ 개방식 요금소 '가'의 최단이용거리 : 3km
개방식 요금소 '나'의 최단이용거리 : 7km
(양 방향 모두 최단이용거리가 동일하다)

37. 승용차 한 대가 Ⓐ 나들목에서 출발하여 Ⓖ 나들목까지 가려고 한다. 최단 거리로 이동했을 경우, 통행요금은 총 얼마인가?

① 2,500원 ② 2,760원
③ 2,880원 ④ 3,170원

38. 다음의 〈상황〉에 〈통행요금 변경사항〉을 적용한다면 최소 통행요금은 얼마인가?

〈통행요금 변경사항〉

- Ⓔ ~ Ⓕ 구간은 양방향 모두 폐쇄식 요금제를 이용합니다.
- Ⓓ ~ Ⓔ 구간은 Ⓔ 나들목에서 Ⓓ 나들목으로 가는 도로만 폐쇄식 요금제를 이용합니다. Ⓓ 나들목에서 Ⓔ 나들목으로 가는 도로는 개방식 요금제를 유지합니다.

〈상황〉

트럭 한 대가 Ⓕ 나들목에서 출발하여 Ⓖ 나들목을 제외한 모든 나들목을 방문하고 Ⓕ 나들목으로 돌아오려고 한다.

① 3,600원 ② 3,950원
③ 4,320원 ④ 4,670원

[39 ~ 40] 다음의 제시 상황과 자료를 보고 이어지는 질문에 답하시오.

인사본부팀 도라애 대리는 직원들의 성과를 평가하고 있다.

〈평가지표별 목표 달성 현황〉

평가지표	노진구 사원		신이슬 사원		왕비실 사원		만퉁퉁 사원	
	목표	달성	목표	달성	목표	달성	목표	달성
계약 건수(건)	22	25	13	18	33	32	28	30
매출액(만 원)	3,300	3,700	2,200	2,800	4,950	4,800	2,750	3,500
신규계약 건수(건)	12	15	6	7	6	10	36	20
신규계약 매출액(만 원)	1,800	1,800	960	1,100	1,200	2,000	2,400	1,500

평가기준	평가등급
목표 실적 대비 20% 이상 달성	S
목표 실적 대비 10% 이상 달성	A
목표 실적 달성	B
목표 실적 미달성	C
평가기준	**평가사항**
목표 실적 대비 20% 이상 달성	생산라인 확장
목표 실적 대비 10% 이상 달성	신유사업 추가
목표 실적 달성	서비스 향상
목표 실적 미달성	매출 확대

〈성과 평가 방법〉

- 성과는 매출액지표 등급과 계약지표 등급으로 평가한다.
- 매출액지표 등급은 매출액, 신규계약 매출액등급의 평균으로 부여한다.
- 계약지표 등급은 계약 건수, 신규계약 건수 등급의 평균으로 부여한다.
- 최종 등급은 매출액지표 등급과 계약지표 등급의 평균으로 부여한다.
- 등급의 평균을 부여 시, 두 등급의 평균에 가장 가까운 등급 중 낮은 등급을 부여한다(예 S와 A를 받은 경우 A 부여, S와 C를 받은 경우 B 부여).

39. 다음 중 계약지표 등급 B를 받은 직원은?

① 노진구 사원
② 신이슬 사원
③ 왕비실 사원
④ 만퉁퉁 사원

40. 다음 중 최종 등급이 가장 높은 직원이 받아야 하는 매출액에 대한 평가사항은?

① 생산라인 확장
② 신규사업 추가
③ 서비스 향상
④ 매출 확대

[41 ~ 42] 다음 제시 상황과 자료를 보고 이어지는 질문에 답하시오.

직원 W는 복합기를 구매하기 위해 제품 코드를 살피고 있다.

〈복합기 제품 코드〉

• 제품 코드 형식

– 인쇄 방식_컬러인쇄 여부_기능_연결방식

– 제품 코드 부여

<table>
<tr><th>분류</th><th colspan="12">제품 코드 부여방법</th></tr>
<tr><td>인쇄 방식</td><td colspan="3">잉크젯</td><td colspan="3">INK</td><td colspan="3">레이저</td><td colspan="3">RAZ</td></tr>
<tr><td>컬러인쇄 여부</td><td colspan="3">흑백</td><td colspan="3">BLK</td><td colspan="3">컬러</td><td colspan="3">COL</td></tr>
<tr><td>기능 및
부가기능</td><td colspan="12">• 총 다섯자리의 코드로 구성(①②③④⑤)
• ① : 스캔 기능 지원 시 J / 미지원 시 G
• ② : 복사 기능 지원 시 C / 미지원 시 A
• ③ : 팩스 기능 지원 시 F / 미지원 시 R
• ④ : 팩스 · 스캔 · 복사 기능 모두 미지원 시 V / 세 기능 중 한 가지 이상의 기능을 지원하고 자동급지 기능을 지원하는 경우 T / 세 기능 중 한 가지 이상의 기능을 지원하지만 자동급지 기능을 지원하지 않는 경우 N
• ⑤ : 자동양면인쇄 기능 지원 시 B / 미지원 시 E</td></tr>
<tr><td>연결방식</td><td colspan="2">유선</td><td colspan="2">LL</td><td colspan="2">무선</td><td colspan="2">WF</td><td colspan="2">유 · 무선</td><td colspan="2">AL</td></tr>
</table>

41. 다음 중 〈보기〉에 나타난 복합기의 제품 코드로 적절한 것은?

보기

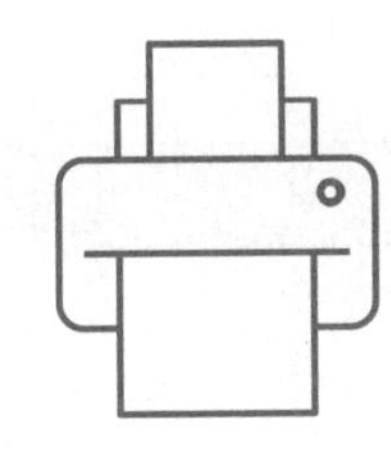

이번에 소개해 드릴 복합기는 레이저 인쇄 방식을 사용한 레이저 복합기입니다. 컬러인쇄가 가능하며, 스캔, 복사, 팩스뿐만 아니라 자동급지 기능까지 지원하는 고급모델에 해당합니다. 또한, 자동 양면인쇄를 지원합니다. 연결방식은 무선 연결방식으로, 별도의 선 연결 없이 원격으로 인쇄, 스캔 등이 가능합니다.

① RAZ_BLK_JCFTB_WF
② RAZ_COL_JCFTB_AL
③ RAZ_COL_JCRTB_AL
④ RAZ_COL_JCFTB_WF

42. 직원 W는 제품 코드가 INK_COL_GCFTB_AL인 복합기를 5대 구매하여 각 팀 사무실에 전달하려고 한다. 다음 중 해당 복합기를 전달받아 필요사항이 충족되는 팀이 아닌 것은?

	부서명	필요사항
①	마케팅팀	자동양면인쇄가 가능할 것
②	총무팀	자동급지 기능을 지원할 것
③	영업팀	무선 인쇄를 지원할 것
④	기획팀	스캔 기능이 있을 것

[43 ~ 45] 다음 제시된 상황과 자료를 읽고 이어지는 질문에 답하시오.

설비팀 최 대리는 점검일지를 작성 중이다.

20X0년 3월 설비관리 점검일지

1. 담당자 : 설비팀 최○○ 대리
2. 최종 점검 일자 : 20X0. 03. 31.
3. 설비 점검 내용

구분			일지						
설비		점검 항목	3/4	3/8	3/12	3/16	3/20	3/24	3/28
세척기	모터부	모터 작동 여부	✓		✓		✓		✓
		체인의 마모 상태	✓				✓		
		구리스 주입 상태	✓			✓			✓
	세척부	설비 청소 상태			✓			✓	
포장기	운전부	베어링	✓			✓			✓
		온도 센서	✓						✓
	컨베이어 벨트	설비 청소 상태		✓			✓		
열처리기	살균·냉각조	냉·난방온도 센서	✓	✓	✓	✓	✓	✓	✓
		수위 조절 레벨		✓		✓		✓	
		설비 청소 상태	✓			✓			✓
검출기	금속 검출기	모터 작동 상태	✓		✓		✓		✓
		컨베이어 벨트		✓				✓	
		검출센서			✓				✓
		설비 청소 상태		✓				✓	
용수탱크	용수탱크	주위 청소 상태	✓			✓			✓
		본체 균열·누수 여부	✓						✓
		배관 오염 여부		✓					✓
		녹 등 침식물 여부	✓			✓			✓
		월류관 파손 여부	✓			✓			✓
		램프 작동 여부		✓		✓		✓	
		수질 상태 체크		✓			✓		

※ 설비관리 주기는 매달 동일함.

43. 다음 중 최 대리가 작성한 설비관리 점검일지를 통하여 파악한 내용으로 옳은 것은?

① 포장기의 베어링, 검출기의 컨베이어 벨트, 용수탱크의 침식물 여부는 같은 날 점검했다.
② 열처리기의 냉 · 난방온도 센서는 매일 점검해야 한다.
③ 모든 설비는 매월 2회 이상 설비 청소 상태를 점검해야 한다.
④ 용수탱크의 본체 균열 · 누수 여부 점검은 점검 주기가 가장 긴 항목 중 하나이다.

44. 제시된 설비관리 점검일지의 점검 주기와 동일하게 설비 관리를 할 때, 4월 1일에 점검해야 할 항목을 모두 바르게 나열한 것은?

① 세척부의 설비 청소 상태, 살균 · 냉각조의 냉 · 난방온도 센서, 컨베이어 벨트의 설비 청소 상태
② 컨베이어 벨트의 설비 청소 상태, 살균 · 냉각조의 냉 · 난방온도 센서, 살균 · 냉각조의 수위 조절 레벨, 용수탱크의 램프 작동 여부, 용수탱크의 수질 상태 체크
③ 살균 · 냉각조의 냉 · 난방온도 센서, 살균 · 냉각조의 수위 조절 레벨, 용수탱크의 램프 작동 여부
④ 살균 · 냉각조의 냉 · 난방온도 센서, 금속검출기의 모터 작동 상태, 금속검출기의 컨베이어 벨트, 용수탱크의 램프 작동 여부

45. 최 대리가 박 과장의 조언에 따라 다음달 점검 계획을 세울 때, 다음 중 옳은 내용은?

> 최 대리 : 부장님께 관리 점검에 비용이 많이 든다는 지적을 받았는데 해결 방법이 있을까요?
> 박 과장 : 냉 · 난방온도 센서 점검과 점검 주기가 8일인 경우에는 점검 주기를 16일로 늘려 보세요. 또 점검 주기가 동일한 항목들은 모두 같은 날 점검하면 비용을 줄일 수 있습니다. 그리고 4월 첫 점검은 4월 4일로 시행하는 것이 좋겠습니다.

① 4월 8일과 24일은 모든 설비에서 점검할 항목이 존재하지 않는다.
② 용수탱크 수질 상태 체크와 배관 오염 여부는 항상 같은 날에 점검을 진행한다.
③ 4월 동안 열처리기의 점검 항목을 모두 점검하는 날은 2일이다.
④ 살균 · 냉각조의 냉 · 난방온도 센서와 용수탱크의 램프 작동 여부는 동일한 주기로 점검할 것이다.

[46 ~ 48] 다음 제시된 상황과 자료를 보고 이어지는 질문에 답하시오.

총무팀 K 사원은 사내 에어컨 사용 설명서를 읽고 있다.

〈사용 시 주의사항〉

1. 필터에 먼지가 끼면 냉방 능력이 떨어지고, 전기요금이 많이 나옵니다. 가정에서는 2주에 한 번씩, 식당에서는 1개월에 한 번씩, 그 외의 장소에서는 3개월에 한 번씩 청소해 주는 것이 좋습니다.
2. 창문에서 들어오는 햇빛을 커튼이나 블라인드로 막아 주면 실내 온도가 약 2℃ 정도 떨어집니다.
3. 필요 이상으로 온도를 낮추면 과도한 전기 소모로 인해 전기요금이 많이 나올 뿐만 아니라 고장의 원인이 될 수 있습니다. 설정 온도는 25 ~ 26℃가 적당합니다.
4. 사용 시 자주 켰다 끄지 않습니다. 전기요금이 더 많이 나올 수 있습니다.
5. 냉방 시 온열기기를 사용하면 전기요금이 많이 나올 수 있으므로 삼가야 합니다.
6. 에어컨 바람을 막는 장애물이 없는 곳에 설치해야 합니다.

〈장시간 사용하지 않을 때 제품 보관 방법〉

1. 공기 청정 버튼을 눌러 에어컨 내부의 습기와 곰팡이를 제거합니다. 맑은 날 1시간 이상 해야 합니다.
2. 주전원 스위치를 내리고 전기 플러그를 뽑습니다. 전원을 차단하면 실외기로 전기가 흐르지 않아 천재지변으로부터 안전할 수 있습니다.
3. 부드러운 천을 사용해서 실내기와 실외기를 깨끗하게 청소합니다.

〈A/S 신청 전 확인사항〉

제품에 이상이 생겼을 경우, 서비스 센터에 의뢰하기 전에 다음 사항을 먼저 확인해 주십시오.

증상	확인	조치 방법
운전이 전혀 되지 않음	주전원 스위치가 내려져 있지 않은가?	주전원 스위치를 올려 주세요.
	전압이 너무 낮지 않은가?	정격 전압 220V를 확인하세요.
	정전이 되지 않았는가?	다른 전기기구를 확인해 보세요.
정상보다 시원하지 않음	희망 온도가 실내 온도보다 높지 않은가?	희망 온도를 실내 온도보다 낮게 맞추세요.
	제습 또는 공기청정 단독운전을 하고 있지 않은가?	냉방 운전을 선택해 주세요.
	찬 공기가 실외로 빠져나가고 있지 않은가?	창문을 닫고 창문의 틈새를 막으세요.
	햇빛이 실내로 직접 들어오지 않는가?	커튼, 블라인드 등으로 햇빛을 막으세요.
	실내에 열을 내는 제품이 있는가?	열을 내는 제품과 같이 사용하지 마세요.
	실내기와 실외기의 거리가 너무 멀지 않은가?	배관 길이가 10m 이상이 되면 냉방 능력이 조금씩 떨어집니다.
	실외기 앞이 장애물로 막혀 있지 않은가?	실외기의 열 교환이 잘 이루어지도록 장애물을 치우세요.

찬바람이 연속으로 나오지 않음	제품을 정지한 후 곧바로 운전시키지 않았는가?	실외기의 압축기 보호장치가 동작하였기 때문입니다. 약 3분 후에 찬바람이 나올 것입니다.
실내기에서 물이 넘침	무거운 물건이 호스를 누르고 있지 않은가?	호스를 누르고 있는 물건을 제거하세요.
	배수 호스 끝이 물받이 연결부보다 높게 설치되어 있거나 호스가 꼬여있지 않은가?	배수 호스는 물이 잘 빠지도록 물받이 연결부보다 반드시 낮게 설치해야 합니다.

46. 다음 중 총무팀 K 사원이 전기요금을 줄이기 위해 해야 하는 행동으로 적절하지 않은 것은?

① 공기 청정 운전을 한다.
② 필터를 청소한다.
③ 자주 켰다 끄지 않는다.
④ 냉방 시 온열기기 사용을 삼간다.

47. 여름날 K 사원이 에어컨을 틀었는데 평소보다 시원하지 않았다. 다음 중 원인파악을 위해 확인해야 하는 사항은?

① 리모컨이 꺼져 있는지 본다.
② 주전원 스위치를 내려 본다.
③ 이상한 소리가 나지 않는지 살펴본다.
④ 햇빛이 실내로 직접 들어오는지 살펴본다.

48. 어느 날 K 사원이 에어컨 실내기에 물이 넘쳐 있는 것을 발견하였다. 다음 중 원인파악을 위해 확인해야 하는 사항은?

① 찬 공기가 실외로 빠져나가고 있지 않은지 확인한다.
② 실내기 내부의 물 색깔을 확인한다.
③ 배수 호스 끝과 물받이 연결부의 위치를 확인한다.
④ 실내기 앞이 장애물로 막혀 있는지 확인한다.

[49 ~ 50] 다음 자료를 보고 이어지는 질문에 답하시오.

〈Minibeam 매뉴얼〉

차례

49. 제시된 것과 같은 매뉴얼(manual)에 대한 설명으로 적절하지 않은 것은?

① 사전적 의미로 제품의 조작 방법을 설명해 놓은 사용 지침서를 의미한다.

② 제품에 대해 소비자가 알아야 할 모든 정보를 제공하는 것이 목적이다.

③ 매뉴얼(manual)은 어떤 기술에 대해 가장 기본이 되는 자료이다.

④ 매뉴얼은 비전문가도 기능을 짐작하기 쉽도록 추측성 기능 설명과 추상적 명사로 작성해야 한다.

50. 제시된 매뉴얼(manual)의 차례 중 다음 〈보기〉가 들어가야 할 부분으로 적절한 것은?

보기

옥내/옥외 안테나를 통해 방송을 시청하려면 벽면 단자와 미니빔의 안테나 단자를 동축선(75 Ω)으로 연결하세요. 공중파 또는 유선/케이블(아날로그, 디지털) 방송을 시청할 수 있습니다(동축선은 별매입니다).

① 라이선스

② 안전을 위한 주의사항

③ 리모컨

④ Minibeam으로 TV를 보려면

고시넷 매일경제 NCS

영역별 출제비중

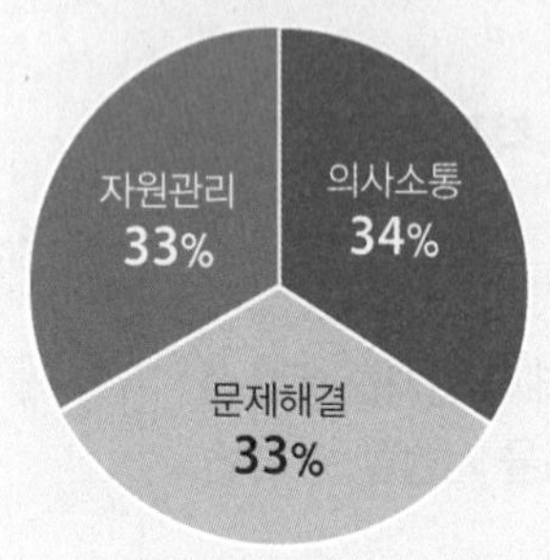

- ▶ 자료를 바탕으로 추론하는 문제
- ▶ 문맥에 맞지 않는 내용을 파악하는 문제
- ▶ 행사 일정을 변경하는 문제
- ▶ 계약 기준을 분석하는 문제
- ▶ 규칙에 맞게 근무지를 배정하는 문제
- ▶ 예산에 따라 제품을 생산하는 문제

매일경제형 의사소통능력에서는 글의 제목을 파악하는 문제, 빈칸에 들어갈 문장을 찾는 문제, 글을 바탕으로 추론하는 문제, 문맥에 맞지 않는 내용을 삭제하는 문제 등이 출제되었다. 문제해결능력에서는 조건을 바탕으로 대상을 선정하는 문제, 자료를 바탕으로 보도자료를 작성하는 문제, 행사에 필요한 비용을 계산하는 문제, 계약 기준을 분석하는 문제 등이 출제되었다. 자원관리능력에서는 규칙에 맞게 근무지를 배치하는 문제, 예산에 맞게 제품을 생산하는 문제, 성과 및 평가 등급을 판단하는 문제 등이 출제되었다.

매일경제

6회 출제유형모의고사

영역	총 문항 수
의사소통능력	30문항
문제해결능력	
자원관리능력	

NCS란? 산업 현장에서 직무를 수행하기 위해 요구되는 각종 지식, 기술, 태도 등의 내용을 국가가 체계화한 것을 의미한다.

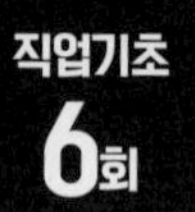

기출예상문제

▸ 정답과 해설 55쪽

[01 ~ 02] 다음의 제시 상황과 자료를 보고 이어지는 질문에 답하시오.

◇◇부 홍보담당관 B 사원은 그린배달 서포터즈와 관련된 보도자료를 검토하고 있다.

◇◇부는 7월 10일(금) 배달대행업에 전기이륜차 이용 활성화를 촉진하기 위해 배달대행업계, 전기이륜차 및 배터리업계 등이 참여하는 '그린배달 서포터즈'를 출범했다. 출범식에는 다수의 배달대행 플랫폼 업계와 전기이륜차업계, 배터리업계, ○○공단, △△교통연구원, △△스마트이모빌리티협회 등 16개 기관이 참여했다. 그린배달 서포터즈는 앞으로 관련 업계가 서로 협력하여 배달기사 등을 대상으로 한 홍보활동과 같이 전기이륜차 사용을 촉진하고, 활성화 정책수립 자문 역할도 수행할 계획이다. ◇◇부는 이날 테스트용 전기이륜차 보급, 충전인프라 확충, 이륜차 · 배터리 성능 개선 등을 적극 추진할 계획이라고 밝혔다. 특히 전기이륜차에 대한 배달기사들의 인식을 제고하기 위해 배달기사들이 테스트할 수 있는 기회를 충분히 부여하여 확산을 유도할 계획이다. 이날 논의된 주요 내용은 충전인프라 구축, 전기이륜차 성능 개선, 홍보 및 인식 개선 등으로 다음과 같이 요약할 수 있다.

- 충전인프라 구축 – 충전불편 해소를 위해 배달기사가 주로 이용하는 휴게시설, 도로변, 상가 밀집지역 등에 배터리 교환형 충전시설 설치가 중요하다는 데에 공감대를 형성했다. 전기이륜차는 1회 충전 시 주행거리가 약 60km 수준으로, 하루 동안 많게는 200km까지 주행하는 배달기사들이 전기이륜차를 이용할 경우 배터리를 여러 차례 충전해야 하며, 충전에는 약 4시간이 걸려 배터리 교환방식의 충전인프라 구축이 필요하다는 의견이 주를 이뤘다.
- 성능 개선 – 배달에 적합한 성능을 갖추기 위해 배달업계, 전기이륜차 · 배터리업계 등이 서로 협력해 기술개발을 추진할 계획이다.
- 홍보 및 인식 개선 – 전기이륜차의 친환경적 효과, 비용 절감 등 장점을 홍보하는 등 배달기사들의 인식 개선을 위해 관련 업계가 힘을 모으기로 하였다.

◇◇부 물류정책과 L 과장은 "배달용 내연기관 이륜차 10,000대를 전기이륜차로 전환할 경우 연간 2만 톤 이상의 이산화탄소 배출량이 감축되고, 이는 약 2,000ha에 이르는 소나무 숲이 조성되는 효과"라며, "그린배달 서포터즈는 최근 전자상거래 증가 추세와 코로나19 영향 등으로 급성장하고 있는 배달대행산업을 친환경산업으로 전환하기 위한 그린뉴딜 정책에서의 핵심적인 역할을 수행할 것"이라고 밝혔다.

01. 제시된 글에서 언급한 그린배달 서포터즈에 대한 내용으로 적절하지 않은 것은?

① 다수의 배달대행 플랫폼 업계와 전기이륜차업계 등 16개 기관들이 출범식에 참여했다.

② 전기이륜차의 충전에는 약 4시간이 걸려 일체형 배터리 방식의 충전인프라 구축이 필요하다는 의견이 주를 이루었다.

③ 전기이륜차에 대한 배달기사들의 인식을 제고하기 위해 배달기사들에게 전기이륜차를 테스트할 수 있는 기회를 충분히 제공할 예정이다.

④ 배달용 내연기관 이륜차 10,000대를 전기이륜차로 전환할 경우 연간 2만 톤 이상의 이산화탄소 감축이 가능하며 이는 약 2,000ha에 이르는 소나무 숲이 조성되는 효과와 같다.

02 글의 제목으로 가장 적절한 것은?

① 전기이륜차로 배달해 보자… '그린배달 서포터즈' 출범

② '그린배달 서포터즈'에서 실시하는 전기이륜차 시운전을 경험해 보세요.

③ 사고 위험에 노출된 배달기사들… 배달기사의 안전을 위한 인프라 구축 논의해

④ 도시에서 만드는 소나무 숲, 전기이륜차 사용 시 이산화탄소의 절감 효과에 대하여

[03 ~ 05] 다음 제시 상황과 자료를 보고 이어지는 질문에 답하시오.

□□기업 직원 A는 녹색금융 추진에 관한 기사를 읽고 있다.

금융당국이 기후리스크의 체계적인 관리를 통해 녹색금융을 활성화한다. 2022년 상반기에 금융사들과 함께 기후경제 시나리오를 개발하고 하반기부터는 기후 스트레스테스트를 추진할 계획이다. 금융위원회는 8일 제4차 녹색금융 추진TF 전체회의를 개최하고 2021년 '녹색금융 세부과제'의 추진현황을 점검하고 추가과제를 논의했다.

이번 회의에서는 최근 국가 온실가스 감축목표(NDC) 상향 등 탄소중립 논의에 발맞춰 금융권 기후리스크 관리 · 감독 추진현황을 점검했다. 금융감독원은 기후리스크의 체계적인 관리 · 감독을 위해 기후리스크 관리 지침서 마련과 금융권 기후리스크 포럼 운영, 기후리스크 인식 · 저변 확대 등 3개 주요과제를 추진 중이다. 앞으로 금감원은 기후리스크 관리가 현장에 안착될 수 있도록 금융권의 '기후리스크 관리 지침서' 활용을 유도하고, 이를 활용한 민간 금융회사의 우수사례를 업계와 공유할 예정이다. 또, 금융회사와 협력해 2022 기후경제 시나리오를 개발하고, 기후 스트레스테스트를 위한 금융권 시범적용에 나설 방침이다. ㉠ 특히 탄소배출을 고려한 친환경기업에 투자하는 성장지속펀드 출시를 적극 지원해 나갈 방침이다.

이날 금융권의 녹색금융 핸드북에 대한 내용도 논의됐다. 은행연합회 등 5개 금융협회는 금융회사가 녹색금융 업무에 활용할 수 있는 가이드라인과 국내외 운영사례 등을 담은 참고자료 형태인 '금융권 녹색금융 핸드북'을 공개했다. ㉡ 이 핸드북에는 금융회사의 녹색금융 추진체계, 녹색금융의 실행 · 관리, 유의산업 등에 대한 금융지원 관리, 온실가스 배출량 관리, 정보공개 등의 내용이 담겨있다.

한국거래소는 ESG 공시의 자율 확산을 위해 가이던스 권고지표를 개편할 예정이다. 2022년 상반기 지속가능경영보고서 분석결과 및 시장참가자 의견수렴을 실시하고 내년 하반기 개편에 착수한다. ㉢ 또한 국내 ESG 평가체계에 대한 전반적인 현황을 분석하고 분석결과를 바탕으로 제도적 · 정책적 개선점을 검토해 나갈 방침이다. 금융위원회는 사회적 가치 창출기업에 대한 자금공급 확대 등 사회적 금융이 지속적으로 확대 · 강조될 수 있도록 금융회사의 ESG 경영과 연계해 체계화해 나갈 계획이다. ㉣ 이외에도 금융위와 참여기관은 금융권이 녹색금융과 기후리스크 관리에 대한 인식을 제고하고, 기업이 ESG 요소를 경영활동에 충실히 반영할 수 있도록 적극 지원할 방침이다.

03. ㉠ ~ ㉣ 중 제시된 자료의 맥락에 맞지 않는 내용은?

① ㉠ ② ㉡
③ ㉢ ④ ㉣

04. 다음 중 직원 A가 제시된 자료를 이해한 내용으로 적절하지 않은 것은?

① 녹색금융 추진TF 전체회의는 2021년 추진된 녹색금융 세부과제의 현황 점검을 위해 개최되었다.
② 녹색금융 활성화를 위해 2022년 기후경제 시나리오를 개발하고 하반기부터 금융권에 시범 적용해 나갈 예정이다.
③ 금융권 녹색금융 핸드북에는 상반기 지속가능경영보고서 분석결과와 시장참가자의 의견에 대한 내용이 수록되어 있다.
④ 금융감독원은 기후리스크 관리에 대한 인식 제고와 사회적 금융의 확대를 위한 금융회사의 ESG 경영과의 연계를 추진할 계획이다.

05. 다음은 제시된 자료를 보고 직원 A가 동료와 나눈 대화이다. 이 중 잘못된 발언을 한 직원은?

> 직원 A : 이번 녹색금융 추진TF 전체회의에는 국가 온실가스 감축목표 상향조정에 따른 금융권의 대응현황에 관한 내용이 포함되었어.
> 직원 B : 금융권 기후리스크 대응방안으로 은행연합회는 2022 기후경제 시나리오 개발을 추진하고 있어.
> 직원 C : 이번 회의에서 한국거래소는 특히 ESG 평가체계에 대한 현황 분석과 정책적 개선점 등 주로 ESG 경영에 관한 내용을 발표했군.
> 직원 D : 금융위원회는 앞으로도 금융회사와 ESG 경영과 연계하는 사회적 금융의 확산을 위한 방안을 모색해 나갈 계획이야.

① 직원 A ② 직원 B
③ 직원 C ④ 직원 D

06. 다음은 ○○회사 직원들이 다음의 기사를 읽고 나눈 대화이다. ㉠에 들어갈 문장으로 적절한 것은?

> 대형마트의 전성기가 막을 내렸다. 급속하게 확장된 온라인 쇼핑 트렌드가 바로 그 이유이다. 수년간 스마트폰과 이동통신 기술이 대폭 발전하면서 누구나 대형마트보다 간편한 '손안의 쇼핑'을 즐길 수 있게 됐다. 이러한 온라인 쇼핑은 대형마트의 최대 무기이던 편의성은 물론이고 가격 경쟁력까지 무력화했다.
>
> 신선식품은 넓은 진열대에서 다양한 품목을 싱싱한 상태로 보관, 제공할 수 있는 대형마트의 핵심 무기였다. 이에 대응해 시장 선점에 나선 전자상거래(e커머스) 기업들은 잇단 저가 공세로 치킨게임을 벌이고 있다. 이들은 크고 작은 공산품뿐만 아니라 신선식품까지 총알같이 배송해 대형마트에 타격을 가했다. 온라인 쇼핑이 어려운 품목을 주로 취급하는 백화점과 가전제품 매장 또한 매출 하락을 겪고 있다. 그러나 e커머스가 대형마트에 끼친 악영향은 백화점이나 가전제품 판매 매장에 미친 타격보다 더 크다.
>
> 국내 e커머스 시장은 5년간 연평균 24.5% 성장하면서 지난해 113조 7,000억 원 규모로 확대되었다. 지난해 13조 5,000억 원이었던 e커머스의 식품 유통 매출도 올해에는 대형마트를 앞지를 것으로 전망된다.
>
> 또한 온라인을 통한 해외 직접구매의 활성화 역시 대형마트에서 소비자의 발걸음을 돌리게 만드는 계기가 됐다. 관세청에 따르면 지난해 해외 직구는 3,225만 건으로 전년 대비 37%, 총액은 27억 5,000만 달러(약 3조 3,000억 원)로 31% 증가해 사상 최대치를 기록했다. 해외 직구 인기 품목은 ■건강식품 ■의류 ■가전제품 ■기타 식품 ■화장품 등 순이었다.

대화

A 사원 : 온라인으로 물건을 구매하는 트렌드가 오프라인 쇼핑 시장 전반에 변화를 일으켰군.
B 사원 : 맞아. 그중에서도 특히 대형마트에 악영향을 미쳤는데, 대형마트가 백화점보다 타격이 큰 이유가 뭘까?
J 사원 : 그건 (㉠   )
T 사원 : 맞아. 가전제품 판매 매장도 그와 같은 특징을 가지고 있지.

① 대형마트보다 백화점 직원들의 서비스가 더 좋기 때문이야.
② 백화점을 대체할 수 있는 다른 매장이 없기 때문이야.
③ 대형마트가 평균적으로 더 접근성이 떨어지기 때문이야.
④ 백화점은 직접 눈으로 보고 구매할 필요성이 큰 제품을 취급하기 때문이야.

07. 다음 글의 제목으로 가장 적절한 것은?

오스트리아－헝가리 제국이 세워진 1867년부터 제1차 세계대전이 일어날 때까지의 50여 년을 사람들은 '벨 에포크(Belle Époque)', 즉 '좋은 시절'이라고 부른다. 유럽 대륙에 상당히 오랜 기간 전쟁이 없고, 각 나라에 경제적 부흥이 일어났던 시기였기 때문이다. 같은 시기를 '팽 드 시에클(Fin de Siècle)'이라 부르기도 한다. 이는 '세기말'을 뜻하는데, '퇴폐' 또는 '쇠락'을 의미한다. 전통적인 가치가 붕괴하였기 때문이다.

이 시기 오스트리아－헝가리 제국의 수도 빈에서 잉태된 '빈 모더니즘'이라 불리는 독특한 문화적 실험들은 오늘날에도 다양한 방식으로 영향을 미치고 있다. 바로 경계를 뛰어넘는 새로운 종류의 편집방식, 즉 '종합예술'이다. 19세기 말, 빈에는 다른 유럽의 대도시에서는 경험할 수 없는 '지식공동체'가 존재했다. 의학 · 미술 · 건축 · 음악 · 디자인 · 철학의 경계를 뛰어넘는 지식인들의 모임이었다.

당시 빈의 과학자 · 화가 · 의사 · 언론인들은 살롱과 카페 하우스에서 수시로 만났다. 지금도 카페 첸트랄이나 카페 란트란 같은 빈의 카페 하우스들은 당시 단골손님들의 흔적을 자랑하고 있다. 유럽의 다른 도시에서 볼 수 없는 이 같은 '학제 간(interdisciplinary)' 교류가 빈에서는 어떻게 가능했을까? 1848년, 유럽을 휩쓸었던 자유주의 혁명이 오스트리아에도 밀어닥쳤다. 열여덟에 황제가 된 프란츠 요제프 1세는 다양한 개혁적인 정책들을 펼쳤고 그가 던진 신의 한 수는 '링슈트라세(Ringstraße)'의 건설이었다.

요제프 1세는 1858년부터 빈 외곽의 방어용 성곽을 철거하고 그 자리에 링슈트라세라는 순환도로를 설치했다. 도로 주변에는 박물관 · 제국의회의사당 · 오페라하우스 같은 국가를 대표하는 기념비적 건물들이 한꺼번에 건설되었다. 이후 약 30년에 걸쳐 세워진 링슈트라세 주변의 고딕 · 르네상스 · 바로크적 건물들은 나폴레옹 3세의 파리 개조를 능가하는 발전으로 여겨졌다. 황제의 배려에 감동한 오스트리아 부르주아들은 황제를 아버지처럼 여기며 충성을 다짐했다. 정치에 대한 이들의 무관심은 연극과 음악 같은 공연예술에 대한 과도한 관심으로 옮겨 갔다. 공연예술에 관한 토론은 각양각색의 지식인들에게 유행했으며 예술을 토론하는 자리는 으레 각 분야의 전문가들의 학제 간 교류로 연결되곤 했다.

① 다른 도시에는 없던 학제 간 교류가 빈에서만 가능했던 이유

② '지식인 융합 모임', 빈의 지식혁명을 이끌다.

③ 기술과 과학의 결합에 예술이 포함되기까지의 여정

④ 요제프 1세의 심미안적 도시개발

[08 ~ 10] 다음의 제시 상황과 자료를 보고 이어지는 질문에 답하시오.

직원 R은 올 10월 '이달의 한국판뉴딜'로 선정된 사례에 관한 기사를 보고 있다.

K 연구원의 'A 시티'는 운전자 조작 없이 도착지까지 스스로 주변 환경을 인식해 운행하는 자율주행자동차의 각종 대응력을 실험하고 문제점을 찾아내 개선하고 있는 우리나라의 첫 자율주행 실험단지이다. 20X1년 12월 10일 국토교통부가 자동차안전연구원 주행시험장 내에 32만m^2 규모로 조성했다.

A 시티는 자율주행 때 발생할 수 있는 다양한 상황에서의 차량 대응력을 실험할 수 있도록 실제 5대 도로 환경(자동차전용도로, 도심부, 커뮤니티부, 교외도로, 자율주차시설)을 재현했다. 또한 실제 운전에서 접할 수 있는 35종(톨게이트, 횡단보도, 신호등, 어린이 보호구역, 비포장도로, 철도건널목 등)의 시설과 평행 · 수직 주차장, 주차 빌딩의 경사면까지 배치했다. 세계 최초로 5세대 이동통신망(5G)도 깔았다.

A 시티 조성 이후 이곳에서 시험운행을 통해 허가받은 자율차는 모두 71대로 전체 중 39%를 차지한다. 46억 원에 이르는 사용료 감면 혜택도 91개 기업과 대학에 돌아갔다. 현재까지 자율주행차 실험에 참여한 기관은 108개, 횟수는 2,354회(무상 2,064회/유상 290회, 1만 2199시간)이다.

A 시티는 앞으로 시설과 장비를 첨단화해 4단계(레벨 4), 나아가 5단계(레벨 5) 이상의 기술을 상용화할 수 있도록 시험장을 고도화할 계획이다. 이와 함께 새싹 기업과 재정적 약소 기업이 중 · 장기 연구개발을 수행하고, 창업 공간 등으로도 활용할 수 있도록 혁신성장지원센터를 구축할 방침이다.

심사를 담당한 광고 제작자 김○○은 "자율주행차는 기술개발 경쟁이 치열한 분야로 정부 · 기업 · 학계 모두가 힘을 합쳐 세계 주도권을 잡는 게 중요한데, 한국판뉴딜이 추구하는 방향과 맥을 같이해 이달의 한국판뉴딜로 선정하게 됐다."고 선정 이유를 밝혔다. 최○○ 방송작가 역시 "A 시티는 우리나라 자율주행 발전을 위해 꼭 필요한 환경이며, 성공할 때까지 시험을 반복해 성과를 일궈내는 과정이 한국판뉴딜의 도전정신과 다르지 않다."고 심사 소감을 밝혔다.

B 기업은 사물인터넷(IoT) 분리배출함을 개발하고, 이와 연계해 재활용에 참여하는 소비자에게 점수(포인트)를 제공함으로써 자원 선순환에 대한 인식 전환을 도모하는 '사회정의(소셜)벤처'이다. 투명 페트병을 배출함에 넣으면 B 기업의 '오늘의 분리수거' 응용프로그램(앱)에 점수가 적립되고, 소비자는 이 점수로 식음료를 구매하거나 자원순환 지원 사업에 기부할 수 있다.

또한 B 기업은 한국데이터산업진흥원의 데이터 이용권(바우처) 지원 사업을 통해 자원 재활용품 정보가 시장에서 특별한 데이터로 활용되도록 만들었다. 어느 지역에서 어떤 제품이 버려졌는지, 어떤 제품이 많이 팔리는지 등과 같은 재활용품 데이터를 제품의 소비 성향과 같은 마케팅 데이터로 가공해 기업에 제공하는 방식이다. 이로써 분리배출에 참여하는 소비자는 기업으로부터 점수를 받고, 기업은 이러한 데이터를 마케팅에 활용하는 일석이조의 효과를 거둘 수 있게 됐다.

분리배출함 누적 이용자는 4만 명, 재활용품 월 회수량은 3.9톤, 매월 이용자에게 지급하는 점수 환산 금액은 5,000만 원 정도로 호응이 높은 편이다. 쓰레기를 잘 버리면서 현금처럼 사용할 수 있는 점수를 적립할 수 있는 재미 요소 외에도 환경보호에 이바지한다는 만족감이 일반배출 대비 25배나 높은 회수율로 이어지고 있다.

심사에 참여한 서○○ 맘카페 대표는 "쓰레기 문제 해결을 위해 국민 참여를 유도하는 유인책을 접목하고, 쓰레기 배출 데이터를 마케팅 데이터로 가공했다는 점이 흥미로웠다."고 선정 이유를 밝혔다. 홍○○ □□연구소 소장은 "재활용 관련 아이디어를 사물인터넷 기술과 연계, 분리배출에 소비자가 자연스럽게 참여하도록 유도했다."고 평가했다.

08. 다음 중 직원 R이 제시된 자료를 이해한 내용으로 적절하지 않은 것은?

① A 시티는 실제 도로 환경을 재현하여 자율주행차 실험을 할 수 있는 환경을 제공한다.

② 분리배출함에 넣는 재활용품 중에서 B 기업의 앱에 점수가 적립되는 대상이 되는 품목이 정해져 있다.

③ 기업은 소비자로부터 마케팅에 활용하기 위한 데이터를 수집하기 위한 목적으로 B 기업의 앱을 이용할 것이다.

④ 한국데이터산업진흥원의 데이터 바우처 지원 사업은 자원 선순환에 대한 인식 전환을 목표로 하고 있다.

09. 다음 중 제시된 자료를 토대로 얻을 수 있는 답변으로 적절하지 않은 것은?

① A 시티에는 어떤 운전 관련 시설이 배치되어 있나요?

② 올 10월 이달의 한국판뉴딜에 선정된 사례에 이용된 기술은 어떤 것이 있나요?

③ A 시티나 B 기업이 성과를 이루는 데 어떤 과정을 거쳤나요?

④ B 기업의 앱을 통해 얻을 수 있는 데이터는 어디에 활용되나요?

10. 직원 R은 제시된 자료를 다음과 같이 정리하였다. 다음 중 관련 내용이 바르게 연결되어 있지 않은 심사위원은?

심사위원	신분	심사평
홍○○	연구소 소장	소비자의 자연스러운 분리배출 협력을 유도함.
서○○	맘카페 운영자	기업이 분리배출 데이터를 활용해 마케팅에 성공한 사례를 높이 평가함.
김○○	광고 제작자	심사대상과 한국판뉴딜이 추구하는 방향과 맥을 같이 함.
최○○	방송작가	심사대상은 해당 분야 발전에 꼭 필요한 환경을 조성함.

① 홍○○
② 서○○
③ 김○○
④ 최○○

[11 ~ 12] 다음의 제시 상황을 보고 이어지는 질문에 답하시오.

창업지원센터에서 근무하는 T는 새로 시작하는 창업지원사업의 전반을 맡아 진행하고 있다.

〈20△5년 창업지원사업 안내〉

'창업지원사업'이란, 우수한 아이디어와 기술을 보유한 창업자 및 창업 초기기업을 발굴, 체계적인 사업화를 지원하기 위한 사업입니다.

◈ 신청대상
- 예비창업자 : 신청일 현재 창업을 하지 않은 자
- 1년 이내 창업기업 대표 : 신청일 기준 1년 이내 창업(개인, 법인)한 자
  - 개인사업자 : 사업자등록증명상 '사업개시일' 기준
  - 법인사업자 : 법인등기부등본상 '법인설립등기일' 기준

◈ 지원 제외대상
- 금융기관 등으로부터 채무불이행으로 규제 중인 자 또는 기업
- 모집공고일 기준 6개월 이내에 폐업한 자
- 국세 또는 지방세 체납으로 규제 중인 자
- 중소기업청의 창업사업화 지원사업을 통해 지원받은 자(기업), 이미 선정되어 사업을 수행 중인 자(기업)

◈ 지원 내용
- 창업자 지원금 : 시제품제작(인건비, 외주용역비 등), 창업준비 활동비, 마케팅 등 창업사업화에 필요한 자금 지원(최대 5천만 원 한도)

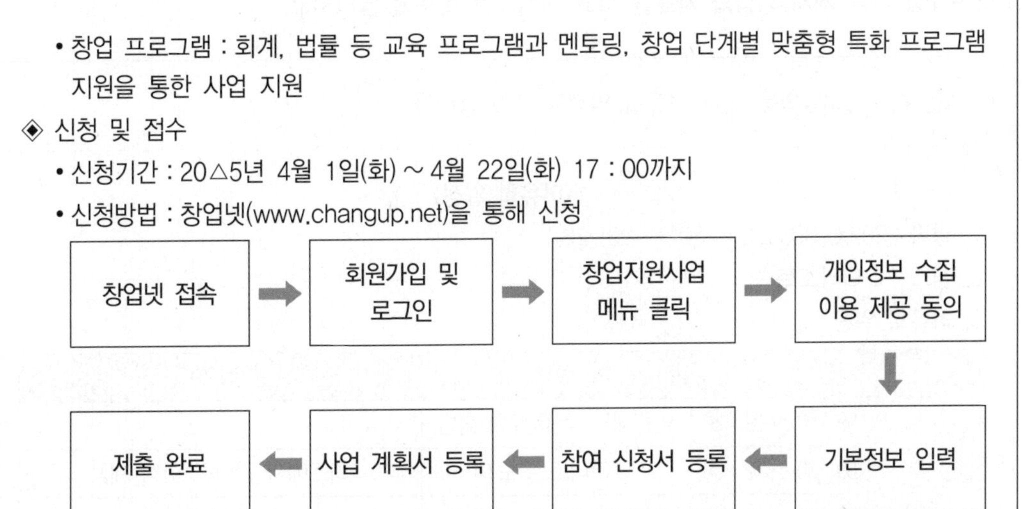

• 창업 프로그램 : 회계, 법률 등 교육 프로그램과 멘토링, 창업 단계별 맞춤형 특화 프로그램 지원을 통한 사업 지원

◈ 신청 및 접수

• 신청기간 : 20△5년 4월 1일(화) ~ 4월 22일(화) 17 : 00까지

• 신청방법 : 창업넷(www.changup.net)을 통해 신청

11. 다음 중 위 자료에 따른 창업지원대상에 해당하지 않는 대상은?

① 세금 체납 이력이 없는 자

② 법인등기부등본상 20△3년 10월에 폐업한 기업

③ 법인등기부등본의 법인설립등기일이 20△4년 1월인 법인의 대표자

④ 개인 또는 법인 창업 이력이 전혀 없는 자

12. T는 상사의 지시를 받고 다음과 같이 보도자료를 작성했다. 이 중 옳지 않은 내용은?

> 창업넷에서는 우수한 아이디어와 기술을 보유한 창업자 및 창업기업을 발굴하고 이를 지원하기 위한 '20△5년 창업지원사업'을 진행한다. 선정된 창업자 및 창업기업에게는 시제품제작 및 창업준비 활동비, 마케팅 등 ① 창업 사업화에 필요한 자금을 최대 5천만 원 한도까지 지원하며, ② 회계 · 법률 등 교육 프로그램과 창업 단계별 특화 프로그램 지원을 통해 체계적인 창업활동을 지원할 방침이다. ③ 신청대상은 예비창업자 및 신청일 기준 1년 이내 창업한 자이며, 오는 4월 1일부터 22일까지 ④ 창업넷 홈페이지(www.changup.net)를 통해 별도의 회원가입 없이 신청이 가능하다.

[13 ~ 15] 다음 제시 상황과 자료를 보고 이어지는 질문에 답하시오.

A는 다음 달에 있을 회사 야유회 일정을 계획 중이다.

〈야유회 일정〉

1. 날짜 : 202X. 09. 21. ~ 202X. 09. 22.
2. 장소 : ○○리조트
3. 야유회 일정

시간		일정	비고
09. 21.	09 : 00 ~ 09 : 30	인원체크 후 야유회 출발	
	09 : 30 ~ 12 : 00	○○리조트 도착	버스에서 간단한 아침 제공
	12 : 00 ~ 13 : 00	점심식사 및 휴식	리조트 내 식당
	13 : 00 ~ 16 : 00	자유코스 등산	왕복 3시간 이내
	16 : 00 ~ 16 : 30	인원체크 후 기념 촬영	
	16 : 30 ~ 19 : 00	저녁식사 및 휴식	지역 소고기 맛집
	19 : 00 ~ 21 : 00	레크리에이션	레크리에이션 강사 초빙
09. 22.	08 : 00 ~ 09 : 30	기상 후 아침식사	리조트 내 식당
	10 : 00	리조트 체크아웃	
	10 : 00 ~ 10 : 40	양떼목장 이동	
	10 : 40 ~ 12 : 00	양떼목장 관광	
	12 : 00	일정 완료	
	12 : 00 ~ 14 : 30	회사 이동	버스 내에서 기념품과 간단한 점심 제공

〈야유회 준비 과정〉

업무	기한 및 구체적 내용
일정 팸플릿 제작	인턴 K가 9월 20일까지 40부 제작 담당
양떼목장 예약	성인 40명(단체 30명 이상 시, 10% 할인 진행)
리조트 대관	자사 리조트 이용 예정이므로 지원팀과 업무 협조 필요(9월 20일까지 확정 요함)
버스 대절	9월 20일부터 21일까지 양일간 이동할 버스 대절(40인승 이상, 9월 13일까지 예약 요함)
식사 예약	9월 21일 아침, 9월 22일 점심 샌드위치 사전 주문(9월 21일 09시까지 회사 정문 앞 배달 가능한 곳으로)

13. 다음 중 A가 야유회 준비를 위해 한 일로 옳은 것은?

① 일정 팸플릿 40부를 제작했다.
② 10% 할인받은 금액으로 양떼목장 예약을 진행했다.
③ 자사 리조트에 연락하여 리조트 대관을 진행했다.
④ 9월 19일 저녁에 샌드위치 가게에 가서 40인분을 포장해 왔다.

14. A는 야유회 준비를 담당하며 〈야유회 일정〉의 일부 내용을 수정해야 한다. 다음의 준비 과정을 고려하였을 때 〈야유회 일정〉에서 수정될 내용으로 옳은 것은?

오늘 날짜 : 202X. 09. 19.	
일정 팸플릿 제작	내일까지 인턴 K가 완료할 것임.
양떼목장 예약	22일 오전에 다른 예약이 차 있어 해당일 예약이 어렵다는 답변을 19일 오전에 받았음.
지원팀 B의 협조	자사 리조트 대관이 가능하다는 답변을 19일 오후에 받았음.
샌드위치 예약	9월 21일 아침에 먹을 샌드위치 40개 배달은 가능하지만 22일 점심에 먹을 샌드위치는 미리 구비하여 두면 상할 수 있으니 아침 것만 주문하기로 하였음.

① 자사 리조트 대관이 어려우므로 다른 숙소를 알아보아야겠다.
② 일정 팸플릿 제작에 차질이 생겼으니 일정표는 직원들의 개인 메시지로 전송해야겠다.
③ 샌드위치 배달이 어려우므로 21일 아침은 김밥으로 대체해야겠다.
④ 21일 오후에 양떼목장 예약이 가능한지 알아보고, 가능하다면 등산과 일정을 교체하는 게 낫겠다.

15. A는 야유회에 필요한 예산안을 짜기 위해 다음의 자료를 참고하였다. 야유회에 필요한 예산은 총 얼마인가? (단, 자료에 제시된 것 외의 비용은 고려하지 않는다)

구분			금액	비고
식대	21일 아침	샌드위치 40개	1개당 3,000원	
	22일 점심	김밥 40줄과 꿀떡 80개	김밥 1줄당 2,000원 꿀떡 40개당 20,000원	꿀떡 나누어 담을 종이컵 1세트(40개) 3,000원
	리조트 식당		1인당 5,000원	양일간 총 2회 식사
	지역 소고기 맛집		1인분 30,000원	총 60인분 주문
교통비 (1일 기준)		버스 대절	1대당 300,000원	• 하루에 1대 대절 • 교육일 양일 모두 대절
장소 대관		리조트	방 1개당 50,000원	4인 1실
강사 초빙		김○○	1인당 300,000원	

① 3,843,000원
② 3,844,000원
③ 3,845,000원
④ 3,846,000원

16. 다음 제시 상황과 자료에 따를 때 ○○시에서 신축공사 입찰업체로 선택할 업체는?

○○시는 K 종합경기장 건설에 입찰한 4개 업체(A ~ D)를 〈계약 기준〉을 근거로 평가하여 업체를 선정하고자 한다.

〈계약 기준〉

- 서류심사를 통과한 업체 중 계약심사를 통해 가장 높은 평가를 받은 업체 하나를 최종적으로 선택한다.
- 서류심사 : 평가총점은 각 업체별 평가항목의 점수와 가중치를 곱한 값을 합하여 40점을 초과하여야 하며, 합계 점수가 40점 이하인 경우 탈락 처리한다.
- 계약심사 : 서류심사 통과업체 중 안전성 지수가 가장 높으면서 완료예상시점이 가장 빠른 업체를 우선순위로 선정한다.
- 사업 착수일은 1월 1일이며, 사업 기간은 4개월(4월 30일) 내로 제한한다.

〈서류심사 점수〉

(단위 : 점)

평가항목	가중치	A	B	C	D
입찰가격	30%	20	50	40	40
안전성	50%	40	50	50	50
디자인	20%	50	60	40	70

〈계약 관련 정보〉

구분	A	B	C	D
사업비용(억 원)	5	6	8	4
완료예상시점	4월 20일	4월 27일	5월 3일	4월 11일

① A
② B
③ C
④ D

[17 ~ 18] 다음 ○○공사의 사내 간행물에 실린 글을 읽고 이어지는 질문에 답하시오.

코로나19가 끝나면 그 이전의 세상이 되돌아올 것이라고 믿었지만, 이제는 우크라이나 전쟁, 금리 인상 등의 국제 위기에 따른 물가 상승의 사태가 펼쳐졌다. 무력감이 느껴지는 이때 '이것이 해결책이다'라는 말과 '모두 다 망했다'라는 비관론에 속지 않기 위해서는 벌어지는 일을 찬찬히 지켜보면서 정리할 수 있는 생각의 틀을 갖추어야 한다.

이를 위해서는 먼저 코로나19 사태와 지금의 물가 상승을 하나의 연속된 사건으로 볼 수 있어야 한다. 지금의 물가 상승은 코로나19로 시작된 지구적 시스템 전체의 혼돈 초입이라고 보아야 한다. 그래서 '코비드플레이션'으로 부르는 것이 옳다.

경제학자 피터 포가니는 세계 전체의 정치경제 시스템을 '지구적 시스템'이라는 단일의 틀로 이해하자고 제안하였다. 여기서 '시스템'이란 엄밀한 의미의 열역학 법칙들이 관철되는 의미로, 지구 전체의 인간과 그들의 경제 활동과 그 배경이 되는 자연환경은 이미 19세기부터 분명한 하나의 시스템이 되었다는 관점이다. 그리고 이 시스템은 열역학 법칙의 작동에 따라 '평형의 정상 상태－혼돈의 이행기－평형의 정상 상태'라는 주기를 반복한다. 1830년대 이후 자유방임 이념에 따라 첫 번째 지구적 시스템이 형성되었지만, 1890년대 제국주의에 이르러 그 생산과 소비의 양이 폭증하고 자연적 한계가 팽창함에 따라 시스템의 평형 상태가 깨어지게 되며 1차 세계대전(1914 ~ 1918년)에서 2차 세계대전(1939 ~ 1945년) 종식까지 혼돈의 이행기가 나타났다는 주장이다. 그 뒤 현재의 지구적 시스템이 새로운 평형의 정상 상태로 나타났다. 그리고 포가니는 현재의 지구적 시스템이 무한한 경제성장과 자본 축적을 조직 원리로 하고 있어 자원 고갈, 오염, 인구 등의 문제를 야기하며 2013년과 2030년 사이 어느 시점에서 다시 혼돈의 이행기로 들어갈 것이라고 보았다.

아직 평형의 정상 상태인 현재, 지구적 시스템의 지나친 팽창으로 인해 벌어진 코로나19 사태로 생태위기 가속화, 미·중 관계의 악화로 인한 질서의 혼돈, 생산의 지구화 교란, 경제의 금융화 위기 등이 발생했다. 이렇게 현재의 지구적 시스템을 받치고 있는 핵심적인 제도들이 크게 흔들렸고 이것이 지금의 물가상승 사태로 나타나고 있다. 더 좋지 않은 것은 이 여러 차원에서 야기된 문제들이 서로 연결되고 뒤섞이면서 복합적인 문제들로 터지고 있다는 것이다. 여기에서 '되먹임(Feedback)'의 개념을 생각해 보자. 결과가 다시 원인이 되고 그렇게 해서 더 커진 원인이 더 커진 결과를 낳는 순환고리를 만들면서 원인과 결과가 서로를 증폭시키는 현상을 일컫는 말이다. 시스템 이론에서는 갈수록 더 커지면서 시스템 전체를 와해시키는 원심력이 되는 '되먹임' 현상에 주목한다.

이제 최근 지구적 시스템에서 벌어졌던 일을 돌이켜보자. 우선 첫째, 코로나19 사태로 지구적 가치 사슬망이 교란되어 재조정되고 있으며 둘째, 미국과 중국을 축으로 하는 국제 정치 질서가 근본적으로 흔들리게 되었다. 그러자 그 결과로 가장 둔하면서 또 위기 시에는 가장 민감한 에너지, 식량, 원자재 시장의 불안정이 나타났다. 그런데 이러한 근본 질서의 교란은 다시 2022년 초 러시아 푸틴의 도발에 의한 우크라이나 전쟁으로 나타났다. 이 사건의 파장으로 애초의 원인이었던 가치 사슬망의 교란과 국제 정치 질서의 혼란은 더욱 강화되어 첫 순환고리를 이루었다.

17. 제시된 글을 읽고 추론한 내용으로 적절하지 않은 것은?

① 코비드플레이션은 현재의 물가 상승 사태가 코로나19로 시작된 인플레이션임을 뜻한다.

② 일련의 사건으로 인한 에너지, 식량, 원자재 시장의 불안정과 우크라이나 전쟁은 첫 번째 되먹임 고리라 볼 수 있다.

③ 현재 발생 중인 물가 상승 사태는 두 번째 되먹임 고리의 중간 단계이다.

④ 열역학 법칙을 경제활동과 자연환경의 관계에 적용하면, 1900년대 초에 평형의 정상 상태가 나타났다.

18. 제시된 글을 참고하여 다음 〈보기〉의 글을 이해한 내용으로 적절한 것은?

보기

참으로 두려운 세 번째 고리가 있다. 기후위기를 막기 위해 2050년의 '넷제로', 즉 순탄소 배출량의 소멸을 이루기 위해서는 에너지 전환을 필두로 다양한 분야에서 일사불란한 국제적인 협조가 반드시 필요하다. 그래서 기후위기를 막고자 하는 이들에게 최악의 악몽은 그 일사불란한 에너지 전환 과정이 강대국 사이의 지정학적 경쟁의 논리와 뒤섞이는 것인데, 지금 우크라이나 전쟁을 계기로 그 상황이 현실이 되어가고 있다. 벌써 미국, 영국, 프랑스 국내에서는 뛰어오르는 에너지 가격과 그로 인한 생활 물가의 상승으로 심상치 않은 사회적 · 정치적 불안이 생겨나고 있으며, 이를 무마하기 위해 석유 등 화석연료의 생산 및 소비가 급증할 조짐이 나타나고 있다. 이로 인해 가뜩이나 악화되고 있는 기후위기가 가속화된다면, 이는 또 다른 극심한 사회적 · 정치적 혼란을 가져올 것이다. 그리고 이는 다시 두 번째 순환고리를 매개로 전체적인 되먹임 고리를 강화할 것이다.

① 에너지 전환을 통한 순탄소 배출량 소멸의 꿈은 우크라이나 전쟁으로 인하여 물거품이 되어 가고 있으며, 이는 세 번째 되먹임 고리를 만들어낼 것이다.

② 우크라이나 전쟁으로 인한 에너지 가격 인상은 생활 물가의 하락으로 이어지며 두 번째 되먹임을 강화하고 있다.

③ 기후위기와 사회적 · 정치적 혼란은 비록 현재로서는 서로 관련이 없지만 미래 되먹임 고리로 번지지 않도록 경계해야 한다.

④ 우크라이나 전쟁은 넷제로 정책을 지원함으로써 되먹임 현상을 해소하는 계기가 될 것이다.

[19 ~ 20] 다음 제시 상황과 자료를 보고 이어지는 질문에 답하시오.

△△법인 민자도로 운영평가 평가팀 박치국 팀장은 운영평가 매뉴얼을 살펴보고 있다.

1. 민자도로 운영평가 개요

(1) 목적 : 민자도로 이용자에게 안전성과 편리성을 제공하여 공공성을 강화하고 민자도로 운영 효율성을 유도

(2) 근거 : 유료도로법 제23조의2 제3항, 유료도로법 시행규칙 제8조의2, 민자도로의 운영평가 기준(국토부 고시)

2. 민자도로 운영평가 처리 절차

(1) 운영평가 계획 수립(기한 : 매년 3월 31일까지)
 – 평가 대상 법인 및 일정, 평가단 구성 방향, 평가항목 및 방법 등이 포함된 민자도로 평가계획 방침 마련

(2) 운영평가 계획 통보(기한 : 평가 30일 전까지)
 – 운영평가 항목, 평가방법, 평가일정 등 평가계획을 평가 대상 법인에 통보

(3) 수검자료 취합(기한 : 평가 15일 전까지)
 – 평가 대상 법인이 제출한 정량 및 정성평가 수검자료에 대하여 종합 및 정리표 작성

(4) 수검자료 사전 검토(기한 : 평가 10일 전까지)
 – 평가 대상 법인이 제출한 수검자료에 대하여 계산 오류 수정, 근거자료 파악 등 사전 점검

(5) 평가단 확정 및 교육(기한 : 평가 5일 전까지)
 – 평가위원 7 ~ 8명을 대상으로 평가단을 최종 확정하고, 필요한 경우 평가위원을 대상으로 교육 시행

(6) 운영평가 시행(기한 : 매년 2분기 내)
 – 평가 전 : 수검자료, 매뉴얼, 평가위원 명패, 평가표 등 자료 준비, 평가위원 평가장소 도착 확인 등
 – 평가 후 : 민자도로 현장을 직접 순회하여 청소 상태, 교량 및 터널 등 시설 유지관리 상태, 휴게소 및 졸음쉼터 운영 현황 등 점검

(7) 평가결과 종합 및 통보
 – 평가결과 집계 및 종합, 법인별 우수사항 및 미흡사항 등을 기재하여 해당 법인에 통보, 미흡사항 개선 · 보완계획 제출 요청(평가결과 국장님 방침 및 보도자료 배포 등 시행)

(8) 개선 · 보완 계획 접수 등(기한 : 결과통보 후 30일 이내)
 – 법인은 미흡사항에 대한 개선 · 보완 계획을 주무관청에 제출해야 하며, 주무관청은 개선계획 등 검토 및 개선현황 모니터링 시행

3. 평가 당일 평가위원 숙지 사항

(1) 정량평가 및 정성평가 항목이 많으므로 평가위원별로 항목을 분업화, 객관적인 사실에 입각하여 집중적이고 책임성 있게 평가하는 것이 효율적임.
  – 근거자료와 백데이터 · 참고자료, 현장 방문 · 점검 등을 통해 사실관계 확인 필요

(2) 정량평가 점수는 계량화한 점수이므로 평가위원 모두 점수가 동일해야 함.

(3) 정성평가 점수는 평가위원별로 점수가 다를 수도 있음.

(4) 평가위원은 정량평가 및 정성평가 점수표를 반드시 작성하여 서명 날인 후 제출해야 함.

(5) 평가팀장 또는 간사는 평가 대상 법인의 가점 및 감점 사항이 있는 경우 반드시 가점 또는 감점 사항에 대하여 평가표에 작성 · 제출해야 함.

(6) 평가팀장은 당일 평가한 법인 관계자를 대상으로 우수한 점 및 미흡한 점 등 평가결과에 대한 사항을 간략하게 설명 필요

4. 운영평가 항목 및 배점

구분	평가항목	평가내용	점수
정량평가	도로 안전성	돌발사항 대응 신속성	6
		교통사고 발생률	20
		도로 안전조치 신속성	11
	이용 편의성	도로청결성	10
		민원처리 시스템운영효율성	11
		이용자서비스 제공실적	10
	운영 효율성	운영비 집행효율성	5
		유지관리 계획이행여부	10
	도로 공공성	운영평가 결과 개선 실적	10
		도로운영 관련 법령/규정 등 준수여부	20

구분	평가항목	평가내용	점수
정성평가	도로 안전성	교통사고 예방 노력	12
		재난 대응시스템 운영 적정성	3
	이용 편의성	이용자 편익 향상	9
	운영 효율성	관리조직 운영 적정성	2
		도로관리 효율성 향상 노력	1
	도로 공공성	사회편익 기여활동	3

19. 다음 중 박치국 팀장이 제시된 자료를 보고 이해한 내용으로 적절하지 않은 것은?

① 운영평가 7일 전까지 최소 5명의 평가위원이 확정되어야 한다.

② 평가단에 의한 민자도로 운영평가가 시행되는 기간은 6개월이다.

③ 평가팀장은 법인 관계자에게 평가결과에 대한 사항을 간략히 설명해야 할 의무가 있다.

④ 평가 대상 법인은 운영평가를 위해 정량 및 정성평가 점수표를 제출해야 한다.

20. 운영평가 매뉴얼과 〈보기〉를 바탕으로 보았을 때, 박치국 팀장이 작성한 평가 점수표에서 옳지 않은 것은?

보기

〈○○법인 민자도로 운영평가 종합 평가표〉

구분	평가항목	평가내용	점수
정량평가	도로 안전성	돌발사항 대응 신속성	3
		교통사고 발생률	13
		도로 안전조치 신속성	7
	이용 편의성	도로청결성	8
		민원처리 시스템운영효율성	11
		이용자서비스 제공실적	9
	운영 효율성	운영비 집행효율성	4
		유지관리 계획이행여부	6
	도로 공공성	운영평가 결과 개선 실적	4
		도로운영 관련 법령/규정 등 준수여부	20

구분	평가항목	평가내용	점수
정성평가	도로 안전성	교통사고 예방 노력	8.5
		재난 대응시스템 운영 적정성	2
	이용 편의성	이용자 편익 향상	7
	운영 효율성	관리조직 운영 적정성	1
		도로관리 효율성 향상 노력	1
	도로 공공성	사회편익 기여활동	1.5

※ 평가표의 점수는 평가위원들의 점수들의 평균값임.

비고
- 이용자서비스 제공실적 항목 평가 산식에 모순이 있다는 의견이 제기됨. 추후 평가기준 개정 검토 필요
- 도로 안전조치 신속성의 하위 평가항목 중 로드킬 발생건수에 있어 이 지역에서 발생한 적 없는 신종 야생동물의 로드킬 건수가 발생, 주변 생태계의 변화로 인한 특이사항으로 간주하여 평가팀장 설명하에 위원 다수결로 점수를 결정함.

〈○○법인 민자도로 운영평가 종합 점수표〉

평가위원 : 박치국 팀장

구분	평가항목	평가내용	점수
정량평가	도로 안전성	돌발사항 대응 신속성	3
		교통사고 발생률	13
		도로 안전조치 신속성	7
	이용 편의성	도로청결성	8
		민원처리 시스템운영효율성	11
		이용자서비스 제공실적	9
	운영 효율성	운영비 집행효율성	4
		유지관리 계획이행여부	6
	도로 공공성	운영평가 결과 개선 실적	4
		도로운영 관련 법령/규정 등 준수여부	20

구분	평가항목	평가내용	점수
정성평가	도로 안전성	교통사고 예방 노력	8
		재난 대응시스템 운영 적정성	1
	이용 편의성	이용자 편익 향상	8
	운영 효율성	관리조직 운영 적정성	2
		도로관리 효율성 향상 노력	1
	도로 공공성	사회편익 기여활동	4

서인 ⑩

① 교통사고 발생률　　② 도로청결성

③ 교통사고 예방 노력　　④ 사회편익 기여활동

[21 ~ 23] 다음 제시 상황과 자료를 보고 이어지는 질문에 답하시오.

직원 P는 자원에 대한 다음 자료를 살펴보고 있다.

〈상품별 1개 생산 시 자원 사용 비용과 개당 이익〉

구분	자원 1	자원 2	자원 3	개당 이익
상품 A	20원	60원	15원	1,200원
상품 B	24원	20원	60원	600원

〈자원별 가용 예산〉

구분	자원 1	자원 2	자원 3
가용 예산*	2,300원	5,000원	5,000원

- 상품 생산은 자원별 가용 예산 범위 내에서 이루어지며, 상품 A, B는 자연수 단위로 생산 가능하다.
- 상품 생산 시 모든 자원은 동일한 개수가 필요하다.

* 가용 예산은 상품을 생산하는 데 사용할 수 있는 최대 예산이다.

21. 다음 중 상품 A를 단독으로 생산하고자 할 때, 최대 생산 가능 개수는?

① 67개 ② 83개 ③ 93개 ④ 115개

22. 다음 중 상품 B를 단독으로 생산하고자 할 때, 얻을 수 있는 최대 이익은?

① 36,000원 ② 49,800원 ③ 57,000원 ④ 69,000원

23. 직원 P가 상품 A, B를 동일한 수량으로 동시에 생산하려고 할 때, 직원 P가 얻을 수 있는 최대 이익은?

① 93,600원 ② 111,600원 ③ 118,800원 ④ 149,400원

[24 ~ 26] 다음 제시 상황과 자료를 보고 이어지는 질문에 답하시오.

△△공사 인사팀 직원 김새벽 씨는 경력직원 근무지를 재배치하기 위해 각 직원들의 희망 근무지를 확인하고 있다.

〈희망 근무지〉

직원	희망 근무지	업무분야(경력)	직원	희망 근무지	업무분야(경력)
가	서울	입환유도(1년)	사	경기도	입환유도(6년)
나	강원도	고속전호(5년)	아	부산	구내운전(2년)
다	강원도	입환유도(4년)	자	경기도	입환유도(2년)
라	경기도	고속전호(3년)	차	서울	고속전호(1년)
마	제주도	고속전호(4년)	카	부산	구내운전(5년)
바	부산	구내운전(4년)	타	서울	고속전호(4년)

〈근무지 평점〉

근무지	평점	근무지	평점
강원도	2	부산	7
서울	6	광주	9
경기도	8	제주도	3

〈근무지 배치 규칙〉

- 한 근무지당 2명의 직원이 배치되며, 배치된 직원들은 업무분야가 달라야 한다.
- 희망 근무지를 우선하여 배치하되 희망인원이 초과일 경우 고속전호, 입환유도, 구내운전 순으로 우선 배치한다(단, 동일한 업무분야의 직원 2명 이상이 동일한 희망 근무지를 작성한 경우에는 경력이 많은 순으로 우선 배치한다).
- 희망 근무지에 배치되지 못한 경우 희망자가 미달인 근무지에 배치되며 입환유도, 구내운전, 고속전호 순으로 평점이 좋은 근무지부터 순서대로 배치한다(단, 동일한 업무분야의 직원이 2명 이상 있을 경우에는 경력이 적은 순으로 우선 배치한다).

24. 김새벽 씨가 희망 근무지를 고려하여 근무지를 배치할 때, 다음 중 경기도와 서울에 배치될 직원끼리 알맞게 짝지은 것은?

	경기도	서울		경기도	서울
①	라, 사	가, 차	②	라, 사	가, 타
③	라, 자	가, 타	④	라, 자	가, 차

25. 김새벽 씨가 희망 근무지를 고려해 근무지를 배치할 때, 다음 중 희망 근무지에 배치되는 직원은?

① 아 직원
② 자 직원
③ 차 직원
④ 카 직원

26. 김새벽 씨가 다음과 같이 변동된 규칙을 고려하여 근무지를 배치할 때, 다음 중 마 직원과 같은 근무지에 배치되는 직원은?

- 한 근무지당 2명의 직원이 배치되며, 배치된 직원들은 업무분야가 달라야 한다.
- 한 근무지당 최소 1명은 경력이 4년 이상인 직원이 배치되어야 한다.
- 1차 배치 시 희망 근무지를 우선하여 배치하되, 해당 근무지의 희망 직원이 2명을 초과하는 경우 고속전호, 입환유도, 구내운전 순으로 우선 배치한다(단, 동일한 업무분야의 직원 2명 이상이 동일한 희망 근무지를 작성한 경우에는 경력이 많은 순으로 우선 배치한다).
- 희망 근무지에 배치되지 못한 경우 2차 배치를 실시한다. 이때 희망자가 미달인 근무지에 배치하되, 다음과 같은 규칙을 적용한다.
  - 업무분야가 입환유도, 구내운전, 고속전호인 순으로, 같은 업무분야에서 경력이 적은 순으로 평점이 높은 근무지에 배치한다.
  - 단, 평점이 높은 근무지에 이미 같은 업무분야 직원이 배치되어 있거나, 최소 1명의 경력이 4년 이상인 직원이 배치되어 있지 않은 경우, 그다음으로 평점이 높은 근무지에 배치한다.

① 가 직원
② 바 직원
③ 아 직원
④ 차 직원

[27 ~ 28] 다음 제시 상황과 자료를 보고 이어지는 질문에 답하시오.

M은 △△마트에서 배송관련 업무를 수행하고 있다.

〈자료 1〉 배송구역

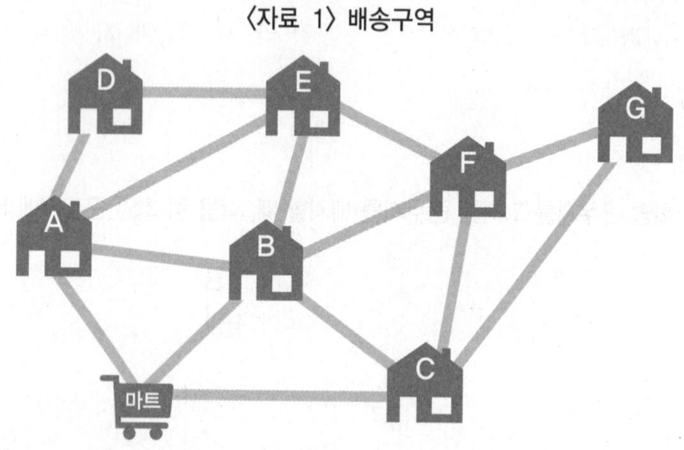

〈자료 2〉 27일 현재 배송 신청목록

이름	구역	주소	주문일시
우병찬	A	★★빌라	27일 11 : 00
정유미	E	△빌라	27일 12 : 10
박은선	C	○×아파트	27일 01 : 00
김수지	B	×○맨션	27일 14 : 10
정지혜	F	△△빌라	27일 10 : 10
이정희	A	XX아파트	27일 08 : 30
차재용	D	★×★아파트	27일 15 : 00
정선비	B	XX아파트	26일 15 : 00
임예은	F	○○빌라	27일 05 : 00
김가을	D	Y○아파트	27일 14 : 30
이정재	C	△△×빌라	27일 12 : 00
강지훈	G	○△맨션	27일 01 : 20
박다현	A	ZZ아파트	27일 06 : 20
김지우	C	★★×아파트	27일 03 : 00

※ 오후 2시까지 주문하시면 오늘 받으실 수 있습니다(단, 2시 1분 이후 주문 시 다음 날 배송됩니다).

27. M은 27일 현재 배송 신청목록을 바탕으로 오늘 진행할 배송목록을 정리한 뒤, 배송 경로를 선정하려고 한다. 오늘 배송할 경로와 건수가 바르게 짝지어진 것은? (단, 마트에서 출발하여 모든 배송구역을 한 번씩만 들른 뒤 다시 마트로 돌아와야 한다)

① 마트 – C – G – F – E – A – B – 마트, 10건
② 마트 – A – D – E – F – G – C – B – 마트, 10건
③ 마트 – A – E – B – F – G – C – 마트, 11건
④ 마트 – A – D – E – B – F – C – 마트, 11건

28. M은 다음과 같이 예약배송 신청목록이 누락된 것을 발견하였다. 이 목록을 고려하여 다시 배달구역을 한 번씩만 들러 마트로 돌아오는 경로를 선정하려고 할 때, M이 선정할 경로로 바른 것은? (단, 배송 출발 시각은 오후 2시 30분이며 한 구역 내에서 물품을 배달하는 데 걸리는 시간은 40분, 배송 구역 간 이동 시간은 20분으로 동일하다고 가정한다)

〈예약배송 신청목록〉

이름	구역	주소	예약 시간
이대호	G	XX아파트	27일 오후 5시 이후
박성광	F	○×○오피스텔	27일 오후 5～7시
정우성	D	XY빌라	27일 오후 7시 이전
김영하	A	○S○아파트	27일 오후 3～5시
하지연	B	I○I아파트	27일 오후 7～9시
차수혜	E	S○S빌라	27일 오후 5～7시

① 마트–B–C–G–F–E–D–A–마트
② 마트–A–D–E–B–F–G–C–마트
③ 마트–A–D–E–F–G–C–B–마트
④ 마트–C–G–F–B–E–D–A–마트

[29 ~ 30] 다음의 제시 상황과 자료를 보고 이어지는 질문에 답하시오.

기획팀 남도일 과장은 영업부 팀별 매출 실적표를 보고 있다.

〈영업부 팀별 영업 실적표〉

• 연도별 목표 실적

(단위 : 건)

구분	20X1년	20X2년	20X3년	20X4년	20X5년
영업1팀	80	120	140	140	140
영업2팀	110	110	130	140	140
영업3팀	80	110	110	120	130
영업4팀	100	110	120	130	130

• 연도별 성과 실적

(단위 : 건)

구분	20X1년	20X2년	20X3년	20X4년	20X5년
영업1팀	100	120	130	140	140
영업2팀	130	120	130	160	160
영업3팀	80	90	110	130	130
영업4팀	110	120	140	160	160

〈성과 기준 및 성과급 지급 규정〉

평가 기준	목표 실적 대비 20% 이상 달성	목표 실적 대비 10% 이상 달성	목표 실적 달성	목표 실적 미달성
성과 등급	S	A	B	C

※ 목표 실적 및 성과 등급은 소수점 첫째 자리에서 반올림하여 계산한다.

29. 다음 중 20X1 ~ 20X3년 영업2팀의 성과 등급을 순서대로 표기한 것으로 적절한 것은?

① B－S－A　　② S－B－S　　③ A－C－B　　④ A－B－B

30. 다음 중 20X5년 각 영업팀과 그 성과 등급을 짝지은 것으로 적절하지 않은 것은?

① 영업1팀－B　　② 영업2팀－A　　③ 영업3팀－B　　④ 영업4팀－A

매일경제 NCS

감독관 확인란	

1회 기출예상문제

성명표기란

수험번호

(주민등록 앞자리 생년제외) 월일

수험생 유의사항

※ 답안은 반드시 컴퓨터용 사인펜으로 보기와 같이 바르게 표기해야 합니다.
〈보기〉 ① ② ③ ❹ ⑤

※ 성명표기란 위 칸에는 성명을 한글로 쓰고 아래 칸에는 성명을 정확하게 표기하십시오. (맨 왼쪽 칸부터 표기하며 성과 이름은 붙여 씁니다)

※ 수험번호/월일 위 칸에는 아라비아 숫자로 쓰고 아래 칸에는 숫자와 일치하게 표기하십시오.

※ 월일은 반드시 본인 주민등록번호의 생년을 제외한 월 두 자리, 일 두 자리를 표기하십시오.
〈예〉 2002년 4월 1일 → 0401

직무능력평가

문번	답란	문번	답란	문번	답란
1	① ② ③ ④	21	① ② ③ ④	41	① ② ③ ④
2	① ② ③ ④	22	① ② ③ ④	42	① ② ③ ④
3	① ② ③ ④	23	① ② ③ ④	43	① ② ③ ④
4	① ② ③ ④	24	① ② ③ ④	44	① ② ③ ④
5	① ② ③ ④	25	① ② ③ ④	45	① ② ③ ④
6	① ② ③ ④	26	① ② ③ ④	46	① ② ③ ④
7	① ② ③ ④	27	① ② ③ ④	47	① ② ③ ④
8	① ② ③ ④	28	① ② ③ ④	48	① ② ③ ④
9	① ② ③ ④	29	① ② ③ ④	49	① ② ③ ④
10	① ② ③ ④	30	① ② ③ ④	50	① ② ③ ④
11	① ② ③ ④	31	① ② ③ ④	51	① ② ③ ④
12	① ② ③ ④	32	① ② ③ ④	52	① ② ③ ④
13	① ② ③ ④	33	① ② ③ ④	53	① ② ③ ④
14	① ② ③ ④	34	① ② ③ ④	54	① ② ③ ④
15	① ② ③ ④	35	① ② ③ ④	55	① ② ③ ④
16	① ② ③ ④	36	① ② ③ ④	56	① ② ③ ④
17	① ② ③ ④	37	① ② ③ ④	57	① ② ③ ④
18	① ② ③ ④	38	① ② ③ ④	58	① ② ③ ④
19	① ② ③ ④	39	① ② ③ ④	59	① ② ③ ④
20	① ② ③ ④	40	① ② ③ ④	60	① ② ③ ④

매일경제 NCS

감독관 확인란	

2회 기출예상문제

성명표기란

초성	중성	종성
ㄱ ㄴ ㄷ ㄹ ㅁ ㅂ ㅅ ㅇ ㅈ ㅊ ㅋ ㅌ ㅍ ㅎ	ㅏ ㅑ ㅓ ㅕ ㅗ ㅛ ㅜ ㅠ ㅡ ㅣ ㅐ ㅒ ㅔ ㅖ ㅘ ㅙ ㅚ ㅝ ㅞ ㅟ ㅢ	ㄱ ㄴ ㄷ ㄹ ㅁ ㅂ ㅅ ㅇ ㅈ ㅊ ㅋ ㅌ ㅍ ㅎ ㄲ ㄸ ㅃ ㅆ ㅉ ㄺ ㄻ

수험번호

⓪	⓪	⓪	⓪	⓪	⓪	⓪	⓪	⓪
①	①	①	①	①	①	①	①	①
②	②	②	②	②	②	②	②	②
③	③	③	③	③	③	③	③	③
④	④	④	④	④	④	④	④	④
⑤	⑤	⑤	⑤	⑤	⑤	⑤	⑤	⑤
⑥	⑥	⑥	⑥	⑥	⑥	⑥	⑥	⑥
⑦	⑦	⑦	⑦	⑦	⑦	⑦	⑦	⑦
⑧	⑧	⑧	⑧	⑧	⑧	⑧	⑧	⑧
⑨	⑨	⑨	⑨	⑨	⑨	⑨	⑨	⑨

(주민등록 앞자리 생년제외) 월일

⓪	⓪	⓪	⓪
①	①	①	①
②	②	②	②
③	③	③	③
④	④	④	④
⑤	⑤	⑤	⑤
⑥	⑥	⑥	⑥
⑦	⑦	⑦	⑦
⑧	⑧	⑧	⑧
⑨	⑨	⑨	⑨

수험생 유의사항

※ 답안은 반드시 컴퓨터용 사인펜으로 보기와 같이 바르게 표기해야 합니다.
〈보기〉 ① ② ③ ❹ ⑤

※ 성명표기란 위 칸에는 성명을 한글로 쓰고 아래 칸에는 성명을 정확하게 표기하십시오. (맨 왼쪽 칸부터 표기하며 성과 이름은 붙여 씁니다)

※ 수험번호/월일 위 칸에는 아라비아 숫자로 쓰고 아래 칸에는 숫자와 일치하게 표기하십시오.

※ 월일은 반드시 본인 주민등록번호의 생년을 제외한 월 두 자리, 일 두 자리를 표기하십시오.
〈예〉 2002년 4월 1일 → 0401

문번	답란				문번	답란				문번	답란			
1	①	②	③	④	21	①	②	③	④	41	①	②	③	④
2	①	②	③	④	22	①	②	③	④	42	①	②	③	④
3	①	②	③	④	23	①	②	③	④	43	①	②	③	④
4	①	②	③	④	24	①	②	③	④	44	①	②	③	④
5	①	②	③	④	25	①	②	③	④	45	①	②	③	④
6	①	②	③	④	26	①	②	③	④	46	①	②	③	④
7	①	②	③	④	27	①	②	③	④	47	①	②	③	④
8	①	②	③	④	28	①	②	③	④	48	①	②	③	④
9	①	②	③	④	29	①	②	③	④	49	①	②	③	④
10	①	②	③	④	30	①	②	③	④	50	①	②	③	④
11	①	②	③	④	31	①	②	③	④	51	①	②	③	④
12	①	②	③	④	32	①	②	③	④	52	①	②	③	④
13	①	②	③	④	33	①	②	③	④	53	①	②	③	④
14	①	②	③	④	34	①	②	③	④	54	①	②	③	④
15	①	②	③	④	35	①	②	③	④	55	①	②	③	④
16	①	②	③	④	36	①	②	③	④	56	①	②	③	④
17	①	②	③	④	37	①	②	③	④	57	①	②	③	④
18	①	②	③	④	38	①	②	③	④	58	①	②	③	④
19	①	②	③	④	39	①	②	③	④	59	①	②	③	④
20	①	②	③	④	40	①	②	③	④	60	①	②	③	④

매일경제 NCS

감독관 확인란	

3회 기출예상문제

성명표기란

수험번호

⓪	⓪	⓪	⓪	⓪	⓪	⓪	⓪	⓪
①	①	①	①	①	①	①	①	①
②	②	②	②	②	②	②	②	②
③	③	③	③	③	③	③	③	③
④	④	④	④	④	④	④	④	④
⑤	⑤	⑤	⑤	⑤	⑤	⑤	⑤	⑤
⑥	⑥	⑥	⑥	⑥	⑥	⑥	⑥	⑥
⑦	⑦	⑦	⑦	⑦	⑦	⑦	⑦	⑦
⑧	⑧	⑧	⑧	⑧	⑧	⑧	⑧	⑧
⑨	⑨	⑨	⑨	⑨	⑨	⑨	⑨	⑨

(주민등록 앞자리 생년제외) 월일

⓪	⓪	⓪	⓪
①	①	①	①
②	②	②	②
③	③	③	③
④	④	④	④
⑤	⑤	⑤	⑤
⑥	⑥	⑥	⑥
⑦	⑦	⑦	⑦
⑧	⑧	⑧	⑧
⑨	⑨	⑨	⑨

수험생 유의사항

※ 답안은 반드시 컴퓨터용 사인펜으로 보기와 같이 바르게 표기해야 합니다.
〈보기〉 ① ② ③ ❹ ⑤

※ 성명표기란 위 칸에는 성명을 한글로 쓰고 아래 칸에는 성명을 정확하게 표기하십시오. (맨 왼쪽 칸부터 표기하며 성과 이름은 붙여 씁니다)

※ 수험번호/월일 위 칸에는 아라비아 숫자로 쓰고 아래 칸에는 숫자와 일치하게 표기하십시오.

※ 월일은 반드시 본인 주민등록번호의 생년을 제외한 월 두 자리, 일 두 자리를 표기하십시오.
〈예〉 2002년 4월 1일 → 0401

gosinet (주)고시넷

직무능력평가

문번	답란	문번	답란	문번	답란
1	① ② ③ ④ ⑤	21	① ② ③ ④ ⑤	41	① ② ③ ④ ⑤
2	① ② ③ ④ ⑤	22	① ② ③ ④ ⑤	42	① ② ③ ④ ⑤
3	① ② ③ ④ ⑤	23	① ② ③ ④ ⑤	43	① ② ③ ④ ⑤
4	① ② ③ ④ ⑤	24	① ② ③ ④ ⑤	44	① ② ③ ④ ⑤
5	① ② ③ ④ ⑤	25	① ② ③ ④ ⑤	45	① ② ③ ④ ⑤
6	① ② ③ ④ ⑤	26	① ② ③ ④ ⑤	46	① ② ③ ④ ⑤
7	① ② ③ ④ ⑤	27	① ② ③ ④ ⑤	47	① ② ③ ④ ⑤
8	① ② ③ ④ ⑤	28	① ② ③ ④ ⑤	48	① ② ③ ④ ⑤
9	① ② ③ ④ ⑤	29	① ② ③ ④ ⑤	49	① ② ③ ④ ⑤
10	① ② ③ ④ ⑤	30	① ② ③ ④ ⑤	50	① ② ③ ④ ⑤
11	① ② ③ ④ ⑤	31	① ② ③ ④ ⑤		
12	① ② ③ ④ ⑤	32	① ② ③ ④ ⑤		
13	① ② ③ ④ ⑤	33	① ② ③ ④ ⑤		
14	① ② ③ ④ ⑤	34	① ② ③ ④ ⑤		
15	① ② ③ ④ ⑤	35	① ② ③ ④ ⑤		
16	① ② ③ ④ ⑤	36	① ② ③ ④ ⑤		
17	① ② ③ ④ ⑤	37	① ② ③ ④ ⑤		
18	① ② ③ ④ ⑤	38	① ② ③ ④ ⑤		
19	① ② ③ ④ ⑤	39	① ② ③ ④ ⑤		
20	① ② ③ ④ ⑤	40	① ② ③ ④ ⑤		

잘라서 활용하세요.

매일경제 NCS

감독관 확인란	

4회 기출예상문제

성명표기란

초성	중성	종성	초성	중성	종성	초성	중성	종성	초성	중성	종성
㉠	ㅏ	㉠	㉠	ㅏ	㉠	㉠	ㅏ	㉠	㉠	ㅏ	㉠
㉡	ㅑ	㉡	㉡	ㅑ	㉡	㉡	ㅑ	㉡	㉡	ㅑ	㉡
㉢	ㅓ	㉢	㉢	ㅓ	㉢	㉢	ㅓ	㉢	㉢	ㅓ	㉢
㉣	ㅕ	㉣	㉣	ㅕ	㉣	㉣	ㅕ	㉣	㉣	ㅕ	㉣
㉤	ㅗ	㉤	㉤	ㅗ	㉤	㉤	ㅗ	㉤	㉤	ㅗ	㉤
㉥	ㅛ	㉥	㉥	ㅛ	㉥	㉥	ㅛ	㉥	㉥	ㅛ	㉥
㉦	ㅜ	㉦	㉦	ㅜ	㉦	㉦	ㅜ	㉦	㉦	ㅜ	㉦
㉧	ㅠ	㉧	㉧	ㅠ	㉧	㉧	ㅠ	㉧	㉧	ㅠ	㉧
㉨	ㅡ	㉨	㉨	ㅡ	㉨	㉨	ㅡ	㉨	㉨	ㅡ	㉨
㉩	ㅣ	㉩	㉩	ㅣ	㉩	㉩	ㅣ	㉩	㉩	ㅣ	㉩
㉪	ㅐ	㉪	㉪	ㅐ	㉪	㉪	ㅐ	㉪	㉪	ㅐ	㉪
㉫	ㅒ	㉫	㉫	ㅒ	㉫	㉫	ㅒ	㉫	㉫	ㅒ	㉫
㉬	ㅔ	㉬	㉬	ㅔ	㉬	㉬	ㅔ	㉬	㉬	ㅔ	㉬
㉭	ㅖ	㉭	㉭	ㅖ	㉭	㉭	ㅖ	㉭	㉭	ㅖ	㉭
	ㅘ		ㄲ	ㅘ	ㄲ	ㄲ	ㅘ	ㄲ	ㄲ	ㅘ	ㄲ
	ㅙ		ㄸ	ㅙ	ㄸ	ㄸ	ㅙ	ㄸ	ㄸ	ㅙ	ㄸ
	ㅚ		ㅃ	ㅚ	ㅃ	ㅃ	ㅚ	ㅃ	ㅃ	ㅚ	ㅃ
	ㅝ		ㅆ	ㅝ	ㅆ	ㅆ	ㅝ	ㅆ	ㅆ	ㅝ	ㅆ
	ㅞ		ㅉ	ㅞ	ㅉ	ㅉ	ㅞ	ㅉ	ㅉ	ㅞ	ㅉ
	ㅟ			ㅟ	ㄺ		ㅟ	ㄺ		ㅟ	ㄺ
	ㅢ			ㅢ	ㄻ		ㅢ	ㄻ		ㅢ	ㄻ

수험번호

⓪	⓪	⓪	⓪	⓪	⓪	⓪	⓪	⓪
①	①	①	①	①	①	①	①	①
②	②	②	②	②	②	②	②	②
③	③	③	③	③	③	③	③	③
④	④	④	④	④	④	④	④	④
⑤	⑤	⑤	⑤	⑤	⑤	⑤	⑤	⑤
⑥	⑥	⑥	⑥	⑥	⑥	⑥	⑥	⑥
⑦	⑦	⑦	⑦	⑦	⑦	⑦	⑦	⑦
⑧	⑧	⑧	⑧	⑧	⑧	⑧	⑧	⑧
⑨	⑨	⑨	⑨	⑨	⑨	⑨	⑨	⑨

(주민등록 앞자리 생년제외) 월일

⓪	⓪	⓪	⓪
①	①	①	①
②	②	②	②
③	③	③	③
④	④	④	④
⑤	⑤	⑤	⑤
⑥	⑥	⑥	⑥
⑦	⑦	⑦	⑦
⑧	⑧	⑧	⑧
⑨	⑨	⑨	⑨

수험생 유의사항

※ 답안은 반드시 컴퓨터용 사인펜으로 보기와 같이 바르게 표기해야 합니다.
〈보기〉 ① ② ③ ❹ ⑤

※ 성명표기란 위 칸에는 성명을 한글로 쓰고 아래 칸에는 성명을 정확하게 표기하십시오. (맨 왼쪽 칸부터 표기하며 성과 이름은 붙여 씁니다)

※ 수험번호/월일 위 칸에는 아라비아 숫자로 쓰고 아래 칸에는 숫자와 일치하게 표기하십시오.

※ 월일은 반드시 본인 주민등록번호의 생년을 제외한 월 두 자리, 일 두 자리를 표기하십시오.
〈예〉 2002년 4월 1일 → 0401

직무능력평가

문번	답란				문번	답란				문번	답란			
1	①	②	③	④	21	①	②	③	④	41	①	②	③	④
2	①	②	③	④	22	①	②	③	④	42	①	②	③	④
3	①	②	③	④	23	①	②	③	④	43	①	②	③	④
4	①	②	③	④	24	①	②	③	④	44	①	②	③	④
5	①	②	③	④	25	①	②	③	④	45	①	②	③	④
6	①	②	③	④	26	①	②	③	④	46	①	②	③	④
7	①	②	③	④	27	①	②	③	④	47	①	②	③	④
8	①	②	③	④	28	①	②	③	④	48	①	②	③	④
9	①	②	③	④	29	①	②	③	④	49	①	②	③	④
10	①	②	③	④	30	①	②	③	④	50	①	②	③	④
11	①	②	③	④	31	①	②	③	④					
12	①	②	③	④	32	①	②	③	④					
13	①	②	③	④	33	①	②	③	④					
14	①	②	③	④	34	①	②	③	④					
15	①	②	③	④	35	①	②	③	④					
16	①	②	③	④	36	①	②	③	④					
17	①	②	③	④	37	①	②	③	④					
18	①	②	③	④	38	①	②	③	④					
19	①	②	③	④	39	①	②	③	④					
20	①	②	③	④	40	①	②	③	④					

매일경제 NCS

감독관 확인란	

5회 기출예상문제

성명표기란

수험번호

(주민등록 앞자리 생년제외) 월일

직무능력평가

문번	답란				문번	답란				문번	답란			
1	①	②	③	④	21	①	②	③	④	41	①	②	③	④
2	①	②	③	④	22	①	②	③	④	42	①	②	③	④
3	①	②	③	④	23	①	②	③	④	43	①	②	③	④
4	①	②	③	④	24	①	②	③	④	44	①	②	③	④
5	①	②	③	④	25	①	②	③	④	45	①	②	③	④
6	①	②	③	④	26	①	②	③	④	46	①	②	③	④
7	①	②	③	④	27	①	②	③	④	47	①	②	③	④
8	①	②	③	④	28	①	②	③	④	48	①	②	③	④
9	①	②	③	④	29	①	②	③	④	49	①	②	③	④
10	①	②	③	④	30	①	②	③	④	50	①	②	③	④
11	①	②	③	④	31	①	②	③	④					
12	①	②	③	④	32	①	②	③	④					
13	①	②	③	④	33	①	②	③	④					
14	①	②	③	④	34	①	②	③	④					
15	①	②	③	④	35	①	②	③	④					
16	①	②	③	④	36	①	②	③	④					
17	①	②	③	④	37	①	②	③	④					
18	①	②	③	④	38	①	②	③	④					
19	①	②	③	④	39	①	②	③	④					
20	①	②	③	④	40	①	②	③	④					

수험생 유의사항

※ 답안은 반드시 컴퓨터용 사인펜으로 보기와 같이 바르게 표기해야 합니다.
〈보기〉 ① ② ③ ❹ ⑤

※ 성명표기란 위 칸에는 성명을 한글로 쓰고 아래 칸에는 성명을 정확하게 표기하십시오. (맨 왼쪽 칸부터 표기하며 성과 이름은 붙여 씁니다)

※ 수험번호/월일 위 칸에는 아라비아 숫자로 쓰고 아래 칸에는 숫자와 일치하게 표기하십시오.

※ 월일은 반드시 본인 주민등록번호의 생년을 제외한 월 두 자리, 일 두 자리를 표기하십시오.
〈예〉 2002년 4월 1일 → 0401

잘라서 활용하세요.

매일경제 NCS

감독관 확인란	

6회 기출예상문제

성명표기란

수험번호

⓪①②③④⑤⑥⑦⑧⑨	⓪①②③④⑤⑥⑦⑧⑨	⓪①②③④⑤⑥⑦⑧⑨	⓪①②③④⑤⑥⑦⑧⑨	⓪①②③④⑤⑥⑦⑧⑨	⓪①②③④⑤⑥⑦⑧⑨	⓪①②③④⑤⑥⑦⑧⑨	⓪①②③④⑤⑥⑦⑧⑨	⓪①②③④⑤⑥⑦⑧⑨

(주민등록 앞자리 생년제외) 월일

⓪①②③④⑤⑥⑦⑧⑨	⓪①②③④⑤⑥⑦⑧⑨	⓪①②③④⑤⑥⑦⑧⑨	⓪①②③④⑤⑥⑦⑧⑨

수험생 유의사항

※ 답안은 반드시 컴퓨터용 사인펜으로 보기와 같이 바르게 표기해야 합니다.
〈보기〉 ① ② ③ ❹ ⑤

※ 성명표기란 위 칸에는 성명을 한글로 쓰고 아래 칸에는 성명을 정확하게 표기하십시오. (맨 왼쪽 칸부터 표기하며 성과 이름은 붙여 씁니다)

※ 수험번호/월일 위 칸에는 아라비아 숫자로 쓰고 아래 칸에는 숫자와 일치하게 표기하십시오.

※ 월일은 반드시 본인 주민등록번호의 생년을 제외한 월 두 자리, 일 두 자리를 표기하십시오.
〈예〉 2002년 4월 1일 → 0401

직무능력평가

문번	답란	문번	답란
1	① ② ③ ④	16	① ② ③ ④
2	① ② ③ ④	17	① ② ③ ④
3	① ② ③ ④	18	① ② ③ ④
4	① ② ③ ④	19	① ② ③ ④
5	① ② ③ ④	20	① ② ③ ④
6	① ② ③ ④	21	① ② ③ ④
7	① ② ③ ④	22	① ② ③ ④
8	① ② ③ ④	23	① ② ③ ④
9	① ② ③ ④	24	① ② ③ ④
10	① ② ③ ④	25	① ② ③ ④
11	① ② ③ ④	26	① ② ③ ④
12	① ② ③ ④	27	① ② ③ ④
13	① ② ③ ④	28	① ② ③ ④
14	① ② ③ ④	29	① ② ③ ④
15	① ② ③ ④	30	① ② ③ ④

gosinet
(주)고시넷

대기업 · 금융

고시넷 대기업
20대기업 인적성검사 온·오프라인
통합 기본서

2023
LG그룹 온라인 인적성검사
최신기출유형 모의고사
LG Way Fit Test

고시넷 대기업
SK그룹 종합역량검사
온라인 SKCT
최신기출유형 모의고사
4회

고시넷 대기업
현대자동차
모빌리티 기술인력 생산직
최신기출유형 모의고사

고시넷 대기업
KT그룹 온라인 인적성검사
종합인적성검사
최신기출유형 모의고사
5회

2024
고시넷 대기업
포스코그룹 온라인 인적성검사
최신 기출유형 모의고사
Posco Aptitude Test

고시넷 대기업
포스코 생산기술직
온라인 인적성검사
최신기출유형 모의고사
4회

고시넷 대기업
삼성 고졸채용
온라인 GSAT 5급
최신기출유형 모의고사

2024
고시넷 대기업
이랜드그룹 인적성검사
최신 기출유형 모의고사
E-land Strength & Aptitude Test

2024
고시넷 대기업
KCC 온라인 인적성검사
최신 기출유형 모의고사

2023
고시넷 대기업
효성그룹 인적성검사
최신 기출유형 모의고사

2023
고시넷 대기업
샘표식품 인적성검사
최신 기출유형 모의고사

2023
고시넷 대기업
삼양그룹 온라인 인적성검사
최신 기출유형 모의고사

2024
고시넷 대기업
S-OIL 에쓰오일 온라인 인적성검사
최신 기출유형 모의고사

고시넷 대기업
S-OIL 생산직
온라인 필기시험
최신기출유형 모의고사
4회

2025
고시넷
금융권
은행·금융 공기업
NCS
실제유형 + 실전모의고사

2024
고시넷 대기업
MG새마을금고
NCS 기출예상모의고사

2024
고시넷 대기업
지역신협 인적성검사
최신 기출유형 모의고사

2024
고시넷 대기업
지역수협 인적성검사
최신 기출유형 모의고사

고시넷 대기업
SK하이닉스
Maintenance/Operator
필기시험
SKCT

고시넷 금융권
NH농협은행 NCS
온라인 필기시험
최신기출유형 모의고사
6급

고시넷 금융권
금융상식
경제상식 은행 필기시험 (경영상식 포함)

고시넷 NCS
지역농협 6급
통합기본서

고시넷 농·축협
지역농협 6급 NCS
오프봉투모의고사
5회

저마다의 일생에는,

특히 그 일생이 동터 오르는 여명기에는

모든 것을 결정짓는 한 순간이 있다.

그 순간을 다시 찾아내는 것은 어렵다.

그것은 다른 수많은 순간들의 퇴적 속에

깊이 묻혀있다.

- 장 그르니에, 섬 LES ILES

1회 기출예상문제

문제 20쪽

01	④	02	②	03	③	04	③	05	③
06	③	07	④	08	④	09	③	10	①
11	①	12	③	13	③	14	①	15	④
16	④	17	③	18	④	19	②	20	④
21	③	22	③	23	③	24	②	25	②
26	①	27	③	28	②	29	④	30	③
31	①	32	①	33	④	34	②	35	①
36	①	37	④	38	④	39	③	40	③
41	①	42	②	43	④	44	③	45	②
46	④	47	①	48	③	49	③	50	②
51	①	52	③	53	①	54	②	55	①
56	④	57	②	58	③	59	③	60	③

01 문제처리능력 자료 이해하기

| 정답 | ④

| 해설 | 불복구제절차의 종류는 청구인이 선택 가능하다.

| 오답풀이 |

① 이의신청 시 수용여부는 접수일부터 7일 이내에 결정하지만 7일 연장이 가능하므로 최장 2주까지 소요될 수 있다.

② 이의신청은 '신청권자', 행정심판청구는 '청구권자', 행정소송은 '재소권자'라 칭한다.

③ 청구권자가 청구인인 불복구제절차는 행정심판청구이고, 행정심판청구는 재결청 또는 행정청에 제출하여 신청한다.

02 문제처리능력 자료 이해하기

| 정답 | ②

| 해설 | 〈보기〉를 보면 불복구제절차를 청구할 수 있는 기간이 공공기관의 처분이 있는 날부터 180일, 처분을 인지한 날부터 90일이므로 행정심판청구의 청구기간이다.

| 오답풀이 |

③ 행정소송의 재소기간은 처분이 있음을 안 날로부터 90일, 처분이 있는 날로부터 1년 이내이다.

03 문제처리능력 자료 파악하기

| 정답 | ③

| 해설 | 〈신입사원 교육 준비 일정〉의 '장소 대관'을 보면 장소 대관은 총무지원실에서 진행하므로 김영웅 대리가 ◆◆시청에 연락하는 것이 아니라 총무지원실에 장소 대관 일정을 통보해야 한다.

04 문제처리능력 업무 일정 파악하기

| 정답 | ③

| 해설 | 〈신입사원 교육 준비 일정〉을 바탕으로 김영웅 대리의 업무 일정을 정리하면 다음과 같다.

4/15(수)	업무 협조 요청
4/16(목)	총무지원실에 장소 대관 일정 통보
4/17(금)	교육자료 제작
4/20(월)	도시락 예약
4/21(화)	-
4/22(수)	버스 대절

'교육자료 취합' 업무 중 취합 및 정리하는 업무는 교육 시작일 3일 전인 24일까지는 완료해야 하며, 교육자료는 한 꺼번에 인계받아야 한다.

먼저 기획조정실의 교육자료는 편성 다음 주 수요일에 완성되므로 22일에 완성 예정임을 알 수 있다. 외부전문가는 당일인 15일에 완성할 예정이고, 직문전문가 갑은 17일(금)에 출장에서 돌아와 다음 출근일인 20일(월)에 완성 예정이다. 정보화본부와 직무전문가 을은 교육 시작일인 27일(월)로부터 일주일 전인 20일(월)에 완료 예정이다. 그러므로 가장 늦게 완성되는 22일 다음날인 23일에 교육자료를 취합할 수 있다.

따라서 김영웅 대리는 4/23에 신입사원 교육 준비를 마무리할 수 있다.

NCS | 직업기초능력평가

고시넷 공기업

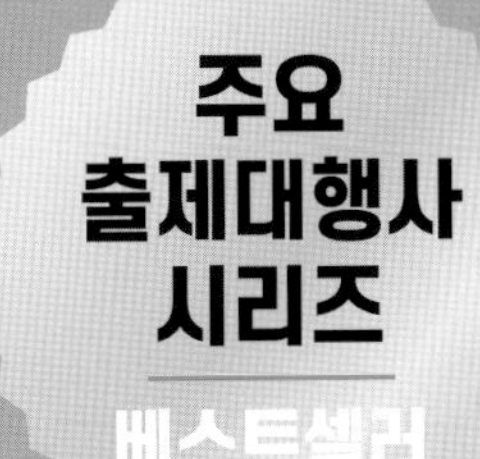

매일경제 NCS 출제유형모의고사

동영상강의
www.gosinet.co.kr

㈜매일경제신문사
피듈형/PSAT형

공기업 출제사별
유형학습

정답과 해설

(주)고시넷

NCS | 직업기초능력평가

고시넷 공기업

주요 출제대행사 시리즈
베스트셀러

매일경제 NCS 출제유형모의고사

동영상강의
www.gosinet.co.kr

㈜매일경제신문사
피듈형/PSAT형

공기업 출제사별
유형학습

정답과 해설

g

05 문제처리능력 필요 예산 산출하기

| 정답 | ③

| 해설 | 자료에 따라 각각의 예산을 산출하면 다음과 같다.

1) 강사료
   - 직무전문가(갑, 을) : 70,000×2=140,000(원)
   - 외부전문가 : 300,000×1=300,000(원)
   - 기타 사내강사(인재경영실, 기획조정실, 정보화본부 각 1명) : 40,000×3=120,000(원)
2) 교통비
   - 1대씩 2일 대절 : 300,000×2=600,000(원)
3) 기타 경비
   - 점심 식대
     (지사) 3,000×50=150,000(원)
     (시청) 3,500×50=175,000(원)
   - 장소 대관
     (지사) 무료
     (시청) 150,000원

따라서 필요한 예산은 140,000+300,000+120,000+600,000+150,000+175,000+150,000=1,635,000(원)이다.

06 문제처리능력 자료 분석하기

| 정답 | ③

| 해설 | 심사담당사업소 품질담당부서가 등록신청서를 심사하고 그 결과를 종합하는 업무를 수행할 때는 정비적격업체가 아니라 유자격업체 등록 신청 절차에 관해서이다. 정비적격업체 등록신청의 내용을 심사하는 업무는 사업소 담당부서가 수행한다.

07 문제처리능력 자료 분석하기

| 정답 | ④

| 해설 | 정비적격업체 등록은 발전설비 업체 중에서 발전소의 신뢰성 품목 중 정비가 필요한 품목의 정비를 담당할 업체에게 요구된다.

| 오답풀이 |

① 유자격업체 등록 신청 절차의 첫 번째 단계에서 등록신청서를 전산입력할 것을 요구하고 있다.

② 유자격업체 등록 신청 절차에서 등록신청서 개별심사 후 필요시 실체조사 절차를 거칠 것을 요구하고 있다.

③ 유자격업체 적격 여부 판정 후 적격 판정 시 유자격업체 명부등재 후 신청업체에 결과를 통보하고, 부적격시에는 명부 등재 없이 바로 신청업체에 그 결과를 통보하도록 하고 있다.

08 문제처리능력 자료를 바탕으로 숙소 구하기

| 정답 | ④

| 해설 | 기준에 따라 시설 A ~ D의 순위를 정리하면 다음과 같다.

기준	시설 A	시설 B	시설 C	시설 D
근무지까지 이동시간	4위(1점)	3위(2점)	1위(4점)	2위(3점)
1박당 숙박요금	3위(2점)	1위(4점)	3위(2점)	2위(3점)
청결도	2위(3점)	1위(4점)	3위(2점)	4위(1점)
내부시설 상태	4위(1점)	3위(2점)	2위(3점)	1위(4점)
방 크기	4위(1점)	2위(3점)	2위(3점)	1위(4점)
합산 점수	8점	15점	14점	15점

시설 A는 2박을 결제할 경우 1박 무료 추가이기 때문에 5박을 해야 하는 직원 S는 4박의 가격만 지불하면 되므로 시설 A의 1박당 숙박요금이 4만 원이 되어 순위는 3위가 된다. 또한 시설 D는 5박 이상 숙박 시 최종 금액의 50%를 할인해주기 때문에 시설 D의 1박당 숙박요금이 3.5만 원이 되어 순위는 2위가 된다.

시설 B와 시설 D의 합산 점수가 동점이므로 이때는 근무지까지의 이동시간이 더 짧은 시설로 선정해야 한다. 시설 B는 근무지까지 30분, 시설 D는 25분이 소요되므로 시설 D가 숙박시설로 선정된다.

09 문제처리능력 자료를 바탕으로 숙소 구하기

| 정답 | ③

| 해설 | 변경된 기준을 바탕으로 '근무지까지 이동시간'의 시설별 순위를 정리하면 다음과 같다.

구분	시설 A	시설 B	시설 C	시설 D
환산 점수	(60−40) ×0.25 =5(점)	(60−30) ×0.25 =7.5(점)	(15−10) ×3 =15(점)	(30−25) ×2 =10(점)
합산 점수	5+2+3+ 1+1 =12(점)	7.5+4+4 +2+3 =20.5(점)	15+2+2 +3+3 =25(점)	10+3+1 +4+4 =22(점)

이에 따라 변경된 방식을 적용했을 때 직원 S는 시설 C를 선택하게 된다.

10 문제처리능력 자료 이해하기

| 정답 | ①

| 해설 | 끝자리가 0으로 끝나는 노선은 서동방향의 간선노선이다.

| 오답풀이 |

④ 순환노선의 백의 자리 숫자가 지역별로 다르기 때문에 어느 지역의 노선인지 확인할 수 있다.

11 문제처리능력 노선번호 추론하기

| 정답 | ①

| 해설 | 남북노선이며 35번 간선노선보다 동쪽에 있으나 45번 간선노선보다는 서쪽에 있으므로 45보다 작은 수가 되어야 한다.

12 문제처리능력 노선번호 추론하기

| 정답 | ③

| 해설 | 제시된 보조노선 중 30번 간선노선보다 북쪽에 있으며 40번 간선노선보다 아래에 있는 ㉢이 적절하다.

13 문서이해능력 세부 내용 이해하기

| 정답 | ③

| 해설 | 대규모 CCUS 실증 및 상용화 기반구축 사업은 기존에 구축된 습식 0.5MW급 CO_2 포집 실증플랜트를 활용해 국내 습식포집 기술의 성능을 평가하고, 실증 단계를 넘어 상용 150MW급 CO_2 포집 플랜트를 설계하는 것을 기본 골자로 한다.

| 오답풀이 |

① 네 번째 문단을 통해 알 수 있다.

② 두 번째 문단을 통해 알 수 있다.

④ 여섯 번째 문단을 통해 알 수 있다.

14 문서작성능력 적절한 접속어 찾기

| 정답 | ①

| 해설 | ㉠ 앞의 글에서는 '2X50 탄소중립' 정부정책을 실현하고자 하는 A 발전의 연구 개발의 일환인 CO_2 포집기술에 대해 다루고 있다. ㉠ 뒤의 글에서는 이어서 A 발전에서 개발 중인 온실가스 감축과 관련된 또 다른 기술인 매체순환연소 기술에 대해 전개하고 있으므로 '또한'이 가장 적절한 접속어이다.

15 문서작성능력 첨부할 자료 파악하기

| 정답 | ④

| 해설 | 매체순환연소 기술은 화석연료가 공기와 직접 접촉하는 연소방식과 달리, 두 개의 반응기 내에서 니켈계 금속물인 산소전달입자가 순환하면서 연료를 연소하는 차세대 친환경 발전기술이라고 했으므로 화석연료가 공기와 직접 접촉하는 과정을 설명하는 것은 적절하지 않다.

16 문서이해능력 글의 내용 요약하기

| 정답 | ④

| 해설 | 〈주의사항〉에 따르면 제품 보관 시 음료 고유성분에 의해 침전물이 생길 수 있으나 제품에는 이상이 없다고 하였다. 하지만 이 침전물에 대부분의 영양 성분이 응축되어 있다는 언급은 없다.

17 문서작성능력 문의에 대한 답변 작성하기

| 정답 | ③

| 해설 | 〈영양 성분〉을 참고하면 당류가 8g 함유되어 있다는 것을 알 수 있다. 따라서 트로피칼후르츠믹스농축액을 사용하기는 하지만 당류가 포함되어 있지 않다는 설명은 옳지 않다.

18 문서작성능력 안내문 수정하기

| 정답 | ④

| 해설 | 기준이 되는 화물차 평균 위험운전횟수를 질문하고 있으므로 모범운전자 포상금 제도를 실시한 3년간의 평균 위험운전횟수를 게시해야 한다. 평균 위험운전횟수 감소율은 이와는 관련 없는 자료이므로 적절하지 않다.

19 문서이해능력 세부 내용 이해하기

| 정답 | ②

| 해설 | 김△△의 포상 결과를 보면 도로 안전 지킴이 표창장을 수여했으므로 선발기준인 안전위험 운전 점수가 70점 이상인 운전자 중 상위 30%에 포함되었음을 알 수 있다. 김△△의 안전위험 운전 점수는 다음과 같다.

$100\times(1-\frac{9}{36})\times0.95=71.25$(점)

| 오답풀이 |

① 〈선발 기준〉에 따라 가중치 산식에 수치를 대입하면 $0.5+0.5\times\frac{36}{40}=0.95$(점)의 가중치가 김△△에게 부여된다.

③ 〈응모 대상〉, 〈안전운전 실천기간〉, 〈운행기록 제출 방법〉에 따라 김△△은 신청일인 2월 19일의 다음 달인 3월 1일부터 8월 31일까지 1톤 초과 사업용 화물차를 50일 이상 운행했음을 알 수 있다.

④ 〈신청 방법 및 기간〉에서 인터넷신청 시스템은 김△△이 신청한 날짜인 2월 19일보다 2일 뒤인 2월 21일부터 오픈했으므로 김△△는 고속도로 휴게소 종합안내소, 교통안전공단 자동차검사소, 운전적성정밀검사장 중 한 곳에서 신청했음을 알 수 있다.

20 문서이해능력 세부 내용 이해하기

| 정답 | ④

| 해설 | 두 번째 문단에 최근 5년간 전체 교통량 대비 고속도로의 화물차 교통량 비율은 제시되어 있지만 최근 5년간 화물차 사고가 전체 교통사고에서 차지하는 비율은 언급되어 있지 않다.

| 오답풀이 |

① 두 번째 문단을 보면 '전체 고속도로 사망자 1,079명'으로 제시되어 있다.

② 첫 번째 문단을 통해 알 수 있다.

③ 다섯 번째 문단을 통해 알 수 있다.

21 문서이해능력 세부 내용 이해하기

| 정답 | ③

| 해설 | 세 번째 문단을 보면 '규제 및 단속 분야는 차량안전장치 해제차량, 적재불량 화물차 등에 대한 단속을 강화하고, 상습 법규위반차량에 대해서는 심야 통행료 할인 제한 등 규제를 강화하는 방안을 제시했다'고 언급되어 있다.

| 오답풀이 |

① 마지막 문단을 보면 교육 및 홍보 부문에서 현재 운영 중인 모범화물운전자 포상제도를 확대하는 방안도 검토 중이라고 하였으므로 적절하지 않다.

② 세 번째 문단을 보면 '이날 세미나에서는 관련기관 전문가들이 안전장비, 규제 및 단속, 도로 및 시설, 교육 및 홍보 각각의 측면에서 대책을 발표'했다고 하였으므로 적절하지 않다.

④ 첫 번째 문단을 보면 '화물차 공제조합 등 현장의 목소리를 듣는 기회도 가졌다'고 하였으므로 적절하지 않다.

22 문서작성능력 글의 흐름에 맞지 않는 문장 삭제하기

| 정답 | ③

| 해설 | 고속도로 쓰레기를 줄이기 위한 쓰레기 무단 투척 신고제도를 운영한다는 것은 화물차 사고를 줄이기 위한 '도로 및 시설 측면'의 대책으로 적절하지 않다.

23 문서이해능력 공지문 이해하기

| 정답 | ③

| 해설 | 〈자주 묻는 문의사항〉의 두 번째 질문과 대답에 따라 페인트식과 반사필름식을 선택하여 교체할 수 있는 것을 알 수 있다.

| 오답풀이 |

①, ② '8자리 페인트식 번호판'을 통해 알 수 있다.

④ '8자리 반사필름식 번호판'을 통해 알 수 있다.

24 문서작성능력 적절한 답변 작성하기

| 정답 | ②

| 해설 | 개인택시를 운영할 예정에 있는 사업자는 신규 번호판 적용의 의무 대상인 2006년 이전 생산된 차량 또는 비사업용 및 렌터카 차량에 해당되지 않는다. 따라서 ②가 ㉠에 들어갈 대답으로 가장 적절하다.

| 오답풀이 |

① 사업 규모가 작은 개인택시 사업자 차량이 비사업용 차량으로 구분되는지에 대해 언급되어 있지 않다.

③ 친환경 자동차를 개인택시 차량으로 이용할 예정인지에 대해 언급되어 있지 않다.

④ 개인택시를 운영할 예정에 있다 하였으므로 기존 사업자라는 설명은 적절하지 않다.

25 정보처리능력 규칙에 맞게 비밀번호 변환하기

| 정답 | ②

| 해설 | 예시에서 비밀번호 'SUPERB7'를 □ 방식으로 변환한 값 544w1v7b7d3o1g를 문자로 치환하면 '7BREPUS'이 된다. 즉 □ 방식은 입력된 비밀번호를 역순으로 바꾼 다음 변환문자로 변환하는 방식임을 유추할 수 있다. 따라서 비밀번호 'TYFR97!'를 □ 방식으로 변환하면 !79RFYI에 대응하는 변환문자인 9z54781v6s2w2k가 된다.

26 정보처리능력 규칙에 맞게 비밀번호 변환하기

| 정답 | ①

| 해설 | 예시에서 비밀번호 'ELECTRO'를 ◇ 방식으로 변환한 값 6s9L6s3r3o1g7d를 문자로 치환하면 'FMFDUSP'가 된다. 즉 ◇ 방식은 입력된 문자의 알파벳 순서 다음 순서 글자로 바꾼 다음 변환문자로 변환하는 방식임을 유추할 수 있다. 따라서 비밀번호 'OB37HAB'를 ◇ 방식으로 변환하면 PC48IBC에 대응하는 변환문자인 7d8h12692k4w8h가 된다.

27 정보처리능력 규칙에 맞게 비밀번호 변환하기

| 정답 | ③

| 해설 | 예시에서 비밀번호 'OCARINA'를 ◎ 방식으로 변환한 값 2k5i1a1v4u8h1a를 문자로 치환하면 'INAROCA'가 된다. 즉 ◎ 방식은 입력된 문자의 네 번째 글자를 기준으로 앞 세 글자와 뒤 세 글자를 맞바꾼 다음 변환문자로 변환하는 방식임을 유추할 수 있다. 즉 비밀번호 '49JYSBP'를 ◎ 방식으로 변환하면 SBPY49J에 대응하는 변환문자인 1g4w7d2w12783y가 된다.

28 정보처리능력 규칙에 맞게 비밀번호 변환하기

| 정답 | ②

| 해설 | 예시에서 비밀번호 'SECRET1'을 ○ 방식으로 변환한 값 1g7b8h1v7b9n96를 문자로 치환하면 다시 'SECRET1'이 된다. 즉 ○ 방식은 입력된 문자에 특별한 변경 없이 순서대로 변환문자로 변환하는 방식임을 알 수 있다.

따라서 J 차장이 분실한 비밀번호를 ○ 방식으로 변환한 값이 4u9m41699n6e3x라면 J 차장의 비밀번호는 OQ68TWX가 된다.

29 정보처리능력 출력값 구하기

| 정답 | ④

| 해설 | [ ] 는 항상 True를 출력하므로 모든 값을 다음 명령으로 전달한다. ( ) 의 조건을 만족하는 값은 25, 100, 30, 5로 짝수 개(4개)이므로 True가 되어 명령을 하나 건너뛰고 그다음 명령으로 모든 값을 전달한다. ◇ 에서 100과 56이 조건을 만족하지 않으므로 False가 되어 조건을 만족하는 값만 다음 명령으로 전달한다. 따라서 2, 25, 30, 48, 5가 출력된다.

30 정보처리능력 출력값 구하기

| 정답 | ③

| 해설 | [ ] 은 항상 True를 출력하므로 모든 값을 다음 명령으로 전달한다. ◇ 의 조건을 모든 값이 만족하지는 않으므로 False가 되어 조건을 만족하는 값 {3, 4, 10, 12, 13}만 다음 명령으로 전달한다. ⬡ 은 앞 명령어가 False이므로 True가 되어 조건 (가)를 만족하는 값만 다음 명령으로 전달한다. 이때 만약 (가)='if $x^2<100$' 일 경우, 조건을 만족하는 값 {3, 4}를 다음 명령으로 전달하고 ( ) 에 따라 소수는 홀수 개(1개)이므로 조건을 만족하는 값만 출력하면 출력 값은 3이 된다.

| 오답풀이 |

① 조건을 만족하는 {3, 13}이 다음 명령으로 전달되고 소수는 짝수 개(2개)이므로 모든 값을 출력하면 출력 값은 3, 13이다.

② 조건을 만족하는 {12, 13}이 다음 명령으로 전달되고 소수는 홀수 개(1개)이므로 소수만 출력하면 출력 값은 13이다.

④ 조건을 만족하는 {10, 12, 13}이 다음 명령으로 전달되고 소수는 홀수 개(1개)이므로 소수만 출력하면 출력 값은 13이다.

31 정보처리능력 출력값 구하기

| 정답 | ①

| 해설 | [ ] 은 항상 True를 출력하므로 모든 값을 다음 명령으로 전달한다. ◇ 은 3의 배수 3, 21, 144가 있어 모든 값이 조건을 만족하지 않으므로 False가 되어 조건을 만족하는 값 {1, 2, 5, 8, 13, 34, 55, 89, 233}을 다음 명령으로 전달한다. ( ) 에서 홀수는 짝수 개(6개)이므로 True가 되어 명령을 하나 건너뛰고 다음 명령으로 모든 값을 전달한다. ▱ 은 5의 배수 5, 55가 있으므로 True가 되어 전달받은 값 중 앞쪽 3개 {1, 2, 5}를 다음 명령으로 전달한다. ◇ 에서 모든 값이 조건을 만족하지는 않으므로 False가 되어 조건을 만족하는 값만 출력한다. 따라서 최종 출력되는 값은 2, 5이다.

32 컴퓨터활용능력 프로그램 조작법 이해하기

| 정답 | ①

| 해설 | 제어장치(C), 연산/논리장치(L)에 적용되는 조치코드는 각각 7개이고, 기억장치(M)에 적용되는 조치코드는 8개, 입/출력장치(I/O)에 적용되는 조치 코드는 6개(I, J, K, L, M, N)이다.

따라서 제어장치와 연산논리 장치는 적용 가능한 조치 코드의 수가 동일하다.

| 오답풀이 |

② 단일 장치 전용 조치 코드 중 조치 능력의 합이 가장 큰 장치는 총합이 2+1+0=3인 입/출력장치(I/O) 단일 전용 조치 코드인 L, M, N이다. 그 외의 단일 전용 조치 코드의 합은 각각 2이다.

③ Picasso 시스템에서 처리할 수 있는 Error Factor의 최대값은 Hazard는 3+2+1+1=7, Complexity와 Influence는 각각 3+2+2+1=8이다.

④ Renoir 시스템에서 제어장치(C)의 에러도 복잡도 요인(Complexity Value)에 대한 최대 조치 능력은 A(G)+H+J를 입력했을 때의 1+2+3=6이다.

33 컴퓨터활용능력 프로그램 조작법 이해하기

| 정답 | ④

| 해설 | System Type은 Renoir, Device Type은 Input-Output, 각 Error Factor의 합산값은 HV : 0+1=1, CV : 1+1=2, IV : 3+3=6이다. IV의 합산값이 6이 되기 위해서 필요한 조치코드는 K+M+N이며, 이때의 HV는 0+0+1=1, CV는 0+2+0=2이므로 적절하다.

| 오답풀이 |

① HV : 0+2+0=2, CV : 3+1+2=6, IV : 0+0+1=1이므로 옳지 않다.

② HV : 0+2+0=2, CV : 0+1+2=3, IV : 3+0+1=4이므로 옳지 않다.

③ HV : 0+2+1=3, CV : 0+1+0=1, IV : 3+0+2=5이므로 옳지 않다.

34 컴퓨터활용능력 프로그램 조작법 이해하기

| 정답 | ②

| 해설 | Device Type은 Control, 각 Error Factor의 합산값은 HV : 0+0=0, CV : 1+2=3, IV : 1+1=2이다. 여기에 System Type이 Picasso이므로 각 Error Factor에 +1를 하면 HV : 0+1=1, CV : 3+1=4, IV : 2+1=3이다.

CV의 합산값이 4가 되기 위해서는 조치 코드 J가 반드시 포함되어야 하며, HV의 합산값이 1이 되기 위해서는 조치 코드 B, H, I는 입력되지 않아야 한다. 남은 조치 코드 A, G, K중 HV의 합산값 1, IV의 합산값 3을 모두 만족하는 두 조치 코드는 A, K이므로, 입력해야 할 조치 코드는 A+J+K이다.

| 오답풀이 |

① HV : 1+1+0=2, CV : 1+1+0=2, IV : 0+1+3=4이므로 옳지 않다.

③ HV : 2+1+0=3, IV : 0+1+0=1이므로 옳지 않다.

④ HV : 2+3+0=5, CV : 0+0+0=0이므로 옳지 않다.

35 컴퓨터활용능력 프로그램 조작법 이해하기

| 정답 | ①

| 해설 | Device Type은 Logic, 각 Error Factor의 합산값은 HV : 3+0+1=4, CV : 1+1+3=5, IV : 1+0+1=2이다. 여기에 System Type이 Cezanne이므로 각 Error Factor에 −1를 하면 HV : 4−1=3, CV : 5−1=4, IV : 2−1=1이다.

IV의 합산값이 1이 되기 위해서는 조치 코드 H와 K는 입력되어서는 안 되며, 나머지 조치 코드 중 합산 HV가 3가 되기 위해서는 조치 코드 I가 반드시 포함되어야 한다. 남은 조치 코드 중 합산 HV가 3, 합산 CV가 4, 합산 IV가 1을 만족하는 두 개의 조치 코드는 C와 J이다. 따라서 입력해야 할 조치 코드는 C+I+J이다.

| 오답풀이 |

② HV : 0+0+0=0, IV : 1+0+3=4이므로 옳지 않다.

③ HV : 0+1+0=1, CV : 2+1+3=6이므로 옳지 않다.

④ CV : 0+3+0=3, IV : 0+0+3=3이므로 옳지 않다.

36 컴퓨터활용능력 프로그램 조작법 이해하기

| 정답 | ①

| 해설 | Device Type은 Input−Output, 각 Error Factor의 합산값은 HV : 2+1+2=5, CV : 0+1+3=4, IV : 1+2+0=3이다. 여기에 System Type이 Cezanne이므로 각 Error Factor에 −1를 하면 HV : 5−1=4, CV : 4−1=3, IV : 3−1=2이다.

HV의 합산값이 4가 되기 위해서는 조치 코드 I, N이 반드시 포함되어야 하며, 조치코드 I와 N의 합산 CV가 0, 합산 IV가 2이므로 남은 조치 코드 중 HV가 0, CV가 3, IV가 0을 만족하는 조치 코드 J가 들어가는 것이 적절하다. 따라서 입력해야 할 조치 코드는 I+J+N이다.

| 오답풀이 |

② HV : 3+0+0=3, CV : 0+0+2=2, IV : 0+3+1=4이므로 옳지 않다.

③ HV : 3+2+1=6, CV : 0+1+0=1이므로 옳지 않다.

④ HV : 0+2+1=3, CV : 0+1+0=1, IV : 3+0+2=5이므로 옳지 않다.

37 예산관리능력 손익계산서 비교하기

| 정답 | ④

| 해설 | 제시된 2개년도의 손익계산서에서 관리비 항목은 찾을 수 없다.

38 예산관리능력 손익계산서 분석하기

| 정답 | ④

| 해설 | 매출액 대비 영업이익은 20X8년 $\frac{13,500}{20,000}=0.675$, 20X9년 $\frac{21,000}{30,000}=0.7$이므로 20X8년 경영 상태보다 20X9년 경영 상태가 더 악화되었다고 보기 어렵다.

| 오답풀이 |

① 20X8년과 20X9년의 매출액 대비 당기순이익을 구하면 다음과 같다.

- 20X8년의 매출액 대비 당기순이익 : $\frac{12,860}{20,000}=0.643$
- 20X9년의 매출액 대비 당기순이익 : $\frac{19,150}{30,000}\fallingdotseq 0.638$

따라서 매출액 대비 당기순이익은 20X8년에 더 높다.

② 20X8년과 20X9년의 영업외수익 대비 영업외비용을 구하면 다음과 같다.

- 20X8년의 영업외수익 대비 영업외비용 : $\frac{400}{800}=0.5$
- 20X9년의 영업외수익 대비 영업외비용 : $\frac{590}{700}\fallingdotseq 0.84$

따라서 영업외수익 대비 영업외비용은 20X8년에 더 낮다.

③ 20X8년의 매출액은 20,000만 원이고 20X9년의 매출액은 30,000만 원이므로 두 해의 매출액은 같지 않다.

39 예산관리능력 손익계산서 이해하기

| 정답 | ③

| 해설 | 매출총이익은 매출액－매출원가이고, 영업이익은 매출총이익－판매비이다. 그리고 법인세차감전순이익은 영업이익＋영업외수익－영업외비용이고, 당기순이익은 법인세차감전순이익－법인세이다. 이를 바탕으로 〈보기〉를 반영하여 손익계산서를 정리하면 다음과 같다.

20X9년 손익계산서

(단위 : 만 원)

매출액	32,000
매출원가	6,000
매출총이익	26,000
판매비(－)	3,400
영업이익	22,600
영업외수익	700
영업외비용(－)	1,590
법인세차감전순이익	21,710
법인세(－)	1,960
당기순이익	19,750

영업외수익은 700만 원이지만 영업외비용은 1,590만 원이다.

| 오답풀이 |

① 당기순이익은 600만 원 증가하였다.

② 영업이익은 1,600만 원 증가하였다.

④ 매출원가는 6,000만 원으로 일정하다.

40 물적자원관리능력 선정기준 적용하기

| 정답 | ③

| 해설 | 운용성과 지표의 순위점수는 다음과 같다.

구분	점수	순위	순위점수
A 자산운용사	4.5점	1순위	5점
B 자산운용사	4점	2순위	4점
C 투자자문사	3.5점	4순위	2점
D 투자자문사	3점	5순위	1점
E 자산운용사	4점	2순위	4점

따라서 E 자산운용사는 운용성과 지표에서 순위점수 4점을 받는다.

| 오답풀이 |

① E 자산운용사는 펀드의 $\frac{1,250}{2,000}\times 100=62.5(\%)$를 주식

으로 운용하고 있고, 총 수탁고가 약 3,200억 원으로 2,000억 원 이상이며, 이전까지 계약이 중도해지 된 적이 없다. 따라서 지원 자격을 모두 만족한다.

② 경영안정성 지표의 순위점수는 다음과 같다.

구분	점수	순위	순위점수
A 자산운용사	3.5점	4순위	2점
B 자산운용사	4점	2순위	4점
C 투자자문사	4.5점	1순위	5점
D 투자자문사	4점	2순위	4점
E 자산운용사	3.5점	4순위	2점

따라서 E 자산운용사는 경영안정성 지표에서 순위점수 2점을 받는다.

④ 위험관리 지표의 순위점수는 다음과 같다.

구분	점수	순위	순위점수
A 자산운용사	3.5점	4순위	2점
B 자산운용사	3.5점	4순위	2점
C 투자자문사	4점	2순위	4점
D 투자자문사	4점	2순위	4점
E 자산운용사	4.5점	1순위	5점

따라서 E 자산운용사는 위험관리 지표에서 순위점수 5점을 받는다.

41 물적자원관리능력 최종후보 선정하기

| 정답 | ①

| 해설 | 전체 점수는 다음과 같이 계산할 수 있다.

구분		A 자산운용사	B 자산운용사	C 투자자문사	D 투자자문사	E 자산운용사
(1)	경영 안정성	★★★☆ (2점)	★★★★ (4점)	★★★★☆ (5점)	★★★★ (4점)	★★★☆ (2점)
(2)	매니저의 전문성	13점	11점	12점	10점	11점
	조직의 전문성	8점	9점	8점	9점	8점
(3)	운용성과	★★★★☆ (20×5÷5 =20(점))	★★★★ (20×4÷5 =16(점))	★★★☆ (20×2÷5 =8(점))	★★★ (20×1÷5 =4(점))	★★★★ (20×4÷5 =16(점))
(4)	의사결정 체계	17점	19점	17점	20점	17점
	리서치 체계	18점	16점	16점	18점	17점
(5)	위험관리	★★★☆ (10×2÷5 =4(점))	★★★☆ (10×2÷5 =4(점))	★★★★ (10×4÷5 =8(점))	★★★★ (10×4÷5 =8(점))	★★★★☆ (10×5÷5 =10(점))
전체 점수		82점	79점	74점	73점	81점

따라서 이우주 씨가 팀장에게 보고할 자산운용사는 A 자산운용사이다.

42 시간관리능력 일정 계획하기

| 정답 | ②

| 해설 | 6월의 마지막 날인 6월 30일부터 3일간 실무면접을 진행하면 7월 2일에 실무면접이 끝나게 된다. 이로부터 일주일 후인 7월 9일에 임원면접을 진행하므로 3일 전인 7월 6일에 임원면접 일정을 안내해야 한다.

43 물적자원관리능력 대관 장소 정하기

| 정답 | ④

| 해설 | 실무면접 대상인원은 경영지원 부문 (2+5+3)×2=20(명), 기술직 부문 (2+3)×2=10(명), 서비스직 부문 (10+5)×2=30(명)이며 6월 30일부터 7월 2일까지 진행된다. 따라서 △△관, ▲▲관, ◆◆관 중 한 곳을 빌려야 한다.

필기시험 내정인원은 (20+10+30)×3=180(명)이며 6월 18일에 진행된다. 따라서 ◆◆관을 빌려야 한다. 채용과정당 한 개의 서로 다른 콘퍼런스장을 사용해야 한다고 했으므로, 선택지 중 가능한 것은 ④뿐이다.

44 예산관리능력 성과급 계산하기

| 정답 | ③

| 해설 | 서태웅 사원의 상반기 대비 하반기 실적 증가율은 $\frac{130-90}{90}\times100≒44.4(\%)$이다. 서태웅 사원의 증가율은

30% 이상이므로 기본급의 70%에 해당하는 $300 \times \frac{70}{100}=$ 210(만 원)을 성장성과급으로 지급받는다.

45 예산관리능력 성과급 계산하기

| 정답 | ②

| 해설 | 영업팀의 하반기 일반성과급을 구하면 다음과 같다.

- 강백호 사원의 하반기 실적은 100만 원이므로 S 등급에 해당한다. 따라서 $300 \times \frac{40}{100}$ =120(만 원)의 일반성과급을 지급받는다.
- 송태섭 대리의 하반기 실적은 90만 원이므로 B 등급 이하에 해당한다. 따라서 성과급이 지급되지 않는다.
- 서태웅 사원의 하반기 실적은 130만 원으로 S 등급에 해당한다. 따라서 $300 \times \frac{40}{100}$ =120(만 원)의 일반성과급을 지급받는다.
- 정대만 팀장의 하반기 실적은 150만 원으로 B 등급에 해당한다. 따라서 성과급이 지급되지 않는다.
- 채치수 과장의 하반기 실적은 170만 원으로 S 등급에 해당한다. 따라서 $400 \times \frac{50}{100}$ =200(만 원)의 일반성과급을 지급받는다.

영업팀 모두의 하반기 일반성과급의 합계는 120(만 원)+120(만 원)+200(만 원)=440(만 원)이다.

46 인적자원관리능력 조건에 맞는 직원 찾기

| 정답 | ④

| 해설 | 〈보기〉에 따른 영업팀 직원들의 점수를 구하면 다음과 같다.

- 일반성과급 등급별 점수

구분	강백호	송태섭	서태웅	정대만	채치수
등급	S	B	S	B	S
점수	6	2	6	2	6

- 상반기 대비 하반기 실적 증가율별 점수

구분	강백호	송태섭	서태웅	정대만	채치수
증가율	25%	−25%	44.4%	−11.8%	13.3%
점수	3	1	4	1	2

- 합산 점수

구분	강백호	송태섭	서태웅	정대만	채치수
총합	9	3	10	3	8

서태웅 사원이 가장 높은 점수이지만 서태웅 사원은 총 성과급은 성장성과급 210만 원과 일반성과급 120만 원을 합한 330만 원으로 영업팀 내에서 가장 많은 총 성과급을 받는다. 따라서 9점으로 2위를 한 강백호 사원이 상품을 받는다.

47 예산관리능력 순수익 구하기

| 정답 | ①

| 해설 | 〈제품 수익체계〉와 〈초기 시설건설 기간〉을 고려하여 건설 시작 후 1년 동안 순수익을 계산하면 다음과 같다.

- A 제품 : (450(만 원)×10(개월))−{1,000(만 원)+(150(만 원)×10(개월))}=2,000(만 원)
- B 제품 : 760(만 원)×9(개월))−{1,200(만 원)+(310(만 원)×9(개월)}=2,850(만 원)
- C 제품 : (650(만 원)×8(개월))−{1,500(만 원)+(150(만 원)×8(개월))}=2,500(만 원)
- D 제품 : (590(만 원)×11(개월))−{700(만 원)+(240(만 원)×11(개월))}=3,150(만 원)

따라서 건설 시작 후 1년 동안 순수익이 가장 작은 제품은 A 제품이다.

48 예산관리능력 순수익 구하기

| 정답 | ③

| 해설 | C 제품의 〈제품 수익체계〉와 〈초기 시설건설 기간〉을 고려하여 초기 시설건설부터 시작하여 2년간 순수익을 계산하면 다음과 같다.

(650(만 원)×20(개월)) − {1,500(만 원) + (150(만 원)×20(개월))} = 8,500(만 원)

49 경영이해능력 전략 수립하기

| 정답 | ③

| 해설 | 응대한 고객 수에 따라 임금이 결정되는 보상 시스템을 도입하는 것은 '전략 1'에 따른 것이다.

50 경영이해능력 전략 수립하기

| 정답 | ②

| 해설 | 동료에게 생산적인 피드백을 제시한 직원에게 자기개발비를 지원하는 것은 '전략 1'에 따른 것이다.

51 업무이해능력 주문서 작성하기

| 정답 | ①

| 해설 |
- 영업팀 : 라벨지 3박스, 볼펜 5다스, 수정테이프 4개, A4용지 1묶음
- 기획팀 : 볼펜 2다스, 수정테이프 1개, A4용지 5묶음
- 인사팀 : 수정테이프 15개, A4용지 1묶음
- 마케팅팀 : 라벨지 1박스, 볼펜 3다스, 수정테이프 2개, A4용지 3묶음

52 업무이해능력 주문서 작성하기

| 정답 | ③

| 해설 | 각 팀별로 요청한 사무용품의 수를 모두 합하면 A4용지는 10묶음, 수정테이프는 22개이다. 즉 A4용지는 3박스, 수정테이프는 2박스를 합해 총 5박스를 주문해야 한다.

53 경영이해능력 적절한 전략 세우기

| 정답 | ①

| 해설 | ○○전자는 △△전자에 비해 높은 회사 브랜드 인지도를 가지고 있으며, 풍부한 경험과 노하우를 보유하고 있다. 또한 사후 관리가 우수하여 고객만족도 점수가 타사에 비해 높다. 따라서 고객 맞춤으로 A/S를 제공하여 고객층을 다각화하는 전략이 가장 적절하다.

| 오답풀이 |

② △△전자의 우수한 조직 관리 능력에 뒤처지므로 적절하지 않다.

③ 국내 공장 가동의 중단으로 생산성이 낮았으므로 적절하지 않다.

④ 특별한 핵심 기술이 없다는 점이 약점이므로 적절하지 않다.

54 경영이해능력 적절한 전략 세우기

| 정답 | ②

| 해설 | 선진국 진출보다는 시장 개방에 대비하여 선진 기술과 국내 시장과의 경쟁에서 우위를 점할 수 있는 기술을 개발하는 방향으로 전략을 세우는 것이 적절하다.

55 체제이해능력 업무에 따라 팀원 배치하기

| 정답 | ①

| 해설 | 희망사항에 따라 직원 B는 일주일에 야간 근무를 두 번 하는 3조, 직원 C는 수요일 · 목요일 · 금요일에 모두 근무를 하는 1조, 직원 F는 금요일 근무가 없는 4조, 직원 H는 월요일 근무가 없는 4조에 배치한다. 그리고 직원 D는 직원 B와 같은 3조, 직원 E는 직원 C와 같은 1조에 배치한다.

1조	2조	3조	4조
C, E		B, D	F, H

즉 한 조에는 두 명씩 배치되므로 희망사항을 모두 충족할 경우 2조를 제외한 모든 조의 구성이 완료된다. 따라서 희망사항이 없는 직원 A와 G가 2조에 배치된다.

56 업무이해능력 근무 배치하기

| 정답 | ④

| 해설 | 토요일을 제외한 근무 일정을 종합하면 1조, 2조, 3조는 모두 일주일에 네 번 배치되고, 4조만이 일주일에 세 번 배치된다. 따라서 모든 조가 1주일간 근무하는 시간을 동일하게 하기 위해서는 토요일 오전 근무는 4조로 배치해야 하며, 4조에 배치되는 직원은 **55**를 참고할 때, F, H이다.

57 체제이해능력 팀 기술 이해하기

| 정답 | ②

| 해설 | '지도력'의 기술을 강조하는 사례다. 각자 뛰어난 기량을 가졌지만 욕심을 부리기보다는 다른 선수들의 장점을 인정하고 팀의 이익을 위해 잘 발휘되도록 고무한다면, 팀 구성원들은 팀을 위하여 최선을 다하게 된다. 그 과정에서 가끔 단일팀에게 지는 경우도 있지만 이는 역설적으로 팀으로서 자신에게 주어진 바를 성실히 수행하는 데에서 나오는 결과인 것이다.

58 체제이해능력 팀 기술 이해하기

| 정답 | ③

| 해설 | '능동적 의견 청취'의 기술을 강조해야 한다. J가 먼저 M의 의견을 이해하려고 하면 M은 이해를 받는다는 느낌을 갖게 되고, 본인의 의견만 고집하기 보다는 다른 관점을 이해하려고 할 것이다.

59 업무이해능력 매뉴얼 이해하기

| 정답 | ③

| 해설 | 정당한 절차를 거치지 않고 연구개발 내용을 해외로 누설하거나 유출한 경우 최소 5년간 참여할 수 없다.

| 오답풀이 |

① 거짓이나 그 밖에 부정한 방법을 통해 연구개발을 수행한 경우가 3회 이상일 경우 최대 6년간 참여가 제한된다.

② 사용용도 외 사용금액이 20% 이하, 20 ~ 30%, 30% 초과에 따라 참여제한 기간이 다르다.

④ 같은 사유가 여러 번 발생하면 참여제한 기간에 대한 기준은 제시되지 않았다.

60 업무이해능력 매뉴얼에 따라 업무 처리하기

| 정답 | ③

| 해설 | 용도 외 목적으로 27%의 금액을 1회 사용하였을 경우 참여제한 기간은 4년 이내이며, 해외로 사업내용을 1회 유출한 경우 참여제한 기간은 5년이다. 여러 사유가 한 번에 발생한 경우 기간이 가장 긴 것에 따른다고 하였으므로 5년간 참여가 제한된다.

| 오답풀이 |

① 해외로 사업내용을 3회 유출한 경우이므로 10년간 참여가 제한된다.

② 용도 외 목적으로 24%의 금액을 2회 사용하였으므로 4 ~ 6년간 참여가 제한된다.

④ 거짓이나 그 밖에 부정한 방법을 통해 연구개발을 1회 수행하였으므로 3년 이내로 참여가 제한된다.

2회 기출예상문제

문제 74쪽

01	③	02	③	03	①	04	①	05	④
06	③	07	④	08	④	09	②	10	①
11	②	12	①	13	③	14	②	15	②
16	①	17	①	18	④	19	①	20	②
21	④	22	①	23	②	24	①	25	④
26	④	27	③	28	②	29	①	30	④
31	①	32	③	33	②	34	②	35	①
36	③	37	③	38	①	39	②	40	①
41	④	42	③	43	②	44	③	45	②
46	④	47	④	48	①	49	①	50	④
51	③	52	④	53	②	54	③	55	②
56	②	57	③	58	③	59	①	60	④

01 문제처리능력 자료 분석하기

| 정답 | ③

| 해설 | Nu-Star 창업경진대회의 모집분야 항목에서 ○○발전, △△기술, □□공단 고유 업(業) 특성이나 사회적 가치 실현 등을 고려한 산업 아이템의 제출을 주문하고 있다.

| 오답풀이 |

① Nu-Star 창업경진대회는 ○○발전과 △△기술, □□공단, ☆☆창조경제혁신센터가 공동으로 주관한다.

② Nu-Star 창업경진대회는 기존 신청기간에서 10월 22일 18시까지 연장하기로 확정되어 제공될 예정이다.

④ Nu-Star 창업경진대회의 모집분야는 원자력과 관련된 전 분야에 적용이 가능한 산업 아이템으로, 특히 기존의 원자력 관련 산업과 연계할 수 있는 응용 산업, 디지털 4차 산업, 산업 안전, 환경 서비스 관련 분야의 산업 아이템을 모집하고 있다.

02 문제처리능력 자료를 바탕으로 문의 답변하기

| 정답 | ③

| 해설 | 창업경진대회 관련 문의는 전화 이외에 담당자의 이메일을 통해서도 가능하다.

| 오답풀이 |

① 모집분야 항목에서 각 참여기관의 고유 업(業) 특성이나 사회적 가치를 실현하는 산업 아이템을 모집하고 그에 관한 예시를 제시하고는 있으나, 모집한 산업 아이템을 선정할 때의 각 참여기관별 평가항목은 제시되지 않았다.

03 문제처리능력 자료 이해하기

| 정답 | ①

| 해설 | 도로법에 해당하는 3대 명령에는 회차, 분리운송, 운행중지 명령이 있다.

04 문제처리능력 자료에 따라 벌금 부과하기

| 정답 | ①

| 해설 | 측정차로 통행 속도가 10km/h를 초과할 경우 1년 이하 징역 또는 1천만 원 이하의 벌금이므로 가장 많은 벌금이 부과될 수 있다.

| 오답풀이 |

② 축 하중 10톤 초과, 총 중량 40톤 초과일 경우 500만 원 이하의 과태료가 부과된다.

③ 후사경 후면 확인이 불가할 경우 벌금 5만 원, 벌점 15점을 받는다.

④ 폭 2.5미터 초과, 높이 4.2미터 초과, 길이 16.7미터 초과일 경우 500만 원 이하의 과태료가 부과된다.

05 문제처리능력 자료 읽고 추론하기

| 정답 | ④

| 해설 | 제78조 제3항에 해당하는 항목에는 측정차로 위반뿐 아니라 측정속도 초과도 있다.

06 문제처리능력 자료 이해하기

| 정답 | ③

| 해설 | (4) 사후관리 항목에서 대출 후 대출자금의 용도 외 사용 시 자금 조기회수 등의 제재조치를 실행한다고 명시하고 있다.

| 오답풀이 |

① 2022년 1분기 정책자금 기준금리는 2.32%이며, 정책자금 융자의 대출금리는 정책자금 기준금리에서 사업별 가산금리를 적용한다고 하였으므로 정책자금 융자에 적용되는 대출금리는 2.32% 이상임을 추론할 수 있다.

② 소상공인 정책자금 융자의 신청 방법으로 '○○공단 홈페이지에서 온라인 접수'라고 안내되어 있으며 직접방문을 통한 신청 방법은 공고문에 나타나있지 않다.

④ 세무법인은 융자제한 소상공인의 요건 중 정책자금 융자제외업종인 법무·세무 등 전문서비스 직종에 해당하므로 융자를 신청할 수 없다.

07 문제처리능력 자료 도식화하기

| 정답 | ④

| 해설 | 융자방식 중 직접대출은 접수부터 대출 실행까지 전 과정을 ○○공단이 진행하며, 대리대출의 경우 ○○공단에서 지원대상 여부를 판단한 후 신용보증기관의 평가를 통해 융자 여부 및 금액을 결정하여 금융기관에서 보증서부, 신용부 또는 담보부 대출을 실행하는 방식으로 진행한다.

08 도표분석능력 그래프 해석하기

| 정답 | ④

| 해설 | 같은 수의 국공립대학, 사립대학, 정부출연기관, 기타 공공연구기관을 대상으로 조사한 것이므로 비교가 가능하다. 특허권을 10 ~ 20건 미만 등록한 기관 중 비율이 가장 높은 것은 정부출연기관이다.

| 오답풀이 |

① 국공립대학 중에서는 특허권을 2건 미만 등록한 대학의 비율이 가장 높다.

② 사립대학 중에서는 특허권을 2 ~ 4건 미만 등록한 대학의 비율이 가장 높다.

③ 정부출연기관 중에서는 특허권을 20 ~ 50건 미만 등록한 기관의 비율이 가장 높다.

09 문제처리능력 자료를 바탕으로 금액 산출하기

| 정답 | ②

| 해설 | 각 패키지 구성의 신간 할인가격은 다음과 같다.

패키지 구성	신간 할인가격(원)
신간+달력+수첩	11,000−2,300=8,700
신간+달력+노트	11,500−2,500=9,000
신간+수첩+노트+볼펜	13,000−2,300=10,700
신간+달력+수첩+노트+볼펜	13,500−3,800=9,700
신간+에코백+달력	14,500−6,500=8,000

따라서 예상 판매 부수가 가장 많은 '신간+에코백+달력'의 신간 할인가격은 8,000원이다.

10 문제처리능력 자료를 바탕으로 금액 산출하기

| 정답 | ①

| 해설 | **09** 해설에 따라 신간 할인가격이 가장 높은 구성은 '신간+수첩+노트+볼펜'이고 이 구성의 예상 판매액은 13,000×2,500=32,500,000(원)이다.

11 문제처리능력 조건을 바탕으로 가격 추론하기

| 정답 | ②

| 해설 | 신간 할인가격은 '패키지 가격−구성용품 단가의 합'이므로 9,000원에 구성용품 단가의 합을 더하면 패키지 가격을 구할 수 있다. 이를 계산하면 다음과 같다.

- 신간+달력+수첩
  =9,000+(1,500+800)=11,300(원)

• 신간+달력+노트
=9,000+(1,500+1,000)=11,500(원)
• 신간+수첩+노트+볼펜
=9,000+(800+1,000+500)=11,300(원)
• 신간+달력+수첩+노트+볼펜
=9,000+(1,500+800+1,000+500)=12,800(원)
• 신간+에코백+달력
=9,000+(5,000+1,500)=15,500(원)

따라서 가장 저렴한 패키지 구성의 가격은 11,300원이다.

12 사고력 비밀번호 추론하기

| 정답 | ①

| 해설 | • 0927은 서로 다른 4개의 정수로 이루어져 있다.
• 0927에는 3의 배수가 9로 하나, 2의 배수가 2로 하나씩만 포함되어 있다.
• 0927의 첫 번째와 두 번째 자리 숫자의 합은 0+9=9, 세 번째와 네 번째 자리 숫자의 합은 2+7=9로 같다.
• 0927의 각 자리 숫자를 더하면 9+2+7=18로, 3의 배수이다.

| 오답풀이 |

② 0523의 각 자리 숫자를 더하면 5+2+3=10으로, 3의 배수가 아니다.
③ 1635의 첫 번째와 두 번째 자리 숫자의 합은 1+6=7, 세 번째와 네 번째 자리 숫자의 합은 3+5=8로 서로 같지 않다.
④ 1423에는 2의 배수가 2, 4로 두 개 포함되어 있다.

13 문서작성능력 보도자료 제목 정하기

| 정답 | ③

| 해설 | 제시된 보도자료의 전체적인 내용은 통합관제센터로 인해 산단 내 위험물질과 환경오염, 교통문제 등을 디지털로 통합 관리하여 관련 사고를 실시간으로 파악하고 사전에 방지함으로써 산단의 안전을 확보하는 역할을 수행한다는 것이다. 따라서 제목으로는 ③이 적절하다.

14 문서이해능력 보도자료 이해하기

| 정답 | ②

| 해설 | 스마트 그린 산단 실행전략 발표 후 인력양성 사업을 통해 2,000여 명에게 교육을 제공하는 등의 다양한 성과를 이미 이루었다.

| 오답풀이 |

① 정부는 발표 이후, 현재까지 관련 법적 근거 마련, 사업단 구성 등 체계를 잡아왔다고 언급되어 있다.
③ 정부는 작년 7월 한국판 뉴딜 10대 과제 중 하나로 '스마트 그린 산단'을 선정하였다고 언급되어 있다.
④ H 부가 중앙부처 간 그리고 중앙과 지방 간 협업에 온힘을 다할 것이라고 언급했다고 제시되어 있다.

15 문서이해능력 세부 내용 이해하기

| 정답 | ②

| 해설 | 통합관제센터로 인해 그동안 화재가 발생하거나 화학물질이 유출되면 주변의 신고에 따라 처리하기 때문에 빠른 대처가 어려웠으나, 앞으로는 열감지 카메라 센서 등을 통해 화재발생 및 화학물질 유출을 즉시 감지할 수 있게 된다고 하였다. 따라서 관련 신고 센터를 구축하는 것은 통합관제센터의 기능으로 적절하지 않다.

16 문서이해능력 세부 내용 이해하기

| 정답 | ①

| 해설 | 〈개인정보취급방침〉의 내용에 따르면 본 사이트는 사용자가 광고에 접근하는 방식이나 시점에 대해 수집할 수 있다고 되어 있으나 이를 외부 업체들과 공유할 수 있다는 언급은 없다.

| 오답풀이 |

② '위치 정보'에 따르면 본 사이트는 IP 주소, GPS뿐 아니라 주변 기기, Wi-Fi 액세스 포인트, 기지국 등에 관련된 정보를 제공하는 기타 센서를 포함한 다양한 기술을 활용하여 위치를 파악함을 알 수 있다.

③ '기기 정보'에 따르면 본 사이트는 기기 식별자 또는 전화번호를 본 사이트의 계정에 연결할 수 있음을 알 수 있다.

④ '로그 정보'에 따르면 다운, 하드웨어 설정, 시스템 활동, 브라우저 언어, 요청 날짜 및 시간, 참조 URL 등 기기의 이벤트 정보가 자동으로 본 사이트에 수집되고 저장됨을 알 수 있다.

17 문서이해능력 적절한 답변하기

| 정답 | ①

| 해설 | '광고 서비스 등 사용자가 사용한 콘텐츠와 직접 관련이 있는 경우 외에는'이라고 명시되어 있으므로 사용자가 사용한 콘텐츠와 직접 관련이 있는 경우에는 가입자의 이용 정보를 제3자에게 제공할 수 있음을 추론할 수 있다.

| 오답풀이 |

② 사이트 내 광고 동영상을 시청한 사람의 이용 정보가 광고주에게 제공될 수 있지만, 가입자의 프로필 정보가 보고되는 것은 아니다.

③ 상업적인 용도로 가입자의 사이트 이용 정보를 제공할 수 없음이 명시되어 있지만, 공무상의 이유로 사용자 계정의 개인정보를 제공할 수 있는지에 대해서는 제시되어 있지 않다.

④ 사용자의 요청이 있을 때는 제3자에게 제공한 개인정보에 대한 내용을 사용자에게 알려야 하지만, 요청 없이도 이를 의무적으로 알려야 하는 것은 아니다.

18 문서이해능력 세부 내용 이해하기

| 정답 | ④

| 해설 | 제시된 글에는 사물 인터넷이 가지고 있는 본래의 목적에 대해 언급되어 있지 않다.

| 오답풀이 |

① 세 번째 문단의 사물 인터넷을 미키마우스 인형, 축산업의 소 등에 적용한 사례를 통해 알 수 있다.

② 첫 번째 문단의 '무선으로 데이터를 송신하는 RFID'와 두 번째 문단의 '근거리 무선통신기술인 NFC'를 통해 알 수 있다.

③ 네 번째 문단의 '그러나 모든 사물이 연결되면 개인정보가 유출되거나 시스템이 마비되는 등 해킹의 문제가 자연스럽게 뒤따르기 때문에'를 통해 알 수 있다.

19 문서이해능력 글의 서술 방식 파악하기

| 정답 | ①

| 해설 | 제시된 글은 권위자인 교수의 말을 빌려 설명을 부연하고 있을 뿐 권위자의 말에 의지해 대상을 묘사하고 있지는 않다.

| 오답풀이 |

② 네 번째 문단에서 개인정보 유출이나 시스템 마비 등의 예상되는 결과와 이를 해결할 수 있는 철저한 대안과 정책 마련의 필요성을 제시하고 있다.

③, ④ 대상이 적용됨에 따라 나타난 결과에 대해 설명하고 구체적인 사례와 사례별 대상의 적용 방식을 두 문단에 걸쳐 세탁기, 냉장고, 프린터, 인형, 화장실, 소 등으로 열거하고 있다.

20 문서이해능력 사례에 적용하기

| 정답 | ②

| 해설 | (A)는 데이터를 일차적으로 획득, 저장, 분석하고 이를 다시 활용해 결과를 예측하는, 즉 사물 인터넷의 정의를 나타내고 있다. 따라서 사물 인터넷이 적용되기 전부터 쓰이던 기술인 ㉡은 (A)가 적용된 사례로 적절하지 않다.

21 문서이해능력 자료 내용 이해하기

| 정답 | ④

| 해설 | RE 100은 기업이 사용전력을 100% 재생에너지로 조달하는 자발적 캠페인이다.

22 문서작성능력 관련이 깊은 문단 찾기

| 정답 | ①

| 해설 | 〈보기〉는 우리나라의 현재 발전 측 망 이용요금 부과 현황과 직접 PPA 발전 측 망 이용요금을 부과할 시 필요한 것에 대해 설명하고 있다. 따라서 PPA 계약의 발전 측 고객에 대한 망 이용요금 부과에 대해 언급하고 있는 (가)와 가장 관련이 깊다.

23 문서이해능력 빈칸에 들어갈 적절한 문장 찾기

| 정답 | ②

| 해설 | O 직원은 망 이용요금 부과의 형평성에 관련된 질문을 했으므로 ㉠에는 망 이용요금 부과 방식이 형평성을 훼손한다는 내용이 들어가야 한다. 따라서 ②가 적절하다.

24 문서작성능력 빈칸에 들어갈 적절한 문장 찾기

| 정답 | ①

| 해설 | 제시된 글은 중국에서 당뇨 환자가 급증한 요인들 중 하나가 높은 흡연율이라는 내용을 담고 있다. 대화에서 B가 '게다가 중국은 흡연 유행이 고착화됐어'라고 언급하고 C가 '국가적인 대책이 필요하다'고 언급했으므로 D는 흡연 유행을 잠재울 수 있는 국가적인 대책을 제시해야 한다. 따라서 ①이 가장 적절하다.

25 정보처리능력 품목번호 이해하기

| 정답 | ④

| 해설 | 1217C－C는 조미료이며, 17년 3분기에 경영혁신팀 신청으로 구매하였다.

26 정보처리능력 품목번호 부여하기

| 정답 | ④

| 해설 | 종합감기약의 대분류는 4, 소분류는 1이고 구매연도는 20, 분기는 2분기이므로 B이고 신청부서는 영업팀이므로 E이다. 따라서 품목번호는 4120B－E이다.

27 컴퓨터활용능력 코드 입력하기

| 정답 | ③

| 해설 | 보안등급이 I 등급이 아닌 경우이므로 VG 프로토콜을 시행한다. 따라서 입력할 코드는 VG_Server03이다.

28 컴퓨터활용능력 코드 입력하기

| 정답 | ②

| 해설 | 보안등급이 I 등급이고 위험도가 기준치보다 높은 경우이므로, 가능한 프로토콜은 KL, SN, DE이다. 현재 시스템 부하율이 65%이므로, 예상 부하율은 35%를 넘어서는 안 된다. SN, DE의 경우 예상 부하율이 35%를 넘으므로 KL 프로토콜을 실행한다. 따라서 입력할 코드는 KL_Client02이다.

29 컴퓨터활용능력 코드 분석하기

| 정답 | ①

| 해설 | 정상 작동 시, 입력되어야 하는 코드가 'SP_Client03'이다. 이로부터 식별번호가 다르므로 '시스템정보'는 오류임을 알 수 있다. 또한 SP 프로토콜의 적용기준에 따라 현재 실행 가능한 프로토콜이 존재하지 않는 경우임을 알 수 있다. 프로토콜 현황에 따르면 현재 실행 가능한 프로토콜은 DF, VG, KL이다. 따라서 각각의 코드를 하나씩 따져본다.

- VG 프로토콜 : 현재 보안등급이 I 등급이 아니므로 입력하는 것이 원래 옳다. 따라서 '보안 등급'이 잘못 표기되었음을 알 수 있다.
- DF 프로토콜 : 위험도와 기준치가 동일하고, 현재 부하율을 감안할 때 예상 부하율이 30%를 넘지 않으므로 입력하는 것이 원래 옳다. 따라서 '부하율' 또는 '위험도' 중 하나가 잘못 표기되었음을 알 수 있다. 이때 '부하율'이 옳다고 가정하면, 위험도가 기준치 이하인 경우 DF 프로토콜이 입력되어야 한다. 또한 위험도가 기준치 초과인 경우 KL 프로토콜이 입력되어야 한다. 따라서 부하율은 잘못 표기되었다.

• KL 프로토콜 : 위험도가 기준치보다 높은 경우에 실행되므로, 입력하지 않은 것이 원래 옳다. 그러므로 '위험도'는 바르게 표기된 시스템 분석 요소이다.

따라서 잘못 표기된 시스템 분석요소는, '시스템 정보', '보안등급', '부하율'이며, 바르게 표기된 시스템 분석 요소는 '위험도'이다.

30 컴퓨터활용능력 코드 입력하기

| 정답 | ④

| 해설 | Status Code가 207이므로 그다음 줄의 숫자인 272, 104, 52, 74, 209중 가장 큰 숫자인 272와 가장 작은 숫자인 52의 합인 324를 FEV로 한다. 따라서 FEV가 300 이상이므로 〈FEV별 조치 매뉴얼〉에 따라 입력코드로 Fatal을 입력하는 것이 적절하다.

31 컴퓨터활용능력 코드 입력하기

| 정답 | ①

| 해설 | Status code가 301이므로 Status code 아래의 숫자들 중 홀수인 숫자의 합을 FEV로 한다. 그런데 홀수인 숫자인 ▯71, 161, 2▯5에서 보이지 않는 부분의 숫자가 모두 0이라고 가정하더라도 71+161+205=437이 되어 FEV가 300을 초과하게 된다. 따라서 입력코드로 Fatal를 입력하는 것이 적절하다.

32 정보처리능력 명령체계 이해하기

| 정답 | ③

| 해설 | 'if X=include "장애인", go to (ⅰ) if not, go to (ⅱ)'이므로 '장애인'이 포함된 항목은 (ⅰ) 명령을, '장애인'이 포함되지 않은 항목은 (ⅱ) 명령을 따른다. 명령체계의 마지막 줄을 확인하면 'print ANOP1001'이므로 ANOP1001로 분류되는 (ⅰ) 명령 'x apply+@', 즉 '장애인'이 포함된 항목에 '개선'을 덧붙여야 한다. 따라서 최종 출력값은 '장애인배려석 개선, 장애인전용 주차공간 개선'이다.

33 정보처리능력 명령체계 이해하기

| 정답 | ②

| 해설 | 'if X=include "교통시설", go to (ⅰ) if not, go to (ⅱ)'이므로 '교통시설'이 포함된 항목은 (ⅰ) 명령을, '교통시설'이 포함되지 않은 항목은 (ⅱ) 명령을 따른다. 명령체계의 마지막 줄을 확인하면 'print SWYQ1011'이므로 SWYQ1011로 분류되는 (ⅰ) 명령, 'x apply+!', 즉 '교통시설'이 포함된 항목에 '공사'를 덧붙여야 한다. 따라서 최종 출력값은 '교통시설 확충 공사'이다.

34 정보처리능력 명령체계 이해하기

| 정답 | ②

| 해설 | 'if X=include "수리", go to (ⅰ) if not, go to (ⅱ)'이므로 '수리'가 포함된 항목은 (ⅰ) 명령을, '수리'가 포함되지 않은 항목은 (ⅱ) 명령을 따른다. 명령체계의 마지막 줄을 확인하면 'print BGEP001'이므로 최종 출력값은 BGEP001로 분류되는 (ⅰ) 명령 'x apply+!', 즉 '수리'가 포함된 항목에 '공사'를 덧붙여야 한다. 따라서 '화장실 팻말 수리'가 최초의 집합에 포함된다면 최종 출력값에 '화장실 팻말 수리 공사'가 있어야 하므로 최초의 집합에 포함될 수 없다.

35 정보처리능력 명령체계 이해하기

| 정답 | ①

| 해설 | 〈명령어〉에 따르면 print [ ]일 경우, [ ] 안의 단어를 그대로 출력한다. 명령체계의 마지막 줄을 보면 'print [ZER11001]'이므로 최종 출력값은 'ZER11001'이다.

36 정보처리능력 명령체계 이해하기

| 정답 | ③

| 해설 | 명령체계의 마지막 줄을 확인하면 'print THGJ 1002'이므로 (ⅱ)의 명령을 따른 집합이 〈출력값〉임을 알 수

있다. (ⅱ)는 (?)가 포함되지 않은 항목에 '개선'을 덧붙이므로 (?)는 〈출력값〉에 없는 단어여야 한다. 따라서 '빔프로젝터 교체 개선, 시설 내 층별 안내 개선'에 포함되지 않는 단어인 '기계'가 (?)에 들어가야 한다.

37 기초연산능력 연간 사업비용 구하기

| 정답 | ③

| 해설 | 각 분기별 누적 사업비용과 예산 연간 사업비용을 구하면 다음과 같다.

- 1분기
  - 누적 사업비용 : 150만 원
  - 예상 연간 사업비용 : $150\times\frac{4}{1}=600$(만 원)
- 2분기
  - 누적 사업비용 : 150+210=360(만 원)
  - 예상 연간 사업비용 : $360\times\frac{4}{2}=720$(만 원)
- 3분기
  - 누적 사업비용 : 150+210+170=530(만 원)
  - 예상 연간 사업비용 : $530\times\frac{4}{3}\fallingdotseq 707$(만 원)
- 4분기
  - 누적 사업비용 : 150+210+170+160=690(만 원)
  - 예상 연간 사업비용 : $690\times\frac{4}{4}=690$(만 원)

따라서 2분기와 3분기에 예상 연간 사업비용이 연초에 설정한 연간 예산인 700만 원을 초과한다.

38 기초통계능력 당첨 확률 구하기

| 정답 | ①

| 해설 | 두 개의 복권을 뽑아 당첨금의 합계가 100만 원이 되기 위해서는 50만 원을 두 번 뽑거나, 100만 원과 0원을 한 번씩 뽑는 방법이 있다.

- 두 개의 복권에서 모두 50만 원을 뽑을 확률 : $\frac{5}{100}\times\frac{4}{99}$
- 첫 번째에서 100만 원, 두 번째에서 0원을 뽑을 확률 : $\frac{2}{100}\times\frac{92}{99}$
- 첫 번째에서 0원, 두 번째 시도에서 100만 원을 뽑을 확률 : $\frac{92}{100}\times\frac{2}{99}=\frac{2}{100}\times\frac{92}{99}$

한편 문제에서 $\frac{7}{99}=0.07$, $\frac{95}{99}=0.95$이라고 하였으므로

$\frac{4}{99}=1-\frac{95}{99}=1-0.95=0.05$, $\frac{92}{99}=1-\frac{7}{99}=1-0.07=0.93$이 된다.

따라서 당첨금의 합계가 100만 원이 될 확률은

$\{(\frac{5}{100}\times\frac{4}{99})+(\frac{2}{100}\times\frac{92}{99})+(\frac{92}{100}\times\frac{2}{99})\}\times 100$

$=\{(\frac{5}{100}\times\frac{4}{99})+(\frac{2}{100}\times\frac{92}{99})\times 2\}\times 100$

$=\{(0.05\times 0.05)+(0.02\times 0.93)\times 2\}\times 100=(0.0025+0.0372)\times 100=3.97(\%)$이다.

39 도표분석능력 자료의 수치 분석하기

| 정답 | ②

| 해설 | 1월에는 가동, 나동, 다동, 라동이지만 2월에는 가동, 다동, 라동, 마동이다.

| 오답풀이 |

① 2023년 1분기에 이용인원이 지속적으로 감소한 지역구는 G구, H구로 2개이다.

③ A구의 가 ~ 바동 중 1분기에 이용인원이 지속적으로 증가한 동은 가동, 다동, 라동, 마동, 바동으로 5개이다.

④ 2023년 1분기 I구 이용인원은 해당 기간 전체 이용인원의 $\frac{9,800}{484,541}\times 100\fallingdotseq 2.02(\%)$를 차지한다.

40 도표분석능력 자료를 바탕으로 수치 계산하기

| 정답 | ①

| 해설 | ㉠ 22,000+6,800+6,800=35,600

㉡ 400+470+500=1,370

41 도표분석능력 자료의 수치 분석하기

| 정답 | ④

| 해설 | 20X1년부터 20X5년까지 서울시 지하철의 이용 비율은 매년 65%를 초과한 반면 시내버스의 이용 비율은 매년 35% 미만이다.

| 오답풀이 |

① 20X1년과 20X2년, 20X5년의 국내 전체의 시내버스 이용 비율은 전년 대비 감소하였다.

② 서울시의 20X0년 시내버스 이용비율은 25.6+13.2=38.8(%)이다.

③ 20X4년 국내 전체의 1주간 평균 대중교통 이용 횟수가 0−5회인 사람의 비율은 6−10회인 사람의 비율보다 더 높다.

42 도표작성능력 그래프로 변환하기

| 정답 | ③

| 해설 | 국내 전체의 대중교통 이용횟수가 주 평균 11 ~ 15회인 인원수는 20X1년은 $5,000\times\frac{16}{100}=800$(만 명), 20X5년은 $5000\times\frac{23.4}{100}=1,170$(만 명)으로, 선택지 ③의 그래프에서 해당 항목이 서로 바뀌었다.

43 도표분석능력 자료의 수치 분석하기

| 정답 | ②

| 해설 | 제시된 내용을 바탕으로 (가) ~ (마)에 해당하는 에너지원을 추론하면 다음과 같다.

- 20X2년부터 에너지 생산량의 증감패턴이 '감소−증가−감소−증가'의 형태를 나타내는 것은 (나)이므로, (나)는 수력이다.
- 태양광은 20X2년부터 전년대비 생산량이 계속 증가하는 패턴을 나타내며, 이와 동일한 형태를 나타내는 (가)와 (마)는 풍력 혹은 연료전지이다. 이때 (가)는 재생에너지, (마)는 신에너지에 해당하는데, 풍력은 재생에너지이므로 (가)는 풍력에 (마)가 연료전지에 해당한다.
- 20X4년까지 가장 높은 비중을 차지하다가 20X5년에 생산량이 급감하는 증감패턴을 보이는 것은 (라)이므로, (라)는 폐기물이다.
- 20X3년까지 증가하다가 이후 감소하는 패턴을 나타내는 것은 (다)이므로, (다)는 바이오이다.

따라서 (가) ~ (마)에 해당하는 에너지원은 순서대로 풍력, 수력, 바이오, 폐기물, 연료전지이다.

44 도표분석능력 증감률 구하기

| 정답 | ③

| 해설 | ㉢ 1990년 대비 2000년 전 세계 전력 소비량은 $\frac{12,698-9,702}{9,702}\times 100 \fallingdotseq 30.9(\%)$ 증가하였다.

| 오답풀이 |

㉠ 1990년 대비 2000년 한국의 전력 소비량은 $\frac{240-94}{94}\times 100 \fallingdotseq 155.3(\%)$ 증가하였다.

㉡ 2000년 대비 2010년 한국의 전력 소비량은 $\frac{434-240}{240}\times 100 \fallingdotseq 80.8(\%)$ 증가하였다.

㉣ 2000년 대비 2010년 전 세계 전력 소비량은 $\frac{17,887-12,698}{12,698}\times 100 \fallingdotseq 40.9(\%)$ 증가하였다.

45 도표분석능력 자료의 수치 분석하기

| 정답 | ②

| 해설 | 1990년 대비 2000년 중국의 전력 소비량 증가값은 1,073−478=595(TWh)이고 미국의 전력 소비량 증가값은 3,500−2,634=866(TWh)으로 미국이 더 크다.

| 오답풀이 |

① 제시된 국가들 중 1990년 전력 소비량이 가장 큰 국가는 2,634TWh의 미국이며, 전 세계 합계 전력 소비량의 25%는 9,702×0.25=2425.5(TWh)이다. 따라서 1990년 전력 소비량이 가장 큰 미국은 같은 해 전 세계 합계 전력 소비량의 25% 이상을 소비했다.

③ 2000년 대비 2010년의 전력 소비량은 변화가 없는 영국을 제외한 모든 국가가 증가했다.

④ 제시된 10개 국가들 중 2010년 대비 2020년 전력 소비량이 감소한 국가는 미국, 일본, 독일, 프랑스, 영국, 이탈리아 총 6개로 전력 소비량이 감소한 국가 수가 증가한 국가 수보다 더 많다.

46 도표분석능력 자료의 수치 분석하기

| 정답 | ④

| 해설 | 농가수의 전년 대비 증감률을 바탕으로 20X1년부터 20X4년까지의 농가수를 구하면 다음과 같다.

(단위 : 가구, %)

구분	전체 농가		전업 농가	
	농가 수	증감률	농가수	증감률
20X1년	29,182		15,674	
20X2년	30,962.1	6.1	17,366.8	10.8
20X3년	30,466.7	−1.6	16,811.1	−3.2
20X4년	32,812.6	7.7	18,626.6	10.8
구분	1종 겸업		2종 겸업	
	농가수	증감률	농가수	증감률
20X1년	5,967		7,541	
20X2년	5,710.4	−4.3	7,895.4	4.7
20X3년	6,098.7	6.8	7,563.8	−4.2
20X4년	6,385.4	4.7	7,798.3	3.1

따라서 1종 겸업 농가수가 가장 많았던 해는 20X4년으로, 이때의 전업 농가수는 18,626.6(가구)로 18,200가구 이상이다.

| 오답풀이 |

① 20X2년 전체 농가수는 30,962.1가구, 겸업 농가수는 5,710.4+7,895.4=13,605.8(가구)이므로, 20X2년 겸업 농가수는 20X2년 전체 농가수의 $\frac{13,605.8}{30,962.1}\times 100 \fallingdotseq$ 44.0(%)로 47% 이하이다.

② 20X2년과 20X3년 2종 겸업 농가수의 차이는 7,895.4−7,563.8=331.6(가구)로 310가구 이상이다.

③ 20X3년 1종 겸업 농가수 대비 2종 겸업 농가수의 비중은 $\frac{7,563.8}{6,098.7}\times 100 \fallingdotseq 124.0(\%)$로 120% 이상이다.

47 문제처리능력 자료를 분석하여 비용 계산하기

| 정답 | ④

| 해설 | 개점 직후 1년간 발생하는 비용은 초기투자비용과 1년 동안 매월 발생하는 비용의 합이므로 매장 D의 경우 1년 동안 발생하는 전체 비용은 7,000+(620×12)=14,440(만 원)이다.

48 문제처리능력 자료를 분석하여 비용 계산하기

| 정답 | ①

| 해설 | 매장 B를 개설할 경우 2년간 발생하는 전체 수익은 1,080×24=25,920(만 원), 2년간 발생하는 전체 비용은 7,200+(480×24)=18,720(만 원)이다. 따라서 매장 B의 개점 직후 2년간 발생하는 순수익은 25,920−18,720=7,200(만 원)이다.

49 기술선택능력 매뉴얼 이해하기

| 정답 | ①

| 해설 | 흡입필터는 2주 단위로 청소하고 6개월(24주) 단위로 교체하므로 약 12회 청소 후 교체한다.

| 오답풀이 |

② 자동 스위치와 안전핀의 점검사항은 모두 작동확인이다.

③ 압력계는 4,800시간 사용 후 점검해야 하므로 하루 10시간씩 매일 사용한다면 480일, 즉 16개월마다 한 번씩 점검한다.

④ 점검대상 중 매일 점검해야 하는 항목은 매일 가동 전 오일점검과 공기누설 점검, 가동중 이상음 및 이상진동 확인과 자동 스위치 작동확인, 그리고 가동 후 압력탱크의 응축수 배출까지 총 다섯 가지이다.

50 기술선택능력 매뉴얼 이해하기

| 정답 | ④

| 해설 | 공기압축기를 1,200시간 이용한 시점은 하루 5시간씩 이용한다고 했을 때 개월 수로 따지면 $\frac{1,200}{5}=240$

(일)=8(개월)이다. 그리고 흡입/배기밸브 청소의 경우 3개월 경과마다 혹은 600시간 사용 후 1회 청소하는데, 사용 날짜와 시간 모두 확인 가능한 경우 먼저 도래한 시점을 기준으로 관리한다. 3개월이 도래한 시점에서 시간은 450시간이므로, 3개월이 먼저 도래하고 이로부터 3개월 간격으로 총 2회 청소한다.

| 오답풀이 |

① 안전핀 작동확인은 6개월 경과 혹은 1,200시간 사용 후 점검한다. 하루 5시간씩 6개월 동안 사용할 경우 총 사용시간은 900시간이므로 6개월 경과를 기준으로 계산하면 8개월 동안 총 1회 실시한다.

② 압력탱크 응축수 배출은 매일 가동 후 점검하므로 8개월 동안 총 240회 실시한다.

③ 압력탱크 점검은 1년 경과 혹은 2,400시간 사용 후 점검해야 하므로 0회 실시한다.

51 기술선택능력 매뉴얼 이해하기

| 정답 | ③

| 해설 | 우선 매일 다섯 가지 항목을 점검해야 하므로 1일부터 31일까지 총 31×5=155(회) 점검을 실시한다. 다음으로 10월 한 달 동안 총 292시간을 사용하였으므로 관리시기가 100시간 사용마다 점검을 실시하는 1개 항목(흡입필터 청소)만을 검토한다. 우선 10월 1일부터 10월 11일까지 총 100시간을 사용하였으므로 이 날 점검을 실시하고, 다시 10월 12일부터 10월 22일까지 총 102시간을 사용하였으므로 이 날 점검을 실시한다. 이후 10월 23일부터 31일까지는 총 90시간을 사용하였으므로, 10월 중에 해당 항목의 점검은 10월 11일과 10월 22일, 총 2회 실시하게 된다. 따라서 7월 한 달 동안의 점검 횟수는 총 155+2=157(회)이다.

52 기술선택능력 벤치마킹 이해하기

| 정답 | ④

| 해설 | 벤치마킹은 기업에서 경쟁력을 제고하기 위해 타사로부터 배워 오는 혁신 기법을 말한다. 이는 단순히 제품을 복제하는 것이 아니라 장단점을 분석하여 자사 제품의 품질과 시장 경쟁력을 높이는 것이다. 따라서 경쟁 기업의 품질 수준이 뛰어나다면 그것이 인적자원이 뛰어나서인지, 정보시스템이 탁월해서인지 그 요소를 밝혀낸 뒤 자사와 비교하여야 한다.

53 기술선택능력 제품 설명서 이해하기

| 정답 | ②

| 해설 | 표에 제시된 청소 방법에 따르면 멀티세이버가 오염되면 성능이 저하되고 이상 소음이 발생할 수 있으므로 1개월에 한 번씩 세척해 주어야 한다.

54 기술선택능력 제품 설명서 이해하기

| 정답 | ③

| 해설 | ㉡ 일체형 필터를 물로 세척하면 안 되며, 평소 제품 사용 중에도 물에 닿지 않도록 주의해야 한다.

㉢ 일산화탄소(CO)는 필터로 제거할 수 없는 유해가스이며 주로 실외에서 유입된다.

| 오답풀이 |

㉠ 기기에서 비정상적인 소리가 발생하여 멀티세이버를 세척하였는데도 소리가 그치지 않으면 이온 발생 중에 나오는 소리이므로 정상이다.

㉣ 먼지 및 가스센서는 청소기를 이용하여 수시로 청소해 주어야 한다.

55 기술적용능력 안전수칙 확인하기

| 정답 | ②

| 해설 | • A : 보고서에 따르면 최 씨의 사고는 18시 10분에 발생했다. 그러나 안전수칙에서 18시부터 9시까지의 사고는 익일 작성 및 보고되어야 한다고 하였으므로 해당 사고는 202X년 9월 26일에 발생한 것을 알 수 있다.

• B · D : 유지보수팀장은 매주 금요일 작업도구 및 안전장비의 이상 유무를 확인해야 한다. 사건 발생일이 202X년 9월 26일(목요일)이므로, 유지보수팀장은 전주 금요일인 202X년 9월 20일에 안전로프를 점검하였을 것이다. 그럼에도 불구하고 안전로프에 이상이 발견되었으므로 유지보수팀장의 작업 전 안전장비관리에 문제가 있던 것을 파악할 수 있다.

• C : 이 씨 역시 안전로프에 이상이 있다는 사실을 파악하고 있었다. 제23조에 따르면 작업 시 인적 손해가 발생하지 않도록 노력하여야 한다고 하였으므로 이 씨의 행동 역시 이번 사고의 원인으로 지적될 수 있다.
• J : 사고발생 후 사고에 대한 자체 조사가 시행되므로 다른 근로자의 근로 의욕이 침체될 우려가 있다.

따라서 옳은 말을 하는 사람은 B, C, D, J이다.

56 기술선택능력 안전수칙의 적용범위 파악하기

| 정답 | ②

| 해설 | 제4조는 안전 계획을 수립하고 안전 관리 책임자를 선정하는 것 등과 관련된 규정이므로 안전관리조직 단계이며, 제25조 제1항은 사고 발생 원인을 분석하는 내용이므로 분석평가 단계에 해당한다.

57 기술선택능력 매뉴얼 이해하기

| 정답 | ③

| 해설 | '2.'는 수강신청 및 개인정보확인과 관련한 절차이다. 회원 가입을 위한 개인정보입력과 관련한 절차는 '1.'이다.

| 오답풀이 |

④ 매뉴얼에 대한 설명으로 옳은 내용이다.

58 기술선택능력 이러닝 이해하기

| 정답 | ③

| 해설 | 이러닝에 대한 설명으로 옳지 않은 것은 ③이다. 이러닝은 온라인으로 이루어지는 교육이므로 상호간 접촉의 기회가 적다.

| 오답풀이 |

② 이러닝은 수강생들이 획일적으로 같은 내용을 정해진 시간에 수강하는 방식이 아니다. 따라서 선택적으로 강의를 수강하거나 특정 내용에 집중하는 등, 본인의 수준과 필요에 따라 보다 개별화되고 맞춤화된 교육이 가능하다.

59 기술이해능력 표준 규격 이해하기

| 정답 | ①

| 해설 | 표준 규격을 사용할 시 거래 비용을 줄일 수 있으며, 대량 생산을 통해 규모의 경제를 실현할 수 있다. 또한 기술의 중복 투자를 방지하고 기술이전 촉진 등 연구, 개발 비용을 절감할 수 있다.

60 기술이해능력 표준 제정 원칙 이해하기

| 정답 | ④

| 해설 | 표준화의 원칙은 다음과 같다.

1. 합의성 : 수많은 이해당사자들이 사용하는 만큼 합의를 기초로 제정해야 한다. 합의를 바탕으로 문서를 작성하며 도출된 표준의 최종안을 회원국에 돌려 투표를 통해 다수결의 원칙을 따라 합의를 이끌어낸다.
2. 공개원칙 : 모든 표준은 제정 초기부터 논의과정, 최종 합의에 이르기까지 공개적으로 처리한다.
3. 자발성 존중
4. 통일성과 일관성 유지
5. 시장적합성
6. 경제적 요인의 반영
7. 공공의 이익 반영

3회 기출예상문제

문제 134쪽

01	④	02	①	03	④	04	②	05	④
06	④	07	②	08	①	09	③	10	②
11	①	12	④	13	③	14	①	15	③
16	⑤	17	③	18	⑤	19	④	20	③
21	③	22	③	23	①	24	③	25	②
26	④	27	①	28	③	29	④	30	④
31	④	32	④	33	②	34	⑤	35	④
36	①	37	①	38	②	39	⑤	40	①
41	②	42	⑤	43	①	44	②	45	⑤
46	④	47	②	48	②	49	①	50	⑤

01 문서이해능력 세부 내용 이해하기

| 정답 | ④

| 해설 | A 발전이 초전도 송전 연구에 돌입한 것은 2001년이고, 초전도 케이블을 개발하는 데 성공한 것은 2004년이다. 따라서 약 3년 만에 교류 23kV 초전도 케이블 발명에 성공했다.

| 오답풀이 |

① 초전도는 일반적으로 자기부상열차, 병원 MRI, 입자가속기 등에 활용된다고 제시되어 있다.

② 우리나라의 A 발전은 2019년 11월 또다시 세계 최초로 초전도 송전 상용화에도 성공했다고 제시되어 있다.

③ 기존에는 고전압 송전을 위한 대규모의 송전 설비를 설치할 필요가 있었다고 제시되어 있다.

⑤ A 발전에서 개발한 초전도 케이블은 영하 196℃의 액체질소를 냉매제로 활용한다고 제시되어 있다.

02 문서작성능력 빈칸에 알맞은 말 넣기

| 정답 | ①

| 해설 | ㉠의 앞에서는 어떤 물체가 움직일 때 생기는 저항에 대해 설명하고 있고 ㉠의 뒤에서는 그 저항의 예시를 제시하고 있다. 따라서 ㉠에는 '예를 들어'와 같이 예시를 들 때 사용하는 접속어가 적절하다.

03 문서이해능력 세부 내용 이해하기

| 정답 | ④

| 해설 | 운영 방안을 보면 '학생 등 시민, 지역사회전문가 2개 분과로 구성하여 활동 다양화 추진 예정'이라고 하였으므로 3개 분과로 구성한다는 설명은 적절하지 않다.

| 오답풀이 |

① 추진 내용을 보면 시민참여혁신단 구성은 위원장 1인 포함 20인 내외이며 임기는 임명일에서 2X21년 12월까지라고 하였는데, 시민참여혁신단은 2X18년부터 시작되어 올해가 3년 차라고 하였으므로 올해는 2X20년이며, 따라서 임기는 2년이 안 되는 것을 알 수 있다.

04 문서작성능력 빈칸에 들어갈 내용 추론하기

| 정답 | ②

| 해설 | 활동 계획에서 혁신 후보과제 및 혁신계획 등 기관의 경영계획을 검토하고 자문하는 일을 한다고 제시되어 있지만, 이를 처분하는 일을 하는지에 대해서는 나와 있지 않다.

| 오답풀이 |

① '국민이 체감하는 R&D 성과 제고'를 통해 알 수 있다.

③ '사회적 가치 구현'을 통해 알 수 있다.

④ '기관 경영계획 참여'를 통해 알 수 있다.

⑤ '시민참여혁신단 활동계획 실행'을 통해 알 수 있다.

05 문서이해능력 자료 이해하기

| 정답 | ④

| 해설 | 금융감독원과 금융위원회가 공동으로 설립한 기후리스크 포럼에서는 주요 금융회사들을 대상으로 주요 해외 감독당국 및 국제기구의 논의 내용을 바탕으로 하는 기후리스크 대응에 대한 실무적 논의를 하는 것이며 주요 해외 감독당국 및 국제기구가 참여한다는 내용은 제시되어 있지 않다.

06 문서이해능력 자료 이해하기

| 정답 | ④

| 해설 | 물리적 리스크 요인에 의한 운영 리스크의 발생은 갑작스런 폭설로 사업장 운영이 일시적으로 중단되는 것과 같이 극심한 기후현상으로 인해 지점 업무 중단 등 영업연속성에 영향을 주는 리스크 발생을 의미한다.

| 오답풀이 |

① 기상이변에 의해 국가 또는 기업의 평판이 하락한 경우로 운영 리스크에 해당한다.

② 기상이변으로 인한 국가 경제기반 악화로 국채가격이 하락한 경우로서 시장 리스크에 해당한다.

③ 집중 호우에 의한 부품 부식으로 재고손실이 발생하는 경우는 이상기후로 인해 자산가치가 하락하는 경우로 이는 신용 리스크에 해당한다.

07 문서이해능력 자료를 도식화하기

| 정답 | ②

| 해설 | 기후변화에 대한 리스크의 요인은 크게 물리적 리스크와 이행 리스크로 구분되며, 금융리스크의 증대로 인해 금융회사의 건전성 악화와 금융시장 불안 확대로 금융시스템 전반의 리스크로 발전하는 단계는 시스템 리스크에 해당한다.

08 문서작성능력 알맞은 제목 작성하기

| 정답 | ①

| 해설 | 제시된 글은 다차로 하이패스를 운영한 결과 톨게이트 통과속도 상승, 하이패스 차로 사고 감소 등의 효과가 확인되어 다차로 하이패스를 신설할 예정임을 알리는 보도자료이다. 또한 ㉢에서 올해 총 17개소가 설치될 것임을 알 수 있다. 따라서 글의 제목으로 적절한 것은 ①이다.

09 문서이해능력 세부 내용 이해하기

| 정답 | ③

| 해설 | ㉠을 통해 다차로 하이패스는 본선형과 나들목형으로 구분되며 제한속도도 본선형은 80km/h, 나들목형은 50km/h로 구분되어 있음을 알 수 있다. 이는 기존 제한속도 30km/h보다 20 ~ 50km/h 높은 것이므로 적절한 설명이다.

| 오답풀이 |

① 다차로 하이패스는 두 개 이상의 하이패스 차로를 연결하고, 차로 간 시설물을 없애 차로 폭이 본선과 같은 넓이이다.

② 고객 불편을 최소화하기 위해 대상 영업소, 공사 기간, 주의사항 등을 교통정보 앱, 공사 홈페이지와 블로그 등을 통해 안내하고 현수막과 VMS 전광판을 이용한 현장 안내도 병행할 예정이다.

④ 다차로 하이패스가 신설되는 영업소는 수도권, 충청권, 전라권, 경상권으로 강원권은 포함되어 있지 않다.

⑤ 다차로 하이패스 공사 중에는 기존 하이패스 차로가 폐쇄되고 임시차로가 운영된다.

10 문서이해능력 글의 흐름을 해치는 문단 찾기

| 정답 | ②

| 해설 | 제시된 글은 다차로 하이패스 설치에 관한 내용으로, 다차로 하이패스의 장점과 설치 장소에 대한 안내를 설명하고 있다. 하지만 ㉡에서는 노후 하이패스 단말기 보상판매에 대해 설명하고 있으므로, 글의 흐름에 어울리지 않는다.

11 문서이해능력 공고문 이해하기

| 정답 | ①

| 해설 | 추가 도입기관 없이 총 사업비가 5억 원인 사업은 총 사업비의 50%인 2억 5천만 원 이내인 최대 2억 원을 지원받을 수 있다.

| 오답풀이 |

② 스마트 산단 소재 기업은 6대 뿌리기술에 해당하지 않는다.

③ 지원 제외 사유에 해당하는지 여부는 접수마감일을 기준으로 판단한다.

④ 제시된 자료에 언급되어 있지 않다.

⑤ 전사적 시스템에 해당하는 MES 구축은 지원불가 대상이다.

12 문서이해능력 공고문 이해하기

| 정답 | ④

| 해설 | 경영정상화 약정을 체결하는 기관은 중소기업지원기관이 아닌 채권금융기관 협의회이다.

| 오답풀이 |

① 열처리 기술은 6대 뿌리기술에 해당한다.

② 도입기관 참여가 필수는 아니지만 도입기관이 사업에 많이 참여하면 우대를 받을 수 있다. 또한 금융 관련 채무불이행 상태인 기관은 지원 제외 사항에 해당한다.

③ 표면처리 기술은 6대 뿌리기술에 해당한다.

⑤ 신청기간은 2월 28일까지이다.

13 문서이해능력 보도자료 이해하기

| 정답 | ③

| 해설 | 세 번째 문단에 '서비스 로봇'을 주제로 총 800만 불 규모의 대형 하향식 프로그램인 라이트하우스를 하반기 중 착수할 계획이라고 제시되어 있다. 라이트하우스는 그간 추진해 온 기업 수요에 기반한 상향식 R&D 지원과 차별하여, 정책적 필요와 사전 기획을 바탕으로 한 하향식 기술협력 프로그램이다.

| 오답풀이 |

① 첫 번째 문단에서 산업기술협력협정이 이스라엘과의 상호호혜적인 기술협력을 위해 1999년 최초 체결한 우리나라 유일의 산업기술협력조약임을 제시하고 있다.

② 네 번째 문단을 통해 이스라엘이 강점이 있는 자율주행기술을 결합한 자율차 분야의 협력을 강화해 나가기로 하였음을 알 수 있다.

④ 세 번째 문단에서 이스라엘은 최근 한국의 제조기업들이 필요로 하는 정보통신기술(ICT)·생명공학기술(BT)에 매우 강점이 있어 디지털 전환과 바이오 혁명시대에 최적의 협력파트너로 그 의미가 크다고 하였다.

⑤ 두 번째 문단에서 2015년에 개발한 무선 혈당측정기가 개발 4년 만에 수출액이 약 70배 성장하였다고 제시되어 있다.

14 문서작성능력 보도자료 제목 정하기

| 정답 | ①

| 해설 | 제시된 보도자료는 전체적으로 한-이스라엘 당국이 산업기술협력협정 전면 개정안에 서명했음을 보도하고 있다. 따라서 제목으로는 ①이 적절하다.

15 문서이해능력 보도자료를 읽고 나눈 대화 이해하기

| 정답 | ③

| 해설 | 이번 「한-이스라엘 산업기술협력협정」 개정을 통해서 양국은 각각 400만 불씩 총 800만 불 규모의 출자금액을 조성할 수 있게 되었다.

16 문서작성능력 문맥상 빈칸에 들어갈 문장 넣기

| 정답 | ⑤

| 해설 | 마지막 문단의 '제대로 숙면하지 못하면 뇌의 베타-아밀로이드가 잠을 자는 동안 배출되지 못한다'를 통해 숙면하는 동안 신경세포에서 어떤 물질(베타-아밀로이드)이 배출되어야 함을 알 수 있다.

17 문서작성능력 문맥에 맞게 문장 삽입하기

| 정답 | ③

| 해설 | 제시된 글은 금리 상승기에 금융비용 부담이 커진 금융소비자의 권익보호를 목적으로 금리정보 공개 확대와 합리적 금리산정을 위해 제도개선을 추진함을 알리는 내용이다.

〈보기〉는 은행의 내부통제 부서를 통한 금리산정체계 점검을 연 2회 이상 시행한다는 내용으로, 은행권의 금리산정에 관한 자율점검 및 내부통제 강화를 통해 금리산정체계를 보완하여 합리성과 투명성을 제고한다는 '개선 방안'의 2-③을 부연할 수 있다. 따라서 〈보기〉의 문장은 ㉢에 들어가야 적절하다.

18 문서이해능력 세부 내용 이해하기

| 정답 | ⑤

| 해설 | '개선 방안'의 1-③에서 예금금리의 경우 각 예·적금 상품의 전월 평균금리도 추가로 공시한다고 하였으므로, '상품별 전월 평균금리(신규취급)도 추가 공시'와 같이 정리하는 것이 적절하다.

| 오답풀이 |

①, ② '개선 방안'의 1-①을 통해 기존에는 각 은행이 자체적으로 3개월마다 예대금리차를 공시해 왔으나 은행연합회 홈페이지에 전체 은행의 예대금리차를 1개월마다 비교 공시하는 방향으로 개선됨을 알 수 있다.

③ '개선 방안'의 1-②에서 현행 대출금리 공시기준은 은행별 자체 신용등급 5단계에 따르며, 총 1 ~ 10등급까지 있음을 알 수 있다.

④ '개선 방안'의 1-③에서 하단의 참고 내용을 보면 공시항목이 (현행) 기본금리, 최고우대금리임을 알 수 있다.

19 기초연산능력 생산량 구하기

| 정답 | ④

| 해설 | 연초에 수립한 의약품 생산 계획에서의 총 생산량과 연말에 확인된 실제 의약품 총 생산량을 비교한다. 3공장의 경우 7월 1일부터 6개월 동안 가동되었으나, 실제 원자재 투입량과 그에 따른 공정 손실률, 그리고 실제 생산량은 가동 날짜와 관계가 없음에 유의해야 한다.

- 의약품 생산 계획
  - 1공장 : 90,000×(1-0.1)=81,000(L)
  - 2공장 : 100,000×(1-0.1)=90,000(L)
  - 계획한 총 생산량 : 81,000+90,000=171,000(L)
- 실제 의약품 생산량
  - 1공장 : 90,000×(1-0.15)=76,500(L)
  - 2공장 : 100,000×(1-0.05)=95,000(L)
  - 3공장 : 100,000×(1-0.3)=70,000(L)
  - 실제 총 생산량 : 76,500+95,000+70,000=241,500(L)

따라서 계획한 총 생산량과 실제 총 생산량의 차이는 241,500-171,000=70,500(L)이다.

20 도표분석능력 자료의 수치 분석하기

| 정답 | ③

| 해설 | 남자와 여자의 음료류 섭취량의 합은 2013년이 69+56=125(g)이고, 2023년이 231+182=413(g)이다. $125\times(1+0.127)^{10}=125\times3.3=412.5\fallingdotseq413$(g)이므로 음료류 섭취량이 연평균 약 12.7%씩 증가하였다는 것은 옳은 설명이다.

21 기초연산능력 일률 계산하기

| 정답 | ③

| 해설 | 분석해야 할 데이터의 양을 1이라고 할 때, 한 시간 동안 분석하는 데이터의 양은 컴퓨터 S는 $\frac{1}{30}$, 컴퓨터 A는 $\frac{1}{50}$이다. 컴퓨터 S만을 사용하여 5시간 동안 먼저 분석을 진행하였고 컴퓨터 S와 A를 모두 사용하여 데이터를 분석한 시간을 x라고 하면 다음과 같은 식이 성립한다.

$$\frac{1}{30}\times5+\left(\frac{1}{30}+\frac{1}{50}\right)x=1$$

$$\frac{1}{6}+\frac{4}{75}x=1$$

$$\frac{4}{75}x=\frac{5}{6}$$

$$\therefore\ x=\frac{125}{8}=15.625$$

따라서 박 대리가 데이터 분석을 마무리하는 데 걸린 시간은 5+15.625=20.625(시간)이다.

22 기초연산능력 열에너지 계산하기

| 정답 | ③

| 해설 | 4m 떨어진 지역에 전달되는 열의 양은 $\frac{1}{4}$, 열이 전달되는 면적은 $16m^2$이다. 이때 열전달 장치에서 발산하는 에너지의 양이 640J이므로 $640\times\frac{1}{4}=160$(J)의 에너지가 $16m^2$의 면적에 전달되어, $1m^2$당 10J의 열이 전달된다.

23 도표분석능력 자료의 수치 분석하기

| 정답 | ①

| 해설 | 20X6년 대비 20X7년 당뇨병 사망률의 증감률은 $\frac{17.9-19.2}{19.2}\times 100 \fallingdotseq -6.77(\%)$로 7% 미만 감소하였다.

| 오답풀이 |

② 20X9년 기준 전년 대비 사망률이 증가한 사망원인은 폐암과 기타 질환으로 이 둘의 증가값은 각각 1.4%p, 0.3%p이므로 20X9년 기준 전년 대비 사망률의 증가값이 가장 큰 사망원인은 폐암이다.

③ 위암으로 인한 사망률은 20X4년 17.6%부터 20X9년 14.7%까지 매년 감소하고 있다.

④ 심장 질환은 20X4년 52.4%부터 20X9년 60.4%까지 매년 주요 사망원인 중 사망률이 가장 높다.

⑤ 전년 대비 심장 질환 사망률의 증가값이 가장 큰 해는 3.2%p 증가한 20X5년이다. 20X5년의 전년 대비 뇌혈관 질환 사망률의 감소값은 0.2%p로 가장 작다.

24 도표작성능력 올바르게 작성된 그래프 찾기

| 정답 | ③

| 해설 | 20X7년 각종 암의 사망률 합계는 15.7+20.9+35.1=71.7(%p)로 60%를 초과하며, 당뇨병으로 인한 사망률은 17.9%로 20% 미만, 심장 질환으로 인한 사망률은 60.2%로 60% 선에 근접하고, 기타 질환으로 인한 사망률은 24.3%로 20%를 초과하므로 모든 항목에서 올바르게 작성되었다.

| 오답풀이 |

① 20X5년 각종 암의 사망률 합계는 16.7+22.2+34.1=73(%p)로 60%를 초과한다.

② 20X6년 당뇨병으로 인한 사망률은 19.2%로 20% 미만이며, 기타 질환으로 인한 사망률은 25.6%로 20%를 초과한다.

④ 20X8년 심장 질환으로 인한 사망률은 62.4%로 60%를 초과한다.

25 도표분석능력 자료의 수치 계산하기

| 정답 | ②

| 해설 | (B)에 들어갈 값은 고신용자 전체 대출보유자 수 중 900점 이상 구간 신용자와 700 ~ 799점 구간 신용자의 수를 뺀 값과 같다. 따라서 (B)에 들어갈 값은 17,856,718−(8,530,246+2,687,916)=6,638,556이다.

26 도표분석능력 자료의 수치 계산하기

| 정답 | ④

| 해설 | 신용평점이 399점 이하인 저신용자의 대출 보유 비중은 $\frac{977,526}{1,988,492}\times 100 \fallingdotseq 49.16(\%)$이므로 69.11%로 표기한 것은 옳지 않다.

| 오답풀이 |

① 자료에서의 모든 평점대의 총인원수는 44,818,057+886,262+1,988,492=47,692,811(명), 대출보유자 수는 17,856,718+789,263+977,526=19,623,507(명)이므로 그 비율은 $\frac{19,623,507}{47,692,811}\times 100 \fallingdotseq 41.15(\%)$이다.

② 중신용자의 총인원수는 886,262명, 대출보유자 수는 640,997+103,659+44,607=789,263(명)이므로 그 비율은 $\frac{789,263}{886,262}\times 100 \fallingdotseq 89.06(\%)$이다.

③ 고신용자의 총인원수는 44,818,057명, 대출보유자 수는 17,856,718명이므로 그 비율은 $\frac{17,856,718}{44,818,057}\times 100 \fallingdotseq$ 39.84(%)이다.

27 도표분석능력 자료 분석하기

| 정답 | ①

| 해설 | 각 통화별로 현찰을 살 때와 팔 때의 환율을 계산하면 다음과 같다.

구분	살 때와 팔 때 환율 차이(원)
미국 달러	1,355.81−1,309.19=46.62
유럽 유로	1,358.20−1,305.46=52.74
스위스 프랑	1,408.89−1,354.19=54.70
중국 위안	203.73−184.33=19.40
덴마크 크로네	183.68−174.72=8.96

따라서 현찰을 살 때와 팔 때의 환율 차이가 가장 큰 통화는 스위스 프랑이다.

| 오답풀이 |

② 모든 통화에서 현찰 구매 환율이 송금 받을 때 환율보다 높다.

③ 유럽 유로를 송금할 때 환율은 1,344.88원이고 스위스 프랑을 송금 받을 때 환율은 1,368.01원이므로 스위스 프랑을 송금 받을 때 환율이 더 높다.

④ 매매기준율을 기준으로 하면 스위스 프랑(1,381.54원), 미국 달러(1,332.50원), 유럽 유로(1,331.83원) 순으로 환율이 높다.

⑤ 해설의 표에 따라 덴마크 크로네의 살 때와 팔 때의 환율 차이는 8.96원으로 가장 작다.

28 도표분석능력 자료 분석하기

| 정답 | ③

| 해설 | ㉠에 들어갈 숫자를 x라고 할 때 다음과 같은 식을 세울 수 있다.

$$174.72=179.20-179.20\times\frac{x}{100}$$

$$179.20x=448$$

$$x=2.50$$

따라서 ㉠에 들어갈 값은 2.50이다.

29 도표분석능력 자료를 바탕으로 비용 계산하기

| 정답 | ④

| 해설 | 6달러를 송금하고 14위안을 현찰로 산다면,

$1,345.20\times6+203.73\times14$

$=8,071.20+2,852.22$

$=10,923.42$이다.

따라서 총 10,923.42원을 지출하게 된다.

30 도표분석능력 자료를 분석하여 업체 선정하기

| 정답 | ④

| 해설 | 각 건설사의 평가기준별 점수를 계산하면 다음과 같다.

구분	공사 단가	예상 기간	계약금	평판	업체 규모	총점
A 건설사	1	4	1	3	5	14
B 건설사	2	5	2	4	3	16
C 건설사	5	4	4	1	1	15
D 건설사	4	1	5	5	5	20
E 건설사	3	4	4	3	3	17

따라서 총점이 가장 높은 D 건설사가 선정된다.

31 도표분석능력 자료를 분석하여 업체 선정하기

| 정답 | ④

| 해설 | 변경사항을 반영하여 각 건설사의 평가기준별 점수를 계산하면 다음과 같다.

구분	공사 단가	예상 기간	계약금	평판	업체 규모	총점
A 건설사	1	8	1	9	5	24
B 건설사	2	10	2	12	3	29
C 건설사	5	8	4	3	1	21
D 건설사	4	2	5	15	5	31
E 건설사	3	8	4	9	3	27

따라서 총점이 가장 높은 D 건설사가 선정된다.

32 도표분석능력 자료를 분석하여 업체 선정하기

| 정답 | ④

| 해설 | 변경사항에서 추가된 기준인 각 건설사별 계약금비율을 구하면 다음과 같다.

- A 건설사 : $\frac{20}{200}\times100=10(\%)$
- B 건설사 : $\frac{18}{180}\times100=10(\%)$

• C 건설사 : $\frac{15}{150} \times 100 = 10(\%)$

• D 건설사 : $\frac{10}{160} \times 100 = 6.25(\%)$

• E 건설사 : $\frac{15}{170} \times 100 \fallingdotseq 8.8(\%)$

이를 반영하여 각 건설사의 평가기준별 점수를 계산하면 다음과 같다.

구분	계약금 비율	예상 기간	평판	업체 규모	총점
A 건설사	3	4	3	4	14
B 건설사	3	5	4	2	14
C 건설사	3	4	1	0	8
D 건설사	5	1	5	4	15
E 건설사	4	4	3	2	13

따라서 총점이 가장 높은 D 건설사가 선정된다.

33 도표분석능력 자료의 수치 계산하기

| 정답 | ②

| 해설 | 2X17년 연간 비경제활동인구인 1,618만 명은 전년 대비 1.3만 명이 감소한 것이므로, 전년도인 2X16년의 연간 비경제활동인구는 1,618+1.3=1,619.3(만 명)이다.

34 도표분석능력 자료의 수치 분석하기

| 정답 | ⑤

| 해설 | 제시된 자료에서 재학 · 수강 등의 연간 평균 비경제활동인구 증감은 2X17년부터 2X19년까지 매년 감소하였으나, 2X20년의 경우는 2분기까지의 자료만이 제시되어 있어 3, 4분기를 포함한 2X20년 전체의 비경제활동인구 증감에 관한 내용은 알 수 없다.

| 오답풀이 |

① 2X19년 분기별 실업자수는 1분기 124.8만 명부터 4분기 89.1만 명까지 지속적으로 감소하였다.

② 2X18년과 2X19년 연간 기록을 비교했을 때 2X19년 경제활동참가율은 0.2% 증가하였고 비경제활동인구 역시 1628.4만 명에서 1632.1만 명으로 3.7만 명 증가하였다.

③ 2X19년 분기별 50 ~ 59세의 실업률은 3.0%, 2.6%, 2.3%, 2.2%로 지속적으로 감소하였다.

④ 2X17 ~ 2X20년 동안 전체 실업률은 5%를 초과하지 않은 반면 15 ~ 29세의 실업률은 8% 미만을 기록한 적이 없다.

35 도표작성능력 그래프 작성하기

| 정답 | ④

| 해설 | 2X19년 4분기 30대의 실업률은 3분기 3.2%에서 2.9%로 감소하였고, 40대의 실업률 역시 2.1%에서 2%로 감소하였다. ④의 그래프는 2X19년 4분기 실업률이 상승한 것으로 표시되어 있으므로 적절하지 않다.

| 오답풀이 |

① 2X17년 연간 실업자수 102.3만 명은 2X16년 연간 실업자수에 2X17년 실업자수 증감량을 합산한 것이다. 2X17년 실업자수는 1.2+0.1=1.3(만 명)이 증가하였으므로, 2X16년 연간 실업자수는 102.3−1.3=101(만 명)이다. ①은 이를 포함하여 2X19년까지의 연간 평균 실업자수를 적절하게 그래프로 나타냈다.

36 문제처리능력 자료 분석하기

| 정답 | ①

| 해설 | 협력이익공유제도에서 위탁기업과 수탁기업 간의 협력의 범위는 프로젝트, 물품 · 부품 외에도 개별기업 간의 협력 등 기업의 상황에 따라 자율적으로 선택할 수 있도록 하고 있다.

| 오답풀이 |

② 수탁기업의 실질적 혜택을 도모하기 위해 협력이익공유제도의 협력이익은 판매량, 영업이익과 같은 재무적 성과로 한정한다고 정의하고 있다.

③ 협력사업형을 통해 위탁기업은 기업가치를 향상시키는 효과를 기대할 수 있고, 구조도를 통해 수탁기업 역시 위탁기업과 수익을 공유하는 관계임을 알 수 있다.

④ 이익공유 유형은 전 업종을 대상으로 인센티브형을 적용할 수 있으나, 그 외에 제조업의 경우는 협력사업형,

유통과 IT 등의 플랫폼 업종의 경우는 마진보상형을 적용할 수 있다.

⑤ 인센티브형을 통해 위탁기업은 경영목표 및 성과 달성을 자율평가한 후 수탁기업에 인센티브를 제공함을 알 수 있다.

37 문제처리능력 자료에 사례 적용하기

| 정답 | ①

| 해설 | ①은 수탁기업과 위탁기업의 R&D 공동 협력을 통해 수익을 발생시키고 이를 서로 공유하는 구조를 통해 이익공유의 유형 중 협력사업형에 속함을 알 수 있다. 한편 나머지 사례는 수탁기업들의 공동 노력으로 인한 성과 및 경영목표 달성, 위탁기업의 자율평가, 달성률에 따른 성과급 지급 등의 내용을 통해 이익공유의 유형 중 인센티브형에 해당함을 알 수 있다.

38 문제처리능력 자료를 도식화하여 나타내기

| 정답 | ②

| 해설 | ㉠ 그림에서 위탁기업이 ㉠을 사이에 두고 수탁기업에게 콘텐츠를 제공하는 구조임을 통해 ㉠은 플랫폼이며, 그중에서도 콘텐츠를 제공하는 IT 플랫폼임을 알 수 있다.

㉡ IT 플랫폼 업종에서의 마진보상형 이익공유 구조에서 플랫폼은 위탁기업이 제공한 콘텐츠의 플랫폼 내 재무적 성과와 연계하여 수수료 인하 혹은 면제 등의 사업적 이익을 제공한다.

39 사고력 최소 거리 산출하기

| 정답 | ⑤

| 해설 | 〈조건 1〉에 따라 물류센터를 거리의 합이 최소가 되는 지점에 건설하려면 다음 × 표시한 지점 중 한 곳에 건설하면 된다.

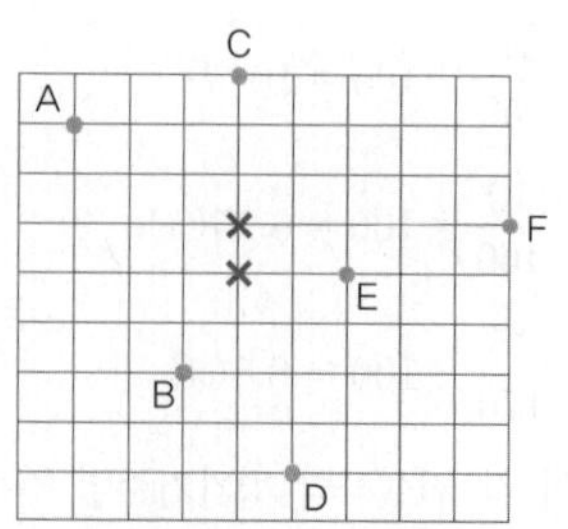

두 지점 모두 각 소매점까지의 거리의 합이 26이므로 최소 운송비용은 260,000원이다.

40 사고력 최소 비용 산출하기

| 정답 | ①

| 해설 | 소매점에 따라 운송비용이 달라지므로 비용을 줄이기 위해 1km당 20,000원이 발생하는 D, E, F 소매점 쪽에 물류센터를 건설해야 한다.

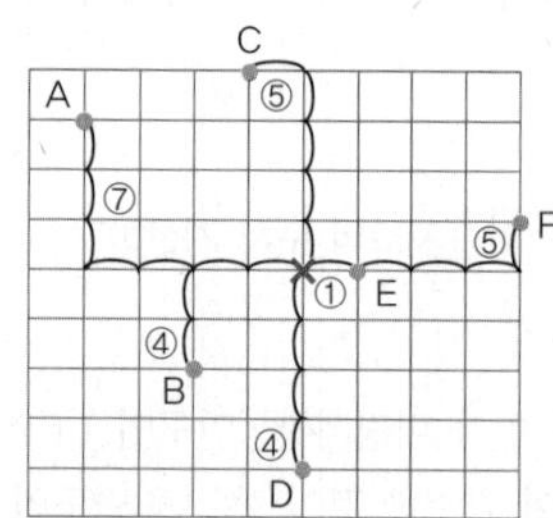

A(7)+B(4)+C(5)+2{D(4)+E(1)+F(5)}=36이므로 최소 운송비용은 360,000원이 된다.

41 문제처리능력 자료 이해하기

| 정답 | ②

| 해설 | 기대효과 5.를 살펴보면 운영비용이 최소화된다는 것을 확인할 수 있다.

42 문제처리능력 자료 이해하기

| 정답 | ⑤

| 해설 | '시범 구축 결과'를 보면, 역사 평균 순회시간이 일반 역사 28분에서 스마트 스테이션 10분으로 단축되었으므로 ⑤의 내용은 적절하다.

| 오답풀이 |

① 스마트 스테이션에서는 지능형 CCTV를 통해 가상순찰이 가능하다.

② 긴급상황 발생 시 평균 대응 시간은 일반 역사 11분, 스마트 스테이션 3분으로 일반 역사가 더 느리다.

③ 스마트 스테이션에서는 역무원 부재 시 역사 내 지능형 CCTV, 열화상 카메라 등을 활용한 스마트 센서와 상황 인식 기반 기술로 범죄 및 테러 방지가 가능하다.

④ 스마트 스테이션에서는 3D 지도, IoT 센서, 지능형 CCTV 등이 유기적으로 기능하여 다양한 분야를 통합 관리할 수 있다.

43 문제처리능력 자료 이해하기

| 정답 | ①

| 해설 | 범죄자를 뚜렷하게 식별할 수 있는 것은 일반 CCTV가 아니라 지능형 CCTV이다.

44 문제처리능력 자료를 바탕으로 금액 산출하기

| 정답 | ②

| 해설 | $670\times20+588\times20+170\times20=28,560$(원)

45 문제처리능력 자료 파악하기

| 정답 | ⑤

| 해설 | 대중탕의 수도계량기 구경이 바뀌어 구경별 정액요금이 변동되고 기존에도 면적이 $10m^2$를 넘던 목욕탕과 슈퍼는 변동 없이 책정된다. 구멍가게의 경우 면적이 $15m^2$로 $10m^2$가 넘게 되어 가정용에서 일반용 요금으로 전환된다.

46 문제처리능력 자료 분석하기

| 정답 | ④

| 해설 | 면적이 $20m^2$이므로 일반용 요금에 해당된다. 구경별 정액요금은 상수도요금에만 부과하므로, 적절한 내용은 ④이다.

47 문제처리능력 상황에 따른 도착시간 추론하기

| 정답 | ②

| 해설 | 먼저 ㉮ IC에서 ㉱ IC로 가는 구간별 소요시간은 다음과 같다.

1) ㉮ IC → ㉯ JC(감속 구간)

$=\dfrac{10}{1.5\times\dfrac{2}{3}}=10$(분)

2) ㉯ JC → ㉰ JC

$=\dfrac{10}{30}$(시간) ⇒ 분으로 전환$=\dfrac{20}{60}=20$(분)

3) ㉰ JC → ㉱ IC(감속 구간)

$=\dfrac{12}{1\times\dfrac{2}{3}}=18$(분)

따라서 ㉮ IC에서 ㉱ IC까지 48분이 소요된다. ㉱ IC에서 1시간 동안 업무를 본 후 ㉱ IC에서 ㉯ IC로 이동한 시간은 다음과 같다.

4) ㉱ IC → ㉰ JC(감속 구간)

$=\dfrac{12}{1\times\dfrac{2}{3}}=18$(분)

5) ㉰ JC → ㉯ IC

$=\dfrac{8}{1}=8$(분)

따라서 총 2시간 14분 소요됐으므로 ㉯ IC 도착시간은 15시 14분이다.

48 문제처리능력 소요시간이 적은 경로 추론하기

| 정답 | ②

| 해설 | 먼저 정체 단계, 서행 단계, 원활 단계의 속도를 km/h로 나타내면 각각 30km/h, 60km/h, 90km/h가 되는데 〈보기〉에서 전 구간의 운행속도가 30% 감소할 것이라고 하였으므로 각각 21km/h, 42km/h, 63km/h로 줄어들게 된다. 또한 보수 작업이 진행 중인 구간에서는 진입 시 속도가 $\dfrac{2}{3}$로 감소하는데, 추석 연휴 중 보수 작업은 중단한다고 하였으므로 이 구간 진입 시 속도 감소는 없다. 마지막으로 JC에서 음주측정을 한다고 하였는데 모든 경로에서 JC는 두 번 거치게 되므로 계산에서 제외해도 된다.

이를 바탕으로 계산하면 다음과 같다.

① ㉮ IC → ㉰ JC → ㉳ JC → ㉱ IC :

$\frac{20}{42}+\frac{10}{21}+\frac{10}{42}=\frac{25}{21}$

② ㉯ IC → ㉰ JC → ㉳ JC → ㉴ IC :

$\frac{8}{21}+\frac{10}{21}+\frac{15}{63}=\frac{23}{21}$

③ ㉮ IC → ㉰ JC → ㉳ JC → ㉴ IC :

$\frac{20}{42}+\frac{10}{21}+\frac{15}{63}=\frac{25}{21}$

④ ㉱ IC → ㉳ JC → ㉰ JC → ㉮ IC :

$\frac{10}{63}+\frac{10}{21}+\frac{20}{21}=\frac{100}{63}$

⑤ ㉴ IC → ㉳ JC → ㉰ JC → ㉮ IC :

$\frac{15}{63}+\frac{10}{21}+\frac{20}{21}=\frac{35}{21}$

따라서 시간이 가장 적게 걸리는 경로는 ②이다.

49 문제처리능력 선입금 금액 계산하기

| 정답 | ①

| 해설 | D 타입과 E 타입을 대여하면 최소의 금액으로 지시사항에 모두 부합하는 객실을 예약할 수 있다. 이 경우 대여료는 200,000+150,000=350,000(원)이다. 예약 시 대여료의 20%에 해당하는 선입금을 지불하여야 하므로 350,000×0.20=70,000(원)을 지불해야 한다.

50 문제처리능력 환불 규정 이해하기

| 정답 | ⑤

| 해설 | 사용예정일은 3월 24일 금요일이고, 예약을 취소하는 시점은 3월 21일 화요일이다. 따라서 사용예정일 3일 전에 환불신청을 하는 경우이므로, 이체수수료 1,000원을 제외한 선입금의 90%를 환불받을 수 있다.

4회 기출예상문제

문제 180쪽

01	②	02	④	03	④	04	④	05	①
06	②	07	④	08	②	09	①	10	④
11	③	12	②	13	③	14	②	15	④
16	②	17	④	18	③	19	④	20	④
21	③	22	②	23	④	24	④	25	①
26	③	27	①	28	③	29	②	30	③
31	④	32	④	33	①	34	④	35	②
36	④	37	③	38	②	39	③	40	④
41	④	42	②	43	③	44	①	45	②
46	③	47	③	48	②	49	③	50	③

01 문서작성능력 글의 제목 작성하기

| 정답 | ②

| 해설 | 첫 번째 문단에서 ○○공사와 ◎◎건설기술연구원은 스마트 건설 기술 개발 사업을 위해 업무 협약을 체결했다고 하였고, 세 번째 문단을 통해 두 기관이 협력한 목적이 스마트 건설기술 개발임을 알 수 있다. 따라서 ②가 글의 제목으로 가장 적절하다.

| 오답풀이 |

①, ④ 제시된 글은 두 기관의 업무협력에 관한 내용이므로 한 기관에 대해서만 드러나는 제목은 적절하지 않다.

③ 두 기관은 같은 목적을 가지고 건설기술 사업에서 업무 협력을 하고 있으므로 적절하지 않다.

02 문서이해능력 세부 내용 이해하기

| 정답 | ④

| 해설 | 세 번째 문단을 보면 ○○공사와 ◎◎건설기술연구원은 업무협약에 따라 해외 개발사업을 추진하고, 해외 개발사업 추진을 위한 TF팀을 만든다고 하였으므로 적절하지 않다.

| 오답풀이 |

① 두 번째 문단을 통해 총 156개 기관, 총 1,076명의 연구

자가 참여한다고 했으며 건설생산성 향상, 공기단축 감소, 재해율 감소, 디지털화 증가를 목표로 개발이 진행된 것을 알 수 있다.

② 네 번째 문단을 통해 ◎◎건설기술연구원은 SOC 실증센터, 스마트건설 지원센터 등의 인프라 운영경험이 있음을 알 수 있다.

③ 마지막 문단을 통해 ◎◎건설기술연구원은 이번 협력을 통해 도로 분야 스마트 건설기반을 마련하고, 이를 항만, 철도, 주택 등 건설 전 분야에 접목시킬 계획이라고 하였다.

03 문서이해능력 공지사항 이해하기

| 정답 | ④

| 해설 | 지난 인구주택총조사와 관련된 내용은 제시된 글에 나와 있지 않다.

| 오답풀이 |

① 인구주택총조사 시행의 법적 근거는 통계법 제5조의3, 지정통계(동법 제17조 제1항)이다.

② 인구주택총조사의 방문조사는 11월 1일부터 11월 18일까지 총 18일간 진행된다.

③ 대한민국 영토 내에 상주하는 모든 내 · 외국인과 이들이 살고 있는 거처를 조사대상으로 한다.

04 문서이해능력 조사표의 내용 확인하기

| 정답 | ④

| 해설 | 제시된 조사표는 전수조사가 아닌 방문조사표이므로 표본조사에 해당하며, 표본조사는 20X1년 3월부터 12월까지 결과를 공표한다.

| 오답풀이 |

① 해당 조사의 실시기관은 지방자치단체이다.

② 조사내용 중 '가족구조 변화'에 해당한다.

③ 조사내용 중 '안전한 사회'에 해당한다.

05 문서작성능력 일련번호 표기방법 이해하기

| 정답 | ①

| 해설 | 누년 일련번호는 연도 구분과 관계 없이 누년 연속되는 일련번호로 '법규문서, 훈령, 예규'에서 쓴다. 연도별 일련번호는 연도별로 구분하여 매년 새로 시작되는 일련번호로서 연도표시가 없는 번호로 '일일명령, 회보'에서 사용한다. 연도표시 일련번호는 연도표시와 연도별 일련번호를 붙임표(−)로 이은 번호로 '지시, 고시, 공고'에서 사용한다.

06 문서작성능력 공문서 표기법 파악하기

| 정답 | ②

| 해설 | '숫자'는 아라비아 숫자로 표기해야 한다.

| 오답풀이 |

① 금액을 표시할 때에는 아라비아 숫자로 쓰되, 숫자 다음에 괄호를 하고 한글로 기재한다.

③ 공문서에서는 '서기'를 함께 표기하지 않는다.

④ 날짜는 숫자로 표기하되 연, 월, 일의 글자는 생략하고 그 자리에 마침표를 찍어 표시한다.

07 문서작성능력 설명서 도식화하기

| 정답 | ④

| 해설 | '6. 사용승인신청'에서 공사감리자를 지정하지 않은 소규모 건축물은 담당공무원이 현장을 점검하여 합격된 건축물에 한해 사용승인서를 교부한다고 되어 있다.

| 오답풀이 |

① '1. 부지매입'을 통해 건축사가 아닌 건축주가 확인해야 할 사항임을 알 수 있다.

② '3. 건축허가'의 두 번째 항목을 통해 준공 시 허가조건 이행여부를 확인하는 것을 알 수 있다.

③ '3. 건축허가'의 세 번째 항목을 통해 모든 건물이 아닌 신축 건물의 경우가 해당하는 것을 알 수 있다.

08 문서이해능력 세부 내용 이해하기

| 정답 | ②

| 해설 | '4. 착공신고 및 공사감리'의 첫 번째 항목에 따르면 시공사와 계약체결 후 착공신고를 접수해야 하는데 나연은 착공신고 이후 시공사와 계약을 체결했으므로 그 순서가 적절하지 않다.

| 오답풀이 |

① '3. 건축허가'의 세 번째 항목에 따라 건축허가를 받고 1년 이내로 착공연기서를 제출하여 공사착공신고서 제출기한을 7개월 연장하였다.

③ '6. 사용승인신청'에 따라 공사검리자를 지정하지 않은 소규모 건축물은 감리완료보고서에 사용승인신청서를 첨부하지 않고, 담당공무원이 현장을 점검하여 합격된 건축물에 한해 사용승인서를 교부한다.

④ '4. 착공신고'의 두 번째 항목에 따르면 착공신고는 대개 건축사사무소에서 건축주에게 위임을 받아 대리하는 것을 알 수 있다.

09 문서이해능력 세부 내용 이해하기

| 정답 | ①

| 해설 | '시험 안내'에 면접시험의 평정요소로 의사표현능력과 성실성, 창의력 및 발전가능성의 세 가지가 제시되어 있으나, 각 평정요소별 가중치에 대한 내용은 제시되어 있지 않다.

| 오답풀이 |

② '당일 제출서류'에 면접 당일 원서접수 시 작성하였던 경력 전부에 대한 증빙자료를 시험장 이동 전 담당자에게 제출해야 한다고 제시되어 있다.

③ '당일 제출서류'에 원서접수 시 작성하였던 경력 중 폐업회사가 있는 경우 면접폐업자 정보 사실증명서를 제출해야 한다고 제시되어 있다.

④ '유의사항'에 면접대기실 및 시험장에 입실하기 위해 필요한 출입증을 발급받기 위해서는 신분증이 필요하다고 제시되어 있다.

10 문서이해능력 세부 내용 이해하기

| 정답 | ④

| 해설 | '최종 합격자 발표'에서 합격자 명단은 개별 통지 없이 ○○부 홈페이지에 게재된다고 제시되어 있다는 점을 통해 최종 합격자는 ○○부 홈페이지에서 확인할 수 있는 것을 알 수 있다.

| 오답풀이 |

① '장소'에 면접은 ○○부 G 건물 로비에서 시험장으로 이동하여 진행된다고 제시되어 있다.

② '당일 제출서류'에 경력에 대한 증빙자료는 시험장으로 이동하기 전 담당자에게 제출해야 한다고 제시되어 있다.

③ '당일 제출서류'에 소득금액증명서는 세무서 이외에 무인민원발급기 혹은 인터넷에서 발급받을 수 있다고 제시되어 있다.

11 문서작성능력 글의 제목 작성하기

| 정답 | ③

| 해설 | 보도자료는 4차 산업혁명의 철도기술혁신 국제세미나에 관한 내용이므로 제목으로 '4차 산업혁명을 대비하기 위한 철도기술혁신 세미나 개최'가 적절하다.

12 문서이해능력 세부 내용 이해하기

| 정답 | ②

| 해설 | 하이퍼루프는 초고속 진공튜브 캡슐열차를 의미하며 한국형 하이퍼루프인 하이퍼튜브는 '저가형 항공기 속도의 절반 정도를 내는 것을 목표로' 한다고 하였으므로 고가형 항공기 속도의 절반 정도를 내는 것을 목표로 한다는 내용은 적절하지 않다.

| 오답풀이 |

① ㉡에서 ☆☆철도기술연구원은 '우리 철도분야에서도 IoT(사물인터넷), 인공지능, 빅데이터 첨단기술을 연구개발해 적용하고 있다'고 하였다.

③ ㉣에서 '휴먼에러로 인한 대형사고는 반드시 막아야 한다'고 강조하고 있다.

④ ㉠에서 '이번 국제세미나는 ~ 철도 분야의 미래신기술 개발과 기존 철도기술의 혁신을 통해 혁신성장동력을 창출하고자 마련됐다'고 언급하였다.

13 문서작성능력 문맥에 맞지 않는 문단 삭제하기

| 정답 | ③

| 해설 | ㉢은 '철도 사고 예방을 위한 검사방식의 예방적 수시점검'에 관한 내용으로 이는 4차 산업혁명의 철도기술 혁신에 관한 내용과 거리가 멀다.

14 문서이해능력 세부 내용 이해하기

| 정답 | ②

| 해설 | 여섯 번째 문단을 통해 석션버켓 해상풍력시스템은 해상풍력발전기 기초구조물에 펌프를 이용하여 구조물 내외부 수압 차이만을 통해 하부기초를 설치하는 기술로, 설치시간을 획기적으로 줄일 수 있다는 것을 알 수 있다. 또한 이 기술을 서남해 해상풍력 발전단지의 지지구조에 적용하면 기존 기술 대비 1,500억 원의 건설비용 절감이 가능하다고 제시되어 있다.

| 오답풀이 |

① 다섯 번째 문단을 보면 재생에너지 확대에 따라서 발생할 수 있는 전력품질 저하도 고려한다고 제시되어 있다.

③ 첫 번째 문단을 보면 4차 산업혁명 시대에 이르러 디지털 기술을 통해 사람-사물-공간의 초연결과 초지능화가 이루어짐으로써, 기존의 여러 기술 및 산업 사이에 명확했던 경계가 허물어지고 있다고 제시되어 있다.

④ 세 번째 문단을 통해 변전소 관리 업무를 디지털 기술 기반으로 수행함에 따라, 인력에 의존해야 했던 기존의 변전소 관리와 개별설비 진단, 건전도 평가 등을 온라인으로 수행할 수 있게 되었음을 알 수 있다.

15 문서이해능력 자료를 바탕으로 질문 답변하기

| 정답 | ④

| 해설 | J 연구원은 예전부터 '재생에너지 3020로드맵' 이행을 위해 태양광, 풍력과 같은 에너지원에 관한 연구뿐만 아니라 재생에너지 확대에 따라서 발생할 수 있는 전력품질 저하도 고려하여 에너지의 생산과 소비까지 연결되는 프로세스를 구축하기 위해 노력해 왔다고 제시되어 있다.

| 오답풀이 |

① 리튬이온 배터리의 단점을 보완한다고만 했지, 단점에 대해서는 구체적으로 제시되어 있지 않다.

② 해상풍력 일괄설치선박 설계를 적용한 실제 사례에 대해서는 제시되어 있지 않다.

③ 안정적인 전력망 운영 시스템의 개발 단계에 대해서는 제시되어 있지 않다.

16 문서작성능력 빈칸에 들어갈 대화 추론하기

| 정답 | ②

| 해설 | 위험성이 있는 현장에 대한 선제 대책이 필요한 시점에서 J 연구원이 자체 개발한 송전선로 감시 드론 기술은 자동항법 장치를 갖추고 연료전지를 활용해 장시간 운영이 가능하며, 고성능 감시카메라와 레이저 거리측정기 및 열화상 카메라 등 다양한 감시장치를 장착하여 산간지역, 해월구간 등의 송전선로를 정확하게 진단하고 있다고 하였다. 고 사원은 마지막 말에 '송전선로 감시 드론 기술의 도입'을 이야기하고 있으므로 빈칸에 들어갈 문장으로는 ②가 적절하다.

17 문서이해능력 약관내용 추론하기

| 정답 | ④

| 해설 | 제20조의3은 통신판매중개업자가 통신판매업자의 의무를 대신하는 것이다. 구체적으로 앱마켓 사업자가 직접 콘텐츠를 제작 · 판매를 하지 않더라도 통신판매업자(앱 개발사)가 이행하지 않는 의무를 통신판매중개업자(앱마켓 사업자)가 대신 이행하도록 앱마켓 사업자의 책임을 강화하고자 하는 목적으로 봐야 한다.

| 오답풀이 |

① 앱 개발사는 동법에 따라 전기통신을 활용하여 유료 콘텐츠를 판매하고 있으므로 "통신판매업자"라고 볼 수 있다.

② 앱마켓 사업자의 경우 A 스토어나 P 스토어 등 자신의 이름을 표시하여 통신판매에 관한 정보의 제공이나 청약의 접수 등 통신판매의 일부를 수행하기 위해 법으로 정하는 전기통신의 방법으로 거래 당사자 간의 통신판매를 알선하는 행위를 하므로 "통신판매중개업자"라고 볼 수 있다.

③ 〈모바일 인앱결제의 계약관계〉에서 '대체적으로 앱 개발사와 소비자 간 계약이 체결되면 앱 개발사는 상세거래조건과 청약철회조건을 고지하고 소비자가 대금을 앱마켓사업자에게 지급한다'를 통해 알 수 있다.

18 문서이해능력 약관 이해하기

| 정답 | ③

| 해설 | 모바일 인앱(In－App)결제의 계약관계에서 인앱결제 판매정보 등을 공유한다는 내용은 제시되어 있지 않다. 오히려 소비자들이 취소, 환불에 대해 앱마켓 사업자에게 재요청해야 함에 따라 정보가 공유되지 않음을 알 수 있다.

| 오답풀이 |

① 〈A 스토어 심사지침〉의 '올바른 구입 가능 유형이 유지되지 않으면 앱이 삭제되거나 등록 거부될 수 있습니다'에서 알 수 있다.

② 〈A 스토어 심사지침〉의 '앱 내에서 기능을 잠금 해제하려는 경우 앱 내 구입을 사용해야 합니다'와 〈P 스토어 개발자 정책센터〉의 '사용자에게 요금을 청구하려면 P 스토어 인앱 결제를 사용해야 합니다'를 통해 앱마켓 사업자들이 인앱결제만을 앱 내 결제수단으로 사용하도록 권장하는 것을 알 수 있다.

④ 〈모바일 인앱결제의 계약관계〉의 '앱마켓 사업자는 지급받은 대금에서 수수료를 제외한 금액을 앱 개발사에게 배분한다'를 통해 1차적으로 앱마켓 사업자가 소비자의 결제금을 받고 2차적으로 앱 개발사가 결제금 중 일부를 받는 것을 알 수 있다.

19 기초연산능력 증가율 계산하기

| 정답 | ④

| 해설 | 각 발전 방식의 10년 후 예상 월평균 발전량의 현재 대비 증가율은 다음과 같다.

• 태양광 : $\frac{1,260-490}{490}\times 100 \fallingdotseq 157.1(\%)$

• 풍력 : $\frac{1,050-280}{280}\times 100 = 275(\%)$

• 연료전지 : $\frac{840-210}{210}\times 100 = 300(\%)$

• 바이오매스 : $\frac{735-175}{175}\times 100 = 320(\%)$

따라서 증가율이 가장 큰 발전 방식은 바이오매스이다.

20 기초연산능력 점검 완료율 계산하기

| 정답 | ④

| 해설 | 각 점검 일자별 점검 완료율은 다음과 같다.

• 1일 차 : 30%

• 2일 차 : $30+\{(1-0.3)\times 0.5\times 100\}=30+35=65(\%)$

• 3일 차 : $65+\{(1-0.65)\times 0.1\times 100\}=65+3.5=68.5(\%)$

• 4일 차 : $68.5+\{1-0.685)\times 0.2\times 100\}=68.5+6.3=74.8(\%)$

따라서 4일 차까지의 점검 완료율은 총 74.8%이다.

21 도표분석능력 자료의 수치 계산하기

| 정답 | ③

| 해설 | 2020 ~ 2023년 전년 대비 정규직 직원 수의 증가율을 구하면 다음과 같다.

• 2020년 : $\frac{108,110-98,041}{98,041}\times 100 \fallingdotseq 10.3(\%)$

• 2021년 : $\frac{121,656-108,110}{108,110}\times 100 \fallingdotseq 12.5(\%)$

• 2022년 : $\frac{125,623-121,656}{121,656}\times 100 \fallingdotseq 3.3(\%)$

• 2023년 : $\frac{137,114-125,623}{125,623}\times 100 \fallingdotseq 9.1(\%)$

또한 2021 ~ 2023년 전년 대비 비정규직 직원 수의 증가율을 구하면 다음과 같다.

• 2021년 : $\frac{15,890-15,315}{15,315}\times 100 ≒ 3.8(\%)$

• 2022년 : $\frac{16,759-15,890}{15,890}\times 100 ≒ 5.5(\%)$

• 2023년 : $\frac{17,201-16,759}{16,759}\times 100 ≒ 2.6(\%)$

전체 정규직의 증가율이 가장 높은 해는 2021년이지만 전체 비정규직의 증가율이 가장 높은 해는 2022년이므로 옳지 않은 설명이다.

| 오답풀이 |

① 2019 ~ 2023년의 전체 직원 대비 정규직 직원의 비율은 모두 80%대이다.

② 동호회에 가입한 전체 직원 수가 전년 대비 감소한 2020년과 2022년 모두 동호회에 가입한 정규직 직원 수도 전년 대비 감소하였다.

④ 동호회에 가입한 직원 수 대비 동호회에 가입한 정규직 직원 수의 비중이 가장 큰 해는 $\frac{22,860}{24,284}\times 100 ≒ 94.1$(%)를 기록한 2021년이다.

22 도표분석능력 자료의 수치 분석하기

| 정답 | ②

| 해설 | ㉡ A 국가의 국내 총수입액의 전년 대비 증가율이 가장 큰 해는 $\frac{605,412-556,980}{556,980}\times 100 ≒ 8.7(\%)$를 기록한 20X5년이다.

에너지 총수입액의 증가율을 구하기 위해 연도별 에너지 총수입액을 구하면 다음과 같다.

• 20X1년 : $468,124\times\frac{29.2}{100} ≒ 136,692.2$(백만 달러)

• 20X2년 : $503,657\times\frac{32.9}{100} ≒ 165,703.2$(백만 달러)

• 20X3년 : $523,687\times\frac{43.3}{100} ≒ 226,756.5$(백만 달러)

• 20X4년 : $556,980\times\frac{46.0}{100} = 256,210.8$(백만 달러)

• 20X5년 : $605,412\times\frac{47.3}{100} ≒ 286,359.9$(백만 달러)

따라서 에너지 총수입액의 전년 대비 증가율이 가장 큰 해는 20X5년이 아닌 $\frac{226,756.5-165,703.2}{165,703.2}\times 100 ≒$ 36.8(%) 증가를 기록한 20X3년이다.

| 오답풀이 |

㉠ A 국가의 국내 총수입액은 20X1년 468,124백만 달러에서 20X5년 605,412백만 달러로 매해 증가하였고, 에너지 총수입액 역시 20X1년 136,692.2백만 달러에서 286,359.9백만 달러로 매해 증가하였다.

㉢ 20X5년 에너지 총수입액은 20X1년 에너지 총수입액의 약 $\frac{286,359.9}{136,692.2} ≒ 2.1$(배)이다.

㉣ 천연가스의 비중은 20X1년 25.3%에서 20X5년 11.4%로 해마다 감소하였다.

23 도표분석능력 자료의 수치 분석하기

| 정답 | ④

| 해설 | ㉠ 백화점, TV홈쇼핑 모두 셔츠 상품군의 판매수수료율이 각각 33.9%, 42.0%로 전체 상품군 중 가장 높다.

㉡ 상위 5개 상품군의 판매수수료율은 백화점과 TV홈쇼핑 모두 30% 이상이다.

㉣ 여행패키지 상품군의 판매수수료율은 TV홈쇼핑의 경우 8.4%이며, 백화점의 경우는 〈표 1〉에는 나타나 있지 않지만 하위 5개 중 5위인 20.8%보다 높다는 것을 알 수 있다. 그러므로 2배 이상이라고 할 수 있다.

| 오답풀이 |

㉢ 잡화 상품군과 모피 상품군의 판매수수료율은 백화점에서는 각각 31.8%, 31.1%이지만, TV홈쇼핑에서는 판매수수료율 상위 5개, 하위 5개 부문에 들지 못해 판매수수료율을 알 수 없다.

24 도표분석능력 암호문 해석하기

| 정답 | ④

| 해설 | 〈암호문 A〉의 다섯 자리 숫자의 변환 과정 중 같은 자리 숫자끼리 묶어 표로 정리하면 다음과 같다.

첫 번째 자리 숫자	3	4	7	2	9
두 번째 자리 숫자	2	7	2	0	9
세 번째 자리 숫자	0	4	3	2	1
네 번째 자리 숫자	5	0	1	2	5
다섯 번째 자리 숫자	1	6	4	5	2

〈암호표〉에서 문자의 변환 과정이 같은 문자를 순서대로 나열하면 'ㄴㅇㄷㅌㄱ'이다.

25 도표작성능력 자료를 바탕으로 수치 계산하기

| 정답 | ①

| 해설 | 7시 공중파 채널의 프로그램 시청률 대비 광고 시청률은 $\frac{0.4}{0.6} \fallingdotseq 0.67$(배)이다.

26 도표분석능력 자료의 수치 분석하기

| 정답 | ③

| 해설 | 시청률 0.1%p당 5백 만 원의 광고 수익을 올리는 것으로 가정했을 때 시간대별 지상파와 공중파의 광고 수익, 광고 순이익을 계산하면 다음과 같다.

(단위 : 천만 원)

구분	지상파			공중파		
	광고 수익	광고 비용	광고 순이익	광고 수익	광고 비용	광고 순이익
6시	5×3.6 =18	12	6	5×0.2 =1	0.5	0.5
7시	5×4.9 =24.5	12	12.5	5×0.4 =2	1	1
8시	5×7.2 =36	15	21	5×0.32 =1.6	2	−0.4
9시	5×10 =50	30	20	5×0.7 =3.5	3	0.5
10시	5×11 =55	30	25	5×1.2 =6	3	3
11시	5×9.6 =48	15	33	5×1.5 =7.5	1	6.5

ⓛ 공중파의 광고 수익이 가장 높은 시간대는 11시이며, 그 다음은 10시이다.

ⓒ 지상파의 광고 순이익이 가장 낮은 시간대는 6시로, 광고 수익이 가장 낮은 시간대와 일치한다.

ⓜ 지상파의 경우 광고 순이익은 11시−10시−8시−9시−7시−6시 순으로 높고, 광고 수익은 10시−9시−11시−8시−7시−6시 순으로 높다. 공중파의 경우 광고 순이익은 11시−10시−7시−6시와 9시−8시 순으로 높고, 광고 수익은 11시−10시−9시−7시−8시−6시 순으로 높다.

| 오답풀이 |

ⓖ 지상파의 광고 수익이 가장 높은 시간대는 10시이다.

ⓡ 공중파의 광고 순이익이 가장 낮은 시간대는 8시이고, 광고 수익이 가장 낮은 시간대는 6시이다.

27 도표분석능력 자료의 수치 분석하기

| 정답 | ①

| 해설 | 2X17년 석탄의 총 수입액은 900+13,500+750=15,150(백만 US$)로 15,000백만 US$인 천연가스의 수입액보다 더 많다.

| 오답풀이 |

② 2X18년 석탄의 총수입량은 8,100+131,500+9,450=149,050(천 ton)으로, 총수입량의 80%는 149,050×0.8=119,240(천 ton)이다. 2X18년 유연탄의 총수입량이 131,500천 ton이므로 2X18년 석탄의 총수입량에서 유연탄이 차지하는 비중은 80% 이상(약 88%)이다.

③ 2X16년의 2X15년 대비 나프타 수입량의 증감률은 $\frac{186,200-195,000}{195,000} \times 100 \fallingdotseq -4.5(\%)$, LPG 수입량의 증감률은 $\frac{45,100-49,100}{49,100} \times 100 \fallingdotseq -8.1(\%)$로 LPG 수입량의 감소율이 더 크다.

④ 각 연도별 석탄과 석유의 총수입액은 다음과 같다.

(단위 : 백만 US$)

구분	2X15년	2X16년	2X17년	2X18년
석탄	10,000	9,250	15,150	16,700
석유	73,100	58,800	77,600	105,400

따라서 석탄과 석유의 총수입액 모두 동일하게 2X16년에는 감소, 2X17년과 2X18년에는 증가하였다.

28 도표분석능력 자료의 수치 분석하기

| 정답 | ③

| 해설 | ⓒ에 들어갈 값은 $\frac{108,750}{478,500} \times 100 ≒ 22.7$(%)이다.

| 오답풀이 |

① ⓐ에 들어갈 값은 $\frac{102,700}{436,500} \times 100 ≒ 23.5$(%)이다.

② ⓑ에 들어갈 값은 $\frac{80,850}{406,000} \times 100 ≒ 19.9$(%)이다.

④ ⓓ에 들어갈 값은 $\frac{145,850}{535,000} \times 100 ≒ 27.3$(%)이다.

29 도표분석능력 자료의 수치 분석하기

| 정답 | ②

| 해설 | 2019년 4분기 자동차 수입액 2,475억 원의 5배는 2,475×5=12,375(억 원)으로 4분기 수출액 13,310억 원보다 적다. 따라서 2019년 4분기 자동차 수출액은 수입액의 5배 이상이다.

| 오답풀이 |

① 2020년 하반기 자동차 수출액은 11,467.5+11,247.5=22,715(억 원)이므로 2조 2천억 원 이상이다.

③ 분기별 수출액과 수입액의 차이가 가장 작은 때는 2020년 4분기로 그 차이는 11,247.5−3,327.5=7,920(억 원)이며, 8천억 원 미만을 기록하였다.

④ 자동차의 수입 대수와 수출 대수의 차이가 가장 큰 때는 2019년 1분기이며 수입 대수인 1,586대의 3배는 4,758대로 2019년 1분기의 자동차 수출 대수인 4,657대보다 많다. 따라서 2019년 1분기 자동차 수출 대수는 수입 대수의 3배 미만이다.

30 도표작성능력 빈칸에 들어갈 수치 계산하기

| 정답 | ③

| 해설 | (A) 12,375+12,870+13,255+13,310=51,810(억 원)

(B) 4,556+4,229+4,115+4,029=16,929(대)

(C) 1,780×4=7,120(대)

31 도표작성능력 빈칸에 들어갈 수치 계산하기

| 정답 | ④

| 해설 | ㉠ ~ ㉣에 들어갈 수치를 계산하면 다음과 같다.

㉠ : 1,813−584=1,229

㉡ : 37,380−40,801=−3,421

㉢ : 127,622−127,560=62

㉣ : −149,547−(−143,682)=−5,865

32 도표분석능력 자료를 바탕으로 수치 계산하기

| 정답 | ④

| 해설 | (가) ~ (다)에 들어갈 수치를 계산하면 다음과 같다.

(가) : $\frac{-1,180}{1,684} \times 100 ≒ -70.1$(%)

(나) : $\frac{-1,104}{1,240} \times 100 ≒ -89.0$(%)

(다) : $\frac{-706}{1,751} \times 100 ≒ -40.3$(%)

33 도표분석능력 자료의 수치 분석하기

| 정답 | ①

| 해설 | 수력 발전원의 발전전력량이 가장 적은 달은 425 GWh를 기록한 11월이다.

| 오답풀이 |

② 2X20년 4월 복합 발전원은 동년 전월 대비 발전전력량이 감소하였다. 2X20년 4월의 전월 대비 발전전력량이 증가한 발전원은 기력과 대체에너지이다.

③ 2X20년 6월의 발전원별 발전전력량이 두 번째로 많은 발전원은 원자력, 9월은 복합이다.

④ 2X20년 4월 총발전량의 3월 대비 증감률은 $\frac{42,252-46,141}{46,141} \times 100 ≒ -8.4$(%)이다.

34 도표분석능력 변동 추이 파악하기

| 정답 | ④

| 해설 | 각 발전원별 3분기와 4분기의 분기별 발전량과 그 증감은 다음과 같다.

(단위 : GWh)

발전원	3분기 합계	4분기 합계	증감
기력	58,946	66,023	7,077
원자력	35,540	42,576	7,036
복합	35,679	40,597	4,918
수력	2,566	1,395	−1,171
대체에너지	7,564	8,238	674
기타	2,249	868	−1,381

따라서 기타 발전원과 같이 4분기에 발전량이 감소한 항목은 수력 발전원이다.

35 도표작성능력 그래프 작성하기

| 정답 | ②

| 해설 | 대체에너지의 발전량은 3월 2,904GWh로 시작하여 4월에 소폭 증가한 후 5월부터 7월까지 2,607GWh, 2,402GWh, 2,153GWh로 계속 하락하는 추세이다. 그러나 ㉡ 그래프는 6월에 전월 대비 소폭 상승하는 추세이므로 적절하지 않다.

| 오답풀이 |

㉠ 복합 발전원의 발전량은 3월 13,477GWh에서 4월에 9,287GWh로, 5월에 7,555GWh까지 감소하였다가 6월에 9,439GWh, 7월에는 10,367GWh로 다시 10,000 GWh 이상의 발전량을 기록하였다. 따라서 ㉠ 그래프는 왼쪽 세로축을 기준으로 볼 때 적절한 그래프임을 알 수 있다.

㉢ 수력 발전원은 3월 534GWh부터 시작해서 7월까지 소폭 감소와 증가를 반복하다 7월에 612GWh를 기록하였다. 따라서 ㉢ 그래프는 오른쪽 세로축을 기준으로 적절한 그래프임을 알 수 있다.

㉣ 기타 발전원은 3월 738GWh로 시작하여 4월에 소폭 하락 후 6월까지 882GWh로 상승하고 7월에 다시 788 GWh로 소폭 하락하는 추세를 그린다. 따라서 ㉣ 그래프는 오른쪽 세로축을 기준으로 그래프가 인접한 기준선을 700 ~ 750GWh 사이로 해석하면 적절한 그래프임을 알 수 있다.

36 문제처리능력 자료 이해하기

| 정답 | ④

| 해설 | 영업비밀 유출 피해 입증과 관련된 디지털 증거자료 분석 후 분석 결과에 대해 민간기관에 교차 검증을 실시한다.

| 오답풀이 |

① '지원절차'의 '증거 수집'을 통해 확인할 수 있다.

② 신청접수, 사전 준비, 증거 수집, 증거 분석, 결과 제공의 5단계에 걸쳐 진행된다.

③ 홈페이지 신청 이외에도 대표메일 접수, 서면을 통한 직접 제출이 가능하다.

37 문제처리능력 신청서 반려 이유 추론하기

| 정답 | ③

| 해설 | 작성한 신청서에는 반려될 이유가 나타나 있지 않으므로, 90개의 기업이 이미 사업에 신청하여 조기 마감되었음을 추론할 수 있다.

| 오답풀이 |

① 사업 신청기간 내에 신청서를 제출하였다.

②, ④ Y 기업은 영업비밀 유출 피해가 의심되어 증거 확보가 필요한 상시 직원 300명 이하의 중소기업으로 조건을 충족한다.

38 문제처리능력 자료 분석하기

| 정답 | ②

| 해설 | 발전사업자 지원사업은 발전소가 가동되는 기간 외 발전소가 건설되는 기간 동안에도 시행된다.

| 오답풀이 |

① 발전사업자 지원사업을 20X6년부터 발전사업자 자체

자금으로 기금사업과 동일한 규모로 시행할 수 있는 정책 근거를 마련하였다고 제시되었다.

③ 본사실무회의 검토는 필요시에 한해 지역위원회 협의 또는 본사심의위원회 심의 전에 실시한다.

④ 발전사업자 지원사업은 교육·장학 지원사업, 지역경제 협력사업, 주변환경개선사업, 지역복지사업, 지역전통 문화진흥사업의 다섯 가지 사업 외에도 지역홍보 등을 위한 부대사업 등의 기타 사업자 지원사업까지 포함하고 있다.

39 문제처리능력 자료를 바탕으로 사업 선정하기

| 정답 | ③

| 해설 | 회의 내용을 통해 위원 D가 제시한 내용대로 지역 내의 숨은 역량을 강화하는 지역경제의 형성과 관련된 사업을 진행할 예정임을 알 수 있다. 따라서 ㉠에는 이와 연관된 지역경제협력사업이 들어가는 것이 가장 적절하다.

| 오답풀이 |

① 위원 B의 말에 따르면 최근 지역 간 도로 건설 및 마을버스 신규 개통 등 교통수단이 좋아졌으며 이는 지역복지 사업과 중복되는 부분이 있으므로 적절하지 않다.

② 위원 C의 말에 따라 적절하지 않다.

④ 위원 A의 말에 따르면 해당 지역의 학생 수가 줄어들고 있다. 그러나 위원 B의 말에 따르면 이는 교통수단 발전에 따라 타지로 학교를 다니는 학생들이 많아진 것에서 기인한 것으로 큰 문제가 아니라고 하였다. 따라서 교육·장학 지원 사업 역시 필요하다고 볼 수는 있으나 해당 지역이 참여할 사업으로는 적절하지 않다.

40 문제처리능력 자료를 바탕으로 문의 답변하기

| 정답 | ④

| 해설 | 발전사업자 지원사업은 회계연도 개시 1개월 전에 사업소에 통보된다.

| 오답풀이 |

② 사업공모 과정에서 지자체, 교육청, 지역주민 단체 등을 대상으로 발전사업자 지원사업을 공모한다는 내용을 통해 알 수 있다.

41 문제처리능력 국제동향에 따라 업무 수행하기

| 정답 | ④

| 해설 | 관심 국가의 통화정책과 환율을 확인하는 것은 국제 금융 및 석유 회사의 ESG 추진 동향을 파악하는 것과 직접적인 연관이 없다.

| 오답풀이 |

① 자산운용사는 ESG를 판단 기준으로 하여 석유 회사들에 대한 투자 여부를 판단하고 있으므로, 자산운용사 애널리스트의 보고서를 분석하여 금융 회사와 석유 회사의 ESG 추진 동향을 파악할 수 있다.

② ESG Social(사회)을 포함하므로, 노동시장 관련 연구 논문을 읽는 것은 적절하다.

③ ESG 분야에 대해 검색하여 여러 이슈와 자료를 다방면으로 확인하는 것은 ESG 경영에 대한 이해와 국제동향 파악에 도움이 된다.

42 문제처리능력 국제동향에 따라 업무 수행하기

| 정답 | ②

| 해설 | ESG 경영에 대한 국제동향을 고려한 것이 아니라 우리나라 정부의 관련 규제에 발맞추려는 것이므로 국제 석유 회사 관련 ESG 추진 동향을 이해하여 업무에 적용한 예로 적절하지 않다.

| 오답풀이 |

① ESG를 기준으로 석유 회사의 투자 여부 결정과 기업 평가를 수행하려는 국제동향을 파악하여 업무에 적절히 적용한 예이다.

③ 탄소 가격과 각종 규제가 전 세계적으로 확산될 때를 대비하여 ESG의 중요성이 강화되고 있으므로, 이에 선제적으로 대비하는 것은 적절하다.

④ 국제 석유 회사들이 ESG 실행을 위해 장기적인 노력을 기울이고 있는 동향에 따라 장기적인 관점에서 ESG 관련 사업 포트폴리오를 구상하는 것은 적절하다.

43 문제처리능력 자료 이해하기

| 정답 | ③

| 해설 | '평가 환류를 통한 자율적 개선노력 지원 확대'의 다섯 번째 사항을 참고할 때 7~8월에 청렴도 측정 대상기관을 대상으로 청렴도 측정 및 자료 제출은 이루어지나, 부패예방 시책평가 관련 사항은 이루어지지 않는다. 따라서 시행 일정이 모두 같은 것은 아니다.

| 오답풀이 |

① '공공기관 채용 공정성 강화'에 해당하는 두 개의 사항 모두 대상기관은 전 공공기관이다.

② '평가 환류를 통한 자율적 개선노력 지원 확대'에서 두 번째 사항인 '국가청렴포털(청렴e시스템)에 부패예방 우수 사례 등록'을 통해 알 수 있다.

④ '공공기관 채용 공정성 강화'에서 두 번째 사항인 '관련 민간분야의 공정채용협약 등 민간 공정채용대책 혁신 적극 이행'을 통해 알 수 있다.

44 문제처리능력 자료 이해하기

| 정답 | ①

| 해설 | 상반기는 1 ~ 6월을 말하며, 상반기가 일정인 협조사항은 전체 13개 중 9개로서 다음과 같다.

- 정기 전수조사 후속조치(비리 연루 시 배제, 피해자 구제 등) 및 제도 개선 적극적 이행 및 점검 협조
- 관련 민간분야의 공정채용협약 등 민간 공정채용대책 혁신 적극 이행
- 기관별 소속 공직자 대상 행동강령 교육 실시
- 행동강령 위반 신고사건 조사 또는 이행실태 점검 시 자료제출 등 협조
- 신규 공사공단 반부패 행동강령 제정 회의 참석
- 국가청렴포털(청렴e시스템)에 부패예방 우수 사례 등록
- 20X9년 청렴도 측정 및 부패예방 시책평가 결과 공개, 실적 제출
- 청렴도 측정 및 부패예방 시책평가 담당자 워크숍 참석
- 선정된 대상기관 통보에 따른 점검 및 협조사항 제출

45 문제처리능력 자료를 바탕으로 포인트 산출하기

| 정답 | ②

| 해설 | 기본 포인트+근속+가족+성과등급 순으로 포인트를 구해 계산하면 다음과 같다.

① 150+20+20+80=270

② 200+20+10+120=350

③ 100+20+30+40=190

④ 100+30+40+40=210

따라서 ②가 가장 많은 포인트를 지급받는다.

46 문제처리능력 자료를 바탕으로 답변하기

| 정답 | ③

| 해설 | 성과 평가 미시행 부서 사원은 M 수준으로 적용되므로 문의전화를 한 사원이 지급받는 포인트는 100+30+10+40=180(포인트)이다. 공통항목인 경조금은 금액 무관하게 지원되지만 선택항목 B에 해당하는 종합건강진단은 10,000원당 1포인트가 차감된다. 따라서 종합건강진단 최대 지원금은 180만 원이다.

47 문제처리능력 자료 이해하기

| 정답 | ③

| 해설 | 상금은 제시된 포상금에서 제세공과금 22%를 제외한 후 지급된다.

| 오답풀이 |

① 공모할 동영상은 '슬기로운 · 유쾌한 ○○고속도로 생활'이 주제이므로 ○○고속도로를 소재로 해야 한다.

② 심사기준은 내용의 적합성, 콘텐츠 우수성, 콘텐츠 창의성, 콘텐츠 활용성, 영상 플랫폼 조회 수로 총 5개이며 영상플랫폼 조회 수는 30% 반영된다.

④ 파일 형식은 AVI나 MP4여야 하며, 영상 촬영 장비는 스마트폰, 캠코더, 드론 활용 등 제한이 없다.

48 문제처리능력 자료 이해하기

| 정답 | ②

| 해설 | 영상의 분량은 40초 ~ 2분 59초 이내이므로 40초에 미치지 못하거나 3분 이상이 아닌지를 확인해야 한다.

49 사고력 비판적 사고 이해하기

| 정답 | ③

| 해설 | 〈보기〉는 다른 국가의 신문을 통해 유럽의 관점이 아닌 다른 관점으로 바꿔서 중국과 EU를 바라보는 능력을 가지고 이를 실천하는 사례에 대한 내용이다. 따라서 자기 관점의 한계를 인식하고 관점을 바꿔볼 수 있는 능력에 관한 내용인 세 번째 문단의 (다)에 들어가는 것이 적절하다.

50 사고력 비판적 사고 이해하기

| 정답 | ③

| 해설 | ㄱ, ㄷ. 제시된 글의 내용 전반에서 본인이 가진 관점에서 벗어나 다른 관점으로 바라보는 것의 중요성을 강조하며, 현재 본인이 가진 관점이 편견일 수 있다는 것을 예시를 통해 설명하고 있다.

ㅁ. 관점을 바꾸어 볼 기회가 없었으면 자기 관점의 중요성과 그 한계를 모르고 지나치기 쉽다는 내용을 통해 관점의 다양성을 위해 가지고 있는 관점을 바꾸어 볼 기회를 가져봐야 함을 말하고 있다.

| 오답풀이 |

ㄴ. 관점을 바꾸기 위해 자신의 공고한 위치와 확신을 버리는 자세를 가질 것을 요구하고 있으나, 이와 동시에 자기를 잃어버리지 않기 위해서는 생각의 초석이 필요하다고 설명하고 있다.

ㄹ. 중요한 문제든 작고 사소한 문제든 관점을 바꾸어 볼 수 있는 능력이 있음에도 이를 이용하기 위해 자신의 위치를 버리는 것은 쉽지 않다고 설명하고 있다.

5회 기출예상문제

문제 230쪽

01	①	02	④	03	①	04	①	05	②
06	②	07	③	08	③	09	④	10	②
11	③	12	①	13	④	14	④	15	④
16	②	17	③	18	①	19	③	20	①
21	④	22	①	23	②	24	④	25	④
26	④	27	③	28	②	29	④	30	③
31	②	32	④	33	①	34	③	35	①
36	③	37	③	38	②	39	③	40	①
41	④	42	④	43	④	44	②	45	④
46	①	47	④	48	③	49	④	50	④

01 문서이해능력 세부 내용 이해하기

| 정답 | ①

| 해설 | 기존 기술은행 이용 시에는 사용자가 검색어 입력 시 전문 기술용어를 입력해야 정확한 정보를 검색할 수 있어 접근성과 활용성을 보다 높일 필요성이 제기되었다고 하였으므로 적절한 설명이다.

| 오답풀이 |

② 공공연구기관이 보유기술을 이전할 때는 각 공공연구기관에서 기술정보를 직접 등록한다.

③ 기존 기술은행 정보 검색 시의 시간 소요 문제에 대해서는 제시되어 있지 않다.

④ AI 기술을 활용하여 사용자가 기술 연관정보를 체계적으로 파악하여 관리할 수 있도록 하였다.

02 문서작성능력 글의 소제목 작성하기

| 정답 | ④

| 해설 | ㉣에 해당하는 글은 기존의 공공연구기관 보유기술 등록 · 관리 기능을 우수한 민간(기업) 보유기술 발굴 및 등록에까지 확대하고 기술을 소개하는 동영상을 제공한다는 내용이다. 따라서 ㉣에 들어갈 제목으로는 '민간 기술정보 탑재 확대 및 동영상 서비스 제공'이 적절하다.

03 문서이해능력 보도자료를 바탕으로 답변하기

| 정답 | ①

| 해설 | 기술예상가격의 개편 전후 차이점에 대해서는 언급되어 있지 않다.

| 오답풀이 |

② '㉠(기술은행 현황 및 개편배경)'을 통해 알 수 있다.

③ '01. ㉡(AI 기반 기술 매칭 및 기술예상가격 제공)'을 통해 알 수 있다.

④ '02. ㉢(기술정보 관계망 서비스 제공)'을 통해 알 수 있다.

04 문서이해능력 정보 요약하기

| 정답 | ①

| 해설 | 사용법에 '목욕 후 물기를 닦고 적당량을 덜어 전신에 부드럽게 펴 발라 흡수시켜 줍니다'라고 쓰인 것으로 보아 목욕 후 바르는 바디로션임을 알 수 있다.

| 오답풀이 |

③ 코코글리세라이드가 코코넛 오일의 성분이므로 코코넛 오일이 B 로션의 성분 중 하나라고 볼 수 있지만 전성분 정보 중 가장 많은 비율로 들어간 성분이 제일 앞에 작성되므로 코코글리세라이드가 주성분이라고 보기는 어렵다.

05 문서작성능력 특징에 맞는 광고 카피 작성하기

| 정답 | ②

| 해설 | 특허기술에 관한 설명을 바탕으로 광고 카피를 제작하려고 하므로 특허기술에 적용된 보습성분을 구체적으로 명시하고 지속 시간이 48시간으로 긴 점을 부각시킬 수 있는 ②가 가장 적절하다.

06 문서작성능력 소제목 작성하기

| 정답 | ②

| 해설 | 청년, 취약계층에 대한 맞춤형 금융지원 강화와 고령화 대비 노후자산 축적과 노후소득 확대는 '포용금융', 불법사금융과 자본시장 불건전 거래에 대한 제재수단 확대와 가상자산을 통한 자금세탁방지 관리는 '금융신뢰'에 관한 내용임을 추론할 수 있다. 따라서 (가)에 들어갈 제목으로는 이러한 내용을 모두 포함하는 '포용금융과 금융신뢰 확산'이 적절하다.

07 문서이해능력 세부 내용 이해하기

| 정답 | ③

| 해설 | 금융위원회는 금융안전 유지를 위한 부채리스크의 선제관리 대책으로 개인사업자대출에 대한 맞춤형 대책을 강구할 계획이다. 금융위원회의 실물지원 강화는 금융위원회의 경제성장 견인에 관한 내용이다.

08 문서작성능력 글의 제목 작성하기

| 정답 | ③

| 해설 | 제시된 글은 20세기 후반에 독일에서 등장한 '뉴저먼 시네마'에 대해 소개하고 있다. 나치즘으로 인해 붕괴되었던 독일의 영화 산업에 '뉴저먼 시네마'가 핵심으로 등장해 독일 영화의 황금기를 이끌었다는 것이 주된 내용이므로 ③이 제목으로 가장 적절하다.

09 문서이해능력 세부 내용 이해하기

| 정답 | ④

| 해설 | 예산안 주요 특징의 '2. 노후시설 개량, 안전시설 확충 등을 위한 철도안전 투자 강화'를 보면 '도시철도(서울·부산) 노후 시설물 개량 지원을 566억 원으로 확대'한다고 하였으므로 노후 시설물 개량 지원이 새로 지원되는 사업이란 설명은 적절하지 않다.

| 오답풀이 |

① 예산안 주요 특징 '1, 2'를 보면 수도권 교통 혼잡 완화 및 철도안전을 위한 투자가 이번 예산안의 주요 내용임을 알 수 있다.

② 예산안 주요 특징 '1'의 각주를 보면 GTX를 통해 수도권 외곽지역에서 서울 도심까지 30분 내로 이동 가능함을 알 수 있다.

③ 첫 번째 문단을 보면 철도안전 분야 예산을 큰 폭으로 증액(10,360 → 15,501억 원)하였음을 알 수 있다.

10 문서작성능력 빈칸에 들어갈 내용 추론하기

| 정답 | ②

| 해설 | 예산안 주요 특징 '2'에서 '시설물을 안전하게 관리하고 장애 발생 시 보다 신속히 대처할 수 있도록 IoT(사물인터넷) 기반 원격제어, 센서 등을 활용한 스마트 기술을 도입할 예정이다'라고 하였으므로 ⓐ에 들어갈 내용은 ②가 적절하다.

11 기초연산능력 납부세액 구하기

| 정답 | ③

| 해설 | 작년은 과세표준이 4,000×0.95=3,800(만 원)이므로 납부세액은 72+(3,800−1,200)×0.15=462(만 원)이고, 올해는 과세표준이 4,000×0.9=3,600(만 원)이므로 납부세액은 72+(3,600−1,200)×0.15=432(만 원)이다. 따라서 올해의 납부세액은 작년보다 30만 원이 감소한다.

보충 플러스+

단순누진세율 : 과세표준을 여러 단계로 나누어 고단계일수록 고율의 세율을 적용하는 방법
초과누진세율 : 과세표준에 대하여 두 개 이상의 세율을 적용하여 세액을 계산하는 방법

12 도표분석능력 자료의 수치 분석하기

| 정답 | ①

| 해설 | 공자예수원금상환이 가장 적은 해는 2X18년으로, 해당 연도의 공자예수금은 120억 원이다. 2X14년부터 2X17년까지의 공자예수금은 각각 1억 원 미만을 기록하므로 2X18년의 공자예수금보다 더 적다.

| 오답풀이 |

② 전년 대비 정부출연금이 감소한 해는 2X16년과 2X17년으로, 전년 대비 정부출연금 감소액은 각각 1,564억과 200억이므로 2X16년의 감소액이 더 크다.

③ 전년 대비 정부출연금의 증가액이 가장 큰 해는 7,664−4,590=3,074(억 원)이 증가한 2X15년으로, 해당 연도의 전년 대비 재정운영결과 증가액은 112억 원이다. 이는 재정운영결과가 전년 대비 증가한 해인 2X13년, 2X15년, 2X17년, 2X18년 중 가장 낮은 수치이다.

④ ㉠에 들어갈 값은 3,100+1,621−70−2,088=2,563, ㉡은 4,590−70−2,076=2,444로 ㉠이 ㉡보다 더 크다.

13 도표작성능력 그래프 작성하기

| 정답 | ④

| 해설 | 제시된 그래프는 2X13년에 그 수치가 상승한 이후 2X15년까지 완만한 상승세를 그리다 2X16년에 크게 감소한 후 2X17년에 다시 상승하는 추세를 그리고 있다. 자료에서 이러한 추세를 나타내는 항목은 재정운영결과이다.

| 오답풀이 |

① 정부출연금은 2X12년부터 2X15년까지 큰 폭으로 상승한 후 2X16년과 2X17년에 하락하였다.

② 공자예수금은 2X14년부터 2X17년까지 모두 1억 원 미만을 기록하였다.

③ 공자예수원금상환은 2X12년부터 2X16년까지 일정했지만 2X17년에 하락하였다.

14 도표분석능력 자료의 수치 분석하기

| 정답 | ④

| 해설 | E 병원의 의사 1인당 의료이익은 $\frac{399}{830} \fallingdotseq 0.48$(억 원)으로 A 병원의 의사 1인당 의료이익인 $\frac{825}{1,625} \fallingdotseq 0.51$(억 원)보다 적다.

15 기초연산능력 연면적과 건축면적 구하기

| 정답 | ④

| 해설 | 대지면적 9,900m^{2}에서 용적률을 900%로 설정하였다고 하였으므로 연면적은 $\frac{900 \times 9,900}{100} = 89,100(m^2)$, 건폐율을 60%로 설정하였다고 하였으므로 건축면적은 $\frac{60 \times 9,900}{100} = 5,940(m^2)$이다. 이때 건축면적은 1층의 바닥면적, 연면적은 각 층의 바닥면적의 합계이며, 모든 층의 바닥면적이 1층과 동일하다고 하였으므로, 1층부터 건축

하는 해당 상업시설의 건물층수는 연면적을 건축면적으로 나눈 값과 같다.

따라서 상업시설의 건물층수는 $\frac{89,100}{5,940}=15$(층)이다.

16 도표분석능력 자료를 바탕으로 비용 산출하기

|정답| ②

|해설| • 자동차 A

- 자동차 구입가격 : 3,400만 원
- 유류 가격 : 엔진이 3,000cc이므로 리터당 10km 운행 가능하다. 따라서 100,000km를 운행하려면 $\frac{100,000}{10}$ =10,000(L)가 필요하다. 고급 휘발유는 1리터당 1,600원이므로 총 유류 가격은 1,600만 원이다.
- 자동차 매매관련 추가 발생 비용 : 300만 원

∴ 3,400+1,600+300=5,300(만 원)

• 자동차 D

- 자동차 구입가격 : 2,800×0.95=2,660(만 원) (1,800cc 이하 자동차이므로 구입가격의 5% 지원받음)
- 유류 가격 : 엔진이 1,800cc이므로 리터당 20km 운행 가능하다. 따라서 100,000km를 운행하려면 $\frac{100,000}{20}$ =5,000(L)가 필요하다. 경유는 1리터당 1,100원이므로 총 유류 가격은 550만 원이다.
- 자동차 매매관련 추가 발생 비용 : 150만 원

∴ 2,660+550+150=3,360(만 원)

따라서 자동차 A를 구매하고 1년간 유지하는 비용이 자동차 D를 구매하고 1년간 유지하는 비용보다 5,300−3,360=1,940(만 원) 더 많이 든다.

17 도표분석능력 자료를 바탕으로 수치 계산하기

|정답| ③

|해설| 자동차 B의 경우, 엔진이 2,400cc이므로 리터당 15km 운행이 가능하다. 따라서 300리터의 연료로 15×300=4,500(km)를 주행할 수 있다. 하이브리드 자동차는 휘발유로 달릴 때 10km당 5,000암페어씩 충전되기 때문에 4,500km를 가는 동안 2,250,000암페어가 충전된다. 그러므로 $\frac{2,250,000}{50,000}=45$(km)를 추가로 운행할 수 있게 되어 총 4,545km를 갈 수 있다.

18 도표분석능력 자료를 바탕으로 근무 배정하기

|정답| ①

|해설| 각 직원별 근무 희망사항에 따라 직원들을 각 조별로 배정하면 다음과 같다.

• 직원 A는 금요일 주간 근무를 희망하지 않으므로 3조에 배정하지 않는다.

• 직원 B, C는 월요일과 수요일 주간 근무가 있는 1조를 희망하며, 화요일과 목요일 오전 근무를 희망하지 않으므로 3조, 4조에 배정하지 않는다.

• 직원 E는 수요일 심야 근무를 희망하지 않으므로 2조에 배정되지 않는다.

• 직원 D, F는 월요일과 수요일 심야 근무가 있는 2조를 희망한다.

따라서 직원 B, C는 1조, 직원 D, F는 2조에 배정되고 직원 A는 3조에 배정되지 않으므로 4조에 배정되며, 각 조에는 최소 1명 이상의 직원이 배정되어야 하므로 직원 E는 남은 자리인 3조에 배정된다.

19 도표분석능력 자료를 바탕으로 근무 배정하기

|정답| ③

|해설| 변경된 직원별 희망사항에 따라 직원 D는 수요일에 근무가 있는 1조, 4조, 2조에 배정되지 않으므로 3조에 배정된다.

|오답풀이|

① 직원 A는 화요일 야간 근무가 있는 2조에 배정된다.

② 직원 B는 조정 없이 1조에 배정된다.

④ 직원 E는 수요일 야간 근무가 있는 4조에 배정된다.

20 도표분석능력 자료의 수치 분석하기

|정답| ①

|해설| A : 〈자료 1〉을 보면 2023년 조사에서 남자 중 앞

으로 결혼할 의향이 없는 1인 가구의 비율은 50대가 20대에 비해 $\frac{20.8-15.1}{15.1}\times100≒38(\%)$ 많다.

| 오답풀이 |

B : 〈자료 1〉을 보면 2022년 조사에서 여자 중 결혼할 의향이 없는 1인 가구의 비율은 연령대가 높아질수록 4.2%→45.1%로 점점 비율이 높아지고 있음을 알 수 있다.

C : 〈자료 2〉를 보면 2023년 조사에서 2년 이내에 1인 생활 종료가 예상된다고 응답한 사람의 비율은 16.0%로 전년 대비 17.3−16.0=1.3(%p) 줄어들었다.

D : 〈자료 2〉를 보면 10년 이상 1인 생활을 지속할 것이라고 예상하는 사람의 비율은 34.5%→38.0%→44.7%로 갈수록 늘어나고 있다.

21 문제처리능력 자료 이해하기

| 정답 | ④

| 해설 | 공연콘텐츠 제작 · 배급 관련 지원대상은 신규 발굴과 보유 콘텐츠이다. 따라서 꼭 새로운 공연콘텐츠를 만들어야 하는 것은 아니다.

| 오답풀이 |

① 문예회관－예술단체 교류협력 프로그램의 변경 전 이름은 지역아트페스티벌이었다.

② '지원비율'을 통해 알 수 있다.

③ 해당 사업의 주최 및 시행은 한국문화예술회관연합회가 한다.

22 문제처리능력 지원비율 추론하기

| 정답 | ①

| 해설 | A구 문예회관의 소재지는 A구이며 재정자립도가 20% 이상이다. 따라서 민간예술단체 우수공연프로그램을 지원할 경우 받을 수 있는 지원비율은 60%로 가장 높다.

| 오답풀이 |

② 최대 지원비율은 30%이다.

③ 지원비율은 30%이다.

④ 지원비율은 50%이다.

23 문제처리능력 자료 이해하기

| 정답 | ②

| 해설 | B 공사는 공사가 제시한 비전을 기관 내부와 외부의 이해관계자들이 이해할 수 있도록 내부에서는 비전 수립을 위한 전 부서 참여 TF 운영과 설문조사 실시, 외부에서는 정부, 언론, 시민, 출하자, 유통인, 구매자로부터 의견을 수렴하는 전략을 수립하고 이를 실천하였다.

24 문제처리능력 자료 이해하기

| 정답 | ④

| 해설 | E 공단은 기관장의 변화가 없다면 기회가 없다는 전사적인 목표를 공유하고 이에 따라 외부 환경 변화를 민감하게 분석하고 이에 대응했음을 알 수 있다. 특히 주민주주단과 주민참여 예산제, 주민이사제 등 주민들의 참여를 유도하는 플랫폼의 설립을 통해 공단의 외부환경요소인 주민에 대응하는 전략을 수립하였다. 공단의 예산 집행에 관해서는 주민참여 예산제를 통한 주민참여를 강조하였으나 이는 주민들의 행정 참여가 주된 내용이며 공단의 효율적 예산 집행에 관한 내용으로 볼 수는 없다.

25 문제처리능력 A/S 규정 이해하기

| 정답 | ④

| 해설 | 운송비는 제품 초기불량일 경우에만 제외되며, 이외에는 운송비를 부담하여야 한다.

26 문제처리능력 A/S 비용 계산하기

| 정답 | ④

| 해설 | A/S가 필요한 항목을 정리하면 다음과 같다.

- 네트워크 연결 불량 : 20,000원
- 27인치 모니터 : 270,000원
- 하드디스크 기능점검 : 10,000원
- SSD 카드 추가 장착(250G) : 50,000원

따라서 지불해야 할 A/S 비용은 350,000원이다.

27 문제처리능력 A/S 비용 계산하기

| 정답 | ③

| 해설 | A/S를 실시한 항목을 정리하면 다음과 같다.

- 메인보드 교체 : 10,000+85,000=95,000(원)
- 메모리카드 교체(8G) : 30,000원
- HDMI 선 교체 : 5,000원

따라서 청구해야 할 A/S 비용은 130,000원이다.

28 문제처리능력 자료 이해하기

| 정답 | ②

| 해설 | 0.3평형과 0.5평형이 모두 조성되어 있는 역은 5호선 답십리역과 6호선 창신역, 7호선 중계역, 태릉입구역, 상봉역, 반포역, 이수역, 가락시장역으로 총 8개이다.

| 오답풀이 |

① 생활물류센터 조성현황에서 모든 생활물류센터가 지하 1 ~ 3층에 위치해 있음을 알 수 있다.

③ 태릉입구역에는 생활물류센터가 3번 출구와 4번 출구에 각각 하나씩 총 두 개 있다.

④ 생활물류센터 조성현황에 전 지역 모든 호선에 생활물류센터를 내년 말까지 완공할 예정이라고 제시되어 있다.

29 문제처리능력 자료를 도식화하여 이해하기

| 정답 | ④

| 해설 | 각 역별로 생활물류센터가 위치한 출구 번호와 층수를 통해 역명을 추론하면 다음과 같다.

- A : 2번 출구 B2층이므로 5호선 신정역 또는 답십리역
- B : 1번 출구 B2층이므로 6호선 월드컵경기장역 또는 광흥창역
- C : 4번 출구 B1층이므로 6호선 창신역 또는 7호선 태릉입구역(B) 또는 반포역
- D : 10번 출구 B3층이므로 7호선 이수역
- E : 3번 출구 B1층이므로 7호선 태릉입구역(A) 또는 상봉역
- F : 5번 출구 B2층이므로 7호선 중계역

따라서 생활물류센터가 2번 출구 B1층에 위치한 7호선 가락시장역은 A ~ F에 해당하지 않는다.

30 문제처리능력 자료 분석하기

| 정답 | ③

| 해설 | 3개월 동안 생활물류센터를 이용하는 예산 상한이 30만 원이므로 0.3평형을 이용할 수 있다. 7호선 내에서 가장 높은 층인 B1층에 0.3평형 생활물류센터가 있는 역은 태릉입구역(B), 상봉역, 반포역, 가락시장역이다. 그중 현재 비어 있는 칸수가 0인 태릉입구역과 반포역을 제외하면 가능한 역은 상봉역과 가락시장역이다.

31 예산관리능력 수익체계 분석하기

| 정답 | ②

| 해설 | • AA 회사가 P 제품을 홍보할 경우
수익이 50% 증가하는 1분기에 가장 큰 수익을 얻을 수 있으며, 그 금액은 5×1.5=7.5(억 원)이다.

- AA 회사가 Q 제품을 홍보할 경우
수익이 25% 증가하는 2분기에 가장 큰 수익을 얻을 수 있으며, 그 금액은 8×1.25=10(억 원)이다.
- AA 회사가 R 제품을 홍보할 경우
수익이 0% 증가하는 1, 3, 4분기에 가장 큰 수익을 얻을 수 있으며, 그 금액은 6억 원이다.

따라서 AA 회사의 수익이 가장 큰 분기와 제품은 2분기, Q 제품이다.

32 예산관리능력 수익체계 분석하기

| 정답 | ④

| 해설 | 2분기의 홍보 제품별 수익체계를 정리하면 다음과 같다.

(단위 : 억 원)

BB 회사 / AA 회사	P 제품	Q 제품	R 제품
P 제품	(5, 4)	(3, −0.75)	(6, 4.5)
Q 제품	(10, 2)	(−4.5, −6)	(7.5, 3)
R 제품	(4.5, −7)	(3, 7.5)	(−6.25, 2.25)

- AA 회사와 BB 회사가 얻는 수익의 합이 가장 클 때는 AA 회사가 Q 제품을, BB 회사가 P 제품을 홍보할 때로 10+2=12(억 원)의 수익을 얻는다.

- AA 회사와 BB 회사가 얻는 수익의 합이 가장 작을 때는 AA 회사와 BB 회사가 둘 다 Q 제품을 홍보할 때로 4.5 +6=10.5(억 원)의 손해를 본다.

따라서 수익의 합이 가장 클 때와 작을 때의 차이는 12−(−10.5)=22.5(억 원)이다.

33 예산관리능력 합리적 선택하기

| 정답 | ①

| 해설 | 제시된 기준에 따라 점수를 매기면 다음과 같다.

(단위 : 점)

기준 / 프로그램	가격	난이도	수업 만족도	교육 효과	소요 시간	합계
요가	4	4	3	5	5	21
댄스 스포츠	5	5	3	2	5	20
요리	2	4	5	3	2	16
캘리그래피	2	2	3	2	5	14
코딩	3	1	4	5	1	14

따라서 ○○기업이 선택할 프로그램은 요가이다.

34 예산관리능력 합리적 선택하기

| 정답 | ③

| 해설 | 변경된 기준에 따라 자료를 다시 정리하고 점수를 매기면 다음과 같다.

기준 / 프로그램	가격	난이도	수업 만족도	교육 효과	소요 시간
요가	120만 원	보통	보통	높음	3시간
댄스 스포츠	100만 원	낮음	보통	낮음	2시간 30분
요리	150만 원	보통	매우 높음	보통	2시간
캘리그래피	150만 원	높음	보통	낮음	2시간 30분
코딩	120만 원	매우 높음	높음	높음	3시간

(단위 : 점)

기준 / 프로그램	가격	난이도	수업 만족도	교육 효과	소요 시간	합계
요가	4	4	3	5	2	18
댄스 스포츠	5	5	3	2	4	19
요리	2	4	5	3	5	19
캘리그래피	2	2	3	2	4	13
코딩	4	1	4	5	2	16

따라서 ○○기업은 점수가 가장 높은 댄스 스포츠와 요리 중 교육 효과가 더 높은 요리를 선택한다.

35 물적자원관리능력 업체 선정하기

| 정답 | ①

| 해설 | 24인치 모니터를 기준으로 각 업체별 점수를 매기면 다음과 같다.

(단위 : 점)

구분	가격	설치 예정일	응답속도	해상도	총점
A 업체	3	4	3	2	12
B 업체	4	1	4	1	10
C 업체	2	3	2	3	10
D 업체	1	2	1	4	8

따라서 총점이 가장 높은 A 업체에서 모니터를 구매한다.

36 물적자원관리능력 업체 선정하기

| 정답 | ③

| 해설 | 27인치 모니터를 기준으로 각 업체별 점수를 매기면 다음과 같다.

(단위 : 점)

구분	가격	설치 예정일	응답속도	해상도	총점
A 업체	2	4	3	2	11
B 업체	4	1	4	1	10
C 업체	3	3	2	3	11
D 업체	2	2	1	4	9

따라서 27인치 모니터는 총점이 가장 높은 A 업체 혹은 C 업체에서 구매하는데, 앞선 문제에서 24인치 모니터를

구매한 A 업체에서는 구매하지 않기로 하였으므로 27인치 모니터는 C 업체에서 구매한다.

37 예산관리능력 통행요금 구하기

| 정답 | ③

| 해설 | Ⓐ 나들목에서 출발하여 Ⓖ 나들목까지 가는 경로는 Ⓐ-Ⓑ-Ⓒ-Ⓓ-Ⓖ와 Ⓐ-Ⓔ-Ⓓ-Ⓖ로 두 가지가 있다. Ⓐ-Ⓑ-Ⓒ-Ⓓ-Ⓖ는 8+10+6+12=36(km)이고 Ⓐ-Ⓔ-Ⓓ-Ⓖ는 9+14+12=35(km)이므로 Ⓐ-Ⓔ-Ⓓ-Ⓖ로 이동할 때의 통행요금을 구하면 된다.

- Ⓐ-Ⓔ(폐쇄식 고속도로) : 900+(9×45)=1,305(원)
- Ⓔ-Ⓓ(개방식 고속도로) : 720+(7×45)=1,035(원)
- Ⓓ-Ⓖ(폐쇄식 고속도로) : 0(기본요금은 한 번씩만 적용)+(12×45)=540(원)

따라서 통행요금은 총 1,305+1,035+540=2,880(원)이다.

38 예산관리능력 통행요금 구하기

| 정답 | ②

| 해설 | Ⓕ 나들목에서 출발하여 Ⓖ 나들목을 제외한 모든 나들목을 방문하고 Ⓕ 나들목으로 돌아오는 경로는 Ⓕ-Ⓔ-Ⓓ-Ⓒ-Ⓑ-Ⓐ-Ⓔ-Ⓕ와 Ⓕ-Ⓔ-Ⓐ-Ⓑ-Ⓒ-Ⓓ-Ⓔ-Ⓕ로 두 가지가 있다. 각 경로의 통행요금을 계산하면 다음과 같다.

- Ⓕ-Ⓔ-Ⓓ-Ⓒ-Ⓑ-Ⓐ-Ⓔ-Ⓕ(모두 폐쇄식 요금제)
  900+{(7+14+6+10+8+9+7)×50}=3,950(원)
- Ⓕ-Ⓔ-Ⓐ-Ⓑ-Ⓒ-Ⓓ-Ⓔ-Ⓕ(Ⓓ-Ⓔ 구간만 개방식 요금제)
  900+{(7+9+8+10+6+7)×50}+720+(7×50)
  =4,320(원)

따라서 최소 통행요금은 3,950원이다.

39 인적자원관리능력 계약지표 등급 정하기

| 정답 | ③

| 해설 | 계약지표 등급은 계약 건수와 신규계약 건수 등급의 평균으로 부여한다는 규정을 바탕으로 각 직원들의 계약지표 등급을 구하면 다음과 같다.

구분	계약 건수 등급	신규계약 건수 등급	계약지표 등급
노진구 사원	$\frac{25-22}{22}\times100$ ≒13.6(%) A등급	$\frac{15-12}{12}\times100$ =25(%) S등급	A등급
신이슬 사원	$\frac{18-13}{13}\times100$ ≒38.46(%) S등급	$\frac{7-6}{6}\times100$ ≒16.6(%) A등급	A등급
왕비실 사원	$\frac{32-33}{33}\times100$ ≒ −3.03(%) C등급	$\frac{10-6}{6}\times100$ ≒66.6(%) S등급	B등급
만퉁퉁 사원	$\frac{30-28}{28}\times100$ ≒7.14(%) B등급	$\frac{20-36}{36}\times100$ ≒ −44.4(%) C등급	C등급

따라서 계약지표 등급 B를 받는 직원은 왕비실 사원이다.

40 인적자원관리능력 평가사항 판단하기

| 정답 | ①

| 해설 | 최종 등급은 매출액지표 등급과 계약지표 등급의 평균으로 부여한다. 따라서 우선 매출액지표 등급을 구하면 다음과 같다.

구분	매출액 등급	신규계약 매출액 등급	매출액 지표 등급
노진구 사원	$\frac{3,700-3,300}{3,300}\times100$ ≒12.1(%) A등급	$\frac{1,800-1,800}{1,800}\times100$ =0(%) B등급	B등급
신이슬 사원	$\frac{2,800-2,200}{2,200}\times100$ ≒27.2(%) S등급	$\frac{1,100-960}{960}\times100$ ≒14.58(%) A등급	A등급
왕비실 사원	$\frac{4,800-4,950}{4,950}\times100$ ≒ −3.03(%) C등급	$\frac{2,000-1,200}{1,200}\times100$ ≒66.6(%) S등급	B등급
만퉁퉁 사원	$\frac{3,500-2,750}{2,750}\times100$ ≒27.2(%) S등급	$\frac{1,500-2,400}{2,400}\times100$ ≒ −37.5(%) C등급	B등급

39번 해설을 참고하여 각 사원들의 매출액지표와 계약지표의 평균을 구하면 다음과 같다.

구분	매출액지표 등급	계약지표 등급	최종 등급
노진구 사원	B등급	A등급	B등급
신이슬 사원	A등급	A등급	A등급
왕비실 사원	B등급	B등급	B등급
만퉁퉁 사원	B등급	C등급	C등급

따라서 신이슬 사원이 가장 높은 최종 등급을 받게 된다. 신이슬 사원의 매출액은 목표 실적 대비 약 27.2% 이상 달성하였으므로 생산라인 확장에 대해 받아야 한다.

41 기술이해능력 제품 코드 이해하기

| 정답 | ④

| 해설 | 우선 레이저 인쇄 방식이므로 RAZ, 컬러 인쇄를 지원하므로 COL이 제품 코드로 들어간다. 또한 기능에 따른 제품코드에서 스캔, 복사, 팩스 기능을 모두 지원하므로 첫 번째부터 세 번째 자리는 JCF, 여기에 자동급지 기능까지 지원하므로 네 번째 자리는 T, 자동양면인쇄 기능을 지원하므로 다섯 번째 자리는 B이다. 마지막으로 연결 방식은 무선 연결방식이므로 제품 코드는 WF가 들어간다. 따라서 해당 복합기의 제품코드는 위의 내용을 모두 합쳐서 RAZ_COL_JCFTB_WF이다.

42 기술이해능력 제품 코드 이해하기

| 정답 | ④

| 해설 | 제품 코드가 INK_COL_GCFTB_AL인 제품이므로 해당 복합기는 잉크젯 방식으로 컬러 인쇄를 지원하며, 스캔 기능이 없고 복사 기능과 팩스 기능을 지원한다. 그리고 자동급지 기능과 자동양면인쇄 기능을 지원하며, 유·무선 연결방식이다. 따라서 해당 제품코드의 복합기로는 스캔 기능 지원이 필요한 기획팀의 필요사항을 충족할 수 없다.

43 기술선택능력 점검일지 파악하기

| 정답 | ④

| 해설 | 점검 주기가 가장 긴 항목은 포장기의 운전부 중 온도 센서 점검, 용수탱크의 본체 균열·누수 여부 점검 두 항목이다.

| 오답풀이 |

① 검출기의 컨베이어 벨트는 나머지 둘과 다른 날 점검했다.

② 냉·난방온도 센서는 4일 간격으로 점검하고 있다.

③ 용수탱크는 설비 청소 상태를 점검하지 않는다.

44 기술선택능력 점검항목 나열하기

| 정답 | ②

| 해설 | 4월 1일에 점검해야 할 항목은 컨베이어 벨트의 설비 청소 상태, 살균·냉각조의 냉·난방온도 센서, 살균·냉각조의 수위 조절 레벨, 용수탱크의 램프 작동 여부, 용수탱크의 수질 상태 체크이다.

45 기술선택능력 점검계획 수립하기

| 정답 | ④

| 해설 | 박 과장의 조언을 반영하여 4월의 점검일을 정리하면 다음과 같다.

구분			일지						
설비		점검 항목	4/4	4/8	4/12	4/16	4/20	4/24	4/28
세척기	모터부	모터 작동 여부	✓				✓		
		체인의 마모 상태	✓				✓		
		구리스 주입 상태	✓			✓			✓
	세척부	설비 청소 상태	✓			✓			✓
포장기	운전부	베어링	✓			✓			✓
		온도 센서	✓						✓
	컨베이어 벨트	설비 청소 상태	✓			✓			✓
열처리기	살균·냉각조	냉·난방온도 센서	✓				✓		
		수위 조절 레벨	✓				✓		
		설비 청소 상태	✓			✓			✓

<table>
<tr><td rowspan="4">검출기</td><td rowspan="4">금속 검출기</td><td>모터 작동 상태</td><td>✓</td><td></td><td></td><td></td><td>✓</td><td></td><td></td></tr>
<tr><td>컨베이어 벨트</td><td>✓</td><td></td><td></td><td></td><td>✓</td><td></td><td></td></tr>
<tr><td>검출센서</td><td>✓</td><td></td><td></td><td></td><td>✓</td><td></td><td></td></tr>
<tr><td>설비 청소 상태</td><td>✓</td><td></td><td></td><td></td><td>✓</td><td></td><td></td></tr>
<tr><td rowspan="7">용수 탱크</td><td rowspan="7">용수 탱크</td><td>주위 청소 상태</td><td>✓</td><td></td><td></td><td>✓</td><td></td><td></td><td>✓</td></tr>
<tr><td>본체 균열 · 누수 여부</td><td>✓</td><td></td><td></td><td></td><td></td><td></td><td>✓</td></tr>
<tr><td>배관 오염 여부</td><td>✓</td><td></td><td></td><td></td><td></td><td>✓</td><td></td></tr>
<tr><td>녹 등 침식물 여부</td><td>✓</td><td></td><td></td><td>✓</td><td></td><td></td><td>✓</td></tr>
<tr><td>월류관 파손 여부</td><td>✓</td><td></td><td></td><td>✓</td><td></td><td></td><td>✓</td></tr>
<tr><td>램프 작동 여부</td><td>✓</td><td></td><td></td><td></td><td>✓</td><td></td><td></td></tr>
<tr><td>수질 상태 체크</td><td>✓</td><td></td><td></td><td>✓</td><td></td><td></td><td>✓</td></tr>
</table>

따라서 열처리기의 살균 · 냉각조의 냉 · 난방온도 센서 점검과 용수탱크의 램프 작동 여부의 점검은 같은 주기로 진행됨을 알 수 있다.

| 오답풀이 |

① 4월 24일에는 용수탱크의 배관 오염 여부를 점검해야 한다.

② 용수탱크의 수질 상태 체크는 4월 4일과 16일, 28일 배관 오염 여부는 4월 4일과 24일에 점검한다.

③ 열처리기의 모든 점검 항목을 한 번에 점검하는 날은 4월 4일 하루이다.

46 기술선택능력 제품 설명서 파악하기

| 정답 | ①

| 해설 | 전기요금이 많이 나오는 경우에 대한 설명은 〈사용 시 주의사항〉에 나와 있다. 공기 청정 운전은 에어컨 내부의 습기와 곰팡이를 제거하는 방법으로, 〈장시간 사용하지 않을 때 제품 보관 방법〉에 제시되어 있다.

47 기술선택능력 문제 원인 파악하기

| 정답 | ④

| 해설 | 〈A/S 신청 전 확인사항〉 중 정상보다 시원하지 않을 때 해야 하는 확인 항목을 살펴보면, 네 번째 항목에 햇빛이 실내로 직접 들어오는지 확인해 보라는 지침이 있다.

48 기술선택능력 제품 설명서 이해하기

| 정답 | ③

| 해설 | 〈A/S 신청 전 확인사항〉 중 실내기에 물이 넘쳤을 때 해야 하는 확인 항목을 살펴보면, 무거운 물건이 호스를 눌렀는지, 배수 호스 끝이 물받이 연결부보다 높게 설치되었는지, 호스가 꼬여있는지를 확인해야 함을 알 수 있다.

49 기술선택능력 매뉴얼 이해하기

| 정답 | ④

| 해설 | 매뉴얼을 작성할 때 서술은 가능한 한 단순하고 간결해야 하며 비전문가도 쉽게 이해할 수 있어야 한다. 매뉴얼 내용 서술에 애매모호한 단어 사용을 금지해야 하며, 매뉴얼 개발자는 제품에 대해 충분한 지식을 습득해야 하고 추측성 기능의 내용 서술은 절대적으로 피해야 한다.

50 기술선택능력 매뉴얼 목차 이해하기

| 정답 | ④

| 해설 | 〈보기〉의 내용은 미니빔으로 TV를 보기 위한 방법에 대해 설명하고 있다.

6회 기출예상문제

문제 278쪽

01	②	02	①	03	①	04	③	05	②
06	④	07	①	08	④	09	③	10	②
11	③	12	④	13	②	14	④	15	①
16	④	17	④	18	①	19	①	20	④
21	②	22	②	23	①	24	②	25	④
26	③	27	③	28	③	29	④	30	④

01 문서이해능력 세부 내용 이해하기

| 정답 | ②

| 해설 | 충전인프라 구축에 대한 내용을 보면 '배달기사들이 전기이륜차를 이용할 경우 배터리를 여러 차례 충전해야 하며, 충전에는 약 4시간이 걸려 배터리 교환방식의 충전 인프라 구축이 필요하다는 의견이 주를 이뤘다'고 제시되어 있다. 따라서 일체형 배터리 충전 방식의 인프라 구축이 필요하다는 설명은 적절하지 않다.

02 문서작성능력 글의 제목 작성하기

| 정답 | ①

| 해설 | 제시된 글은 '그린배달 서포터즈'의 출범을 알리기 위한 보도자료이며, '그린배달 서포터즈'는 배달기사의 전기이륜차 이용 활성화를 위해 출범한 것이므로 이 글의 제목으로 가장 적절한 것은 ①이다.

03 문서이해능력 문맥에 맞지 않는 내용 파악하기

| 정답 | ①

| 해설 | 두 번째 문단의 주요 내용은 금융감독원의 기후리스크 관리 · 감독 활성화를 위한 대책 논의이다. 친환경기업에 대한 투자를 목적으로 하는 성장지속펀드 출시 지원은 문단의 주요 내용과 어울리지 않으므로 적절하지 않다.

04 문서이해능력 세부 내용 이해하기

| 정답 | ③

| 해설 | 금융권 녹색금융 핸드북은 금융회사가 녹색금융 업무에 활용할 수 있도록 하는 가이드라인과 국내외 운영사례 등이 수록되어 있다고 설명하고 있다. 상반기 지속가능경영보고서 분석결과와 시장참가자 의견에 관한 내용은 한국거래소의 가이던스 권고지표에 관한 내용이다.

05 문서이해능력 세부 내용 이해하기

| 정답 | ②

| 해설 | 2022 기후경제 시나리오는 금융감독원이 금융회사와 협력하여 개발한 것이다. 은행연합회는 녹색금융 업무의 참고자료로 활용할 수 있는 금융권 녹색금융 핸드북을 공개하였다.

06 문서작성능력 빈칸에 들어갈 문장 찾기

| 정답 | ④

| 해설 | 제시된 기사는 온라인 쇼핑 트렌드의 확장에 따라 대형마트의 매출이 크게 하락했다는 내용을 담고 있다. 두 번째 문단에서는 '온라인 쇼핑이 어려운 품목을 주로 취급하는 백화점'이라고 언급되어 있으므로 e커머스가 대형마트에 끼친 악영향이 백화점에 끼친 악영향보다 더 큰 이유는 백화점은 직접 눈으로 보고 구매할 필요성이 큰 제품을 취급하기 때문임을 추론할 수 있다. 따라서 ④가 가장 적절하다.

07 문서작성능력 글의 제목 작성하기

| 정답 | ①

| 해설 | 제시된 글은 첫 번째 문단에서 오스트리아－헝가리 제국이 세워진 특별한 시기를, 두 번째 문단에서 그 시기의 독특한 지식공동체를, 세 번째와 네 번째 문단에서 학제 간 교류를 가능하게 했던 요제프 1세의 링슈트라세에 대해서 서술하고 있다. 따라서 글의 제목은 ①이 가장 적절하다.

08 문서이해능력 세부 내용 이해하기

| 정답 | ④

| 해설 | 제시된 자료에서 자원 선순환에 대한 인식 전환을 목표로 하는 것은 B 기업의 분리배출함에 대한 설명이다. 한국데이터산업진흥원의 데이터 바우처 지원 사업은 B 기업이 수집한 재활용품 데이터가 시장에서 활용되도록 하는 사업이다.

09 문서이해능력 자료를 바탕으로 추론하기

| 정답 | ③

| 해설 | A 시티에 대한 심사평에서 '성공할 때까지 시험을 반복해 성과를 이뤄내는 과정'이라는 내용을 통해 A 시티가 성과를 이루기까지 많은 시험의 반복이 있었다는 점을 유추할 수 있으나, B 기업이 성과를 이루기까지의 과정에 대한 내용은 제시되어 있지 않다.

| 오답풀이 |

① A 시티에는 자율주행 중 발생할 수 있는 다양한 운전 환경을 실험하기 위해 다섯 종류의 도로 환경과 35종류의 시설과 주차장, 주차빌딩이 배치되어 있다.

② A 시티에는 세계 최초로 5세대 이동통신망이 설치되어 있으며, B 기업은 사물인터넷(IoT)을 활용하고 있다.

④ B 기업의 앱을 통해 수집된 데이터는 데이터 이용권 지원 사업을 통해 마케팅 데이터로 가공되어 다른 기업에 제공된다.

10 문서이해능력 세부 내용 이해하기

| 정답 | ②

| 해설 | 서○○ 맘카페 운영자는 B 기업의 분리배출함을 이 달의 한국판뉴딜로 선정하면서 쓰레기 배출 데이터를 마케팅 데이터로 가공했다는 점이 흥미로웠다고 평가하였으나, 그 마케팅 데이터에 대한 성공사례에 대한 언급은 하고 있지 않다.

11 문제처리능력 자료를 바탕으로 대상 선정하기

| 정답 | ③

| 해설 | 창업지원사업의 신청대상은 신청일 현재 창업을 하지 않은 예비창업자와 신청일 기준 1년 이내 창업(개인, 법인)한 자이며, 법인사업자의 경우 법인등기부등본상 '법인설립등기일'을 기준으로 한다. ③의 경우 법인설립등기일은 '20△4년 1월'이고 창업지원사업의 신청일은 '20△5년 4월'이므로 신청일 기준 1년 이내 창업한 자에 해당되지 않는다. 따라서 신청대상에서 제외된다.

| 오답풀이 |

① 금융기관 등으로부터 채무불이행으로 규제 중인 자 또는 기업, 국세 또는 지방세 체납으로 규제 중인 자는 지원 제외대상이므로 세금 체납 이력이 없는 자는 신청대상에 해당된다.

② 모집공고일 기준으로 6개월 이내에 폐업한 자는 지원 제외대상이지만 20△3년 10월에 폐업한 경우 신청일로부터 약 2년 전이므로 신청대상에 해당된다.

④ 개인 또는 법인 창업 이력이 전혀 없는 예비창업자로서 신청대상에 해당된다.

12 문제처리능력 자료를 바탕으로 보도자료 작성하기

| 정답 | ④

| 해설 | 창업지원사업 안내 중 신청 및 접수 부분을 보면 창업넷 홈페이지에 접속하여 회원가입 및 로그인을 반드시 해야 하며, 그 후로 참여 신청서 등록 및 사업 계획서 등록 등의 절차를 순서대로 진행할 수 있다.

13 문제처리능력 행사 준비하기

| 정답 | ②

| 해설 | 양떼목장은 단체 30명 이상 시 10% 할인된 가격으로 예약할 수 있다. 야유회에 참석하는 인원은 성인 40명이므로 10% 할인된 가격으로 예약을 진행할 것이다.

| 오답풀이 |

① 일정 팸플릿 제작은 인턴 K의 업무이다.

③ 자사 리조트 대관 진행을 위해서는 지원팀에 연락을 해야 한다.

④ 샌드위치는 배달을 시킬 예정이므로 포장을 해 올 필요가 없다.

14 문제해결능력 행사 일정 변경하기

| 정답 | ④

| 해설 | 22일 오전에 다른 예약이 차 있어 예약이 어렵다 했으므로, 등산이 계획되어 있는 21일 오후에 예약이 가능한지 알아보고 일정을 교체하는 것이 적절하다.

| 오답풀이 |

① 자사 리조트 대관이 가능하다는 답변을 받았다.
② 일정 팸플릿 제작은 내일까지 인턴 K가 완료할 것이므로 차질이 없다.
③ 샌드위치 예약은 21일 아침 것만 주문하기로 하였으므로 김밥으로 대체할 필요가 없다.

15 문제해결능력 행사 준비하기

| 정답 | ①

| 해설 | 필요한 예산은 총 (40×3,000)+(40×2,000)+(2×20,000)+3,000+(5,000×40×2)+(30,000×60)+(300,000×2)+(50,000×10)+300,000=3,843,000(원)이다.

16 문제처리능력 업체 선정하기

| 정답 | ④

| 해설 | A ~ D 업체의 평가총점을 계산하면 다음과 같다.

- A : 20×0.3+40×0.5+50×0.2=6+20+10=36(점)
- B : 50×0.3+50×0.5+60×0.2=15+25+12=52(점)
- C : 40×0.3+50×0.5+40×0.2=12+25+8=45(점)
- D : 40×0.3+50×0.5+70×0.2=12+25+14=51(점)

서류심사에서 40점 이하인 A는 탈락되므로 B, C, D 중 계약심사 기준에 따라 안전성 지수가 높으면서 완료예상시점이 가장 빠른 업체를 선정한다. B, C, D의 안전성 점수는 동일하므로 완료예상시점이 가장 빠른 D를 선정해야 한다.

17 문제처리능력 자료를 읽고 내용 추론하기

| 정답 | ④

| 해설 | 세 번째 문단에서 1830년대 이후 첫 번째 지구적 시스템이 형성되었고 1890년대 제국주의에 이르러 시스템의 평형 상태가 깨어지게 되었으며 1900년대 1, 2차 세계대전으로 혼돈의 이행기에 들어섰으므로, 평형의 정상 상태는 1900년대 이전에 나타났음을 추론할 수 있다.

| 오답풀이 |

① 두 번째 문단에서 지금의 물가 상승은 코로나19의 연속된 사건으로 지구적 시스템의 혼돈 초입이기 때문에 코비드플레이션으로 불러야 한다고 하였다.
② 마지막 문단에서 결과였던 우크라이나 전쟁이 그 원인인 가치 사슬망 교란과 국제 정치 질서의 혼란을 더욱 강화하며 첫 순환고리를 이루었다고 하였고, 이 순환고리는 네 번째 문단에서 설명하는 되먹임의 고리를 의미한다.
③ 두 번째 문단을 참고할 때 물가 상승의 원인은 첫 번째 되먹임 고리와 관련된 국제 위기로 인한 것으로, 첫 번째 되먹임 고리의 결과로 인해 증폭된 원인 때문에 물가 상승이라는 강화된 결과가 초래된 것이다. 따라서 현재의 물가 상승이 두 번째 되먹임 고리의 중간 단계라고 추론할 수 있다.

18 문제처리능력 자료를 읽고 내용 추론하기

| 정답 | ①

| 해설 | 〈보기〉의 글은 순탄소 배출량 소멸을 위해서는 에너지 전환을 필두로 여러 나라들의 협조가 필요한데, 우크라이나 전쟁으로 인해 되먹임 고리의 본래 원인인 사회적·정치적 혼란이 극심해질 것으로 예상하고 있다. 그리고 이로 인해 두 번째 순환고리를 매개로 전체적인 되먹임 고리가 강화될 것으로 예측하면서 세 번째 되먹임 고리에 대한 우려를 나타내고 있으므로 ①의 내용은 적절하다.

| 오답풀이 |

② 우크라이나 전쟁으로 여러 나라에서 에너지 가격이 인상되고 생활 물가도 상승하여 두 번째 되먹임 고리가 강화되고 있다.
③ 사회적·정치적 불안으로 화석연료의 생산과 소비가 급증할 조짐이 보인다고 하였으므로 기후위기와 사회적·

정치적 혼란이 현재에 서로 관련이 없다는 설명은 적절하지 않다.

④ 우크라이나 전쟁으로 에너지 전환 과정이 강대국의 지정학적 경쟁 논리와 뒤섞이고 있고 이는 되먹임 고리를 강화할 것으로 예측되고 있다.

19 문제처리능력 자료 이해하기

| 정답 | ①

| 해설 | 운영평가단 확정은 운영평가 5일 전까지 최소 7명의 인원이 확정되어야 한다.

20 문제처리능력 자료 분석하여 적용하기

| 정답 | ④

| 해설 | 사회편익 기여활동의 배점은 3점이므로 박치국 팀장은 4점을 부여할 수 없다.

21 예산관리능력 예산에 따라 제품 생산하기

| 정답 | ②

| 해설 | 상품 A를 단독으로 생산한다고 할 때 각 자원별 가용 예산을 기준으로 자원 1은 $\frac{2,300}{20}=115$(개), 자원 2는 $\frac{5000}{60}\fallingdotseq 83$(개), 자원 3은 $\frac{5,000}{15}\fallingdotseq 333$(개) 분량만큼 사용할 수 있다. 상품 생산 시 모든 자원이 동일한 개수만큼 필요하므로 생산할 수 있는 상품 A의 수는 최대 83개이다.

22 예산관리능력 예산에 따라 제품 생산하기

| 정답 | ②

| 해설 | 상품 B를 단독으로 생산한다고 할 때 각 자원별 가용 예산을 기준으로 자원 1은 $\frac{2,300}{24}\fallingdotseq 95$(개), 자원 2는 $\frac{5,000}{20}=250$(개), 자원 3은 $\frac{5,000}{60}\fallingdotseq 83$(개) 분량만큼 사용할 수 있다. 상품 생산 시 모든 자원이 동일한 개수만큼 필요하므로 생산할 수 있는 제품 B의 수는 최대 83개, 개당 이익은 600원이므로 최대 이익은 $600\times 83=49,800$(원)이다.

23 예산관리능력 예산에 따라 제품 생산하기

| 정답 | ①

| 해설 | 상품 A, B를 동일한 수량으로 동시에 생산하고, 상품 A와 B를 각각 1개씩 생산하는 것을 1단위라고 할 때, 상품 1단위 생산에 필요한 자원의 수와 그 개당 이익은 상품 A와 B를 각각 1개씩 생산하는 각각의 자원 사용량 및 개당 이익의 합과 같다.

상품 1단위를 생산할 때 각 자원별 가용 예산을 기준으로 자원 1은 $\frac{2,300}{20+24}\fallingdotseq 52$(개), 자원 2는 $\frac{5,000}{60+20}\fallingdotseq 62$(개), 자원 3은 $\frac{5,000}{15+60}\fallingdotseq 66$(개) 분량을 사용할 수 있다. 따라서 상품 52단위를 생산할 때의 이익은 $52\times 1,800=93,600$(원)이다.

24 인적자원관리능력 규칙에 맞게 근무지 배치하기

| 정답 | ②

| 해설 | 희망 근무지로 강원도를 선택한 나 직원과 다 직원, 제주도를 선택한 마 직원은 그대로 배치된다.

희망 근무지로 서울을 선택한 직원은 가, 차, 타 직원이며 한 근무지당 2명의 직원만 배치되어야 하므로 1명은 서울로 배치될 수 없다. 고속전호 업무를 하는 차 직원과 타 직원이 우선 배치되어야 하는데, 이때 한 근무지에 배치된 직원들은 업무분야가 달라야 하고, 분야가 동일할 경우 경력이 많은 순으로 우선 배치하므로 타 직원이 서울로 배치된다. 따라서 서울에 배치될 직원은 가 직원과 타 직원이다.

희망 근무지로 경기도를 선택한 직원은 라, 사, 자 직원이며 마찬가지로 1명은 경기도로 배치될 수 없다. 고속전호 업무를 하는 라 직원이 우선 배치되고, 다음으로 입환유도 업무를 하는 사 직원과 자 직원 중 경력이 더 많은 사 직원이 배치된다. 따라서 경기도에 배치되는 직원은 라 직원과 사 직원이다.

희망 근무지로 부산을 선택한 직원은 바, 아, 카 직원이며 세 명의 직원 모두 구내운전 업무를 하므로 이 중 경력이 가장 많은 카 직원만 부산으로 배치된다.

〈근무지 배치 규칙〉에 따라 희망 근무지에 배치되는 직원은 다음과 같다.

직원	희망 근무지	직원	희망 근무지
가	서울	사	경기도
나	강원도	아	부산
다	강원도	자	경기도
라	경기도	차	서울
마	제주도	카	부산
바	부산	타	서울

25 인적자원관리능력 규칙에 맞게 근무지 배치하기

| 정답 | ④

| 해설 | **24**의 해설을 참고할 때 선택지 중 희망 근무지에 배치되는 직원은 카 직원이다.

26 인적자원관리능력 규칙에 맞게 근무지 배치하기

| 정답 | ③

| 해설 | 주어진 규칙에 따라 희망 근무지에 배치된 직원을 제외하면, 남은 직원들은 희망자가 미달인 제주도(1명), 부산(1명), 광주(2명)에 배치된다. 우선 배치 업무분야에 따라 입환유도 업무를 하는 자 직원이 남은 세 지역 중 가장 평점이 높은 광주에 배치된다. 다음으로 구내운전 업무를 하는 바 직원(경력 4년)과 아 직원(경력 2년) 중 경력이 적은 아 직원이 우선 배치되어야 하는데, 먼저 광주에 배치된 자 직원의 경력이 4년 이상이 되지 않으므로 아 직원은 광주에 배치될 수 없다. 그다음으로 평점이 높은 부산에는 같은 업무분야 직원이 배치되어 있으므로, 아 직원은 제주도에 배치된다. 이어 바 직원은 광주에 배치되고, 차 직원은 부산에 배치된다.

최종 배치된 근무지를 정리하면 다음과 같다.

직원	근무지	직원	근무지
가	서울	사	경기도
나	강원도	아	제주도
다	강원도	자	광주
라	경기도	차	부산
마	제주도	카	부산
바	광주	타	서울

따라서 마 직원과 같은 근무지에 배치되는 직원은 아 직원이다.

27 시간관리능력 배송 경로와 배송 건수 구하기

| 정답 | ③

| 해설 | 오늘 배송할 목록은 다음과 같다.

이름	구역	주소	주문일시
우병찬	A	★★빌라	27일 11 : 00
정유미	E	△빌라	27일 12 : 10
박은선	C	○×아파트	27일 01 : 00
정지혜	F	△△빌라	27일 10 : 10
이정희	A	XX아파트	27일 08 : 30
정선비	B	XX아파트	26일 15 : 00
임예은	F	○○빌라	27일 05 : 00
이정재	C	△△×빌라	27일 12 : 00
강지훈	G	○△맨션	27일 01 : 20
박다현	A	ZZ아파트	27일 06 : 20
김지우	C	★★×아파트	27일 03 : 00

오늘 배송할 건수는 11건이고 A, E, B, F, G, C 구역을 들러야 하므로 선택지 중 배송할 경로와 건수가 바르게 짝지어진 것은 ③이다.

28 시간관리능력 배달 경로 구하기

| 정답 | ③

| 해설 | M이 마트 – (1) – (2) – (3) – (4) – (5) – (6) – (7) – 마트 순으로 이동한다고 하면 각 구역별 배송 시간은 다음과 같다.

(1) : 오후 2시 50분 ~ 오후 3시 30분
(2) : 오후 3시 50분 ~ 오후 4시 30분
(3) : 오후 4시 50분 ~ 오후 5시 30분
(4) : 오후 5시 50분 ~ 오후 6시 30분
(5) : 오후 6시 50분 ~ 오후 7시 30분
(6) : 오후 7시 50분 ~ 오후 8시 30분
(7) : 오후 8시 50분 ~ 오후 9시 30분

예약 시간에 맞게 배송이 이뤄져야 하므로 선택지 중 가능한 것은 ③뿐이다(이때 G에서 B로 이동하려면 C를 거쳐야 하므로 40분이 소요되며, B 구역의 배송 시간은 오후 8시 10분 ~ 오후 8시 50분에 이루어짐에 유의한다).

29 인적자원관리능력 성과등급 판단하기

| 정답 | ④

| 해설 | 영업2팀의 20X1년 ~ 20X3년의 성과 등급을 구하면 다음과 같다.

• 영업2팀 목표 실적(건)

20X1년	20X2년	20X3년
110	110	130

• 영업2팀 성과 실적(건)

20X1년	20X2년	20X3년
130	120	130

• 영업2팀 성과 등급

20X1년	20X2년	20X3년
$\frac{130-110}{110}\times 100$ ≒18(%) A등급	$\frac{120-110}{110}\times 100$ ≒9(%) B등급	$\frac{130-130}{130}\times 100$ =0(%) B등급

따라서 영업2팀의 20X1 ~ 20X3년 성과 등급은 A-B-B이다.

30 인적자원관리능력 성과등급 판단하기

| 정답 | ④

| 해설 | 20X5년 영업1팀 ~ 영업4팀의 목표 실적과 성과 실적을 비교하여 성과 등급을 구하면 다음과 같다.

• 20X5년 각 팀별 목표 실적(건)

영업1팀	영업2팀	영업3팀	영업4팀
140	140	130	130

• 20X5년 각 팀별 성과 실적(건)

영업1팀	영업2팀	영업3팀	영업4팀
140	160	130	160

•20X5년 각 팀별 성과 등급

영업1팀	영업2팀	영업3팀	영업4팀
$\frac{140-140}{140}\times 100$ =0(%) B등급	$\frac{160-140}{140}\times 100$ ≒14% A등급	$\frac{130-130}{140}\times 100$ =0(%) B등급	$\frac{160-130}{130}\times 100$ ≒23(%) S등급

따라서 영업4팀의 성과 등급은 S등급이다.

고시넷 공기업

공기업 통합전공

핵심이론 + 문제풀이
사무직 필기시험 대비

- 경영학 / 경제학 / 행정학 / 법학
- 주요 공기업 기출문제
- 테마별 이론 + 대표기출유형 학습
- 비전공자를 위한 상세한 해설

고시넷
공기업

매일경제 NCS

출제유형모의고사